6TH EDITION

사례연구방법

Robert K. Yin 지음

신경식·송민채·신현섭·조수현·서이안 옮김

Case Study Research

한경사

CASE STUDY RESEARCH AND APPLICATIONS: Design and Methods,
6th ed. by Robert K. Yin

This Korean edition was published by **Hankyungsa** in 2021
by arrangement with SAGE Publications, Inc.
through KCC(Korea Copyright Center Inc.), Seoul.
이 책은 (주)한국저작권센터(KCC)를 통한 저작권자와의 독점계약으로
한경사에서 출간되었습니다.

주목받고 있는 사례연구방법

본 서의 초판(1984)이 나왔을 때도 사례연구에 관한 일반적인 내용을 다룬 책은 많았지만 사례연구방법은 여전히 이해가 어렵고, 모호한 조사방법으로 인식되었다. 그러나 시간이 흐르면서, 사례연구방법에 대한 사람들의 인식(awareness)이 변화하고, 실제 적용(practice)도 달라졌다. 사례연구방법의 가치를 인정하는 사람들이 많아졌고, 사회과학 분야에서 주목을 받고 있다.

먼저 출판물에서 '사례연구(case studies)'가 아닌, '사례연구방법(case study research)'이라는 단어를 사용하고 있다는 점이 주목할 만하다. 본 서의 이전판(제5판)에서 '사례연구방법' 단어의 검색 빈도의 증가 추세를 확인한 바 있다. 1980~2008년[1] 사이에 구글의 'Ngram Viewer'에서 확인된 빈도를 보면 사례연구방법(case study research)이 서베이 연구(survey research)나 실험설계(experimental design), 무작위 배정(random assignment)과 같은 연구방법과 관련한 단어들과 비교해 크게 늘었다.[2] 제5판에도 실렸던 〈도표 0-1〉은 네 가지 연구방법 용어들의 사용 빈도 추이를 비교하여 보여준다.

도표에서도 확인할 수 있듯이 사용 빈도의 절대적인 수준은 다른 단어들에 비하여 여전히 낮지만, "사례연구방법"은 상승 추세를 보인다. 반면 다른 단어들은 하락 추세를 보인다. 이러한 추세는 사회과학연구에서 한때 무작위 배정이 표준으로 여겨지던 시기에 비춰 보면 놀라운 변화이다.[3] 당시 무작위 배정이 아닌 다른 연구방법을 사용하면 연방기금의 지원을 받을 수 있는 우선권을 받기 어려워 다른 유형의 사회과학 연구방법을 채택하기 어려웠다. 민간재단과 다른 사회과학 기금기관들도 이러한 관행을 따랐고, 무작위 배정이 아닌 다른 연구방법들을 사용하면 지원받기가 힘들었다는 점을 고려하면 이러한 변화는 주목할 만하다.

〈도표 0-1〉 발간물에서 네 가지 연구방법 용어가 사용된 빈도 추이(1980~2008)

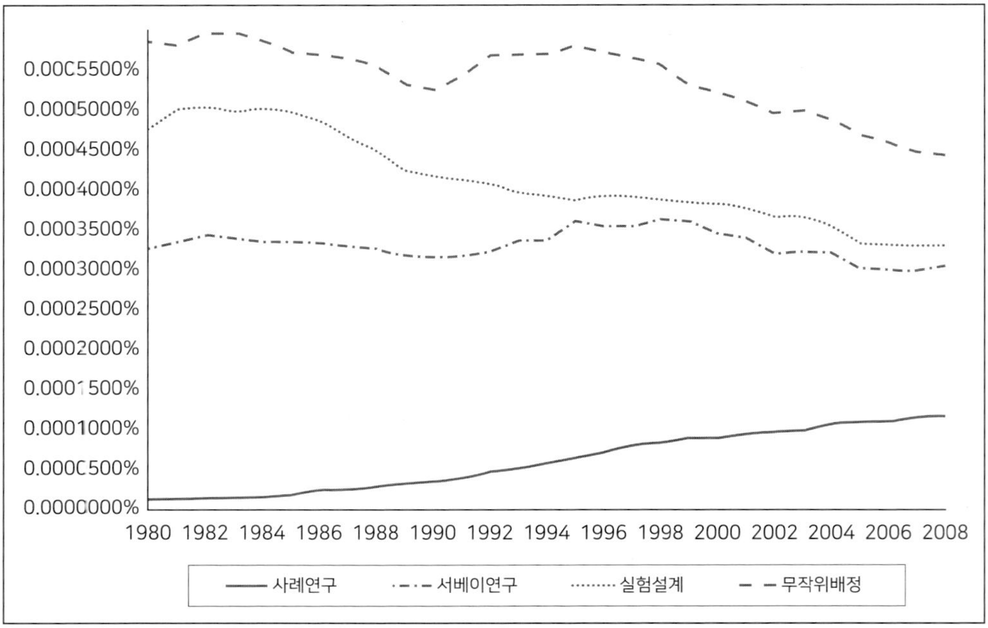

출처: Google's Ngram Viewer (http://books.google.com/ngrams), accessed March 2012.

내가 아는 한, 제6판이 출판되는 시점에 1980~2008년의 데이터와 구글의 'Ngram Viewer'는 업데이트되지 않았다. 2008년 이후에는 추세가 바뀌었을 수도 있지만 사례연구방법이 여전히 꾸준하게 주목받고 있다는 사실은 또 다른 구글의 최근 자료를 통해 확인할 수 있다.

〈도표 0-2〉는 구글 스칼라(Google Scholar)에서 사회과학 분야에 가장 많이 인용된 출판물의 인용 빈도를 나타낸다(http://blogs .lse.ac.uk/impactofsocialsciences/2016/05/12/what-are-the-most-cited-publications- in-the-social-sciences-according-to-google-scholar/ 참고). 이 데이터는 본 서가 초판(1984)을 포함해 '사회과학에서 가장 많이 인용된 방법론 도서 10권'의 목록에서 2위를 차지했음을 보여준다(인용 블로그에서 표 3으로 나타난 〈도표

〈도표 0-2〉 사회과학에서 가장 많이 인용된 방법론 도서 10권

책	저자	출판연도	인용 수
Applied Multiple Regression/ Correlation Analysis for the Behavioral Sciences	J. Cohen, P. Cohen, S. West, and L. Aiken	1975	131,033
Case Study Research: Designs and Methods	Robert Yin	1984	107,931
Psychometric Theory	Jim Nunnally	1967	80,196
The Discovery of Grounded Theory: Strategies for Qualitative Research	Barney Glaser and Anselm Strauss	1967	78,385
Multivariate Data Analysis	J. F. Hair, R. E. Anderson and R. L. Tatham	1979	70,700
Qualitative Data Analysis	Matthew Miles and A. Michael Huberman	1984	59,829
Using Multivariate Statistics	Barbara Tabachnick and Linda Fidell	1989	57,324
Econometric Analysis	William Greene	1990	54,524
An Introduction to Probability Theory and Its Applications	William Feller	1950	51,825
Naturalistic Inquiry	Yvonna Lincoln and Egon Guba	1985	51,169

출처: Data from Google Scholar, compiled by Green (2016).

0-2〉 참조).

10권의 목록은 양적 방법과 질적 방법을 아우르는 모든 사회과학 방법론에 관한 책들로 구성되어 있다(Green, 2016). 2위를 차지한 이 책의 인용 건수는 10만 건을 훨씬 넘는데, 이는 3위를 차지한 책보다 2만 건 이상 더 많은 수치이다[4](목록에 있는 모든 책이 출판된 지 25년 이상 되었다는 점에 주목해야 한다. 만약 결과에서 책의 출판연도를 고려했다면 최근의 책들이 목록에 포함될 가능성이 있다). '사례연구방법'을 사용하는 빈도가 여전히 상승하는 추

세이든(구글 Ngram의 추세) 아니든 많은 사람이 이 책과 이 책의 제목을 인용할 때 '사례연구방법'이라는 단어를 사용하고 있다(최근의 구글 스칼라 데이터). 비슷한 맥락에서, 15개의 다른 학문 분야와 전문 분야에서 사례연구를 사용할 때 분야별로 적어도 하나 이상의 사례연구방법을 사용하고 있다(1장의 〈도표 1-1〉 참조).

6판: 사례연구방법과 응용

제6판의 특징. "사례연구방법"에 대한 관심의 증가는 이번 6판을 개정하는 데 특별한 노력을 기울이게 하였다. 먼저 5판에서 다뤘던 범위를 넓히고, 응용력을 높이기 위해 노력했다. 따라서 본 서의 이전 판을 본 적이 있다면, 이전 판과 달리 본 6판에는 책의 제목이 '사례연구방법과 응용'이라고 수정되었음을 알았을 것이다. 본 6판에는 10개의 사례연구 응용이 포함되어 있다. 이 응용들은 이전 책(Yin, 2004, 2005, 2012a)에서도 등장했지만, 특별히 이번 개정판에서는 이 자료들을 수정하고 업데이트해 5판의 내용과 함께 하나의 책으로 묶어 독자에게 전달하고자 했다.

사례연구의 응용을 포함하게 된 것은 이전 판에 대한 독자들과 리뷰어들의 요구와 제안이 있었기 때문이다. 독자들은 사례연구 방법론에 관한 5판을 읽고 이것들이 어떻게 적용될 수 있는지를 항상 궁금해했다. 이전 판(6판 포함)에도 BOX를 통해 사례연구에 관한 예시를 넣었지만, BOX는 간략한 요약에 불과했다. BOX는 해당 장의 특정 주제를 강조하기 위한 것이지 사례연구의 폭을 넓히거나 깊이를 더하진 못했다. 또한, 이전 3개의 개정판(Yin, 2004, 2005, 2012a)들은 사례연구 응용에 대해 긴 발췌문(excerpts)의 형태로 포함시켰으나 독자들이 발췌문과 본문의 내용을 연결하지 못했을 수도 있다. 따라서 이번 6판에서는 본문의 개정과 함께 실제 사례연구 응용을 포함시킴으로써 응용력을 높이고자 했다.

그러나 이번 개정판에서 10개의 사례연구 응용을 추가하면서 몇 가지 우려되는 점이 있다. 첫 번째는 텍스트의 길이다. 응용을 추가하되 전체 원고의 길이는 이전 판과 비슷하게 하여 합리적인 범위 내에서 비용이 유지하도록 노력했다. 이를 위해 제5판에 있었던 7개의 Tutorial을 삭제하고, 그 자료들은 이 책의 웹사이트(study.sagepub.com/yin6e)에 게재하였다. 독자들이 사례연구 방법에 대해 보다 많은 정보에 접근할 수 있도록 이 웹사이트는 본 개정판이 나오며 처음 만들어졌다.

그럼에도 불구하고, 본 6판의 본문은 이전 판보다 늘어날 수밖에 없었다. 이 글을 쓰는 시점(마지막 최종본을 보고 이 길이를 5판과 비교하기 전)에서 얼마나 더 늘어났는지 말하기는 어렵지만 개정판의 텍스트가 길어진 점과 불편함, 그리고 비용보다 사례연구의 응용을 포함함으로써 높아진 유용함이 훨씬 크길 바란다.

두 번째는 사례연구 응용 부분에 대한 편집과 관련 있다. 10개의 응용 중 일부는 원래 길이가 길었다. 앞서 언급했듯이 전체 텍스트 길이를 유지하기 위해 응용의 일부 내용을 다소 과감히 줄이면서 편집해야 했다. 각 응용의 각주에 언급했지만 원작자들이 원작의 축소와 편집에 대해 불쾌하지 않기를 바란다. 응용 부분에 관심이 있는 독자들을 위하여 응용 부분의 인용구를 삽입했다. 인용구를 검색하면 10개 모두 원문을 검색할 수 있다.

세 번째는 논리적인 구성에 관한 것이다. 본 6판을 개정하며 응용 부분을 어디에 배치해야 할지 결정하는 것이 쉽지 않았다. 내가 선호했던 것은 응용 부분을 6판의 본문 끝에 한꺼번에 배치하는 것이었다. 그러나 Sage의 편집자들은 책 뒤에 배치한 자료들은 종종 무시된다고 지적했다. 다른 한 편집자는 각 장 내에서 응용 부분이 언급된 지점에 배치해야 한다고 주장했다. 나는 이러한 배치 방식이 오히려 독자들이 본문의 내용을 이해하는 데 어려움을 높일 수 있다고 생각했다(여러 페이지에 응용 부분을 삽입하면서 본문의 맥락을 이해하는 것이 끊길 수 있고, 다음 텍스트가 나오는 부분을 찾을 때까지 생각의 흐름을 유지하기 어려울 수 있다). 고심 끝에 각 관련 장의 마지막에 응용 부분을 삽입하기로 했다. 비록 이러한 편집 방식이 다음 장이 시작되는 곳을 찾는 데 더 많은 페이지를 할애하더라도 응용을 추가함으로써 발생하는 불편을 줄이는 동시에 접근은 용이하게 할 것이라 판단했다.

제6판의 기타 수정사항. 사례연구의 응용을 추가하는 것 외에 개정판의 구성방식은 많은 부분이 5판과 유사하다. 한편 개정판은 다음의 내용을 수정하거나 보완했다.

- 사례연구 수행 시 다양한 관점을 고려하는 상대주의자(relativist) 또는 구성주의자(constructivist) 관점을 다룬 참고문헌을 보강
- 사례연구를 구성하는 세 가지 주요 구성 요소를 설명하기 위해 서문을 새롭게 작성
- 혼합연구방법에서 사례연구가 사용되는 빈도가 증가함에 따라 사례연구가 혼합연구방법의 일부가 되는 경우와 이때 주의할 사항에 대해 설명
- 사례연구 결과의 해석 시 경쟁설명을 고려하는 것의 중요성을 강조
- 분석의 일반화(2장) 및 교차사례 통합(5장)에 대해 더 많은 설명

이러한 수정사항과 함께 이번 개정판에는 다음의 사항도 함께 다루고 있다.

- 사례연구방법이 사용된 학문 분야와 전문 분야의 목록을 15개로 확장

하고, 해당 분야에서 사례연구방법의 적용에 대한 설명(5판에는 12개 분야만 포함) 추가

- 새로운 인용 수치, 업데이트된 인용 수치, 개선된 용어 사전, 그리고 다음 세 가지 주요 구성 요소에서 다룰 전문용어에 대한 설명

세 가지 주요 구성 요소: 사례연구방법, 사례연구, 그리고 사례

그동안의 여러 차례 개정에도 불구하고, 이번 작업에서야 인식한 사례연구방법을 구성하는 다음 세 가지 주요 구성 요소가 있다.

- 사례연구방법(조사의 방식)
- 사례연구(사례연구를 하는데 사용되는 조사방법 또는 연구방법)
- 사례(들)(사례연구 시 조사의 단위)

이 세 가지 주요 구성 요소가 일반적이지 않은, 즉 특별한 것을 의미하지는 않기 때문에 깊게 생각할 필요는 없다. 예를 들어, 사회과학연구의 세 가지 주요 구성 요소로 다음과 같은 것들이 있다. 실험연구방법(방식), 실험(방법) 및 주제(단위) 또는 서베이 연구(방식), 서베이(방법) 및 응답자(단위) 또는 역사연구(방식), 역사(방법) 및 사건(단위) — 또는 통계연구(방식), 통계 모델링(방법), 변수들(단위)이 포함될 수 있다.

연구 방식과 방법 사이의 잠재적 유사성과 별도로, 사례연구를 위한 세 가지 주요 구성 요소는 "사례연구방법"과 "사례연구", "사례연구"와 "사례(들)" 간의 관계를 강조할 필요가 있다. 흥미로운 점은 세 가지 주요 구성 요소 간 쌍(pairs)의 관계를 명확히 하는 것이 우리가 왜 연구방법으로써 '사례연구'가 여전히 엇갈린 평판을 가질 수 있는지 이해하는 데 도움을 준다는 것이다.

이들 쌍의 관계를 파악하기 위해서 먼저 세 가지 주요 구성 요소 중에서 중심을 차지하고 있는 '사례연구'부터 보자. 아마도 대부분 사람이 사례연구방법에 입문하게 된 것은 비록 사례연구에 대한 전문가는 아닐지라도 양질의 사례연구를 숙련되게 사용하고 싶기 때문일 것이다. 그 결과, 이 책 역시 '사례연구'와 '사례(들)'의 관계에 더 많은 설명을 할애하고 있다. 예를 들어, 지난 두 판본은 사례연구 수행 시 '사례(들)'를 정의하고, 사례연구의 절차와 '사례' 간의 경계를 설명하면서 '사례(들)'의 역할이 얼마나 중요한지 다뤘다.

한편, '사례연구방법'과 '사례연구'의 결합이 당연시 여겨지는 경향이 있었다. '사례연구방법'은 이 책의 발간 이래 메인 제목이며, 책의 본문은 '사례연구'를 연구방법으로써 다루었다. 이러한 설정은 특별히 놀랍거나 특별해 보이지 않는다.

그러나 최근 내가 깨달은 것은 사례연구가 사례연구방법의 영역 밖에도 존재한다는 것이다. 사례연구방법의 영역 밖에서 사례연구를 하는 사람들은 공식적인 연구방법을 따라야 한다고 생각하지 않는다. 사실, 훨씬 더 보편적으로 '사례연구'가 신문이나 잡지, 블로그, 비디오, 그리고 거의 모든 종류의 대중 매체에서 다뤄지고 있다. "사례연구서를 쓰자" 또는 "사례를 찾아야 해"라는 말은 일반적으로 사용하는 말이며, 많은 사람이 사례연구하고 있다. 그 결과, 매우 유익하고 유용한 대중적인 사례연구(popular case studies)가 많이 수행되었고, 축적되었다. 이처럼 사례연구가 반드시 명시적인 연구절차를 따라야 하는 것은 아니다. 여러분은 그것들을 연구가 아닌 형태의 사례연구로 생각할지도 모른다.

비슷한 맥락에서, 사례연구는 종종 전문적인 훈련이나 실습의 보조자료 형태로 접하게 된다. 이것을 흔히 '교육용 사례'라 한다. 초기에는 비즈니스, 법률에 사용되다 나중에는 약학 등 적용 범위가 넓어지고 있다. 이러한 종류의 사례연구는 지속적으로 늘어나고 있고, 적용 분야도 다양하다. 최근에는 직업 상담, 심리 치료, 간호 윤리, 서비스 혁신, 금융 및 마케팅과 같은 주제의 전문 개발 과정과 관련되어 있다. 따라서 고전적인 '교육용 사례'는 광범위한 분야의 일부로써 '교육-실무 사례연구(teaching-practice case studies)'로 볼 수 있다. 이러한 종류의 사례연구 목적은 실제 상황(훈련 또는 실습을 위한)에 대한 정보를 제시하는 것이므로 반드시 명시적인 연구절차를 따라야 하는 것은 아니다.

'교육-실무 사례연구'와 '대중적인 사례연구(popular case studies)'가 사람들이 흔하게 접하는 사례연구로 유형화될 수 있다(비사회과학 분야의 학자 및 전문가 포함). 즉, 연구방법으로서의 사례연구(research case studies)가 아닌 이 두 가지 유형의 사례연구가 사람들이 사례연구를 어떻게 인식하는지 영향을 줄 수 있다. 결과적으로 사람들은 이러한 유형의 사례연구를 접하다 보면, '사례연구'가 문학적 설명이나 보충 실습자료의 한 형태일 뿐 사회과학 연구를 구성하는 명시적인 연구방법이 아니라고 생각할 수 있다.

다시 말해, 이 두 가지 유형의 비연구방법(nonresearch)의 사례연구가 증가하는 것이 때때로 연구방법(research)으로서의 사례연구의 평판을 평가 절하하게 되는 한 가지 이유가 될 수 있다. 따라서 연구방법으로서 사례연구를 사용하고 싶다면, 보다 높은 기대치를 세울 필요가 있다. 연구방법은 방법론적이고, 허용 가능한 수준의 규율을 요구하며, 연구절차가 투명해야 한다. 특히 피해야 할 것은 사례연구를 수행하며 훌륭한 작가(열성 있는 작가가 되는 것은 해가 되지 않지만)가 되어야 한다는 생각이다. 이 책의 목표는 앞서 언급한 바와 같이 사람들이 명시적인 연구방법으로서 사례연구를 사용할 수 있도록 안내하는 것이다.[5]

이 책은 연구방법으로서의 사례연구에 관한 것이다. 대중적인 사례연구나 교육-실무 사례연구에 대해서는 거의 다루지 않는다. 당신이 사례연구방법에 대한 인식을 제대로 갖도록 본문에서는 '연구방법으로서의 사례연구(research case studies)'라는 용어를 사용해 비연구방법으로서의 사례연구와 연구방법으로서의 사례연구 유형을 구분하였다. 다시 강조하면, 이 책의 목표는 '사례연구방법'이며, 당신이 이 연구방법을 제대로 사용하기 위해서는 '사례'를 연구의 주요 단위로 놓고, '사례연구'를 연구방법으로 다뤄야 한다.

미완성된 부분

다른 방식의 조사 및 연구방법과 마찬가지로, 사례연구방법 역시 6판의 개정을 거쳤음에도 미완성된 부분이 있다. 특히 (1) 설득력 있는 경쟁설명의 역할, (2) 사례연구방법의 설계 및 수행을 위한 변수-기반 접근법과 비교한 사례-기반 접근법, (3) 사례연구방법과 질적 연구방법 간 관계, 이 세 가지 주제가 그렇다

설득력 있는 경쟁설명의 역할. 사례연구방법의 설계와 수행에 있어서 경쟁설명의 존재는 여전히 중요하다. 이번 6판은 이전 판과 마찬가지로 사례연구 결과의 해석 시 경쟁설명의 필요성에 대해 많은 부분을 할애하고 있다. 어려운 점은 가장 설득력 높은 경쟁설명을 식별하고 다루는 것인데, 이때 모든 경쟁설명을 반드시 고려해야 하는 것은 아니다. 또한, 연구결과를 해석하는 데 있어 경쟁설명이 질적인 측면에서 연구수준의 관리뿐 아니라, 사례연구 작업의 모든 과정에 스며들 수 있도록 해야 한다. 예를 들어, 당신은 연구를 시작하면서 그 의의를 다른 형태의 연구질문으로 표현하고 논의할 수 있을 것이다. 마찬가지로, 당신은 어떤 대안적인 절차나 경쟁적인 절차를 사용하는 대신 특정 데이터의 수집 과정을 선택하는 근거로 제시할 수도 있다.

미완성된 부분은 다수의 경쟁설명 중에서 특정 경쟁설명을 채택하는 과정의 객관적인 기준에 대한 설명이 부족하다는 점이다. 예를 들자면 다음과 같다.

- 실제로 가장 설득력 있는 경쟁설명을 식별했는지 아니면 나중에 '주제와 관계없는 것(red herring)'으로 판명될 것(따라서 강력한 경쟁상대는 아니었음)을 선택했는지 여부
- 필요한 증거를 가능한 한 적극적으로 구했는지 아니면 경쟁설명에 부정적 방향으로 증거를 수집하는 등 무의식적인 왜곡 과정이 있었는지 여부
- 경쟁상대가 확실하게 배제되었는지 여부

연구자들은 여전히 이러한 문제에 대해 관대하게 다루고 있다. 벤치마크뿐만 아니라 공식적인 지침(예를 들어, 경쟁자를 성공적으로 배제하기 위한)도 개발되지 않았다. 따라서 이 부분은 향후 해결해야 할 과제이다. 즉, 사례연구 초기 단계에서 경쟁설명을 체계적이고 공식적으로 조사했는지 여부를 검토해야 한다. 이는 "어떻게 사례가 선정되었나"를 다루는 것 또는 방법론적 절차에서 다른 선택이 있었는지를 논의하는 것과 유사하다. 이 책의 6장에서는 사례연구 수행 시 연구 초기 단계에 경쟁설명의 존재를 고려한 정도를 나타내는 방법인 4점 척도에 대해 설명하고 있다. 향후 이러한 논의가 더 많이 이뤄져야 한다.

변수-기반 접근법과 사례-기반 접근법의 비교. 사례연구방법에서의 핵심은 연구 중인 사례의 전체적 특징을 고려하는 것이다. 즉, 사례가 무엇인지, 어떻게 작용하는지, 그리고 그것이 실제 상황과 환경이 어떻게 상호작용하는지를 이해하는 것이 중요하다. 그러나 여전히 대부분 사람들이 사례가 일련의

변수들, 즉 인구통계학적 프로파일과 같은 미시적인 요소들로 특징지어질 수 있다고 생각한다. 또한 많은 사람이 사례를 정의하기 위해 변수들의 집합을 사용한다. 그러나 총체 혹은 전체론(relevant holism)은 단순히 미시적 요소들을 합한 것을 넘어서는 것이다.

그럼에도 불구하고, 사례연구방법에서 변수들은 여전히 중요하다. 변수들의 집합을 사용하면서도 사례연구방법의 전체적인 본질을 유지하는 방법이 두 번째 미완성된 부분이다. 이 부분은 충분히 많은 설명이 필요하다. 예를 들어, Charles Ragin(1987/2014)의 질적 비교 분석(QCA)은 사례 비교를 하기 전에 각 사례 내에서 변수의 패턴을 정의한 다음, 사례 유형을 생성하는 사례 기반 접근법이다. QCA는 예외적인 것이며, 일반적으로 다른 접근법들은 전체론적 수준에서 적절한 변수들의 패턴이나 통찰력 있는 유형 분류 체계(typology)를 정의하는 방법이 확립되지 않았다.

한편, study.sagepub.com/yin6e 웹사이트에 게시되어 있는 Tutorial 1에서 볼 수 있듯이 변수를 참고한다는 것이 사례연구방법이 '변수 기반'이라는 것을 의미하지는 않는다. 이와 대조적으로 많은 변수를 고려하는 것(대부분의 사례연구는 적은 수의 사례와 비교)은 사례연구 데이터를 분석하는 데 있어 전통적인 변수-기반 방법의 유용성에 대해 의문을 제기한다. 아직 개발되지 못한-그렇기 때문에 미완의 영역- 것은 이러한 분석을 가능하게 하는 체계적인 사례-기반 방법이다. 이 책의 5장에서는 연구자들이 교차사례통합(cross-case syntheses)을 시도하면서 변수 기반의 사고를 할 때 발생할 수 있는 잠재적 문제점을 다루고 있다.

질적 연구방법과 사례연구방법의 관계. 제6판은 세 번째 미완성 주제인 사례연구방법과 질적 연구방법의 관계에 대해 다루고 있다. 1장에서는 실제주의자와 상대주의자의 관점을 간략히 대조하고 있으며, '질적 사례연구'에 관한 일부 참고문헌들을 제시하고 있다. Handbook of Qualitative Research(Denzin & Lincoln, 1994) 제1판에서 사례연구를 다루고 있고, 질적 연구에 대한 좋은 평가를 받은 교과서(Creswell & Poth, 2017)에서도 '사례연구'를 5대 주요 질적 연구방법의 하나로 분류하고 있다. 이처럼 기존의 전통은 암묵적으로 사례연구를 질적 연구방법의 변형된 유형 중 하나로 간주하는 경향이 있다.

이와 반대되는 관점은 사례연구방법이 질적 연구방법과 분리될 수 있다고 보는 것이다. 사례연구는 이 책의 여러 장에서 논의된 여러 다른 절차와 함께 연구할 사례를 식별하고, 정의하는 데 있어 자체적인 맞춤형 연구절차를 따라야 한다. 또한, 질적 연구방법의 표현(예: Yin, 2016)에서도 서베이, 실험, 역사연구 또는 아카이브 연구에 대한 많은 논의를 포함할 필요가 없듯이 사례연구방법에 대한 많은 논의를 포함할 필요가 없을 수 있다.

사례연구방법이 질적 연구방법의 일부로 분류될 수 있는지 또는 별개의 연구방법이 될 수 있는지에 대해서는 향후 더 많은 추가적인 논의가 필요하다.

새롭게 동반된 웹사이트

미완성된 부분에도 불구하고, 6판은 여전히 사례연구방법에 대한 포괄적인 내용을 다루고 있다. 사례연구에 관해서는 이 책의 범위나 깊이와 비교할 만한 수준의 다른 것을 찾을 수 없을 것이다. 그럼에도 불구하고, 그동안의 사례연구방법 발전은 더 많은 도전을 요구한다. 특히 처음 사례연구방법에 입문한 초보자들과 사례연구방법에 대해 이미 경험이 많은 숙련자들 사이에서 이 책의 지향점을 어떻게 균형 있게 조정할 것인가 하는 것이다.

본 6판은 전자에게 더 초점을 두었다. 이 책은 사례연구를 해본 적이 없거나 사례연구를 처음 접해 본 학생들과 학자들에게 유용할 것이다.

대신 사례연구에 숙련된 독자들을 위해 Sage 출판사는 보조자료들을 게시할 수 있는 웹사이트(study.sagepub.com/yin6e)를 만들었다. 이 웹사이트에는 사례연구방법에 대한 지식이 이미 충분한 학자들에게 유익한 자료들을 공개하고 있다. 예를 들어, 5판에는 권위 있는 참고문헌과 주요 이슈를 심층적으로 탐구하는 Tutorial들을 포함하고 있었다. 앞서 언급했듯이 이 자료는 6판에서는 삭제했지만 5판에 나온 많은 다른 재인쇄물들과 함께 웹사이트에서 찾아볼 수 있다. 바라건대, 이러한 방식이 독자들이 자신의 상황에 맞게 스스로 연구할 수 있는데 도움이 되길 바란다. 웹사이트가 더 많은 정보를 얻기 원하는 사람들에게 도움을 줄 수 있지만, 사례연구방법을 처음 접하는 사람들에게 혼란을 주지 않기를 바란다.

이번 판에 등장한 연구방법과 지침이 사례연구에 성공적으로 적용되고 있다는 것은 사례연구방법이 과거보다 더 나아지고 있음을 의미한다. 최종적인 목적은 이전 세대의 연구자들이 수행했던 사회과학방법을 개선하는 데 있다. 오직 이런 방식으로만 모든 세대가 그들 자신들만의 업적을 남기고 경쟁력을 가질 수 있을 것이다.

미주

1. 이는 발간된 책에서 지정된 용어의 사용 빈도를 기초로 작성하였다. 아쉽게도 Ngram Viewer에서 1980년부터 2008년 동안에 발간된 책이 몇 권인지에 대한 정보는 확인할 수 없다. 추정컨대 발간된 모든 책의 4% 정도에 대해서 검색 가능한 것으로 판단된다(Michel et al, 2010).
2. 다섯 번째 용어인 '질적 연구방법'은 '사례연구방법'과 그 용어가 어떤 식으로든 중복되기 때문에 선택하지 않기로 했다. 만약 질적 연구방법의 용어를 포함했다면 '사

례연구방법'과 다른 세 가지 유형의 질문에서 비교를 모호하게 했을 것이다.

3. 이와 같이 표준이라 여겨지는 방법론을 지지하는 사람들도 "사례연구"를 제목으로 연구물을 내기도 한다(Cook & Foray, 2007). 그러나 독자들은 이것들이 사례연구를 어떻게 수행하는지에 대한 예시로 받아들이기 어려울 것이다. 또한 이러한 연구물에서 저자가 연구질문에 관한 외부적인 부분을 사건의 일부로 보고 있으나(정량적인 방법이라고 분명하게 밝히고 있지는 않다) 그것이 저자의 그러한 방식을 지지할 수 있는 실질적인 증거라 보기 힘들다(사례연구방법의 예로 받아들여야 하는지 아니면 대중적인 사례연구로 받아들여야 하는지는 아직 명확한 답은 없다).
4. 이 집계의 인터넷 출처는 기간이 명시되어 있지 않다. 그러나 구글 스칼라(Google Scholar)는 2004년에 시작되어 2016년에 집계 출처가 나타났기 때문에 해당 데이터가 집계된 기간은 2004년부터 2015년까지로 추정할 수 있다.
5. 추가적으로 흥미로운 점은 사회과학방법들 중 하나인 서베이의 발전이다. 현대 정치 여론조사에서 '오차 범위'라는 용어가 여론조사 결과가 인용될 때마다 대중매체에 보도된다는 점에 주목할 필요가 있다. 과거에는 이러한 방식의 보도가 없었다. 오차 범위를 언급함으로써 이 데이터가 관련 연구절차를 따르는 조사에 기초했음을 청중들에게 상기시키고, 교육이 가능하다. 향후 두 개 이상의 자료 출처로부터 데이터를 삼각측량하는 것과 같은 연구절차를 사례연구가 따른다면 대중적인 사례연구에서도 유사한 표현을 사용하게 될 것이다.

역자 서문

현상을 과학적으로 관찰하고, 이를 통해 지식을 도출하는 방법에는 여러 가지가 있을 수 있다. 사회과학의 주요 연구주제인 인간, 삶, 그리고 사회를 고찰함에 있어서 다양한 연구방법을 이해하고 적절한 연구전략을 선택하는 일은 매우 중요한 일이라고 하겠다.

그동안 사례연구방법은 연구자들에게 사회과학 연구의 중요한 대안으로 제시되어 왔다. 특히 연구대상의 현상과 정황이 분리되지 않는 상황에 처해 있다거나, 여러 개의 독립변수를 다루어야 하거나, '어떻게' 또는 '왜'에 대한 해답을 중점적으로 찾고자 할 경우 매우 효과적으로 적용될 수 있는 것으로 인식되어 왔다. 그러나 충분히 인정되는 방법론상의 효용에도 불구하고, 연구방법으로서의 사례연구에 대한 부정적 견해 또한 빈번히 제기되어 온 것도 사실이다. 사례연구 수행에 있어서 구조화된 방법론이 있는가? 너무 지나치게 연구자의 역량에만 기대게 되는 것 아닌가? 연구과정에 필수적인 엄격성과 객관성은 어떻게 보장할 것인가? 선뜻 대답하기 어려운 많은 질문이 이러한 걱정의 일면을 보여주고 있다.

본 서의 목적은 사례연구를 하고자 하는 연구자와 학생들에게 사례연구가 매우 엄격한 연구방법이라는 점을 인식시키고, 사례연구를 제대로 수행할 수 있도록 지침을 제공하고자 하는 데 있다. 사례연구의 중심적 활동이 자료의 수집에만 국한되는 것이 아니라, 체계적인 연구설계와 분석이 수반되어야 한다는 점을 강조한다. 역자들은 본 서가 사례연구를 수행하는 연구자들에게 방법론적인 관점에 있어서 최소한의 구조적 기반을 제공하고 있다는 점에서 기여하는 바가 크다고 판단한다.

본 서는 1984년 초판이 발행된 이후 30여 년간 여러 번의 재발행과 수정이 이루어져 왔다. 현재 사례연구방법에 관해서는 세계적인 베스트셀러의 위치를 차지하고 있으며, 한국을 비롯, 일본, 포르투갈, 중국, 이탈리아, 루마니아, 스웨덴, 폴란드 등 8개 국어로 번역되어 출간되고 있다. 국내에서도 오래 전부터 사례연구방법의 고전으로 인정받아 왔으며, 많은 연구생이나 교수가 사례연구의 지침서로써 사용하여 왔다. 최근, 사례연구에 관한 관심이 증가하고 있고 아직까지 국내에 사례연구방법에 관한 이렇다 할 교과서가 없는 상황에서 본 서의 번역을 반기는 독자가 적지 않으리라 생각한다.

본 서를 번역하는 과정에서 역자들이 가장 먼저 부딪힌 고민은 학문서적에 있어서 좋은 번역이란 무엇인가에 관한 것이었다. 고지식한 직역과 마찬가지로 지나친 의역 역시 오역이 될 수 있다고 생각하였기 때문이다. 저자의 의도와 내용을 가감 없이 정확히 전달하는 동시에 문맥의 흐름이 어색하지 않을 정도에서 과다한 의역은 배제하자는 것이 역자들의 기본 생각이었다. 그럼에도 불구하고, 의역과 직역의 수준에 대한 고민은 번역 과정 내내 지속되었다. 특히 아직 우리말로 완전히 정착되지 않은 용어들을 번역하는 일은 매우 조심스러웠는데, 이런 경우에는 원어를 병기함은 물론이고 역주를 첨부하여 독자의 정확한 이해를 돕고자 하였다. 또한 기존의 번역용어가 정확한 뜻을 전달하기에 충분하지 않은 경우에는 원어를 있는 그대로 한글로 표기하였다. 가령 'narrative', 'survey', 'interview' 등 은 각각 '이야기형 설명', '설문조사', '면접' 등으로 기존에 번역이 되어왔으나 이와 같이 번역할 경우에는 독자에게 원래의 단어가 함축하고 있는 정확한 의미를 전달하지 못할 소지가 있다고 판단되어 본 서에서는 발음되는 대로 '내러티브', '서베이', '인터뷰' 등으로 표기하였다.

과학에서 산출되는 지식은 결코 완성되지 않는 제품과 같다. 단지 끊임없이 진실에 접근하도록 발전되는 과정일 뿐이다. 역자들은 본 서가 그러한 접근에 한 발짝 다가갈 수 있는 데 조금이나마 도움이 될 수 있기를 희망한다.

신경식 · 송민채 · 신현섭 · 조수현 · 서이안

차례

사례연구 수행하기:
선형적이지만 반복적인 프로세스

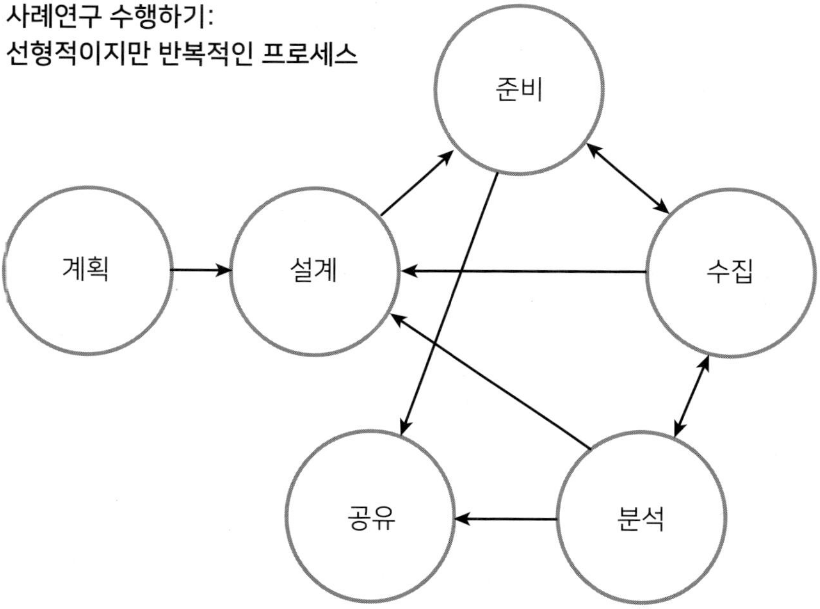

제 1 장

사례연구 시작하기

Case Study Research

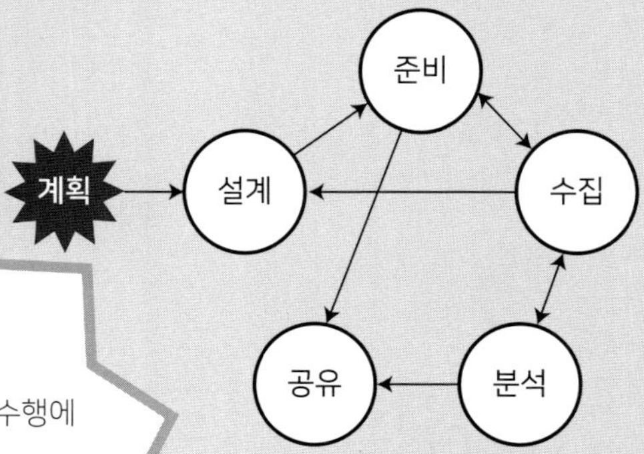

1장

계획

- 연구질문 도출 및 사례연구 수행에 대한 타당성을 확보한다.
- 다른 연구방법들과의 비교 후에 사례연구방법 수행을 결정한다.
- 사례연구방법의 강점과 한계를 이해한다.

사람들은 보통 해당 분야와의 관련성이 높으면서도 동시에 흥미로운 내용을 연구하길 원한다. 또한, 엄정한 사회과학 연구방법으로 인정받지는 못하더라도, 최소한 받아들여질 수 있는 방법론을 사용하기를 원한다. 연구자들에게 있어서 “사례연구”가 마음에는 들어도 (경제 또는 통계 모델링과 같이) 실험이나 서베이, 역사연구 또는 기록분석과 비교해 어떤 연구방법이 좋을지에 대해서는 여전히 궁금할 수 있다. 호기심이 생겼다면 사례연구에 대해 더 많은 것을 알고 싶을 것이다.

사례연구는 (1) “어떻게” 또는 “왜”와 같은 질문에 관해 설명하거나, (2) 연구자가 사건을 통제하기 힘든 경우이거나, (3) 동시대에 실제 일어나고 있는 현상을 다룰 때 선호되는 방법이다. 1장에서는 사례연구에 적용할 공통된 ‘정의’를 제공한다. 사례연구는 단일 또는 다중의 사례를 다룰 수 있고, 정량적인 증거로 한정되기도 하고, 혼합연구방법의 일부가 될 수도 있다.

사례연구를 잘 수행했다는 것은 전통적으로 제기되어 오던 사례연구방법론과 관련된 다섯 가지 우려를 잘 해결하고 있다는 뜻이다. 즉, 연구를 절차에 따라 엄격하게 진행하고, 비연구방법으로의 사례연구(예: 대중적인 사례연구, 교육-실무 사례연구, 사례기록)와 혼동하지 않으며, 일반화된 결론을 도출하는 방식을 이해하고, 노력의 수준을 주의 깊게 관리하며, 다른 연구방법과 비교해 사례연구가 가지는 장점을 잘 이해하여 연구가 이루어졌음을 의미한다. 이는 전통적으로 “주관적”인 연구방법으로 알려져 왔던 사례연구를 좀 더 “객관적”이고, “체계적”인 연구방법으로 만든다.

1

사례연구 시작하기

언제 사례연구방법을 선택할 것인가?

도전을 준비하기, 그리고 높은 기대치를 설정하기

사례연구는 사회과학 분야에서 매우 어려운 방법론 중의 하나로 여겨지고 있다. 이 책의 목적은 독자(초보 사회과학자부터 노련한 사회과학자에 이르기까지)들이 사례연구의 어려움을 극복하는 것을 도와주는 데에 있다. 독자들은 좋은 사례연구를 설계하고, 자료를 수집하며, 정확하게 분석하기를 원할 것이다. 더 나아가, 사례연구를 설득력 있는 논문이나 보고서, 책 또는 발표 등으로 완성하고자 할 것이다.

사례연구를 연구방법론으로 선택하고 수행하는 것의 어려움은 과소평가되어서는 안 된다. 비록 당신이 사례연구를 잘 설계하고 수행할 준비를 마쳤다 하더라도, 다른 이들은 다른 사회과학 연구방법을 지지하고 옹호할 수도 있다. 마찬가지로, 연구비를 지원하는 정부 또는 기관들이 사례연구가 아닌 다른 연구방법을 선호할 수도 있다. 그러므로 당신은 피할 수 없는 몇 가지 질문에 대해서는 답할 준비를 하고 당신 자신에게 높은 기대치를 설정할 필요가 있다.

명확한 방법론적 경로(clear methodological path)를 따르기. 첫째, 무엇보다도 먼저 어떤 식으로 명확한 방법론적 절차를 따를 것인지 설명하고 이를 보여주어야 한다. 예를 들어, 전통적인 출발점은 기존문헌을 검토하고, 수행할 사례연구의 연구질문을 정의하는 것이다. 그러나 이론적 문제를 정의하거나 관련 연구문헌을 검토하기 전에 현장연구부터 시작하기를 원할 수 있다. 이 경우, 당신은 반대되는 관점을 즐길 수 있다. 즉, 적절한 연구질문을 정의하는 것에 앞서 현장에서 무슨 일이 일어나고 있는지 아는 것이 먼저 결정될 수도 있다. 당신이 어디에서 출발하는지와 관계없이 그 경로는 당신이 연구를 할 때 어떻게 공식적인, 그리고 명시적인 절차를 준수할 것인지 명확히 보여줘야 한다.

이와 관련해 이 책은 많은 지침을 제공한다. 사례연구방법만이 가진 특징적인 부분도 다루지만 사회과학 연구방법의 공통된 핵심 절차도 다루고 있다. 사례연구 수행을 위해 연구문제 조사 시 단일사례연구를 설계하고 수행해야 하는지 또는 다중사례연구를 수행해야 하는지 알고 싶을 수 있다. 당신은 사례연구만 하고 있을 수도 있고, 혼합연구방법의 일부로 사례연구를 사용할 수도 있다. 어떤 선택을 하든지 이 책은 사례연구의 시작과 설계, 사례연구 증거수집, 사례연구 데이터 분석, 사례연구 보고서 작성 등 사례연구 설계와 수행에 관한 모든 문제를 다룬다.

이 책은 선행연구에서 자주 다뤄지지는 않았으나 다음의 어려운 질문들을 답하는 데 도움이 될 것이다. 저자는 (1) 연구대상인 "사례"를 어떻게 정의할 것인가, (2) 관련된 자료를 어떻게 수집할 것인가, (3) 수집 후 그 데이터를 어떻게 다룰 것인가에 대한 질문을 학생들이나 동료들로부터 많이 받았다. 본 서는 이러한 질문들 외에도 많은 질문을 다루고 있다. 지난 30여 년 동안 학자와 학생들은 이 책을 통해 성공적인 경험을 이루어 냈으며, 본 서의 학습성과를 입증하고 있다.

> **TIP: 어떠한 경우에 사례연구방법을 사용해야 할까?**
>
> 연구방법 선택에 특별한 공식이 있는 것은 아니지만, 많은 부분에 있어서 연구문제와 관련이 있다. 연구문제가 실제 현상을 설명하기 위하여 설정된 경우(예: "어떻게" 또는 "왜" 특정 사회현상이 일어나는가) 사례연구를 수행하는 것이 적절하다. 또한 사례연구는 연구문제가 특정 사회현상을 광범위하고 깊이 있게 기술해야 하는 경우 효과적인 연구방법이다.
>
> **사례연구방법을 사용하거나 사용하지 말아야 하는 경우에는 또 어떤 것들이 있을까?**

강점(strengths)과 한계점(limitations)을 인정하기. 둘째, 사례연구방법의 강점과 한계점을 인정하고 이해하여야 한다. 사례연구방법은 다른 연구방법의 강점을 강화하고 한계점을 보완한다. 물리 및 생명과학에서 분야별로 서로 다른 과학적 연구방법이 존재하는 것처럼, 사회과학 주제를 다루기 위해서 반드시 한 가지 연구방법만을 사용해야 하는 것은 아니다. 과학은 실험적 연구방법(experimental method)과 같은 하나의 연구방법에만 의존하지 않는다. 예를 들어, 자연과학 분야의 천문학, 엔지니어링, 지질학 연구는 실험적 연구방법만 의존하지 않는다(Scriven, 2015). 마찬가지로, 신경생리학과 신경해부학 연구는 통계적 연구방법만 의존하지 않는다. 사회과학에는 다양한 연구방법들이 존재하며, 이 장의 다음 절에서는 이러한 방법론적 차이를 이해하고, 선택하는 데 도움을 주기 위해 기존 방법들을 비교할 것이다.

선택한 분야에서 높은 기대치를 설정하기. 사례연구방법은 실천적 학문분야(예: 심리학, 사회학, 정치학, 인류학, 사회사업, 경영, 교육, 간호, 공동체 계획)뿐만 아니라 많은 사회과학 분야에서 흔하게 발견된다. 그 결과, 당신의 높은 기대치는 이전에 논의한 바와 같이 명확한 방법론적 경로를 따라야 할 뿐만 아니라, 자신이 연구하려는 분야에 부합할 수 있어야 한다.

〈도표 1-1〉은 특정 분야의 사례연구방법에 초점을 둔 설명과 함께 15개의 개별적 분야를 구분해 두었다(사례연구방법을 사용하더라도 다른 유형의 연구방법도 함께 사용하고 있는 일반적인 방법론적 문헌이나 특정 분야를 지향하지 않는 사례연구에 관한 일반적 문헌은 제외했다). 해당 문헌을 선택하면 각 분야와 관련해 연구자가 원하는 방식으로 사례연구를 설계하는 방법을 알 수 있을 것이다.

〈도표 1-1〉 사례연구가 사용된 분야와 연구물

분야	연구물
학문 분야	
인류학과 민속학	Burawoy, 1991
정치학	George & Bennett, 2005; Gerring, 2004
언어심리학	Duff, 2008
심리학	Bromley, 1986; Campbell, 1975; McLeod, 2010
사회학	Feagin, Orum, & Sjoberg, 1991; Hamel, 1992; Mitchell, 1983; Platt, 1992
전문 분야	
회계학	Bruns, 1989
경영학과 국제경영학	Dul & Hak, 2008; Farquhar, 2012; Gibbert, Ruigrok, & Wicki, 2008; Johnston, Leach, & Liu, 2000; Meyer, 2001; Piekkari, Welch, & Paavilainen, 2009; Vissak, 2010
교육학	Hamilton & Corbett-Whittier, 2013; Yin, 2006a
사업의 타당성 평가	U.S. Government Accountability Office, 1990
헬스케어	Carolan, Forbat, & Smith, 2015; Walshe, 2011
마케팅	Beverland & Lindgreen, 2010
간호학	Baxter & Jack, 2008; De Chesnay, 2017
행정학	Agranoff & Radin, 1991
사회학	Gilgun, 1994; Lee, Mishna, & Brennenstuhl, 2010
소프트웨어 엔지니어링	Runeson, Höst, Rainer, & Regnell, 2012

당신의 관심 분야가 무엇이든 간에 사례연구의 필요성은 복잡한 사회현상을 이해하려는 동기에서 출발한다. 사례연구는 특정 "사례"를 심층적으로 분석해 개인의 생애 주기, 소그룹 행동, 조직과 관리 과정, 이웃 변화, 학교 성과, 국제 관계, 산업의 성숙을 연구하는 데 있어서 총체적이고 실질적인 이해를 돕는다.

사회과학에서 사례연구와 다른 연구방법과의 비교

사회과학의 주요 연구주제를 다루기 위하여 '언제' 그리고 '왜' 사례연구를 하는가? 사례연구 대신에 실험을 하는 것이 더 바람직한 것은 아닌가? 서베이는? 역사연구는? 아니면 역학적 추세 모델링이나 교육성과 평가를 위해 기록정보를 이용하는 방법을 고려해 보지는 않았는가?

실험, 서베이, 역사연구, 기록정보* 분석 등은 서로 다른 연구방법들이다. 각각의 연구방법은 고유의 논리에 따라 실증적인 증거를 수집하고 분석하는 방법이 서로 다르다. 모든 연구방법은 제각기 장점과 단점을 가지고 있으므로 사례연구를 잘 수행하기 위해서는 이러한 차이점에 대해서 잘 숙지하고 있어야 한다.

---

* 기록정보란 자료가 2차적인 분류 과정 및 체계적인 정리 과정을 거쳐 구조화되거나 전산화된 정보를 말하는 것으로, 혹자는 '저장정보'라고 하기도 한다. 기록정보의 작성이나 보관은 두 가지 방법에 의해 수행될 수 있다. 하나는 기록주체가 자료를 특정 기준에 의하여 체계적으로 정리, 보관하는 경우이고 다른 하나는 제3의 집단이나 조직이 1차적 자료를 재규정하여 이를 기록 보관하는 경우이다. 따라서 기록정보는 1차적인 문서정보에 비하여 상대적으로 표준화, 객관화되는 등 구조화의 수준이 높은 것이 일반적이다. 기록정보는 통계자료, 주가자료, 고객정보, 고객서비스 기록, 조직 체계, 공문서, 예산의 기록, 여러 서베이 저장자료, 심지어 다양한 대중 통신자료 등이 예가 될 수 있다. — 역자주

사례연구와 다른 연구방법들 간의 관계

연구방법에 관한 가장 일반적인 오해는 연구방법들을 위계적으로(hierarchically) 정렬시켜야 한다고 생각하는 것이다. 아직도 많은 사회과학자는 사례연구가 탐색적인 단계에서만 사용할 수 있는 방법이라고 생각한다. 마찬가지로, 연구의 기술적인(descriptive) 단계에서는 서베이와 역사연구방법이, 설명적 혹은 인과적 관계를 파악하기 위해서는 실험 방법이 적절하다고 믿고 있다. 이러한 위계적인 관점 때문에 사례연구가 예비단계 연구에서만 사용할 수 있는 방법이며, 현상을 기술하거나 명제를 검증하는 데는 사용할 수 없다고 여겨지게 된 것이다.

그러나 이러한 위계적 관점을 반드시 받아들여야 하는 것은 아니다. 잘 알려진 바와 같이 탐색적인 동기를 가진 실험도 항상 존재해 왔다. 또한 역사문헌학(historiography) 분야에서는 역사연구방법이 인과적 설명을 도출하는 방법으로 오랫동안 사용되어 왔다. 사례연구 역시 탐색적인 목적으로만 사용되었던 것이 아니다. 가장 유명한 사례연구 중에는 설명적 사례연구가 있으며(BOX 1의 Allison & Zelikow의 Essence of Decision: Explaining the Cuban Missile Crisis, 1999 참조; 설명적 사례연구에 대한 추가적인 예시는 본 서 5장의 **응용** 8과 9에서 확인 가능), 기술적 사례연구 역시 사회학이나 정치학과 같은 주요 학문에서(BOX 2 참조; 기술적 사례연구의 추가적인 예시는 본 서의 다양한 다른 BOX에서 확인 가능) 자주 사용된다. 이와 같이, 다양한 연구방법과, 그 방법들의 장점과 단점을 구별하는 일은 연구방법론들을 위계적으로 보는 고정관념을 넘어서야만 가능한 것이다.

BOX 1
설명적 사례연구의 예

Graham Allison(1971)은 미국과 구소련(이하 소련)의 대립으로 인하여 핵 참사가 야기될 뻔하였던 1962년 쿠바의 미사일 위기에 대한 단일사례연구를 발표하였고, 이는 지난 40년 동안 정치학 분야에서 최고의 인기 서적으로 자리 잡고 있다. 이 책은 쿠바 위기를 설명하기 위하여 3개의 서로 다르면서도, 한편으로는 상호보완적인 이론을 사용하고 있다. 즉, 미국과 소련이 (a) 합리적인 행위자, (b) 복잡한 관료주의자, (c) 정치적으로 고무된 집단으로서 역할을 수행하였다는 것이었다. Allison은 이러한 세 가지 역할에 대한 양국의 능력을 비교하여 핵전쟁의 위기를 발생시킨 사건들이 어떻게 전개되었는가를 설명하고자 하였다. 왜 소련은 처음부터 공격용 미사일(방어용이 아니라)을 배치하였는가, 왜 미국은 소련의 미사일 개발에 대해 경제 폐쇄 조치로 대응하였는가(미사일이 이미 쿠바에 있었는데, 왜 공중전이나 육로 공격을 감행하지 않았는가), 그리고 왜 소련은 결국 미사일을 철수시켰는가.

이 연구는 사례연구가 기술적이거나 탐색적인 기능만 하는 것이 아니라, 설명적인 기능을 수행함을 보여준다. 저자들은 또한 사례연구로부터 얻은 교훈을 냉전시대 이후 외교정책과 국제정치와 관련된 지배적인 해석과 대조하였다. 수정 및 보완된 2판에서는 이러한 방법을 통해 어떻게 단일사례연구가 통찰력 있는 일반화(generalization) 도출의 토대가 될 수 있는지를 효과적으로 제시하였다(Allison & Zelikow, 1999).

BOX 2
기술적 사례연구의 두 가지 예

2A. 지역사회 현상

William F. Whyte가 발표한 「Street Corner Society」(1943/1993)는 수십 년 동안 공동체 사회학 분야의 필독서로 추천되어 왔다. 이 책은 기술적 사례연구의 고전적인 예로서, 대인관계에서 발생하는 사건들을 시간의 경과에 따라 추적하여 특정 집단의 하위문화를 상세하게 기술하고 있다. 이전에는 이러한 하위문화에 대한 기술이 연구의 주제로 다루어진 적이 거의 없었다. 이 책은 저임금 청년층의 성공과 실패, 그리고 신분 상승을 위한 조건 등과 같은 그 시대의 사회현상을 발견하고 이를 기술하고 있다.

이 연구는 거의 100년 전이라는 시대적

배경과 "코너빌(Cornerville)"이라고 명명한 익명의 도시를 대상으로 하였음에도 불구하고 매우 귀중한 연구로 인정되고 있다. 이 연구의 가치는 역설적으로 하나의 사례를 통해서 개인적 성과에 대한 이슈를 집단과 사회적 구조와 결합하고 이를 일반화시킨 능력에 있다. 후에 다른 장소와 다른 시대를 배경으로 한 연구에서도 많은 연구자가 이 책의 영향을 받았다(4장의 BOX 21 참조).

2B. 국가적 위기 상황

Neustadt와 Fineberg는 「신종플루 사건: 예측이 어려운 질병에 관한 의사 결정(The Swine Flu Affair: Decision Making on a Slippery Disease)」이라는 정부 보고서를 1978년에 발표하였다. 이후 1983년에 「The Epidemic That Never Was」이라는 제목으로 개정판을 출간하였다. 위 사례연구는 Gerald Ford 행정부 시절, 새롭고 치명적인 독감의 위협에 직면했을 때 예방접종을 한 4,000만 명의 미국인들에 대해 서술하고 있다. 이 사례연구는 매우 우수한 연구로 인정받아 현대의 정책 입안자들도 일반화된 교훈을 얻고자 지속적으로 참고하고 있다.

모든 연구방법을 정확하게 이해하기 위해서 가장 바람직한 방법은 포괄적이며 다양한 시각을 갖는 것이다. 모든 연구방법은 탐색, 기술, 설명*이라는 세 가지 목적을 위해 사용될 수 있다. 사례연구 역시 세 가지 목적으로 구분할 수 있으며, 이는 실험방법에서 역시 마찬가지이다. 이러한 연구방법론들은 서로 위계적인 관계에 있지 않으며, 방법론을 적용하는 상황에 따라 달라진다. 주의할 점은 이러한 연구방법들의 경계를 명확하게 구분할 수 있는 것은

---

* **탐색적 연구**: 연구주제가 새로운 것이거나 특이한 것이어서 많이 알려지지 않은 상황일 경우 이루어진다. 종속변수에 대한 명확한 구분이 없고 무엇이 중요한지 누구를 인터뷰하는지 연구자가 알기 힘들다. 따라서 연구의 성격이 보다 개방적인 경향이 있다.

기술적 연구: 현상을 기술하는 연구로써 탐색적 연구보다는 훨씬 더 구조화된다. 기본적으로, 구체적으로 정의된 대상에 대해 상대적으로 적은 변수에 초점을 맞추고 체계적이고 정확하게 측정을 한다. 인구조사나 여론조사가 예가 될 수 있다.

설명적 연구: 현상에 대한 인과적 관계를 검증하는 데 목적이 있다. 기술적 연구는 단순히 고립된 변수에 대해 정보를 찾는 반면, 설명적 연구는 변수들 사이에 존재하는 관계를 설명하는 것이다. — 역자주

아니라는 점이다. 각각의 연구방법들이 서로 구분되는 고유의 특징을 지닌 것은 분명하지만, 방법론들 간에 많은 부분이 공통적으로 겹치기도 한다.

연습문제 1-1
연구목적에 따라 사례연구의 유형을 정하기

다음 세 가지 연구목적에 따른 사례연구의 유형을 각각 정의하라.

(a) 설명적 사례연구
(b) 기술적 사례연구
(c) 탐색적 사례연구

세 가지 다른 유형의 사례연구가 각각 가장 적절한 상황을 비교하라. 수행하고자 하는 사례연구의 제목을 붙여보라. 이 연구는 설명, 기술, 탐색 중 어느 유형에 해당하는가? 왜 그러한가?

연구방법의 선택

어떤 연구방법을 선택할 것인가는 다음과 같은 세 가지 조건, 즉 (a) 연구문제의 유형, (b) 연구자가 실제 사건에 대해 부과하는 통제 수준, (c) 과거의 현상에 비해 현재의 현상을 강조하는 정도에 달려있다. 〈도표 1-2〉는 이러한 세 가지 조건과 실험, 서베이, 기록정보 분석, 역사연구, 그리고 사례연구 등 5개의 사회과학 연구방법들 간에 어떠한 관련이 있는지 보여준다.

(a) 연구문제의 유형(도표 1-2의 a열 참조). 연구방법을 선택하는 첫 번째 조건은 연구하고자 하는 문제가 무엇인가에 관한 것이다(Hedrick, Bickman, & Rog, 1993). 연구문제의 유형을 구분하기 위한 기본적인 방법은 "누가", "무엇을", "어디서", "어떻게", 그리고 "왜"라는 다섯 가지 범주로 질문의 형태를 분류하는 것이다.

〈도표 1-2〉 상황에 따른 적절한 연구방법의 선택

연구전략	(a) 연구문제의 형태가 어떠한가?	(b) 행동적 사건에 대한 통제가 필요한가?	(c) 현재의 사건을 강조하는가?
실험	어떻게, 왜?	예	예
서베이	누가, 무엇을, 어디서, 어떻게, 얼마나 많이?	아니오	예
기록정보 분석	누가, 무엇을, 어디서, 어떻게, 얼마나 많이?	아니오	예/아니오
역사	어떻게, 왜?	아니오	아니오
사례연구	어떻게, 왜?	아니오	예

출처: COSMOS Corporation.

만약 연구문제가 "무엇"에 주로 초점이 있다면, 두 가지의 가능성이 존재한다. 첫째, "무엇"에 관한 질문이 "특정한 창업 사례를 통해 무엇을 배울 수 있는가?"와 같이 탐색적인 성격을 지니는 경우이다. 연구문제가 이러한 형태의 질문을 가질 때에는 탐색적 연구를 수행하는 것이 적합하다. 이러한 탐색적 연구는 향후 더 깊이 있는 조사를 위해서 적절한 가설과 명제들을 개발하는 데에 목적이 있기 때문이다. 그러나 탐색적 연구를 수행하기 위해서는 앞서 언급한 다섯 가지 연구방법 모두가 수행 가능하다. 예를 들어, 탐색적 서베이(예: 신생 서베이 회사의 능력을 검증하고자 할 때)를 할 수도 있고, 탐색적 실험(예: 어떤 종류의 인센티브가 보다 분명한 실험적 가치가 있는지를 확인하기 위해 서로 다른 종류의 경영 인센티브 제도가 유발하는 혜택이 무엇인지 검증하고자 할 때)을 사용할 수도 있으며, 탐색적 사례연구(예: 후속 사례연구의 사례 선정을 위한 전 단계로써 기존에 창업 경험이 있는 경영자에 의한 신생기업에 비해, 최초로 창업하는 경영자에 의한 신생기업의 차별화가 얼마나 중요한지를 검증할 때)도 가능하다.

"무엇"에 관한 두 번째 유형은 실제로 질문의 내용이 "얼마나 많이" 또는 "어느 정도까지"를 물어 보는 경우이다. 예를 들어, "새로운 이민자들을 동화시키기 위해서 지역사회가 사용한 방법은 무엇이었는가?"라는 질문을 보자. 이 현상을 파악하기 위해서는 서베이 혹은 기록정보 분석이 다른 방법보다 적절하다. 서베이는 연구결과를 정량화하여 산출하고자 할 때 용이하게 사용할 수 있기 때문이다. 반면, 사례연구는 이러한 상황에서 서베이보다 더 좋은 방법이라고 보기 힘들다. "무엇"에 관한 문제의 두 번째 유형(즉, "얼마나 많이" 또는 "어느 정도까지")과 마찬가지로, "누가"와 "어디서"의 문제도 서베이나 기록정보 분석이 적절하다. 서베이나 기록정보 분석방법은 특정 현상의 '발생빈도'나 '정도'에 대하여 파악하거나, 구체적인 결과를 예측하고자 할 때 효과적이기 때문이다. 가령, 어떤 정치가의 정치적 행동이 대중으로부터 얼마나 많은 지지를 받고 있는지 조사하고 싶다면 서베이나 여론조사가 가장 적당한 전략이 될 것이다. 또 다른 예로, 에볼라(Ebola)나 지카(Zika) 바이러스가 얼마나 많이 퍼져 있는지를 알고 조사하고 싶다면 의료 통계를 사용한 역학분석이 가장 적절할 것이다.

반면, "어떻게" 그리고 "왜"와 관련된 문제는 좀 더 설명적인 성격을 띤다. '어떻게'와 '왜'의 문제를 해결하기 위해서는 다른 연구방법보다는 사례연구, 역사연구, 그리고 실험의 사용이 더 적절할 것이다. 왜냐하면 이러한 문제들은 단순히 현상의 발생 자체나 빈도보다는 시간에 걸친 추적을 필요로 하는 조작적인(operational) 관계에 대해 다루기 때문이다. 가령, 어느 지역의 가장 큰 고용 주체였던 군대 기지가 철수함으로써 유발된 경제적 타격을 지역주민들이 어떻게 피하였는지를 조사하고자 한다면(Bradshaw, 1999, 그리고 5장의 **응용 8** 참조), 서베이나 기록정보 분석보다는 오히려 역사연구나 사례연구가 바람직하다. 마찬가지로, 만약 연구자들이 그들의 연구에 어떻게 의도하지 않왔던 편견을 개입시키는지 알고 싶다면, 실험설계를 사용하여 인과관계를 검증하는 것이 적절할 것이다(Rosenthal, 1966).

두 가지 예를 더 들도록 하겠다. 만약 테러리스트의 행위로 발생한 결과 때문에 "누가" 고통받았는가라는 질문과 "얼마나 많이" 피해가 발생하였는가를 조사하고 있다면, 테러 발생지역의 주민들에게 서베이를 하거나 지역경제와 관련된 기록정보를 조사하거나, 혹은 피해지역을 대상으로 탐문조사를 하는 것이 적당할 것이다. 반면에, 만약 그러한 테러 행위가 "왜" 일어났는가를 알고 싶다면, 광범위한 문서정보를 먼저 찾아보고 그 다음에 인터뷰를 수행하여야 한다. 그런 후 사례연구를 시작해야 한다. 만약 테러리스트의 행위 자체보다 "왜"라는 질문에 더 초점을 맞추고자 한다면 여러 개의 사례로 구성된 다중사례연구를 수행하는 것이 바람직하다.

마찬가지로, 정부에서 시행한 새로운 공공 프로그램으로 인하여 발생한 결과가 "무엇"인가를 알고자 한다면 서베이를 하거나 프로그램 유형별로 경제수치 등과 같은 자료를 조사하는 것이 적절할 것이다. 그 프로그램이 얼마나 많은 사람에게 혜택을 주었는가, 어떠한 혜택을 제공하였는가, 얼마나 자주 다양한 혜택을 제공하였는가라는 질문들은 사례연구를 하지 않고도 모두 대답할 수 있다. 그러나 만약 "어떻게" 혹은 "왜" 그 프로그램이 성공적으로 실행되었는가(혹은 왜 실패하였는가)라는 것을 알고자 한다면, 사례연구 혹은 현장실험에 의존할 수밖에 없는 것이다.

요약하면, 다섯 가지 사회과학 연구방법을 구분하는 데 있어서 가장 중요한 조건은 연구문제의 유형을 파악하는 것이다. 일반적으로 "무엇"에 관한 질문은 탐색적 성격을 띠는 문제이거나, 현상이 얼마나 많이 나타나는가를 조사하는 것과 관련이 있다. 탐색적인 문제와 관련된 경우는 모든 연구방법의 사용이 가능하며, 정도에 관한 문제는 서베이나 기록정보 분석이 적절하다. "어떻게"와 "왜"의 문제는 사례연구나 실험, 혹은 역사연구가 적절하다.

연습문제 1-2
사례연구 질문 만들기

사례연구에 적합하다고 생각되는 "어떻게" 혹은 "왜"의 형태를 가진 연구질문을 한 가지 개발하라. 이 연구질문을 사례연구 대신에 서베이나 역사연구, 혹은 실험에서 사용한다고 가정했을 때 어떻게 해결할 수 있는지 생각해 보라. 서베이, 역사연구, 실험을 사용할 경우 연구질문의 어떠한 부분들이 해결하기 어려운가? 사례연구방법을 사용할 때 특별히 가질 수 있는 장점은 무엇인가?

연구문제를 정의하는 것은 연구를 진행하는 데에 있어서 가장 중요한 단계일 것이다. 따라서 연구자는 연구문제를 정의하기 위하여 참을성을 가지고 충분한 시간을 할애해야만 하는 것이다. 중요한 것은 연구문제라는 것이 본질(즉, '내 연구는 무엇에 관한 것인가')과 형태(즉, 내가 알고자 하는 것이 "누가", "무엇을", "어디서", "왜", "어떻게"에 관한 질문 유형 중 어디에 속하는가?) 두 가지를 모두 포함하고 있음을 이해하는 것이다. 즉, 연구의 실질적인 주요 이슈가 무엇인지 파악하고 제기되는 연구질문의 형태에 따라서 적절한 연구방법을 선택해야 한다(Campbell, Daft, & Hulin, 1982). 그러나 연구방법 간에는 서로 공통적으로 겹치는 부분이 상당 부분 존재하기 때문에 연구문제를 해결하기 위해서 하나의 방법을 선택하는 것이 어려운 경우가 있을 수 있다는 점도 염두에 두어야 한다. 마지막으로 주의해야 할 점은 연구문제와 관계없이 연구자가 특정 연구방법을 미리 결정한 경우이다. 만약 그렇다면, 연구자는 미리 선택한 연구방법과 연구문제가 잘 부합할 수 있도록 연구문제의 형태를 만들어야 한다.

연습문제 1-3
다른 연구방법에 적합한 연구질문 만들기

사려 연구가 아닌 서베이, 역사연구, 실험 등에 기반을 둔 연구주제를 설정하고, 각 연구방법별로 적합한 연구질문을 도출하라. 만약 같은 주제로 사례연구를 수행한다면, 연구질문의 형태가 달라질 것인가? 만약 그렇다면, 어떻게 연구질문이 달라질 것인가?

(b) 사건에 대한 통제(도표 1-2의 b열)와 현재 현상의 강조(도표 1-2의 c열). "어떻게"와 "왜"에 관한 질문이 연구의 초점이 된다는 가정하에 역사연구, 사례연구, 실험 중에서 어떠한 방법을 선택할 것인가는 연구자가 사건에 얼마나 개입하고 통제하고자 하는가에 달려 있다.

역사연구방법은 연구자가 사건에 전혀 통제를 가하지 않는 경우이고, 이미 "죽은" 과거를 다룬다. 이 말은 사건과 관련된 사람이 현재 살아 있지 않기 때문에, 연구자가 주로 기록물에 의존할 수밖에 없으며 문화적/물리적 인공물이 증거의 주요 원천(source)이 된다는 것을 의미한다. 좀 더 현대적인 버전의 역사연구는 구설연구(oral history)를 수행하는 것과 같이 최근의, 그러나 "죽지 않은" 과거를 대상으로 연구할 수 있다(Janesick, 2010). 이 경우 역사연구는 사례연구방법과 중복이 발생한다.

사례연구는 사건과 관련된 행동들이 조작될 수 없고, 어떤 현대의 사건이나 일련의 사건들을 연구하고자 할 때(여기서 "현대적"이란 단지 현재가 아니라 가까운 과거와 현재를 유동적으로 연결하는 것을 의미) 선호되는 연구전략이다. 사례연구는 역사연구에 사용되는 많은 기법에 의존하지만, 역사학자들이 일반적으로 사용하지 않는 두 가지 자료원인 사건에 대한 직접관찰과 사건과 관련된 인물들과의 인터뷰에 의존한다. 다시 말해, 사례연구와 역사연구 간에는 공통적인 부분이 있지만 사례연구만의 독특한 강점이 있는데, 이는 전통적인 역사연구에서 사용하는 방법 이외에 문서, 가공물, 인터뷰, 관찰 등 훨씬 더 다양한 증거를 사용할 수 있다는 점이다. 또한 사례연구는 경우에 따라서 기존의 역사적 연구에서 이용할 수 있는 것 이상으로 참여관찰을 수행할 수도 있다(4장 참조).

마지막으로 실험과 사례연구를 비교해 보자. 실험은 연구자가 피험자의 행동을 직접적이고, 정확하고, 체계적으로 조작화할 수 있을 때 사용 된다. 실험은 한두 개의 고립된 변수들에 초점을 두고 실험실 환경에서 이루어진다(실험실 환경에서는 관심 영역 이외의 모든 나머지 변수를 "통제(control)"할 수 있다). 때로는 실험이 실제 현장에서 이루어질 수도 있다. 예를 들어, 사람들에게 서로 다른 할인 쿠폰을 배부하는(또는 배부하지 않는) 것과 같이 집단 내의 사람들에게 "상이한 조치를 가하는 경우(treat)"이다(Boruch & Foley, 2000). 이를 현장실험(field experiment) 혹은 사회적 실험(social experiment)이라고 한다.

물론, 더 넓은 의미의 실험적 과학 영역에는 실험자가 행동을 조작할 수 없는 경우도 포함된다. 그러나 이 경우에도 실험설계의 논리는 여전히 적용되는데, 이러한 상황을 '유사실험 상황(quasi-experimental situation)'(Campbell & Stanley, 1966; Cook & Campbell, 1979) 혹은 '관찰연구(observational studies)'(Rosenbaum, 2002, 2009)라고 한다. 이것들은 실험 원리와 추론을 고수하기 때문에 사례연구방법과 다르다.

요약. 탐색적 연구와 같이 모든 연구방법이 가능한 상황이 있을 수 있고, 두 가지 방법이 동등하게 매력적인 상황이 있을 수도 있다. 경우에 따라서는 한 연구에 두 개 이상의 연구방법을 사용할 수도 있다(즉, 사례연구 내에서 서베이를 사용하거나, 서베이 내에서 사례연구를 사용). 이러한 측면에서 볼 때, 모든 연구방법이 상호배타적으로 서로 다른 성격을 지닌 것은 아니다. 연구방법들 각각이 가지고 있는 고유의 장점을 파악하고, 조건에 맞는 최선의 방법을 선택하는 것이 중요하다. 다음과 같은 경우는 사례연구방법을 선택하는 것이 바람직하다.

- "어떻게" 혹은 "왜"의 문제가 제기되었는데
  - 현실에서 벌어지고 있는 사건들이고,
  - 연구자가 통제를 가하지 않거나 또는 거의 할 수 없는 경우

연구주제에 맞는 연구문제를 결정하는 일과 이러한 연구문제를 정확하게 풀어 나가기 위해서는 많은 준비가 필요하다. 한 가지 방법은 연구주제와 관련된 선행연구들을 먼저 검토하는 것이다(Cooper, 1984). 그러나 선행연구를 조사하는 것이 모든 문제를 다 해결해 주는 것이 아니라는 점에 유의할 필요가 있다. 초보 연구자일수록 선행연구를 통해서 연구문제에 대한 해답을 바로 찾으려고 하는 반면, 경험이 많은 전문가일수록 선행연구를 검토함으로써 연구주제에 대해 보다 예리하고 통찰력 있는 연구문제를 개발해 내고자 시도한다.

다양한 사례연구, 그러나 공통적인 정의

지금까지는 사례연구가 무엇인지에 대한 정확한 정의 없이 논의를 진행해 왔다. 게다가, 사례연구의 다양성과 관련하여 자주 제기되는 세 가지의 일반적인 질문들에 대해 답하지 않은 상태이다. 이러한 질문들을 예로 들자면, (1) 사례연구에서 하나의 사례만 다룰 것인지, 아니면 그 이상의 사례를 포함할 것인지, (2) 사례연구에서 정량적 증거의 사용을 배재할 것인지, (3) 평가를 위한 수단으로도 사례연구가 적용될 수 있는지 등과 같은 것이다. 여기서는 사례연구를 연구방법으로 정의하고, 다음과 같은 세 가지 질문에 답해 보기로 한다.

연구방법으로써 사례연구의 정의

사례연구를 정의할 때 자주 쓰이던 방법은, 사례연구가 적용되었던 연구의 주제가 무엇이었는지를 반복적으로 강조하는 것이었다. 한 학자의 이야기를 예로 들어보자.

> 모든 유형의 사례연구에서 보이는 하나의 중심적인 경향, 즉 사례연구의 본질은 사례연구가 의사결정, 또는 일련의 의사결정을 조명하고자 시도한다는 데 있다. 왜 그러한 의사결정이 행해졌으며, 어떻게 실행되었는지, 그리고 결과가 어떠했는지에 대해 밝히고자 한다는 것이다(Schramm, 1971, 강조되어 추가).

Schramm은 이와 같이 "의사결정"이라는 주제를 통해 사례연구를 정의하고자 했다. 이 밖에도 "개인", "조직", "프로세스", "프로그램", "지역", "기관", 그리고 "사건" 등과 관련된 주제들이 사례연구를 정의하는 데 사용되었다. 그러나 특정 주제를 중심으로 사례연구를 정의하는 것은 분명 충분하다고 보기 어렵다(Stake, 2005, p. 443). 사회과학연구 외에도, 대중적인 문학 및 매체(대중적인 사례연구 — 서문 참조)에서 사례연구가 일상적으로 사용되는 것은 이 문제를 더욱 심화시킨다.

사실 대부분의 초기 사회과학 교과서는 사례연구를 공식적인 연구방법으로 설명하는 데 실패하였다. 앞서 설명한 바와 같이, 이들 교과서의 가장 일반적인 오류는 사례연구를 단지 다른 연구방법을 사용하기 위한 탐색적인 단계로만 간주하였다는 것이다.

사례연구를 정의하는 데 발생하였던 또 다른 오류는 사례연구를 민속학적 연구나 참여관찰에서 수행하는 현장조사와 혼동하는 것이다. 이러한 혼동으로 인하여 교과서에서 다루고 있는 사례연구가 실제로는 민속학적 연구를 설명하고 있거나, 자료수집 기법으로써의 참여관찰 방법을 설명하고 있는 것이다. 연구방법론에 관한 많은 교과서가 아직까지도 "현장조사(fieldwork)"를 자료수집 기법으로만 다루고 있으며 사례연구에 대한 실질적인 설명을 빠뜨리고 있는 것 또한 사실이다(Kidder & Judd, 1986; Nachmias & Nachmias, 2004).

Jennifer Platt(1992)은 미국 학계의 방법론적인 사상을 역사적으로 돌이켜 봄으로써 왜 사례연구가 제대로 평가받지 못해 왔는가를 설명하고자 하였다. 그녀는 시카고 대학의 사회학과에서 행해졌던 모든 연구 방식을 검토하였고, 아주 오래 전부터 사회학 분야에서 사례연구가 어떻게 수행되었는지를 추적하였다. 이 과정을 통하여, 그녀는 사례연구에 대한 고유의 정의가 이루어지지 않은 상태에서 어떻게 참여관찰이 자료수집 기법으로 등장하게 되었는지를 설명하였다. 그녀는 1950년까지의 방법론 교과서에서 사례연구와 관련된 많은 참고문헌을 찾아볼 수 있으나, 1950년부터 1980년 사이에는 이와 관련된 문헌을 찾아보기 힘들다는 것을 발견했다(Platt, 1992, p. 18). Platt은 본서의 초판(Yin, 1984)이 사례연구를 현장조사라는 제한된 시각으로부터 어떻게 확실하게 분리시키고 있는지 설명하였다. 그리고 그녀는 사례연구와 관련된 새로운 논의들이 교과서에서 어떻게 나타나기 시작하고, 1980년부터 1989년까지 광범위하게 제기되고, 이후에도 계속 지속되고 있는지를 보여줬다. 그녀는 사례연구에 대한 정의를 다음과 같이 시작하고 있다. "사례연구는 일종의 연구설계 논리로서 …, 상황이나 조건과 관계없이 관념적으로 따라야 하는 것이 아니라, 상황과 연구문제가 서로 부합할 때 수행될 수 있는 연구방법이다."(Platt, 1992, p. 46)

연구방법으로서의 사례연구의 이중적 정의. 그럼 사례연구란 어떤 연구방법인가? 핵심적인 요소들은 이 책의 초판 이후 저술(Yin, 1981a, 1981b, study.sagepub.com/yin6e)에서부터 찾아볼 수 있다. 다섯 번에 걸친 개정판을 통해 진화된 사례연구의 정의는 크게 두 부분으로 나누어 볼 수 있다. 첫 번째는 연구로써 사례연구를 할 때 사례연구의 범위에 대한 것이다.

1. 사례연구의 범위
   - 실생활에서 벌어지는 현상에 대해 깊이 있게 조사하는 실증적인 연구이다.
   - 특히, 현상과 정황 사이의 경계가 명확하게 구분되지 않을 때 사용할 수 있는 연구방법이다.

즉, 실생활의 현상을 깊게 이해하기 위해서 현상과 관련된 주요 정황 조건들에 대한 이해가 필요하다면 사례연구방법을 사용하는 것이 바람직하다(Yin & Davis, 2007).

이 첫 번째 정의는 앞서 언급한 다른 연구방법들과 사례연구를 구분하는 좋은 기준이 될 수 있을 것이다. 가령, 실험연구의 경우는 정황과 현상을 의도적으로 분리시킴으로써 몇 개의 변수에만 집중을 유도한다. 보편적으로 정황은 실험실 환경에 의해서 "통제"된다. 그에 비해 역사연구의 경우는 현상과 정황 사이에 복잡하게 얽힌 상황을 다루며, 일반적으로 현시대의 사건이 아닌 과거의 사건들만을 대상으로 한다. 서베이 연구도 현상과 정황을 모두 다룰 수는 있겠지만, 서베이에 의해서 정황을 조사하는 데는 그 능력이 극히 제한된다. 예컨대, 서베이 연구자가 설문지를 설계할 때 제한된 응답자들과 예상되는 답변과 변동성 범위 내에서 안전하게 연구를 수행하기 위해 분석할 변수와 설문 문항의 수를 줄이려고 애쓰는 것도 바로 그러한 이유에서이다.

사례연구 정의의 두 번째 부분은 현실 상황에서 현상과 정황이 언제나 분리될 수 있는 것이 아니라는 점과 관련된다. 사례연구가 가지는 특징은 다음과 같다.

2. 사례연구의 특징

- 사례연구는 데이터 포인트보다 관심 대상 변수가 많은 경우처럼, 기술적으로 독특한 상황에 대응할 수 있다.
- 연구설계, 자료수집과 분석의 기반이 될 수 있는 이론적 명제를 먼저 개발하는 것이 바람직하다.
- 다양한 자료원으로부터 증거를 수집하고, 이러한 증거들을 수렴시켜 새로운 결과를 도출한다.

두 가지 관점에서 살펴본 사례연구의 정의를 통해 우리는 사례연구가 연구설계의 논리, 자료수집 기법, 그리고 자료분석을 위한 구체적 접근방법 등을 모두 포괄한다는 것을 알 수 있다. 즉, 사례연구는 단지 자료수집을 위한 전술이나 연구설계의 특징적인 일부분에 국한된 것이 아니라 총체적인 하나의 연구방법으로 파악되어야 한다(Stoecker, 1991). 사례연구방법이 어떻게 정의되고 실행될 수 있는가는 이 책 전체에 걸쳐서 다루어질 주제이기도 하다. "사례연구"의 정의에 대한 자세한 내용은 study.sagepub.com/yin6e 웹사이트의 Tutorial 1-1을 참조하라.

연습문제 1-4
선행 사례연구에 대한 검토

선행연구 중 사례연구가 적용된 문헌을 찾아보자. 주제는 어느 것을 선택해도 되나 정성적 또는 정략적 자료를 이용한 실증분석이어야 한다. 사례연구를 사용한 이유에 대해 검토하고, 동일 주제에 대해 다른 사회연구방법론을 사용한 연구와 비교해 사례연구만의 특징을 찾아보자.

상이한 인식론적 관점의 적용 가능성. 사례연구는 서로 다른 인식론적 관점을 가진, 예를 들면 상대주의자 또는 해석주의자와 실재론자 등을 함께 포

괄할 수 있는 방법론이다.[1]

많은 사례연구는 이 책에서도 설명된 바와 같이 하나의 현상이 다른 것으로부터 독립하여 존재한다는 실재론적 관점에 기반을 둔 것이 많다(e.g., Boblin, Ireland, Kirkpatrick, & Robertson, 2013; Leppäaho, Plakoyiannaki, & Dimitratos, 2015). 그러나 사례연구는 관찰자 의존적인 다수의 의미를 가지는 다수의 현상이 있음을 인정하는 등 상대주의적 관점을 수용한다.

상대주의자의 관점을 유지하면서 당신은 사례연구를 설계하고 수행할 때 구성주의자의 접근을 추구할 수 있다. 즉, 다른 참여자들의 관점을 포착하고 그것들의 의미가 당신의 연구주제를 어떻게 이해하기 쉽게 하는가에 초점을 맞출 수 있다. 비록 이 책이 상대주의자 또는 구성주의자의 관점으로 접근하는 방식에 대한 포괄적인 지침을 제공하지 않을 수 있지만, 이 책의 많은 주제가 이러한 사례연구를 수행하는 데 도움이 되고, 또한 관련된 아이디어들을 제공한다. 예를 들어, 2장은 나중에 사례연구를 설계할 때 "이론"의 중요성에 대해 다루고, 선택 가능한 선택지들에 대해 알려줄 것이다.

연구방법으로서의 사례연구의 변화된 형태들

사례연구와 관련하여 다른 특성들은 방법론을 정의하는 데 있어서 그리 중요한 것은 아니다. 다음 제시하는 세 가지 질문과 답변은 사례연구방법 중의 변형 정도로 이해하면 된다.

첫째, 사례연구에서는 여러 개의 사례를 연구대상으로 하기도 하는가? 사례연구에는 단일사례(single-case)연구와 다중사례(multiple-case)연구가 있다(e.g., Stake, 2006). 정치학과 행정학과 같은 분야에서는 단일사례연구와 다중사례연구를 다른 각도에서 구분하고 있으나(「Comparative case method」, Agranoff & Radin, 1991; Dion, 1998; Lijphart, 1975 참조) 단일사례연구와 다중사례연구는 사례연구설계상 두 가지 변형에 해당한다(2장 참조). BOX 3에서는 다중사례연구에 대한 두 가지 예시를 보여주고 있다.

BOX 3
다중사례연구: 복수의 사례를 포함하고 있는 사례연구

사례연구에 관한 책은 개별적으로 수행된 사례연구들을 단순히 소개하는 형식으로 구성할 수도 있고, 여러 사례를 "비교" 분석하여 더 넓은 범위의 일반화를 시도할 수도 있다. 두 가지 방법 모두 공공 분야의 평가연구에서 많이 사용되어 왔던 접근방법이다.

3A. 개별적이고 독립적인 사례를 소개한 사례연구

Johathan Crane(1998)은 9개의 사회프로그램에 대한 사례 모음집을 출간하였다. 각각의 프로그램은 서로 다른 장(chapter)으로 구성되었으며 각기 다른 저자에 의해서 프로그램이 평가되었다. 9개의 각기 다른 프로그램은 모두 긍정적인 효과를 나타냈다는 점에서 공통점이 있었으며, 그 효과성에 대한 강력한 증거들을 보유하고 있었다. 그러나 9개의 프로그램은 교육, 영양, 마약 금지, 예비학교 프로그램, 불량 청소년을 위한 마약 방지 등, 프로그램마다 서로 초점이 다르다는 점에서 차이가 있다. 이 책의 목적은 다양한 주제와 관련한 정보를 독자들에게 전달하는 데에 있었다. 따라서 편집자는 내용을 전체적으로 요약하거나 프로그램끼리 비교 분석을 하지 않았고, 어떠한 일반화도 시도하지 않은 채 단순히 프로그램에 대한 사례연구만을 소개한 것이다.

3B. 다중사례분석을 통해 일반화를 시도한 문헌

Lisbeth Schorr(1997)는 그의 저서에서 사회복지 개선을 위한 주요 전략에 관한 네 가지 정책을 소개하고 있다. 복지개혁, 아동보호 시스템 강화, 교육개혁, 그리고 지역공동체 발전 등이 그것이다. 이 책은 성공적으로 프로그램이 실행된 사례들을 대상으로 구성되었다. 저자는 이러한 사례들과 관련된 선행연구를 고찰하여 공공 프로그램의 성공요인에 대한 일반화를 시도하였다. 예를 들어, '프로그램의 성공을 위해서는 결과 지향적인 실행이 필요하다'라는 것이 그것이다. 이러한 방식으로 그는 성공적인 프로그램의 여섯 가지 특징에 대해서 결론을 도출하였다(6장의 BOX 44A와 44B 참조).

둘째, 사례연구에도 정량적인 증거를 반영하는가? 사례연구는 정략적 증거와 정성적 증거 모두를 포함할 수도 있고, 경우에 따라서는 정량적 증거만을 사용할 수도 있다. 사실 정량적 증거와 정성적 증거 간의 구분을 가지고 연구방법을 구분하는 것은 바람직한 방법이 아니다. 예컨대, 어떤 실험이나 서베이는 정량적인 증거가 아닌 정성적인 증거에 의존하기도 한다. 스펙트럼의 정반대편에서, 역사연구는 방대한 양의 정량적 증거를 포함할 수도 있다.

사례연구와 정성연구 간 관계는 충분히 연구되지 않았다. 일부에서는 사례연구를 정성적 연구를 수행할 때 실행 가능한 선택 중 하나로 인식하고 있다(Creswell & Poth, 2017). 그럼에도 불구하고 사례연구의 특징과 핵심적 특성(예를 들어, "사례"를 정의할 필요성, 복수의 근거 출처들의 수렴, 정량적 데이터에 의존하는 능력)은 사례연구방법이 정성적 연구의 한 유형이 되는 것을 넘어서게 한다. 또 다른 난제로써 정성적 연구(대부분 정의상)는 양적 증거에 국한하지 않을 수 있다. 놀랄 것도 없이, 심리학과 같은 일부 학문 분야에서는 사례연구방법과 정성적 연구를 서로 구분하는 경향이 있다.

셋째, 사례연구는 평가에 활용될 수 있는가? 사례연구가 평가연구 분야에서 독특한 위치를 차지하고 있다는 점도 사실이다(Cronbach & Associates, 1980; Patton, 2015; Stufflebeam & Shinkfield, 2007, pp. 309-24; U.S. Government Accountability Office, 1990; Yin, 2013 참조). 평가연구에는 최소 네 가지의 사례연구 응용방법이 사용될 수 있다(U.S. General Accounting Office, 1990). 그 첫 번째 방법은 서베이나 실험으로 해결하기에는 너무 복잡한 현실 세계를 인과관계로 설명(explain)하는 것이다. 두 번째 방법은 프로그램이 실행되는 실제 정황과 프로그램에 대해 기술(describe)하는 것이다. 세 번째 방법은 평가와 관련한 특정 주제에 대해 예시를 통해 설명(illustrate)하는 것이다. 네 번째 방법은 프로그램이 분명한 결과를 산출하지 않았을 때 이러한 상황을 탐색(explore)하는 것이다. 사례연구의 응용방법이 무엇이건 간에 평가연구에서 끊임없이 등장하는 한 가지 이슈는 연구자보다 오히려 프로그램 후원자가 평가해야 할 실질적인 문제가 무엇이며, 필요한 자료가 어떤 것인지 파악하는 데 더 중요한 역할을 담당할 수도 있다는 것이다.

사례연구에 대한 전통적인 시각

사례연구방법이 사회과학 연구의 고유한 형태임에도 불구하고, 많은 연구자가 사례연구를 평가 절하해 왔다. 연구방법의 일환으로써 사례연구를 실험이나 서베이보다 덜 바람직한 연구방법으로 취급해 왔던 것이다. 그 이유가 무엇일까?

충분히 엄격한 연구방법론인가? 아마도 사례연구가 평가 절하되는 가장 큰 이유는 학문적 엄격성이 부족하기 때문이라고 생각하는 사람이 많아서일 것이다. 많은 경우에서, 사례연구를 수행하는 연구자들이 신중하지 못했으며, 체계적인 절차를 따르지 않았고, 연구의 발견과 결론을 연결하는 데에 일관성 없는 증거와 주관적인 편견을 개입시켜 온 것도 사실이다. 사례연구방법을 사용할 때는 이러한 문제들이 발생하지 않게 해야 한다.

"비연구방법적" 사례연구와의 혼동. 이 책의 서문에서 논의했듯이 사례연구는 사례연구의 영역 밖에서 두드러진 역할을 해왔다. (a) 교육 또는 전문적인 분야를 발전시키는 역할을 하기도 했고("교육-실무" 사례연구), (b) 대중적인 문헌이나 매체에 등장하기도 했으며("대중적인" 사례연구), (c) 각종 행정 기록 보관소의 필수적인 부분으로 나타나기도 한다("사례기록").

세 가지 유형의 사례연구 모두 큰 가치를 가지고 있지만, 그럼에도 불구하고 비연구방법적 사례연구이다. 이것들은 명시적인 연구방법을 따르지 않으며 방법론을 형식적으로 기술하는 것과 같은 전통적인 사회과학 연구절차에는 관심이 없을 수도 있다. 세 가지 유형의 비연구방법적 사례연구는 기존의 사례연구방법과 목적이 다를 수 있기 때문이다.

예를 들어, 원래는 법, 경영, 의학 또는 공공행정 분야에서 "교육용 사례"로 사례연구를 교육도구로 사용하는 것(Ellet, 2007; Garvin, 2003; Llewelyn, 1948; Stein, 1952; Towl, 1969; Windsor & Greanias, 1983)이 물리와 생명과학 분야를 포함한 거의 모든 전문 분야에서도 적용되고 있다.[2] 교육-실무 사례연구는 전문 과정 커리큘럼(예: 경영대학 또는 로스쿨)에서 자주 사용되거나 교육학 분야(예: 의학 또는 기타 분야의 평생 교육과정)에서 보조자료로 활용될 수 있다. 어느 쪽이든, 교육을 목적으로 사용되는 사례연구는 관련되면서 중요한 사건이나 관점을 모두 포괄할 필요가 없다. 오히려, 교육-실무 사례연구는 몇몇 중요한 전문적 이슈를 중심으로 학생들의 토론과 논쟁을 위한 틀을 마련하는 것이 목적이다. 따라서 좋은 교육 및 훈련용 사례연구(일반적으로 단일사례)를 개발하는 기준은 사례연구방법을 위한 기준과 다르다(Caulley & Dowdy, 1987).

또한, 사례연구가 대중적 문헌이나 매체(대중적인 사례연구)에 등장할 때, 기존 사례연구방법의 품질에까지 영향을 미칠 수 있다. 대중적인 사례연구는 잡지 기사나 짧은 삽화(vignette), 또는 영상으로 나타날 수 있는데, 이 경우 작가들은 자신의 작품을 종종 "사례연구"라고 표현한다. 그 결과, 비사회과학 분야의 학자들을 포함한 많은 사람이 어떤 연구방법도 따르지 않은 대중적인 작품들을 보며 연구방법으로서의 사례연구방법까지 잘못된 인상을 가지게 될 수 있다.

마지막으로 사례연구는 의료 기록, 사회복지 업무 파일 및 기타 사례기록 등 사례기록으로 나타날 수 있다. 이러한 사례기록은 아동 양육권 평가를 포함한 사례 기반 절차와 같은 일부 행정 실무를 처리하는 데 도움이 될 수 있다(Vertue, 2011). 사례기록 작성이나 사례평가는 마치 연구방법으로서의 사례연구를 하는 것과 유사한 절차를 따를 수 있지만, 사례기록을 만드는 기준은 사례연구방법의 기준과 다르다. 특히 Bromley(1986)는 사례기록의 내용이 "사실적 데이터보다는 책임에 대한 기대"(p. 69) 때문에 바람직하지 않는 영향을 받을 수 있다고 보았다.

일부 사람들이 이 세 가지 유형의 비연구방법적 사례연구만 접해 봤을 가능성이 있음에 주의할 필요가 있다. 이러한 가능성은 사례연구를 연구방법으로 보는 관점을 손상시킬 수 있다. 예를 들어, 교육-실무 사례연구는 매우 많이 존재하고, 오늘날에는 전문적인 훈련(예비훈련과 현직훈련)에도 일상적으로 사용되기 때문에 이 경험은 연구방법으로서의 사례연구에 대한 인상을 평가 절하할 수 있다.

연구방법으로써 사례연구를 할 때는 방법론적 절차, 특히 모든 증거를 객관적으로 보고하는 것을 강조함으로써 이러한 혼동을 극복해야 한다. 또한 편향되지 않은 서베이 질문을 설계하거나(Sudman & Bradburn, 1982) 역사연구에서 증거조사 과정에(Gottschalk, 1968) "실험자 효과"(Rosenthal, 1966 참조)를 피하는 것처럼 다른 사회과학 조사방법이 수행하는 노력과 동일하게 편견을 버리고, 모든 방법론 절차에 투명하고 명확해야 한다. 어려움은 다르지 않지만, 사례연구방법에서 이에 대한 더 큰 관심이 요구될 수 있다. 즉, 당신이 수행하려는 방법론적 절차와 문서가 연구방법으로서의 사례연구와 비연구방법적 사례연구를 다르게 할 필요가 있다.

연습문제 1-5
교육-실무 사례연구 조사하기

교육을 목적으로 설계된 사례연구 사본을 구해 보라(예: 경영학과의 교과서에 실려 있는 사례연구 등). 이러한 "교육용" 사례가 연구방법으로서의 사례연구와 다른 점은 무엇인지 살펴보라. 교육용 사례에도 증거 또는 자료를 포함한 1차 자료들이 잘 인용되거나 제시되어 당신만의 해석으로 결론에 도달할 수 있는가? 교육용 사례가 증거를 통해 어떻게 실질적인 발견과 결론을 도출했는지 논의하고 있으며, 이를 경쟁적 해석과 비교하고 있는가? 교육을 위한 사례연구의 주요 목적은 무엇이라고 생각하는가?

사례연구의 결과를 일반화시킬 수 있는가? 세 번째 우려는, 사례연구가 일반화할 수 있는 능력이 떨어진다고 보기 때문이다. "하나의 사례연구로 어떻게 그 결과를 일반화시킬 수 있는가?"는 흔히 제기되는 질문 중의 하나이다.

같은 질문을 실험에 적용해 보자. 한 번의 실험으로부터 나온 결과를 어떻게 일반화할 수 있는가? 실제로 물리학이나 생명과학은 사실은 한 번의 실험을 바탕으로 하지는 않는다. 일반적으로 과학적 사실들은 다른 조건에서 같은 현상들이 반복되어 실험되고 검증된 결과이다. 심지어 실험적인 연구에 의한 일반화도 시간이 지남에 따라 크게 바뀔 수 있다(카페인이나 다른 음식 섭취에 대한 영양학적 결과의 추정에 얼마나 많은 반전이 있었는지 생각해 보라). 이처럼 반복실험의 접근 논리를 사례연구에 적용시킨 것이 다중사례연구(multiple-case study)이다. 그러나 다중사례연구는 실험과는 연구설계방법에서 차이가 있다. 다중사례연구에 대해서는 2장에서 자세히 설명될 것이다. "하나의 사례로 그 결과를 일반화시킬 수 있는가"에 대한 답을 짧게 요약한다면, 실험과 마찬가지로 사례연구는 이론적 명제에 대한 일반화가 가능한 것이지 모집단을 대상으로 일반화하는 것이 아니다. 즉, 사례나 사례연구는 실험과 마찬가지로 "표본(sample)"을 대표하는 것이 아니다. 사례연구의 목적은 사건이 얼마나 많이 일어났는지 그 빈도를 조사(통계적 일반화)하는 것이 아니라, 사례연구를 통하여 이론들을 확장, 일반화하는 데에 있기 때문이다(분석적 일반화). 몇 년 전, 단일사례연구를 수행하였던 세 명의 매우 저명한 사회과학자들도 그들의 연구목적이 특수한 사례를 분석하는 것이 아니라 연구의 결과를 "일반화(generalizing)"하는 데 있다고 밝힌 바 있다(Lipset, Trow, & Coleman, 1956, pp. 419-420).[3]

너무 많은 노력을 필요로 하는 것은 아닌가? 사례연구에 대해 네 번째로 언급되는 비판은 사례연구가 너무 오래 걸리고, 방대한 결과와 이해하기 어려운 문서를 산출한다는 것이다. 이러한 비판은 과거에 행해졌던 사례연구 방식을 되돌아볼 때 어쩌면 타당한 것인지도 모른다(Feagin et al., 1991). 그러나 이것이 사례연구 본래의 방법이 아니며, 미래에도 결코 이렇게 되어서는 안 된다. 6장에서는 구술이든 서술이든 형태와 관계없이 사례연구를 구성하는 다양한 방법을 다룬다.

사례연구는 오랜 시간을 필요로 하지 않는다. 이는 사례연구방법을 민속학적(ethnography) 연구(O'Reilly, 2012)나 참여관찰(DeWalt & DeWalt, 2011)과 같은 자료수집 방법과 혼동하기 때문이다. 민속학적 연구는 일반적으로 현장에서 오랜 시간의 관찰과 자세한 증거들을 강조한다. 참여관찰은 그렇게 오랜 기간을 필요로 하지는 않지만 역시 현장에서 연구자가 상당한 시간을 투자하는 것을 전제로 한다. 반면, 사례연구방법은 증거수집을 민속학적 연구 혹은 참여관찰 방법에만 의존하는 것이 아니다.

사례연구가 다른 연구방법과 비교해 상대적 우위를 가지는가? 마지막으로, 사례연구가 다른 연구방법에 비해 명백히 상대적 우위를 가지는 방법으로 보기 어렵다는 것이 그 이유다. 이러한 평가는 특히 교육 분야에서 무작위 대조군 연구(randomized controlled trials: RCT), 혹은 진실험(true experiments)이 선호되던 21세기 초반에 활발히 제기되었다. 이러한 종류의 실험이 인정받은 이유는, 이 연구들이 다양한 조치와 개입의 효과, 즉 인과관계를 규명하는 것을 목표하였기 때문이다(Jadad & Enkin, 2007). 많은 사람은 사례연구가 어떤 현상의 인과관계를 직접적으로 설명하지 못한다는 이유로 실험적 연구와 비교해 평가 절하하여 왔던 것이다.

그러나 그동안 간과되었던 점은, 그럼에도 불구하고 사례연구가 실험에서 발견된 인과관계를 보완하기 위한 중요한 증거를 제공할 수 있다는 사실이다. 실험적 연구가 어떠한 조치(또는 개입)의 효과를 발견하는 데는 효율적이긴 하지만, "어떻게" 또는 "왜" 그 조치가 효과가 있었는지 설명하는 데 한계를 가진다. 반면, 사례연구는 어떠한 인과관계에 대해 "어떻게" 또는 "왜"라는 질문에 대답(Shavelson & Townes, 2002, pp. 99-106)하거나 공공 프로그램을 평가함에 있어 "프로그램이 시행되었는지가 아닌 어떻게 시행되었는지"(Rogers, 2000)를 파악하는 데 적절한 연구방법이다.[4] 따라서 사례연구는 "실험을 대체하는 방법이라기보다는 실험과 함께 수반되어야 하는 연구"(Cook & Payne, 2002)로써 가치를 부여할 수 있다. 임상심리학에서는 실험적 조치를 취한 이후에 피험자들의 행동 변화를 확인하기 위하여 여러 개의 단일사례연구를 수행함으로써 실험적 연구의 발견에 대한 추가적인 증거를 제공하기도 한다(Veerman & van Yperen, 2007). 결국, 이와 비슷한 방식으로 사례연구는 다른 정량적, 통계적 방법을 사용한 연구방법들을 보완할 수 있다(BOX 4 참조).

BOX 4
통계적 연구와 보완적 관계로서의 사례연구

국제정치 분야에 있어서, 주요 명제는 "민주국가들은 서로 거의 전쟁을 하지 않는다."(George & Bennett, 2005, p. 37)라는 것이었다. 이 명제에 대한 연구는 방대한데, 사례연구뿐만 아니라 통계적 연구방법이 모두 쓰이고 있다. George와 Bennett(2005, pp. 37-58)는 그의 저서에서 정권의 유형과 전쟁 간의 상관관계를 파악하기 위해서 어떻게 통계방법론을 적용하였는지, 그리고 이러한 상관관계를 설명하기 위한 근본적인 과정을 조사하는 데 어떻게 사례연구방법이 사용되었는지를 보여주었다. 예를 들어, 위의 명제와 관련된 가장 우세한 설명은 민주국가들은 분쟁을 해결하기 위해 군사력을 사용할 필요가 없도록 하는 공식적인 약속을 만들 수 있어서라는 것이었다(p. 57). 수십 년간 다양한 학자에 의해 수행되어온 관련 연구를 망라해 본 결과, 대부분의 연구는 통계적 분석과 사례연구가 함께 사용되고 있어 두 기법 간의 관계가 서로 보완적임을 보여주고 있다.

요약. 위에 언급한 사례연구에 대한 다섯 개의 비판이 일부 완화될 수 있다고 하더라도, 여기서 얻을 수 있는 가장 중요한 교훈은 좋은 사례연구방법을 수행하는 일이 매우 어렵다는 것이다. 문제는 좋은 사례연구를 수행할 수 있는 연구자의 능력을 조사하고 검증할 수 있는 방법이 거의 없다는 데에 있다. 사람들은 자신이 어떤 악기를 연주할 수 있는지, 어느 정도 이상의 고난도 수학문제를 풀 수 있는지 스스로 알 수 있으며, 변호사 자격과 같은 시험을 볼 수도 있고 다른 기술적인 실력도 테스트를 통해서 검증해 볼 수 있다. 그러나 사례연구를 잘할 수 있는 기술이란 무엇인지 아직 정의되지 않았다. 그 결과, "대부분의 사람은 자신이 사례연구를 수행할 수 있다고 생각하며, 우리들의 대부분은 사례연구를 이해할 수 있다고 믿고 있다. 그러나 이처럼 사례연구에 대한 시각이 제대로 정립되지 않았기 때문에 사례연구가 마땅히 받아야 할 좋은 평가를 받지 못하고 있는 것이 사실이다"(Hoaglin, Light, McPeek,

Mosteller, & Stoto, 1982, p. 134). 이 문장은 5명의 저명한 통계학자가 공동으로 집필한 저서에서 인용한 것이다. 놀랍게도, 사례연구를 잘 수행하는 것이 얼마나 어려운 일인지 다른 분야에서도 인식하고 있는 것이다.

요약

이 장은 연구방법으로써 사례연구의 적절성과 중요성에 대해 소개하였다. 사례연구는 다른 사회과학 연구방법과 마찬가지로 미리 정해진 절차를 따라서 실증적인 주제를 조사하는 연구방법이다. 연구절차에 대한 더 자세한 이야기는 이 책의 뒷부분에서 다루게 될 것이다.

이 장에서는 사례연구의 조작적 정의와 사례연구의 유형에 대해서 설명하였다. 또한 어떠한 상황에서 특히 사례연구가 더 적절한 연구방법인지를 제시함으로써, 사례연구와 다른 사회과학 연구방법들을 구분하고자 하였다. 경우에 따라서는 연구방법의 장점과 단점을 명확하게 구분할 수 없기 때문에 어떤 연구방법이 가장 적당한지 선택하기가 어려울 수도 있다. 그러나 이 장의 기본적인 목표는 연구방법들을 포괄적으로 이해함으로써 연구자가 상황에 맞는 연구방법을 선택할 수 있도록 하는 것이다.

마지막으로, 이 장에서는 사례연구와 관련하여 그동안 제기되어 왔던 주요 비판들을 살펴보고 그 비판에 대응하는 답변을 제시했다. 그러나 연구자들은 사례연구의 문제점을 극복하기 위해서 여전히 많은 노력을 기울여야 할 것이다. 사례연구는 그동안 연구자들이 체계적인 절차를 따르지 않고 수행해 왔기 때문에 전통적으로 엄격하지 않은 연구방법으로 간주되어 왔다. 그러나 사실은 매우 어려운 연구방법이다. 본 서는 사례연구의 절차를 체계적으로 제시함으로써 연구자들이 좀 더 쉽게 사례연구에 접근할 수 있도록 하는 것을 목표로 한다.

미주

1. 이 용어들은 두 개의 대조적인 관점을 지나치게 단순화시킴에도 불구하고 선택하였다. 이 과정에서 많은 미묘한 점이 무시된 것이 사실이다. 정의를 간단히 살펴보기 위하여 Schwandt의 사전(2015a)을 참조하면, 실재주의는 "사물이 우리의 지각, 즉 우리가 알고 모르고와 관계없이 존재한다"는 주장이고, 상대주의는 "절대적 진리의 존재를 부인"하는 것이며, 해석주의는 "종종 대상의 정성적 측면을 주목(qualitative inquiry)한 모든 연구와 동의어"로 사용된다. 세계관에 대한 보다 일반적인 설명은 Creswell(2014)을 참조하라.
2. 예를 들어, 국립과학재단의 지원을 받는 SUNY 버팔로 대학교의 국립 과학 사례연구 교육 센터(National Center for Case Study Teaching in Science)에서 이용할 수 있는 사례연구를 참조하라.
3. 그럼에도 불구하고, 개별 사례가 매우 특이하거나 중요해서 사례연구의 연구자가 일반화를 시키고 싶지 않아 하는 예외적인 상황이 있을 수 있다. 이와 관련해 Stake(2005)의 사례연구와 Lawrence-Lightfoot과 Davis(1997)의 사례연구, Abma and Stake(2014)의 사례연구를 참조하라.
4. 학자들은 전통적 실험이 단순한 인과관계(하나의 원인과 하나의 결과로 이루어진 관계)를 테스트하는 데 사용되는 경향이 있다는 점을 지적한다. 가령, 신약과 같은 하나의 조치가 특정한 효과를 유발하는지 여부를 검증하는 경우가 그것이다. 그러나 실제로 사회과학에서 다뤄지는 많은 주제의 경우 대부분 다양한 요인이 복합적으로 얽혀 있거나 여러 개의 원인이 상호작용하기 때문에 실험으로 이러한 복잡한 현상을 이해하는 데 한계가 있다(George & Bennett, 2005, p. 12).

제2장

사례연구 설계하기

Case Study Research

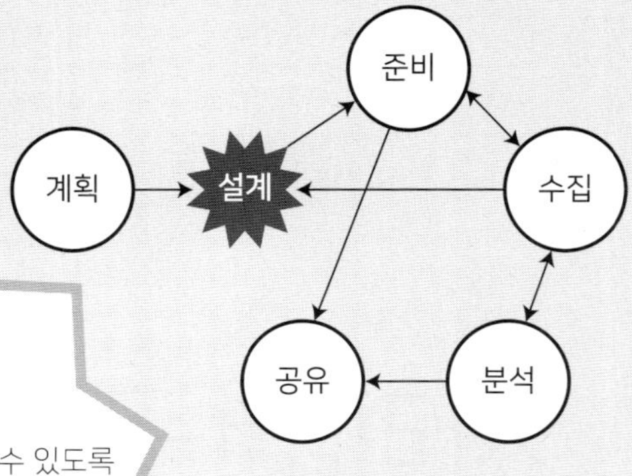

2장
설계

- 연구할 사례를 정의한다.
- 사례연구의 결과를 일반화시킬 수 있도록 이론과 명제, 연구이슈를 개발한다.
- 사례연구의 유형을 결정한다(단일사례, 다중사례, 단일 분석단위, 복합적 분석단위).
- 사례연구의 질을 높이기 위해 네 가지 기준을 적용하여 사례연구설계를 검증한다.

연구설계란 수집한 자료와 도출하고자 하는 결론을 초기의 연구질문에 연결시키는 과정이다. 모든 실증연구는 연구설계 과정을 거치는데, 연구에 따라서 그것이 명확하게 드러날 수도 있고 아닐 수도 있다. 사례연구 수행에 필요한 연구설계를 강화하기 위해서는 연구주제와 관련된 "이론적 틀"을 분명하게 하는 것이 중요하다. 이론적 명제는 당신의 사례연구가 통계적 일반화(statistical generalization)가 아닌 분석적 일반화(analytic generalization)가 될 수 있도록 그 토대를 제공한다.

사례연구설계에는 사례의 범위를 어디까지로 한정하는 문제뿐 아니라 연구할 "사례"를 정하는 것도 포함한다. 사례연구가 얼마나 잘 설계되었는가는 사회과학 연구방법에서 공통적으로 사용되는 (a) 구성 타당성, (b) 내적 타당성, (c) 외적 타당성, (d) 신뢰성이라는 네 가지 조건을 적용해 판단할 수 있다.

연구설계는 크게 네 가지(2×2 매트릭스) 유형으로 분류할 수 있다. 첫 번째 축은 (1) 하나의 사례만을 연구대상으로 하는 단일사례(single-case) 연구설계와 (2) 두 개 이상의 사례를 연구대상으로 하는 다중사례(multiple-case) 연구설계로 나눈다. 두 번째 축은 분석단위로 구분되는데, (1) 전체가 하나의 분석단위로 이루어진 설계(holistic design)와 (2) 전체 분석단위 이외에 하위 분석단위가 포함된 설계(embedded design)가 그것이다. 분석단위가 무엇이든 단일사례연구는 단일사례가 (1) 그 자체가 중요한 경우, (2) 극단적 또는 비정상적인 경우, (3) 일반적인 경우, (4) 모르던 것을 알게 하는 경우, (5) 종적 사례연구인 경우의 다섯 가지 특성 중 하나일 때 매우 유용할 수 있다. 분석단위가 무엇이든 다중사례연구의 사례선택은 표본논리(sampling logic)가 아닌 반복연구논리(replication logic)를 따른다. 단일연구사례가 가지는 의의도 있지만, 일반적으로 다중사례연구설계가 단일사례연구설계보다 더 우수한 것으로 간주된다. 따라서 단일사례연구보다는 "두 개의 사례"로 구성된 것이라 할지라도 다중사례연구가 상대적으로 더 높은 연구 가치를 지닌다. 또한 사례연구는 동일한 연구 내에서도 사용된 다양한 연구방법 중 하나일 수 있다.

2

사례연구 설계하기

사례 설정 및 연구논리 확립하기

사례연구에 대한 일반적 접근방법

1장에서는 다양한 연구방법 중 언제, 어떠한 경우에 사례연구를 선택하는 것이 바람직한 것인가를 설명하였다. 연구방법을 사례연구로 결정하였다면 다음에 해야 할 일은 사례연구를 설계하는 것이다. 다른 유형의 연구방법처럼 사례연구 역시 연구방법 설계가 필요하다.

사례연구에 있어서 연구설계를 수립하는 것은 쉽지 않은 일이다. 이는 다른 연구방법과 달리 사례연구설계의 방법론적 기준과 절차에 관한 지침이 아직까지 구체적으로 개발되지 않았기 때문이다. 생물학이나 심리학에서는 피험자들을 두 그룹으로 나누고 서로 다른 조건이나 자극을 부여하여 그 반응을 살피는 방법을 사용한다. 이러한 조건과 자극에 대한 반응을 측정하는 다양한 방법도 개발되어 있다(Cochran & Cox, 1992; Fisher, 1990; Sidowski, 1966 참조). 실험설계에는 연구이슈와 실험조건 간의 중요한 논리적인 연결 관계가 반영되어 있는 것이다. 사례연구의 경우 — 예를 들어, 서베이에 사용되는 패널연구(panel study)와 같은 — 이렇다 할 보편적인 연구설계가 개발되지 않은 상황이다(Kidder & Judd, 1986, 6장).

사례연구설계 시 주의해야 할 점은 사례연구설계를 유사실험(quasi-experiment)*처럼 다른 연구방법에서 사용되는 연구설계의 변형이나 부분집합으로 파악해서는 안 된다는 것이다(Campbell & Stanley, 1966; Cook & Campbell, 1979). 아주 오랫동안 학자들은 사례연구를 유사실험의 한 가지 종류(Campbell & Stanley(1966), pp. 6-7)로 생각해 왔다. 최근까지 이러한 잘못된 생각이 이어져 왔으나 유사실험 설계방법에 대해서 제기된 다음과 같은 주장 때문에 바로 잡을 수 있게 되었다.

> 사례연구를 일회성의 사후측정설계(post-test-only design) 방식으로 생각해서 지금과 같이 평가절하해서는 안 된다(Cook & Campbell, 1979, p. 96).

즉, 유사실험설계는 일회성(one-shot)과 사후측정(post-test-only)이라는 점에서 여전히 하나의 설계방식으로 존재하는 반면 사례연구는 유사실험과는 완전히 다른, 자신만의 고유한 연구설계 방식을 가진 연구방법이다.

그러나 불행히도 사례연구설계에 대해서 체계적으로 정립되어있지 않다는 점이 문제이다. 이후에는 사례연구의 방법론적인 기반을 좀 더 자세히 설

---

* 유사실험은 조사자가 실험을 실시하는 시기와 대상을 통제하는 것은 가능하지만 실험변수의 노출 시기와 노출 대상을 임의대로 통제할 수 없다. 따라서 실험집단과 비교집단이 동일한 특성을 갖추기 어렵다는 단점이 있다. 이러한 측면에서 유사실험설계는 순수실험설계만큼 효과적으로 혼란변수들을 통제하기 어렵지만 원시실험설계에 비해서 과학적 관찰과 인과적 설명에 대한 풍부한 결과를 산출할 수 있다는 장점이 있다. 유사실험설계는 측정시기와 대상을 구성하는 방법에 따라 두 집단에 대한 사전사후측정 실험설계, 동류집단설계, 단일집단 반복실험설계, 사후측정실험설계 등으로 나눌 수 있다. — 역자주

명하고 단일사례연구와 다중사례연구를 위한 기본적 연구설계 방식에 대해서 논의할 것이다. 여기서 설명하는 연구설계 방법들은 향후에도 수정되고 개선될 필요가 있을 것이다. 다소 부족한 부분이 있다하더라도 이러한 연구설계 방법이 수행할 사례연구를 좀 더 학문적으로 가치 있고 방법론을 공고하게 만드는 데 도움이 될 것은 분명하다.

> **TIP: 사례연구를 위해 어떤 사례를 선택해야 할까?**
>
> 사례 현장에서 인터뷰, 참고문헌 또는 기록, 현장관찰 등, 그것이 어떤 형태이든, 자료수집이 용이한가를 검토해야 한다. 자료수집이 가능한 몇 개의 후보사례 중에서 연구문제를 가장 명확히 드러낼 수 있는 사례를 선택한다. 만약 염두에 둔 후보사례에서 자료수집이 어렵거나 불가능하다면, 연구문제를 수정하거나 혹은 자료수집이 가능한 새로운 후보사례를 다시 찾아야 한다.
>
> **자료수집 가능성이 사례연구 수행에 얼마나 중요하다고 생각하는가?**

연구설계란 무엇인가

모든 유형의 실증적 연구는 연구설계를 가진다. 이때 연구설계는 명확하게 나타날 수도 있고, 분명하게 드러나지 않을 수도 있다. 연구설계란 실제 수집한 자료를 초기에 설정한 연구문제와 연결시키고 궁극적으로는 연구의 결론으로 연결시키는 논리적인 과정이다. 쉽게 말해서, 연구설계는 '여기'서 '거기'로 연결되도록 하는 논리적인 계획인데, 이때의 '여기'란 답을 찾고자 하는 연구문제며, '거기'란 이러한 문제에 대한 연구의 결론을 의미한다. '여기'와 '거기'를 연결시키기 위해서는 관련된 자료를 수집하고 분석하는 몇 가지 중요한 과정들이 필요하다. 다른 교과서에서는 연구설계를 "증명할 수 있도록 하는 논리적 모델(logical model of proof)"이라고 정의했다(Nachmias & Nachmias, 2014).

연구설계에 대한 또 다른 관점은 연구설계를 연구의 "청사진"으로 파악하고 다음과 같은 네 가지의 문제들을 다루는 것이다(Philliber, Schwab, & Samsloss, 1980).

여기서 주목할 점은 연구설계라는 것이 작업계획을 세우는 것과는 다른 문제라는 것이다. 연구설계의 주요 목적은 수집된 증거가 연구문제와 적합하지 않게 되는 상황을 배제하는 데에 있다. 이러한 의미에서 연구설계는 물리적인 문제가 아니라 '논리적인' 문제와 연관된다. 예를 들어, 어떤 한 조직에 대해서 연구를 하고자 한다고 가정해 보자. 그런데 연구문제를 해결하기 위해서는 그 조직의 경쟁관계나 협력관계 때문에 다른 조직과의 관계도 함께 조사해야만 한다. 이 경우, 초기 연구대상이었던 조직에 대한 자료만 수집하는 것이 아니라 그 조직과 연관된 다른 조직의 자료를 함께 수집해야 연구문제를 해결할 수 있다. 만약 하나의 조직만을 조사하고 연구를 마친다면, '조직 간의 협동'에 대한 정확한 결론을 도출할 수 없을 것이다. 이와 같은 일은 작업계획에 문제가 있는 것이 아니라, 연구설계가 잘못된 것이다.

연구설계의 구성 요소

사례연구의 연구설계에는 다음과 같은 다섯 가지의 요소가 특히 중요하게 강조된다.

1. 연구문제
2. 연구명제
3. 사례(들)
4. 자료와 명제를 연결시키는 논리적 연결
5. 연구를 통해 발견한 것을 해석하기 위한 기준

연구문제. 사례연구의 첫 번째 구성 요소인 연구문제에 대해서는 이미 1장에서 설명한 바가 있다. 연구문제의 내용은 다양하게 바뀔 수 있지만, 연구문제의 형태가 "누가", "무엇을", "어디서", "어떻게", 그리고 "왜" 중 어디에 초점이 있는가를 파악하는 것이 가장 적절한 연구방법을 선택할 수 있는 길이다. 연구문제가 "어떻게"와 "왜"에 관한 것이라면 가장 적절한 연구방법은 사례연구일 것이다. 그렇기 때문에 연구자의 첫 번째 과제는 연구문제의 속성이 어떠한가를 정확하게 파악하는 것이다.

그 다음, 실질적인 연구문제의 형태를 갖추는 것은 좀 더 어려운 일일 것이다. 많은 학생이 사례연구를 처음 시도하다가 그들의 연구문제가 이미 이전에 다루어졌다는 것을 알게 될 때 낙담하곤 한다. 연구문제가 너무 사소하거나 범위가 작은 이슈에 초점을 맞추는 것도 바람직하지 않다.

다음은 연구문제를 설정하는 것에 대한 유용한 3단계 과정이다. 우선, 처음부터 구체적인 연구문제를 도출하려고 하지 말고, 선행연구를 참조하여 한두 가지 주요 주제로 관심의 폭을 좁힌다. 그 다음, 관련된 주제를 다루었던 선행연구 중에서 핵심연구 몇 개를 찾아서 그것들을 상세하게 검토한다. 그리고 그 연구들의 연구문제가 무엇이었는지 파악하고, 그들이 새로운 문제를 제기하며 결론을 맺지는 않았는지, 혹은 추후 보충연구를 위하여 미진하게 마무리 짓지는 않았는지 확인한다. 이 과정은 당신의 사고와 상상을 자극하여 당신만의 연구문제를 도출하는 데 도움을 줄 것이다. 마지막으로는 같은 주제를 다룬 다른 연구들을 살펴보는 것이다. 그 연구들은 당신의 연구주제를 뒷받침하거나 더욱 명확하게 만들 수 있을 것이다.

연구질문을 정의하는 것보다 현장조사(fieldwork)부터 먼저 시작할 수 있다고 1장에서 언급하였다. 현장에서 일어나고 있는 일은 관련된 연구질문을 찾는 데 도움이 될 수 있다. 그러나 이때 세심한 주의가 필요하다. 통찰력 있는 연구질문으로 이어지지 않는 일시적인 조건에 지나치게 휘둘릴 수 있기 때문이다. 또한, 많은 일들이 현장에서 발생하기 때문에 관심을 어디에 집중해야 할지 아는 것은 좋은 질문을 도출하기 위해 문헌을 찾는 것보다 어려울 수 있다.

연구명제. 연구명제는 연구설계의 두 번째 요소로 연구범위 내에서 조사해야 하는 대상에 집중을 유도한다. 가령 조직 간의 협동에 대한 연구를 수행한다고 가정하자. 그리고 조직은 왜, 어떻게 다른 조직과 협력하여 공동의 서비스를 제공하는가(예를 들어, 제조업체와 유통업체가 컴퓨터 제품을 팔기 위해서 서로 협력하는 경우)를 연구문제로 설정하였다고 하자. 이때 "어떻게"와 "왜"라는 연구문제, 즉 질문들은 연구자가 해답을 구하려는 것이 무엇인가를 밝혀주기 때문에 우선 그 연구를 위한 적절한 연구전략을 수립할 수 있도록 한다. 그럼에도 불구하고, "어떻게"와 "왜"에 관한 문제가 구체적으로 무엇을 조사해야 하는지를 정확하게 제시하는 것은 아니다.

연구자가 개념적 틀로 일정한 명제를 분명히 정립하여야만 연구가 정확한 방향으로 진행될 수 있다. 가령 '조직은 서로의 공동이익이 존재하는 한 상호 협력 한다'라는 명제를 설정하였다고 가정하자. 이 명제는 중요한 이론적 이슈(조직을 협업으로 이끄는 중요한 동기 요인들)를 반영할 뿐만 아니라, 어디에서 적절한 증거를 찾아야 하는지 알려주고 있다(협업하는 조직이 얻게 되는 구체적인 이점이 무엇인지 정의하고 그것을 뒷받침할 수 있는 증거들).

반면, 명제가 특별히 존재하지 않는 탐색적 연구도 있을 수 있다. 모든 탐색적인 연구는 분명한 연구목적을 가지고 있어야 한다. 따라서 탐색적 연구설계에는 연구명제 대신 연구목적을 분명하게 밝혀야만 하고, 그 탐색이 성공적으로 수행되었다고 평가할 수 있는 기준이 제시되어야 한다. 하나의 성공적인 결과에는 후기 연구에서 조사할 명제에 대한 검증이 포함될 수 있다. BOX 5는 탐색적인 사례연구를 위해서 어떻게 연구설계를 해야 하는지 유추하는 데 도움을 줄 것이다.

BOX 5
탐색적 사례연구의 시작

콜럼버스(Christopher Columbus)가 신대륙 "탐험"을 위해서 이자벨라 여왕을 알현하고 지원을 요청하였을 때, 그는 왜 선박 3척이 필요한지(왜 꼭 3척이어야 하는지), 그리고 왜 서쪽으로 가려 하는지에 대한 정당한 이유를 설명해야만 했다. 결국 콜럼버스가 도착한 곳은 그가 찾고자 했던 인도제국이 아니었음을 나중에 알게 되었다. 그가 인도에 가기 위해 처음에 가정하였던 몇몇 조건이 잘못되었음이 훗날 밝혀졌지만, 그의 탐험은 정당한 이유와 방향이 설정된 후에 시도되었던 것이다(Wilford, 1992). 마찬가지 관점에서, 탐색적 사례연구도 이러한 기저의 정당성과 연구의 방향이 먼저 설정된 후 수행되어야 한다.

탐색적 사례연구의 예는 이 장의 끝에 있는 **응용 1**을 참조하라.

사례. 연구설계의 세 번째 요소는 "사례"가 무엇인가를 정의하는 일인데, 이는 사례연구를 처음 시작하는 연구자들이 마땅히 직면해야 하는 문제이다(Ragin & Becker, 1992 참조). 연구자로서 최소한 두 가지를 고려하여야 하는데, 사례를 정의하는 일과 사례의 범위를 정하는 일이 그것이다.

'사례를 정의함'에 있어서 전통적인 사례연구에서는 사례란 개인을 의미하였다(Bromley, 1986, p. 1). Jennifer Platt(1992)은 사회학의 시카고학파가 수행하였던 초기 사례연구들이 청소년 범죄자나 부랑자들의 일생과 같이 매우 개인적인 생활을 주로 다루었음을 지적하였다. 또한 병원의 환자(Brice, Wallace, & Brice, 2014; Johansen, Tavakoli, Bjelland, & Lumley, 2017), 모범생(Jett, Curry, & Vernon-Jackson, 2016; Schmitt & Goebel, 2015), 선생님(Parsons, 2012) 혹은 다른 지도자들이 사례연구의 대상이 되기도 하였다. 모든 상황에서 개인은 연구대상인 하나의 사례가 되었다. 연구자는 개인에 관한 정보들을 수집하였고 이러한 개인들, 즉 사례들이 다중사례연구(multiple-case study)에 포함되기도 하였다.

개인에 관한 사례연구에서도 어떠한 정보를 수집해야 하는지 파악하기 위해서는 역시 연구문제와 연구명제가 필요하다. 만약 연구문제와 연구명제가 없다면, 연구자는 "모든 것"을 조사하느라 고군분투할 것이며 모든 것을 조사한다는 것은 사실상 불가능한 일이다. 예를 들어, 개인에 관한 연구명제가 유년시절의 영향 혹은 교우관계의 역할 등과 관련이 있다고 하자. 이러한 연구명제는 일견 보편적으로 보이지만, 일단 연구명제를 설정했다면 수집해야 할 자료의 범위와 추후 필요성을 상당 부분 축소시킨 것이다. 더 구체적인 명제를 가질수록 그 연구는 좀 더 실현 가능한 상태가 된다.

물론, "사례"는 개인 이외에도 사건이나 개념을 대상으로 할 수도 있다. 가족(Kindell, Sage, Wilkinson, & Keady, 2014), 시민 참여(Frieling, Lindenberg, & Stokman, 2014; Wang & Breyer, 2012), 공동체, 의사결정, 프로그램(Gavaravarapu & Pavarala, 2014), 비영리 조직(KohlArenas, 2016), 조직적 배움(Ohemeng & Owusu, 2015), 학교(Dimartino & Jessen, 2016)와 같은 소그룹, 사회운동(Vos & Wagenaar, 2014)과 재난 극복을 위한 노력(Chung, 2017; Downey, 2016)과 같은 사건 등 어떤 것이라도 사례연구의 대상이 될 수 있다. Feagin과 Orum, Sjoberg(1991)의 연구는 사회학과 정치학 분야에서 사용된 전통적인 단일사례들의 예시를 담고 있다.

그러나 "사례"를 어떻게 정의하는가의 문제는 쉬운 것이 아니다. 가령, 어떤 '프로그램'에 대한 사례연구를 한다고 했을 때, 서로 다른 행위자의 관점이나 프로그램의 구성 요소들에 따라 사례 자체에 대한 정의가 달라질 수 있기 때문이다. 따라서 사례를 설정할 때에는 이러한 문제들을 먼저 해결해야만 한다. 마찬가지로, 연구대상 사례로 "도시"를 정했다고 치자. 그러나 연구문제와 자료수집은 사실상 도시의 관광, 도시의 정책 또는 시 정부 등으로 국한될 것이다. 여기서 어느 것을 선택할 것인지는 지리학적 도시나 인구 수를 정의하는 것과는 다른 것이다.

사례의 잠정적인 정의는 일반적으로 초기의 연구문제를 어떻게 정의하는가와 밀접한 관련이 있다. 예컨대 당신이 세계경제에서 미국의 역할이 무엇인가에 관해 연구하고자 한다고 가정해 보자. Peter Drucker(1986)는 세계경제의 근본적인 변화에 대한 글에서 상품과 서비스의 흐름과 독립적인 "자본의 이동(capital movements)"에 대해서 강조한 바 있다. 만약 당신이 이 주제에 대한 사례연구에 관심이 있다면, Drucker의 연구는 시작점에 불과할 것이다. 당신은 연구문제를 정의해야 하고, 각각의 연구문제는 다른 사례를 필요로 할 것이다. 연구문제에 따라 사례는 국가경제, 특정 산업 분야, 경제정책, 혹은 두 나라 간의 무역이나 자본의 흐름이 될 수 있을 것이다. 각각의 사례와 관련된 연구문제, 그리고 연구명제들은 고유의 연구설계와 자료수집 전략을 갖는 사례연구들을 요구하게 될 것이다.

만약 제시한 연구문제가 명확한 분석단위를 이끌어 내지 못했다면, 그것은 아마도 연구문제가 너무 모호하거나 혹은 너무 많기 때문이다. 이러한 상황에서는 사례연구를 수행하는 데 큰 어려움을 겪게 될 것이다. 만약 사례를 정의하는 데 성공하였다면 일단 자신 있게 연구를 진행해도 무방하다. 그러나 사례를 결정하였다 하더라도 자료를 수집하는 동안 사례를 다시 수정할 수도 있다는 점을 주지하자(유연성에 대한 설명과 주의점이 이 책의 전반에 걸쳐서 언급되고 있으며, 특히 이장의 마지막 부분에 나와 있다).

연구하고자 하는 현상이 두 개 이상의 다른 정의를 필요로 함에도 불구하고, 한 가지 관점에서만 사례를 선택하는 경우가 있다. 예를 들어, 연구자가 어떤 '지역'을 대상으로 하는 사례연구를 '소집단'을 대상으로 하는 사례연구와 혼동하기도 한다.* 한 민족에게 일어나는 변화나 발전, 혹은 기타 현상들을 큰 지역적 범위의 관점에서 보는 것과, 개인들로 구성된 소집단을 대상으로 이 현상을 보았을 때에는 커다란 차이가 있을 것이다. 가령, 두 개의 고전적 사례연구인, 「Street Corner Society」(Whyte, 1943/1993; 1장의 BOX 2A 참조)와 「Tally's Corner」(Liebow, 1967; 이 장의 BOX 9 참조)는 실제로는 소집단에 대한 사례연구였음에도 불구하고, 종종 지역사회에 대한 사례연구라고 오해를 받아 왔다(소집단들은 지역사회의 특징을 분명히 가지고 있긴 했지만, 두 책 모두 지역사회를 분석의 단위를 사용한 것은 아니었다). BOX 6은 세계무역에서 사례가 어떻게 달라질 수 있는지 좋은 예를 보여주고 있다.

사례에 대한 혼동을 줄이는 실질적인 방법은 동료와 연구하고자 하는 사례에 대하여 적극적으로 논의하는 것이다. 상대방에게 연구하고자 하는 것이 무엇이며, 연구문제를 해결하기 위해서 왜 이 사례를 선택하였는지 설명하는 과정에서 정확한 사례를 도출하는 데 도움을 받을 수 있을 것이다.

일단 조사하고자 하는 사례가 무엇인지 정의하였다면, 그 다음에는 분석의 단위와 관련한 또 다른 설명이 필요하게 된다. 만약 사례가 소집단이라면, 그 집단 내에 속한 사람들(사례연구의 직접적인 주제)과 그 집단에 속하지 않은 사람들(사례연구를 위한 정황)이 분명히 구분되어야만 한다. 만약 특정 서비스가 연구대상이라면, 그 서비스가 제공되는 지역과 서비스가 제공되지 않는 지역 간의 경계가 어디인지를 먼저 결정해야 한다. 또한 연구주제가 무엇이든 간에 모든 연구는 사례의 시작과 끝을 정의하는 구체적인 시간적 경계

---

*잘못된 분석단위로부터 도출된 결론은 논리적인 오류를 범하게 되는 위험을 내포한다. 분석의 단위를 혼동하여 생기는 가장 일반적인 오류를 생태학적 오류(ecological fallacy)라 한다. 이는 집단 수준에서 관찰되는 현상을 개인 수준에 적용시키는 오류를 말한다. 가령, 비만 환자가 많은 나라에서 유방암 사망률이 높을 때, 이를 두고 많이 먹는 여자가 유방암에 더 많이 걸린다고 해석하는 경우이다. — 역자주

BOX 6
사례에 대한 정의

Ira Magaziner와 Mark Patinkin(1989)이 발표한 「The Silent War: Inside the Global Business Battles Shaping America's Future」는 9개의 사례연구로 구성되어 있다. 각각의 사례연구는 독자들로 하여금 국제 간 경제적 경쟁에 대한 생생한 상황을 이해하는 데 도움을 준다.

9개의 사례들 중 두 개의 사례는 매우 유사해 보이지만 사실은 서로 다른 사례이다. 하나는 삼성이라는 한국 기업에 대한 것인데, 회사의 경쟁우위를 가져다 준 주요 정책들을 대상으로 한 사례연구이다. 이 사례연구에는 정황적 요소로 한국의 경제발전에 관한 내용이 일부 포함되어 있으며, 또한 실질적인 예시를 들기 위하여 오븐(oven)제품 개발을 연구의 하위 요소(entity)로 삽입하였다. 또 하나의 사례연구는 싱가포르에 있는 애플(Apple) 컴퓨터 공장에 관한 것이었는데, 사실은 싱가포르의 국가 경쟁력을 만드는 주요 정책들이 사례연구의 대상이다. 즉, 이 연구의 주요 분석단위는 국가 정책이었으며, 애플 컴퓨터 공장의 사례는 연구에 삽입된 하위 단위(unit)로 국가의 정책이 외국 투자에 어떻게 영향을 미치는가를 보여주는 설명적인 예시였다.

를 결정하는 것이 바람직하다(예: 사례가 될 대상의 생애주기 전체를 대상으로 할 것인지, 아니면 일부분만 포함할 것인지). 분석의 단위를 정하기 위해서는 이러한 모든 문제를 고려하고 정확하게 답할 수 있어야 하며, 이렇게 함으로써 자료수집과 분석의 범위, 특히 사례연구의 주제와 직접적으로 관련된 자료("현상")와 사례 밖의 자료("정황")를 구분하는 기준을 정할 수 있게 되는 것이다. 이와 같이 경계를 결정함으로써 사례와 연구질문, 연구명제 간의 연결관계를 강화해야 한다.

연습문제 2-1
사례연구의 범위를 정의하라

수행하고자 하는 사례연구의 논제를 설정하라. 사례연구에서 해결하고자 하는 기본적인 연구문제 또는 연구명제를 정의하라. 정의한 연구문제가 사례연구에 소요되는 시간, 적절한 대상 소그룹, 집단 또는 지역, 수집 대상 증거의 유형, 데이터의 수집과 분석을 위한 우선순위 등의 관점에서 사례연구의 범위를 명확하게 나타내고 있는가? 그렇지 않다면, 최초의 질문을 수정해야 하는 것은 아닌가?

이러한 공간적, 시간적, 혹은 다른 요소들에 대해 경계를 분명히 하는 것은 사례를 정의하는 데에 미묘하고도 중요한 영향을 미친다. 바람직한 사례는 어떤 하나의 주제, 주장, 가설과 같은 추상적 개념이 아닌, 실생활에 존재하는 현상이어야 한다. 구체적인 사례나 예시가 부재하는 추상적 개념들은 다른 종류의 연구방법들을 사용하여 연구를 수행할 수 있지만, 사례연구방법을 사용하기에는 부적합하다. 추상적인 개념만 가지고 사례연구방법을 사용하고자 한다면 구체적인 실생활의 "사례"를 정의하는 것이 필요하다(좀 더 구체적인 사례연구의 주제와 덜 구체적인 사례연구에 대한 주제의 예가 〈도표 2-1〉에 제시되어 있다).

가령, "근린(近隣)관계"라는 개념을 생각해 보자. 이 자체로만 본다면, 이 주제는 사례연구가 아닌 다른 방법을 사용한 연구의 주제로 적합해 보일 것이다. 가령, 지역주민 간의 관계에 대해 서베이를 실시하거나, 지역사회의 경계 설정과 공동체 의식이 어떻게 변화하는지 역사연구를 수행할 수도 있을 것이다. 또한 "지역주민"에게 피해를 끼치는 청소년들의 행동에 대한 실험연구도 가능할 것이다. 이러한 예시들은 "근린관계"라는 추상적 개념 그 자체로는 사례연구 수행에 대한 충분하고 정당한 이유를 제공하지 않는다는 것을 보여준

〈도표 2-1〉 사례연구 주제의 예시

출처: Clip Art © Jupiter Images.

다. 그러나 특정 지역사회에 대한 구체적인 "사례"를 선택하고, "근린관계"라는 개념과 연관된 지역사회에 대한 연구문제와 연구명제를 도출한다면, "근린관계" 개념은 충분히 사례연구의 주제가 될 수 있다(사례연구의 시작을 위해 "사례"를 어떻게 정의하는지에 대한 상세한 내용은 이 장의 끝에 있는 **응용** 2를 참조하라).

마지막으로 사례의 범위를 정하는 일은 선행연구와도 관련 있다. 대부분의 연구자는 자신의 연구결과를 선행연구의 결과와 비교하고자 할 것이다. 자신의 연구와 선행연구를 비교할 경우에는 연구에서 사용된 주요 조작적 정의들이 선행연구와 너무 달라서는 안 된다. 오히려 사례를 정의하기 위해 사용되는 용어는 이전 연구자들이 사용한 용어와 관련이 있어야 한다. 그렇지 않으면 조작적인 정의가 완전히 새로워야 한다. 이러한 의미에서 선행연구를 검토하는 일은 당신이 선행연구를 모방하려고 하든 벗어나려고 하든, 사례를 정의하는 데 좋은 참고가 될 수 있다.

연습문제 2-2
사례연구의 "사례"를 정의하라

<도표 2-1>을 보고 각각의 주제에 대해 논의하라. 가능하다면 각각의 주제와 관련된 사례연구를 조사하여 인용해 보라. 각 주제의 연구에서 다른 사례들의 선택이 포함된다는 것을 이해하면서 단위를 구체화할수록 사례연구의 정의가 더 쉽다고 생각하는가? 그렇다면 그 이유는 무엇인가?

증거자료를 연구명제에 연결하기. 연구설계의 네 번째 요소는 사례연구 분야에서 지속적으로 개선이 이루어지고 있는 부분으로, 성공적인 자료분석의 전제조건이기도 하다. 자료 분석기법에 대한 상세한 내용은 5장에서 다룰 것이기 때문에, 연구설계 단계에서 필요한 이 장의 주요 목적은 분석기법의 종류와 어떤 분석기법을 선택해야 수행할 사례연구에 적합한지를 이해하는 데에 있다. 이와 같은 과정을 거친 연구설계는 추후에 이루어질 분석의 기반을 더욱 공고히 할 수 있다.

5장에 소개될 모든 분석기법은 패턴 매칭(pattern matching), 설명하기(explanation building), 시계열 분석(time-series analysis), 논리모델(logic model), 사례통합(cross-case synthesis)이며, 이 분석기술들은 '수집된 자료와 연구명제를 연결'하는 다양한 방법을 제시한다. 실제 자료분석 단계에 들어가면, 연구자들은 연구명제를 직접적으로 반영할 수 있도록 수집된 자료들을 결합하거나 계산하여 가공할 필요가 있다. 예를 들어, 연구명제의 일부분 혹은 전부가 시간적 연속성을 가진다면 시계열 분석기법을 사용해야 할 것이다. 설계 단계에서 미리 시계열 분석기법을 염두에 두고 있다면, 그 다음 자료수집 단계에서 연구자는 수집하는 자료에 반드시 시간을 표시해야 한다는 것을 주지할 수 있을 것이다.

만약 연구자가 연구설계 단계에서 과거 실증적 연구경험이 부족하다면, 사용하기 적절한 분석적 기법을 알아내거나, 분석기법의 장점을 충분히 살릴 수 있는 자료를 충분히 수집하는 것을 기대하기에는 무리가 있을 것이다. 경험이 많은 연구자라도 (a) 사용하지도 않을 너무 많은 자료를 수집하거나, (b) 적절한 분석기법을 적용하기에 너무 적은 데이터를 수집하는 경우는 드문 일이 아니다. 자료를 너무 적게 수집한 경우에, 연구자들은 분석 자료를 보충하기 위해서 자료수집 단계로 다시 돌아가기도 한다. 이 두 가지 상황 중 어느 경우라도 해당되지 않도록 연구자들은 미리 주의해야 한다.

사례연구 결과의 강점을 해석하는 기준. 다섯 번째 요소의 예는 많은 경우 통계분석과 관련될 때 제기된다. 예를 들어, 일반적으로 정량적 자료를 활용한 분석에서는 관찰된 결과의 유의수준(p-level)이 0.05 이하인 경우 "통계적으로 의미가 있다"라고 해석한다. 즉, 통계적 기준이 결과를 해석하는 기준이 되는 것이다. 그러나 많은 경우 사례연구는 이러한 통계기법에 의존하지 않기 때문에 다른 해석 기준을 설정하는 것이 필요하다.

사례연구방법을 사용하는 경우 가장 중요하고 주된 전략은 결과에 대한 경쟁설명(rival explanations)을 통해 해석하는 것이다. 이러한 경쟁설명은 사례연구 결과의 강점을 해석하는 기준이 된다. 분석 과정에서 경쟁설명이 기각되면 연구질문에 대한 가설이 설득력을 가지게 된다. 경쟁설명에 대한 내용과 수행방법은 5장에서 자세히 다룬다. 유념할 점은 사례연구설계 단계에서 미리 주요 경쟁설명을 설정하여 자료수집 단계에서 경쟁설명에 대한 정보도 수집할 수 있도록 해야 한다는 것이다. 만약 자료수집을 모두 마친 후에 경쟁설명을 고려한다면, 그 경쟁설명은 후속연구의 설계에나 포함될 수 있지, 현재

연구를 완료하는 데에는 사용하기가 어려워진다. 그렇기 때문에 사례연구설계 단계에서 주요 경쟁설명을 구체화하는 것이 반드시 필요하다.

요약. 연구설계는 크게 다섯 가지 요소로 이루어진다. 첫 번째부터 세 번째 요소는 연구문제와 연구명제, 사례를 정의하는 것으로, 연구설계에서 어떤 자료를 수집할 것인지에 대해 확인하는 쪽으로 유도한다. 네 번째와 다섯 번째 요소는 증거자료를 명제에 연결시키는 방법과 결과에 대한 해석 기준으로, 이는 연구설계를 자료수집 후 진행되어야 할 부분에 대한 제시와 함께 사례에 대한 분석을 수행하도록 한다.

연구설계에 있어서 이론의 역할

연구설계의 다섯 가지 요소를 이해하고 나면 연구주제와 관련된 예비단계의 이론, 또는 이론적인 명제를 구성하는 것이 중요하다. 동시에 당신은 어떤 이론이나 명제를 더 상세히 명시하기 전에 몇 가지 예비적인 현장조사(fieldwork)를 수행하는 것이 좋을 수 있다. 그러나 앞에서 지적한 바와 같이, 연구문제를 정의하기 전에 현장조사를 먼저 시작하는 것이 가지는 위험성도 있다. 진정한 백지상태(tabula rasa)로 시작할 수 없기 때문이다. 당신은 이미 현장에서 누구에게 연락할 것인지 결정하거나, 현장에서 무슨 일이 일어나고 있는지에 대해 당신만의 관점, 그리고 무엇을 관찰하고, 참가자들과 어떻게 대화할 것인지를 선택하는 데 있어서 암묵적으로 어떠한 이론적 방향을 가지고 있을 것이다. 한편, 이러한 선호들이 없다면, 당신은 예비적 현장조사에서 길을 잃을지도 모른다. 그러나 이것들을 무시하는 것 역시 당신의 사례연구를 편견에 치우치게 할 수도 있다. 결과적으로, 당신은 적어도 먼저 몇몇 이론적 사항들을 고려하는 것을 이해하는 것이 필요하다.

이론의 개발

요구되는 이론은 매우 단순하고 간단할 수 있다. 예를 들어, 새로운 경영정보 시스템(Management Information System, MIS)을 도입한 조직에 대한 사례연구는 다음과 같은 이론으로부터 시작하고 있다.

> 본 사례연구는 경영정보 시스템 도입 시 조직 자체의 구조를 스스로 재조정할 수 있을 때에만 성공적으로 실행될 수 있으며, 새로운 시스템을 기존 조직 구조에 그대로 덮어씌우는 것만으로는 안 된다는 것을 보여주고자 한다(Markus, 1983).

위의 문장은 MIS의 성공적인 실행을 위해서 새로운 기술을 기존조직에 더할 뿐만 아니라 조직의 구조조정이 필수적으로 수반되어야 한다는 MIS의 핵심 이론을 설명하고 있다. 같은 사례연구에서, 또 하나의 이론이 다음과 같이 부연되고 있다.

> 본 사례연구는 단순히 조직 내의 저항세력을 교체하는 것만으로는 성공적인 경영정보 시스템의 실행을 보장할 수 없는 이유가 무엇인지를 설명하려고 한다(Markus, 1983).

위의 문장은 경쟁이론의 요점 즉, 성공적인 MIS 실행에 (조직 개편이 아닌) 변화에 대한 개인의 저항을 극복하는 것이 주로 요구된다는 것을 의미하며, 이는 사람들의 교체가 성공을 가져올 것이라는 경쟁이론으로 연결된다.

이 두 개의 문장을 정교하게 하는 것이 곧 있을 사례연구를 구체화하는 데 도움이 될 수 있다. 제시된 아이디어는 연구설계의 다섯 가지 구성 요소인 연구문제, 연구명제, 사례 정의 및 경계의 구체화, 자료와 명제의 논리적 연결 및 결과의 해석 기준 등을 포괄한다. 이런 의미에서, 연구설계는 연구하고 있는 것에 대한 "이론"을 수용하는 과정이다.

여기서 요구되는 이론이란 사회과학에서 인정되는 유명한 이론의 형식을 갖추어야 하는 것이 아니며, 연구자가 대단한 이론가가 되기를 요구하는 것도 아니다. 오히려 연구를 위해 충분한 청사진을 갖는다는 단순한 목적을 지니는 것이다. Sutton과 Staw(1995)은 이를 "이론적인 명제, 즉 행위, 사건, 구조 그리고 사고(thoughts)가 어떻게 일어났는지에 대한 잠정적인 줄거리를 의미한다."라고 설명하였다(p. 378). 그러나 이와 동시에 다음의 Diane Vaughan(1992)의 현명한 주의에 주목할 필요가 있다.

> 이론의 역설은 우리가 볼 곳을 알려주는 동시에 우리를 보지 못하게 할 수 있다는 것이다.(p 195)

이론적 명제는 연구문헌의 주요 이슈를 나타낼 수 있다. 또한, 가족과 사회 집단을 대상으로 한 연구에서 교육적인 리더십의 스타일이나 대인관계의 유형을 차별화하는 것과 같은 실질적인 문제를 다룰 수 있다.

궁극적으로 명제는 완전한 연구설계로 이어지며, 수집할 데이터와 데이터 분석 전략을 결정하는 데 놀랄 만큼 분명한 아이디어를 제공할 것이다. 이러한 이유로, 현장조사의 자료수집에 앞서 이론을 개발하는 것이 바람직하다. 비실험적 연구에서는 이론이 정교할수록 예상되는 결과에 대해 보다 복잡한 패턴을 설명할 수 있다(Rosenbaum, 2002, pp. 5-6, pp. 277-279). 복잡성의 이점은 보다 명확한 연구설계와 최종적으로 데이터의 분석결과를 해석할 수 있는 능력을 향상시킨다는 것이다.

그러나 사례연구방법에 있어 이론을 개발하는 일은 많은 시간을 필요로 하고 매우 어려운 작업일 수 있다(Eisenhardt, 1989; Rule & John, 2015). 어떤 주제의 경우에는 선행연구들이 사례연구를 설계하는 데 풍부한 이론적 틀을 제공해 줄 수 있을 것이다(설명적 사례연구를 시도하지 않고). 주로 기술적인 (descriptive) 기능을 갖는 명제를 원하는 경우라면 (a) 왜 연구가 기술적인 성격을 띠어야 하는지, (b) 연구하고자 하는 범위가 "현실적으로 어디까지"인지, (c) 기술하려는 핵심 현상이 무엇인지 등에 초점을 두어야 한다. 좋은 연구설계와 이론적 기반을 마련하기 위해서는 이러한 이슈에 적절히 대응하고, 대응논리를 잘 구축하는 것이 필요하다.

일부 주제에 대해서는 기존의 지식 기반이 취약할 수 있으며, 이용 가능한 문헌이나 자주 접하는 실무 경험도 어떤 개념적 관념이나 가설들을 제공하지 않을 수 있다. 그러한 지식 기반은 훌륭한 이론적 진술을 개발하는 데 도움이 되지 않으며, 당신의 새로운 연구가 결국 탐색적 연구로 끝난다고 해도 놀라지 말아야 한다. 그럼에도 불구하고, BOX 5의 사례에서 앞서 언급한 바와 같이, 탐색 대상과 탐색 목적이 무엇인지, 탐색이 성공적(또는 성공적이지 않더라도)이라고 판단되는 근거가 무엇인지에 대한 설명이 필요하다.

독자들은 성공적으로 수행된 기존의 사례연구 예시를 통해 이론이 사례연구에 어떻게 적용되었는지 구체적으로 알고 싶을 것이다. 당신은 그들의 초기명제에 대해 완료된 사례연구를 검토하거나, 사례연구 결과와 결론의 중요성을 이해하려고 노력함으로써 이것을 할 수 있다. 사례연구의 시작 부분에서 공개적으로 언급하지 않았더라도, 결과와 결론은 이론적으로 중요한 일부 문제 내에서 다뤄져야 한다.

이론의 예시적 주제

이론 개발의 어려움을 극복하기 위해서 일반적으로는 선행연구를 조사하거나 동료 혹은 지도교수와 연구주제에 대하여 토의하거나 자신이 연구하고자 하는 문제가 무엇인지, 왜 연구를 하고자 하는지, 그리고 연구의 결과로부터 무엇을 배우고자 하는지에 대해 되묻기도 한다(Cooper, 1984 참조).

중요한 것은 연구와 관련된 이론의 전체적인 영역을 숙지해야 한다는 것이다. 예를 들어, 앞서 설명한 MIS "실행"에 관한 이론은 연구의 주제가 될 수 있는 여러 이론의 한 가지 유형일 뿐이며 다음과 같은 이론들이 함께 고려되어야 한다.

- 개인 수준의 이론 – 인간 개발, 인지 행동, 성격, 학습과 무능, 개인의 인지작용, 그리고 개인 간의 상호작용에 관한 이론들
- 집단 수준의 이론 – 가족 기능, 비공식 집단, 작업 팀, 감독관과 종업원 관계, 그리고 대인 관계망 등에 관련된 이론들
- 조직 수준의 이론 – 관료주의, 조직 구조와 기능, 조직의 성과, 그리고 조직 간 파트너십 등과 관련된 이론들
- 사회 정의 이론 – 주택 분리, 국제 협약, 문화 동화, 기술에 대한 접근성의 차별성 및 시장 불평등 이론들

이밖에, 의사결정이론(decision-making theory)(Carroll & Johnson, 1992)도 개인, 조직, 사회적 수준의 이론을 모두 포함하고 있다. 또 다른 예로, 사례연구방법에서 자주 다뤄지는 주제인 공공 프로젝트에 대한 평가에는 중앙정부, 주정부, 혹은 지방자치정부 수준의 프로그램이 해당될 수 있다. 평가연구의 핵심은 어떻게 하면 프로그램이 효과를 발휘할 수 있는지에 대해서 이론을 개발하는 것이다. 그러나 과거에는 평가연구에서 이론을 개발하는 일이 그다지 강조되지는 않았었다(Bickman, 1987). Bickman은 이론을 통해서 프로그램의 근본적 목표(예: 어떻게 교육을 효과적으로 만들 것인가)와 프로그램 구현 프로세스(예: 어떻게 효과적인 프로그램을 실행할 것인가)를 구분해야 한다는 점을 강조하였다. 프로그램의 실체와 실행방안에 대한 구분은 정책 결정자들

이 프로그램의 성공을 위해서 바람직한 단계별 상황(예: 새로운 교육 커리큘럼의 효과를 설명해야 할 때)보다 프로그램 실행에 필요한 관리적인 조치(예: 유능한 프로젝트 리더를 채용하는 것)를 더 궁금해 할 때 이러한 상황을 방지할 수 있다. 연구의 실질적인 이론이 무엇인지에 좀 더 집중하게 되면 연구의 본질이 아닌 다른 부분에 초점이 맞추어지는 상황을 피할 수 있게 된다.

사례연구에서 이론을 사용해 일반화하기

이론이나 이론적 명제를 적용하면 사례연구의 설계가 수월해질 뿐 아니라 연구결과를 일반화하는 데에도 큰 도움이 된다. 이러한 이론의 역할은 이 책 전반에 걸쳐서 '분석적 일반화(analytic generalization)'의 기초로 설명하고 있으며, 실증연구로부터 도출된 결론에 대한 '통계적 일반화(statistical generalization)'와는 대조된다. 분석적 일반화와 통계적 일반화의 차이를 이해하는 것은 사례연구를 수행하는 데 있어서 가장 중요한 과제가 될 수도 있을 것이다.

사례연구에는 적당하지 않는 방법이지만 일반화의 방법으로 더 많이 알려진 '통계적 일반화'에 대해 살펴보자. 통계적 일반화는 표본에서 수집된 자료를 기초로 하여 모집단을 추정하는 것으로, 〈도표 2-2〉에 있는 1단계 추론이 통계적 일반화 방법이다.[1] 이 방법은 일반적으로 가계조사 또는 실업의 추이와 같은 문서 자료나 서베이(Fowler, 2014; Lavrakas, 1993) 분석에 사용된다. 또 다른 예로 정치 여론조사에서 표본 응답자들의 결과를 모집단에 적용시키는 과정 또한 이에 해당한다. 조사자들은 그들이 모집단에서 분리해낸 표본의 결과에 대한 신뢰성을 높이기 위해 통계적인 자료분석 방법에 따라 통계적 일반화를 통해 결과를 도출한다.

사례연구를 수행하는 데에 있어서 치명적인 오류 중의 하나는 사례연구의

〈도표 2-2〉 추론하기: 2단계

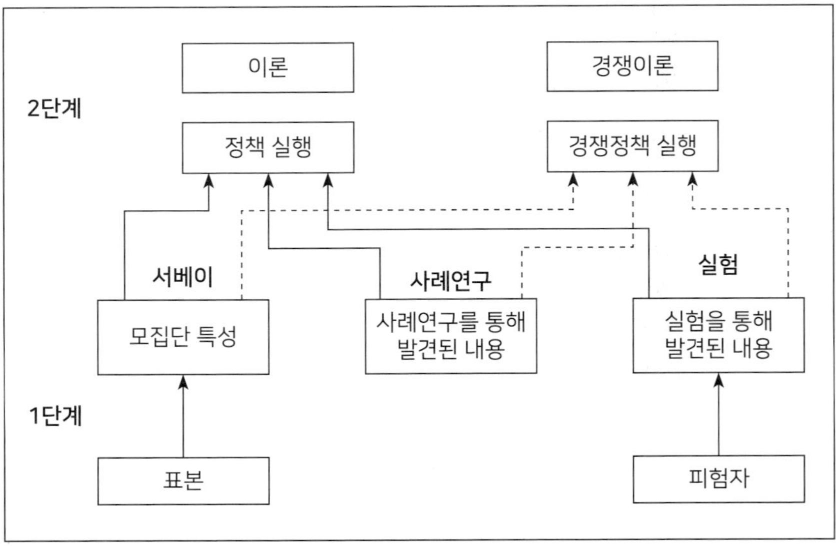

결과를 일반화하는 과정에 통계적 일반화 기법을 적용하는 것이다. 사례들은 표본단위가 아니기 때문에 통계적 일반화 기법을 적용해서는 안 된다. 또한 모집단을 대표하기에도 개수가 너무 적어 "표본의 수(sampling units)"로 적절하지 않다.

사례가 아닌 사례연구로부터 일반화하기. 사례를 표본으로 생각하기보다는 이론적 명제나 개념, 원칙들을 실증적인 차원에서 확인할 수 있는 기회라 여겨야 한다. 이는 실험실에서 연구자들이 새로운 실험을 수행하고 새로운 실험을 통해 배우는 동기와 다르지 않다. 이러한 관점에서 보면, 실험이나 사례분석 둘 다 특정 실험 혹은 사례 자체보다는 그 이상에 관심을 갖는다고 할 수 있다. 두 가지 기법 모두 특정 사례나 실험을 넘어서서 분석적 일반화를 통해 일반화된 결과, 또는 교훈을 얻으려고 노력한다("분석적 일반화"의 정의에 대한 자세한 내용은 sagepub.com/yin6e Tutorial 2-1 참조).

이를 통해 얻어진 교훈들은 '작업가설(working hypothesis)'(Cronbach, 1975)의 형태일 수도 있고, 이미 존재하고 있는 연구결과를 다른 구체적인 상황에 적용하여 재해석하는 데 사용될 수도 있고, 새로운 연구를 정의하는 데 사용될 수도 있을 것이다. 분석적 일반화의 목적은 이론을 요약하는 데 기여하는 것이 아니라, 다양하고 새로운 구체적인 상황들을 일반화시키는 것이다. 또한 사례연구로부터 얻어진 일반화된 결과, 원리나 교훈 등은 원래의 사례와 매우 "유사한 범주의 사례들(like-cases)"을 넘어서서 다양한 상황에서 적용될 수 있어야 한다(Bennett, 2010).

이론이나 이론적 명제는 사례연구의 초기 설계 단계에서 고려되어야 하는데, 이는 분석적 일반화가 가능하도록 하는 토대가 된다. 그렇지 않으면 사례연구의 결과로부터만 일반화가 이루어지게 된다. 다시 말하면 '분석적 일반화'는 (a) 사례연구설계 단계에서 참조한 이론적 개념을 통합, 수정, 기각, 또는 강화시키거나, (b) 사례연구의 수행을 통해 새로운 개념을 도출한다.

중요한 점은 어떠한 조건에서 일반화가 이루진 것이든 간에 사례연구에서 도출된 결론은 특정 사례(혹은 실험에 참가하는 대상들)[2]보다 상위의 개념이어야 한다는 것이다. 이는 〈도표 2-2〉의 2단계 추론에 해당한다. 또한 보다 높은 수준의 개념으로 이동하면서 연구의 토대가 될 수 있는 주장을 제시해 주장으로서의 분석적 일반화가 필요하다는 것을 깨닫는다. 이 과정은 통계적 일반화를 할 때와 같이 어떤 공식적 절차에서 나오는 수치적 결과를 단순히 적용하는 것과는 크게 다를 것이다. 그러나 분석적 일반화를 함으로써 사례연구의 시작 단계에서 제기했던 "어떻게"와 "왜"에 관한 질문에 대해 더 큰 통찰력을 이끌어 낼 수 있다.

예시적 사례들. 몇몇 탁월한 사례연구들은 분석적 일반화가 사례연구의 결과를 새로운 상황에 어떻게 연결시키는지를 보여준다. 먼저 이 책의 앞부분에 제시된 두 개의 사례연구(1장의 BOX 1과 2A)가 분석적 일반화를 어떻게 수행하는지 살펴보자.

- **BOX 1:** Allison(1971)의 사례는 쿠바 미사일 위기에 관한 것으로, 사례연구로부터 도출한 세 개의 이론적 모델을 다른 국가들 간의 대치 상황에 연결시켰는데, 첫째는 1960년대 미국과 베트남의 대치 상황이었다(p. 258). 이후의 사례연구(Allison & Zelikow, 1999)에서는 외국의 힘에 의해 행해지는 행동으로부터 암시되는 도전들, 그리고 "오늘날 미국의 핵위협을 다시 생각한다(p. 397)."라는 논제 등을 중심으로 모형의 적정성을 논의하였다.
- **BOX 2A:** Whyte(1943/1993)의 연구는 범죄조직의 볼링게임 스코어를 통해 개인의 성과와 집단 구조 간의 관계를 규명한 연구로 잘 알려져 있다. Whyte는 "이러한 관계가 다른 집단의 활동에서도 관찰된다.(p. 319)"는 코멘트를 통해 그의 연구결과를 일반화시키고 있다.

둘째로, BOX 7에서는 네 가지 예시를 통해 분석적 일반화의 과정을 담고 있다. 이들 모두는 단일사례연구의 결과가 다른 다양한 상황에 어떻게 일반화될 수 있는지를 보여주고 있다. 네 번째 예시는 이러한 특징 외에 사례연구가 어떻게 학술지의 논문으로 출판될 수 있는지 보여준다(위의 세 가지 예시는 책의 형태에 가깝다).

연구에 포함된 사례의 수에 따라 단일사례연구 혹은 다중사례연구로 구분되지만 분석적 일반화는 사례연구에 포함된 사례의 개수와 관계없이 사용될 수 있다. 이 장의 후반에서는 '외적 타당성(external validity)'과 관련한 논의를 통해 분석적 일반화를 하는 데 있어서 필요한 통찰을 더 다룰 것이다. 여기서 매우 중요한 점은 사례연구를 수행할 때 분석적 일반화가 이루어지도록

BOX 7
사례연구를 일반화하는 방법: 네 가지 예

7A. "실수"의 사회학

TV를 통해 생생하게 방영된 1986년 스페이스 셔틀의 비극적인 폭발 사건은 분명 독특한 사례임에 틀림없다. 이 사고의 원인은 대통령 자문위원회에서 논의되었고, Diane Vaughan(2016)의 사례연구 주제가 되었다. Vaughan의 연구는 조직(즉, NASA)의 사회적 구조가 시간이 지나면서 편차를 일상적인 범주 이내로 변화시키는 현상을 설명하였다.

Vaughan의 궁극적인 설명은 실패의 가장 큰 원인으로 중간 관리자에 의한 개인적인 실수라고 지적한 대통령 자문위원회의 결과와 달랐다. Vaughan는 자신의 연구인 "실수의 사회학을 설명하다"에서 "실수는 직업, 조직, 문화, 그리고 구조에 침투하여 구조적이고 사회적으로 조직화된다."라고 주장하였다. 그녀는 어떻게 편차가 조직 환경에 기반을 둔 조직적인 생산성 압박을 통해 허용할만한 행동으로 변화하여 의사결정에 미묘하게 영향을 미치게 되는지 설명하였다. 그녀의 논의와 주장은 다른 다양한 상황에 적용할 수 있는데, 과학자의 세계관, 친밀한 관계의 파괴, 그리고 기술적 시스템 하에서 피할 수 없는 사고 등에 의해 왜곡이 발생한 현상 등을 지적하기도 하였다. 이 모든 과정은 분석적 일반화를 만드는 과정을 보여준다.

7B. 사회계급 이론의 기원

두 번째 예(응용3에서 제시된)로서, 사회계급 구조를 파헤치고 분류한 사례연구 「Yankee City」(Warner & Lunt, 1941)를 들 수 있다. 사회학의 고전으로 평가받는 이 사례연구는 사회계층화 이론에 크게 기여하였고, 사회계층을 "상위 계층", "중상위 계층", "중간 계층", "중하위 계층", "하위 계층"으로 구분함으로써 사회적 차이를 이해하는 데 큰 도움을 주었다.

7C. 도시계획이론에 공헌한 책

세 번째 예는 Jane Jacobs(1961)의 저서 「The Death and Life of Great American Cities」이다. 이 책의 대부분은 저자가 뉴욕에서 실제로 경험한 사실들을 바탕으로 쓰였다. 그러나 저자의 단편적인 뉴욕 생활을 반영한 것뿐만 아니라, 보도의 기능, 근린공원의 역할, 소구역의 필요성, 빈민지역 구제 등 도시계획에 대한 광범위한 이론적 이슈들 등을 다루고 있다. 저자가 이러한 이슈들을 포괄한 이유는 사실상 도시계획에 대한 이론들을 구축하기 위한 시도였다고 볼 수 있다.

Jacobs의 책은 도시계획 분야에서 많은 논쟁을 불러 일으켰다. 그녀의 풍부하고 자극적인 아이디어를 검증하기 위한 새로운 실증적인 조사들이 다른 지역에서도 활발히 이루어졌다. 그녀의 이론은 다른 사례들을 연구하기 위한 도구가 되었고, 현재까지도 도시계획 분야에 매우 큰 공헌을 한 것으로 인정받고 있다.

7D. "손상된" 국가 정체성의 관리

네 번째 예는 Erving Goffman의 잘 알려진 사회학 이론인 개인의 오명에 대한 관리를 조직 수준으로 확장한 것이다(Rivera, 2008). 크로아티아에 대한 사례연구에서 유고슬라비아 독립전쟁을 통해 여행하고 싶은 나라라는 이미지가 어떻게 파괴되었는지, 그리고 이후에 어떻게 인상관리를 통해 여행 산업을 다시 부활시켰는지를 보여준다. 저자는 그녀의 이론적 모델이 "평판에 손상을 입은 주나 조직이 공공적 이미지를 제고하기 위한 시작점" 정도로 사용될 수 있다고 제안하였다(p. 615). 이는 사례연구가 분석적 일반화가 된 다른 예시를 제공하고 있다.

목표를 두어야 한다는 것이다. 실험에서 한 명의 피험자나 설문조사에서 한 명의 응답자가 가지는 의미를 하나의 사례와 동일한 것으로 해석해서 사례를 "표본" 혹은 "표본의 크기"로 취급하는 것은 잘못된 접근이다. 다시 말해, 사례연구를 일반화할 때에는 〈도표 2-2〉에서처럼 반드시 2단계 추론과정을 거쳐야 한다.

이와 유사한 맥락에서 사례연구의 사례를 "의도적 표본(purposive sample)"으로 표현할 경우 독자들로 하여금 혼돈을 줄 수 있다. 사례연구의 이론적 명제를 보여줄 수 있는 사례를 선택했다는 점에서 이러한 표현을 사용했을 수 있지만 "표본"이라는 단어 자체가 마치 통계적 일반화에 따라 여러 사례의 모집단에서 하나의 사례를 분석한 것으로 오해하게 만들 수 있다. 가장 좋은 방법은 사례연구분석에서 '표본'이라는 단어를 사용해야만 할 때는 명확한 주의를 주는 것이다(사례를 선택하는 기준과 용어는 단일사례연구나 다중사례연구 모두 필요한 부분이며 이는 2장의 뒤에 "사례연구설계"에서 다룰 것이다). 이러한 점에서 사례연구는 실험연구와 아주 유사한데, 거의 대부분의 사람은 새로운 실험이 유사한 실험들로 이루어진 큰 집단으로부터 추출된 표본에 의해 설계되었다고 생각하지 않는다.

분석적 일반화가 어려운 것은 일반화가 통계(또는 숫자)가 아니라는 것과 논쟁적 주장이 필요하다는 것에 대한 이해가 필요하기 때문이다. 이러한 어려움을 이해함으로써 당신은 당신의 주장에서 잠재적인 결점들에 대해 명시적으로 주의를 기울이게 될 것이고, 따라서 그것들을 진술하는 것만이 아니라 분석적 일반화에 대해 토론하게 될 것이다. 앞서 언급한 내용을 다시 요약하면, 사례가 아닌 '사례연구'를 통해 일반화하고 있다는 점을 유념해야 한다.[3]

요약

이상에서는 다섯 가지 요소를 모두 갖춘 완전한 연구설계가 이론적 명제의 개발로부터 도움받을 수 있음을 설명하였다. 유능한 연구자는 연구의 목적이 탐색적이건, 기술적이건, 설명적이건 간에 이론적 명제를 잘 갖춤으로써 이론이 주는 이점을 살리려고 노력할 것이다. 사례연구에서 이론의 개발은 적절한 연구설계와 자료수집 방법을 구체화하는 데에 많은 도움을 줄 뿐만 아니라 결과를 일반화하는 데에도 중요한 수단이 된다.

연구설계의 질을 평가하는 기준

연구설계는 연구자의 주장에 대한 논리적 상태를 나타내므로 논리적 검증을 통해서 연구설계가 제대로 되었는지를 객관적으로 판단할 수 있다. 이 네 가지 검증 방법은 사회과학 분야에서 연구의 우수성을 확보하기 위하여 일반적으로 사용되어 오던 방법이다. 사례연구도 사회과학 연구 중 하나이기 때문에 이 네 가지 검증이 적용될 수 있다.

이 책의 중요한 특징 중의 하나는 이러한 네 가지 사항의 검증을 위해서 몇 가지 전술들을 정의하였다는 점이다. 〈도표 2-3〉은 널리 사용되는 네 가지의 검증 영역과 사례연구에서 필요한 전술들, 그리고 이러한 전술이 연구

〈도표 2-3〉 연구설계 검증을 위한 네 가지 방법과 전술

검증	사례연구 전술	전술 적용 단계
구성 타당성 (Construct Validity)	• 다양한 자료원을 사용하라 • 사례연구 보고서 초안을 검토할 중요 정보 제공자를 확보하라	자료수집 단계(4장) 보고서 작성 단계(6장)
내적 타당성 (Internal Validity)	• 패턴 매칭 기법을 사용하라 • 인과관계를 설명하라 • 경쟁가설을 설정하라 • 논리모델을 사용하라	자료분석 단계(5장) 자료분석 단계(5장) 자료분석 단계(5장) 자료분석 단계(5장)
외적 타당성 (External Validity)	• 단일사례연구에서는 이론을 사용하라 • 다중사례연구에서는 반복연구논리를 사용하라	연구설계 단계(2장) 연구설계 단계(2장)
신뢰성 (Reliability)	• 사례연구 프로토콜을 사용하라 • 사례연구 데이터베이스를 개발하라 • 증거사슬(chain of evidence)을 유지하라	자료수집 단계(3장) 자료수집 단계(4장) 자료수집 단계(4장)

의 어느 단계에서 필요한지에 대해 설명한 것이다(각 전술에 대해서는 본 서의 〈도표 2-3〉에서 인용된 부분을 통해 자세히 다루고 있음).

연구설계에 대한 네 가지 검증 방법은 모든 사회과학 연구방법에 보편적으로 적용될 수 있기 때문에 많은 교과서에서 이에 관한 검증 방법이 자세히 설명되어 있다(Kidder & Judd, 1986, pp. 26-29). 또한 이 검증 방법은 경영전략 분야에서 사용되는 다수 집단에 대한 사례분석을 평가하는 프레임워크이기도 하다(Gibbert et al., 2008). 네 가지 방법은 아래와 같이 정의할 수 있다.

- **구성 타당성**: 연구하고자 하는 개념들을 정확하게 측정하였는가?
- **내적 타당성**(기술적/탐색적 사례연구는 해당 안 됨): 독립변수와 종속변수 사이에 타당한 인과관계가 수립되었는가? 의사(spurious)관계는 아닌가?
- **외적 타당성**: 사례연구의 발견이 어떻게 일반화될 수 있는가?

- **신뢰성:** 자료수집 절차 등 동일한 연구를 반복했을 때 같은 결과를 제시할 수 있는가?

위 목록의 모든 항목은 주의 깊게 살펴보아야 한다. 연구설계가 잘 되었는지를 검증하기 위한 전술 중 일부는 연구의 초기 단계뿐만 아니라 연구 전반에 걸쳐서 적용된다. 이러한 의미에서 "연구를 설계한다"라는 말은 초기의 연구설계 단계뿐만 아니라 연구 전반에 걸쳐서 지속적으로 수행되어야 한다는 것을 의미한다.

구성 타당성

첫 번째 검증 방법, 즉 구성 타당성은 사례연구에서 특히 어려운 문제이다. 사례연구에 대하여 비판적인 사람들은 연구원들이 자료를 수집하는 데 객관화된 방법을 사용하지 않고 조사자 개인의 선입견이 개입된 "주관적인" 판단에 의존한다(Flyvbjerg, 2006; Ruddin, 2006)는 점을 자주 지적하곤 한다.[4] 사례연구에서 흔히 다루어지는 주제인 "지역 공동체의 변화"와 같은 연구가 그 예가 될 수 있다(Bradwhaw, 1999; Keating & Krumholz, 1999). 도시 지역의 특성이 어떻게 변화하였는지에 대한 관심은 오랫동안 연구의 대상이 되어 왔다. 많은 사례연구가 변화의 유형과 그 결과에 대해 조사하였다. 그러나 연구에서 "변화"라고 조작화한 중요한 사건들이 사전에 구체적으로 정의되지 않으면, 독자들은 사례연구에 기록된 변화들이 정말로 중요한 사건들을 반영한 것인지, 아니면 그 사건들이 연구자의 인상과 느낌에 의해 중요하다고 판단된 것인지 구분할 수 없다.

'지역 공동체의 변화'라는 주제는 실제로 매우 광범위한 현상(예를 들어, 인종 구성의 변화, 주택, 낙태, 도시 서비스 패턴의 변화, 경제적 기반의 변화, 소득 수준의 변화 등)을 다룰 수 있다. 이때, 지역의 범위(예: 행정구역 단위, 인

구조사 표준지역, 혹은 더 넓은 범위)를 어떻게 설정하느냐에 따라 다른 연구결과가 산출된다(Hipp, 2007). 구성 타당성을 검증하기 위해서는 다음과 같은 두 가지 단계를 확실히 해야 한다.

1. 지역 공동체의 변화를 설명하기 위한 적절한 개념을 도출하라(그리고 그것들을 연구의 본래 목적과 연결시켜라).
2. 도출한 개념을 측정하기 위해 사용한 도구가 적절하였음을 입증하라(가급적이면 같은 측정도구를 사용한 기존 연구를 인용하라).

가령, 특정 지역의 '범죄 발생률의 변화'를 조사하겠다고 연구문제를 설정하는 것은 첫 번째 단계를 만족시키기 위한 것이다. 두 번째 단계는 범죄 발생률의 변화를 측정하기 위해서 선택한 경찰의 사건 보고서에 대한 정당성을 입증하는 단계이다. 경찰의 사건 보고서를 사용하는 것은 범죄 발생률의 변화를 측정하기 위한 쉬운 방법 중 하나이지만, 범죄의 상당 부분이 경찰에 신고되지 않고 있다. 따라서 연구자는 경찰의 사건 보고서를 사용한 것이 특정 지역의 범죄 발생률의 변화(더 나아가 지역 공동체의 변화)에 대한 분석결과를 왜곡시키지 않았음을 증명해야 할 필요가 있다.

앞서 보여준 〈도표 2-3〉은 사례연구에 있어서 구성 타당성을 높이기 위한 세 가지의 가능한 방법을 나타내고 있다. 첫 번째는 연구에 대한 수렴도를 높이는 방법의 일환으로 다양한 자료원을 사용하는 것이다. 이러한 전술은 자료수집 기간 동안에 활용되는 것이 적당하다(4장 참조). 두 번째 전술은 '증거 사슬'을 만드는 것이다. 이 역시 자료수집 기간에 활용되는 것이 적당하다(4장 참조). 세 번째 전술은 사례연구의 보고서 초안을 주요 정보 제공자(key informant)에게 검토하게 하는 것(6장에서 부연 설명)이다.

내적 타당성

내적 타당성에 대한 검증은 실험과 유사실험 방법에서 가장 많은 주목을 받아왔다(Campbell & Stanley, 1966; Cook & Campbell, 1979 참조). 내적 타당성을 "위협"하는 의사 효과(spurious effect)를 배제하기 위하여 수많은 방법이 연구되었다. 이미 이러한 문제들은 여러 교과서에 흔히 다루어져 왔기 때문에 이 책에서는 사례연구에서 가장 중요한 두 가지만을 설명하고자 한다.

첫째, 내적 타당성은 설명적 사례연구에만 해당되는 개념이다. 설명적 사례연구란 어떠한 현상의 인과적 관계를 밝히는 데 목적이 있는 것으로 사건 x가 사건 y에 영향을 미치는지를 파악하고자 하는 연구이다. 만약 연구자가 제3의 사건 z가 y에 실질적인 영향을 미친다는 사실을 알지 못하고 x와 y 사이에 인과적 관계가 있다고 결론을 잘못 내린다면, 그 연구설계는 내적 타당성을 확보하는 데 실패했다고 볼 수 있다. 이러한 논리는 기술적 연구나 탐색적 연구에는 적합하지 않다는 점을 주의하여야 한다. 왜냐하면 기술적 연구나 탐색적 연구는 인과적 상황에 대한 주장을 하지 않기 때문이다.

둘째, 사례연구에 있어서 내적 타당성의 문제는 추론에 대한 더 넓은 영역까지 확장시킬 수 있다. 기본적으로 사례연구는 직접적으로 관찰될 수 없는 모든 사건에 대해 추론을 적용할 수 있다. 연구자는 사례연구과정에서 수집된 인터뷰나 문서 증거들을 기초로 이미 일어난 사건들로부터 유발된 특정 사건을 "추론"하고자 할 것이다. 이러한 추론은 올바른가? 모든 경쟁설명과 가능성이 고려되었는가? 증거들은 제대로 수렴하는가? 어딘가 허점은 없는가? 만약 어떤 연구설계가 이러한 질문을 유발시킨다면 이는 그 연구의 추론이 전반적으로 문제가 있음을 의미하며, 따라서 내적 타당성에 문제가 있음을 암시한다.

그러나 이러한 문제가 무엇 때문에 발생하였는지를 찾는 것은 쉬운 일이 아니다. 특히 사례연구에 있어서는 내적 타당성을 확보하는 일이 매우 어려운 것이 사실이다. 이를 위한 제안으로는 앞서 〈도표 2-3〉에서 보여준 네 가지 분석적 전술이 내적 타당성을 확보할 수 있는 한 가지 방법이 될 수 있다. 내적 타당성을 확보할 수 있는 전술로는 '패턴 매칭', '인과관계 설명하기', '경쟁설명 사용하기', 그리고 '논리모델 사용하기' 등이 있다. 이러한 내용은 5장에서 보다 자세히 다루게 될 것이다.

외적 타당성

세 번째 검증 방법은 연구의 결과를 일반화시킬 수 있는가에 대한 문제이다. 연구방법이 사례연구라면 앞서 언급한 '분석적 일반화'와 〈도표 2-2〉의 2단계 추론과 직접적으로 관련이 된다. 다시 말하지만, '통계적 일반화'와 표본, 모집단이란 단어의 사용은 독자가 분석적 일반화를 통계적 일반화로 오해할 수 있는 여지가 있다.

외적 타당성과 관련해 새로운 이슈는 사례연구의 초기 연구질문 형태와 관련된다. 연구질문의 형태에 따라 외적 타당성에 대한 검증, 즉 일반화에 도움이 될 수도 있고 오히려 이를 방해할 수도 있다.

앞서 사례연구방법은 "어떻게(how)"와 "왜(why)"의 질문을 분석하는 데 유용하다고 설명하였다. 예를 들어, 많은 기술적 사례연구가 "어떻게"의 상황을 다루고 있다면, 설명적 사례연구의 대부분은 "왜"라는 질문에 초점을 두고 있다. 그러나 "어떻게"와 "왜"의 질문과 관계가 없는 주제가 "무엇(what)"에 관한 질문(지역, 도시, 국가 내 사회적 추세, 실업률 추이 등)이라면 분석적 일반화가 더 어려워질 수 있다. 이러한 상황을 피하기 위해서 연구설계를 "어떻게"와 "왜"로 질문을 바꾼다면 일반화(추가적으로 자료수집에 있어서도)에 훨씬 도움이 된다(대안적으로, 연구의 관심사가 대부분 사회적 추세를 분석하는데 한정되고 "어떻게" 또는 "왜"에 대한 질문이 없는 경우 사례연구 이외의 방법을 사용하는 것이 연구목적에 보다 도움이 될 수 있다).

이러한 관점에서 보면 초기 연구질문의 형태는 직접적으로 외적 타당성의 검증과 관련된다. 연구질문들은 사례연구의 연구설계 단계에서 정해져야 한다. 앞서 〈도표 2-3〉에서 볼 수 있듯이 연구자는 연구설계 단계에서 적절한 이론 또는 이론적 명제를 설정해야 한다. 연구를 설계하는 단계는 수행할 사례연구에 대한 외적 타당성의 기초를 만들 수 있는 가장 적절한 시점이 된다.

신뢰성

신뢰성 검증에 대해서는 대부분의 사람이 이미 잘 알고 있을 것이다. 신뢰성 검증이란 수행된 연구를 다른 연구자가 똑같이 따라 했을 때 동일한 결과를 얻을 수 있는가를 확인하는 것이다. 사례연구방법에서 이 절차를 따른다는 것은 단순히 다른 사례를 연구함으로써 기존의 사례연구 결과를 복제하는 것이 아니라, 동일한 사례를 다시 연구한다는 것을 의미한다. 신뢰성을 검증하는 목적은 동일한 연구에 있어서 오류와 편견을 최소화하는 데에 있다.

실제로 사례연구를 반복할 기회는 거의 발생하지 않는다. 그러나 당신은 신뢰성에 대한 우려를 해소하기 위해 사례연구에서 따라야 할 절차를 문서화하는 것이 필요하다. 이러한 문서화 작업이 없이는 자기가 한 일도 똑같이 반복하기 어렵다(문서화는 신뢰성을 확보할 수 있는 또 하나의 방법이다). 과거에는 사례연구의 조사 과정이 매우 엉성하게 기록되었으며, 이 때문에 외부 심사자들이 사례연구의 신뢰성을 의심하곤 하였다.[5] 이러한 의혹을 극복하기 위해, 그리고 단순한 문서화에서 벗어나기 위해, 〈도표 2-3〉은 매우 바람직한 두 가지 전략을 제시하였다. 즉, 문서화 작업 시 발생할 수 있는 문제들을 구체적으로 설명한 '사례연구 프로토콜'(3장에서 논의)과 '사례연구의 데이터베이스' 개발(4장에서 논의)이 그것이다.

신뢰성 문제에 대한 가장 보편적인 접근방법은 가능한 많은 절차를 명확히 하고, 마치 다른 사람이 연구자의 어깨 너머로 항상 지켜보고 있는 것처럼 연구를 수행하여야 한다는 것이다. 회계나 부기에서는 자신이 한 계산이 후에 다시 감사(audit)를 받게 된다는 것을 항상 염두에 둔다. 이러한 의미에서 감사관(auditor)은 신뢰성 검사를 수행하는 사람이라고 볼 수 있으며, 감사란 같은 절차를 반복했을 때 동일한 결과를 산출할 수 있는지 검사하는 것이다. 사례연구의 경우에도 감사관이 같은 절차로 연구를 수행했을 때 동일한 결과를 도출할 수 있도록 하면 되는 것이다.

요약

네 가지 검증 방법은 연구설계가 잘 되었는지를 판단할 수 있는 기준이 된다. 이러한 검증을 실시하기 위해서 사례연구를 설계하고 수행 시 여러 가지 전술을 사용할 수 있다. 대부분의 전술은 자료수집 기간, 자료분석 단계, 혹은 보고서 작성 단계에서 이루어진다. 각각의 전술에 대해서는 이 장의 나머지 부분에서 보다 자세히 설명할 것이다.

연습문제 2-3
좋은 사례연구설계라고 판단할 있는 기준이 무엇인지 정의하라

연구설계가 잘 되었는지를 판단할 수 있는 기준이 무엇인가 정의해 보자. (a) 구성 타당성, (b) 내적 타당성, (c) 외적 타당성, (d) 신뢰성 등이 있을 수 있다. 이 기준을 사용하여 당신이 하려는 사례연구의 연구설계가 잘되었는가를 판단해 보라.

사례연구설계

전통적인 사례연구에서는 서베이나 실험에서 볼 수 있는 것 같은 형식을 갖춘 연구설계가 잘 이루어지지 않았다. 이러한 설계 없이도 사례연구를 성공적으로 수행할 수도 있기는 하다. 그렇지만 연구설계를 제대로 수행한다면 사례연구를 보다 강력하고 수월하게 진행할 수 있을 것이다. 이하에서는 〈도표 2-4〉에 나온 2×2의 매트릭스(matrix)를 기반으로 구분한 네 가지 연구설계의 유형에 대해 설명할 것이다.

도표는 각각의 설계 유형이 "사례"와 관련한 정황적 조건에 따라 구분되었

〈도표 2-4〉 사례연구설계의 기본 유형

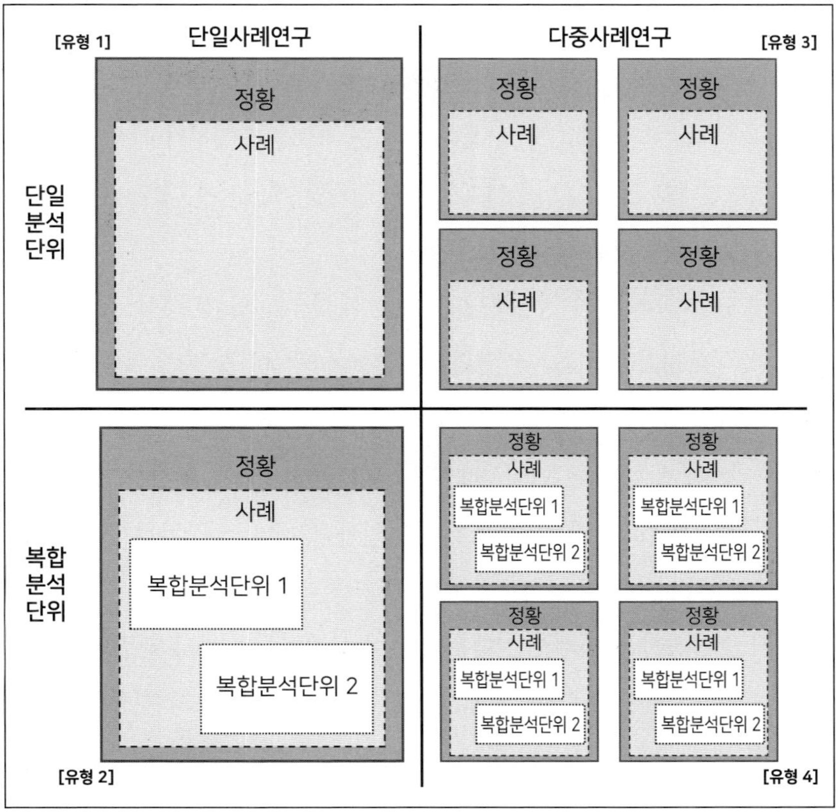

음을 나타내고 있다. 사례와 정황 사이의 경계는 점선으로 표시되어 있지만 이 부분이 항상 명확하게 구분되는 것은 아니다. 단일사례와 다중사례는 서로 다른 설계 상황에서 적용될 수 있으며, 각각의 설계 유형에 따라 서로 다른 분석의 단위가 요구된다. 설계 유형은 다음과 같이 네 가지로 분류될 수 있다. 단일사례이면서 단일한 분석단위의 설계(유형 1), 단일사례이면서 분석단위가 복합적인 설계(유형 2), 다중사례이면서 단일한 분석단위 설계(유형 3), 다중사례이면서 분석단위가 복합적인 설계(유형 4). 네 가지 유형에 대한 설명은 다음과 같다.

단일사례연구(유형 1과 유형 2)

단일사례연구가 정당화될 수 있는 다섯 가지 경우. 사례연구설계에 있어서 가장 중요한 구분은 단일사례설계(single-case design)와 다중사례설계(multiple-case design)에 대한 구분이다. 이는 자료를 수집하기 이전에 단일사례연구를 선택할 것인지 다중사례연구를 선택할 것인지에 대한 의사결정을 먼저 해야 한다는 것을 의미하기도 한다.

이제 단일사례연구가 정당화될 수 있는 다섯 가지의 경우, 즉 '중요하거나(critical)' '독특하거나(unusual)' '전형적이거나(common)' '모르던 것을 알게 하거나(revelatory)' 또는 '종단적인(longitudinal)' 경우에 대해서 설명할 것이다. 여기서 기억해야 할 것은 단일사례연구는 한 번의 실험과 유사한 것으로 한 번의 실험이 정당화될 수 있는 조건과 단일사례연구가 정당화될 수 있는 조건은 동일하다는 것이다.

다시 언급하지만, 사례의 선택은 이론이나 이론적 명제와 관련되어 있으며, 이는 단일사례연구가 정당화될 수 있는 다섯 가지 경우의 실질적인 맥락이 된다. 단일사례연구가 정당화될 수 있는 첫 번째 상황은 이미 잘 알려진 이론을 검증하는 데 '매우 중요한 하나의 사례'가 있는 경우이다. 이는 이론이 매우 명확하고 구체적인 명제를 가지고 있으며 그 명제*가 참(true)으로 인정되는 상황일 때를 의미한다. 이론을 검증하기 위해 필요한 모든 조건을 갖추고 있다면 하나의 사례로도 잘 알려진 이론을 다시 한 번 확인하거나 그 이론을 반박하거나 혹은 그 이론을 확장할 수 있다. 따라서 단일사례연구는 이론에 제시되어 있는 명제들이 올바른지 아니면 다른 설명이 더 필요한 것인지 확인하는 데 사용할 수도 있다. Graham Allison(1971)은 이러한 방법으로 쿠바의 미사일 위기와 세 가지 이론을 비교하였다(1장의 BOX 1 참조). 이 연구는 단일사례연구가 이론과 지식을 구축하는 데에 매우 큰 공헌을 할 수 있다는 것을 보여주고 있다. 또한 이러한 단일사례연구는 향후의 연구과제에 다른 연구자들의 관심을 유도하는 역할을 하기도 한다(조직혁신에 대한 또 다른 이론을 다룬 BOX 8 참조).

단일사례연구가 정당화될 수 있는 두 번째 경우는 해당 사례가 매우 '독특하거나 극단적인 상황이어서 이론상으로나 일상에서 관찰할 수 없는' 경우이다. 이러한 상황은 임상심리학 분야에서는 매우 보편적인데 환자의 부상이나 장애가 너무나 특이해서 단일사례의 분석과 보고로도 충분한 가치를 가지는 경우에 해당한다. 임상연구에서는 이러한 비정상적인 사례를 분석하는 것이 일반적인 연구전략인데 이는 이와 같은 사례를 통해 정상적(normal) 과정에 관한 통찰력을 얻을 수 있기 때문이다(Corkin, 2013). 여기서 사례연구의 가치는 임상 증후군을 겪는 소수의 환자를 넘어 대다수의 사람과 관련된다고 볼

---

* 명제는 어떤 용어 혹은 개념들 사이의 관계를 설명하는 문장을 의미한다. 즉, 명제는 실제 현상과 관련된 개념이 다른 개념과 어떠한 특징을 가지고 연결되어 있는지를 나타내는 문장이라고 볼 수 있다. 명제는 그 자체가 참일 수도 거짓일 수도 있다. 추상화의 수준에 따라서 가장 낮은 수준의 추상화가 개념이며, 좀 더 높은 수준의 추상화된 단계가 명제이다. 이론이란 가장 높은 수준의 추상적 개념을 가지는 현상을 기술한 것이다. — 역자주

BOX 8:
단일사례연구의 예시

다중사례연구를 하지 않고 단일사례 연구설계를 선택하는 이유 중의 하나는 중요한 하나의 사례가 이론을 검증할 수 있는 대표성이 있기 때문이다. Gross와 Bernstein, Giacquinta(1971)는 그들의 저서 「Implementing Organizational Innovation」에서 1개의 학교를 대상으로 단일사례 연구를 수행하였다(BOX 20B 참조).

이 학교는 예전에 혁신을 시도한 경험이 있었기 때문에 혁신에 대한 거부감이 적을 것이라고 판단되어 연구대상으로 선택되었다. 기존의 이론에 의하면 혁신에 대한 거부감이 혁신의 장벽으로 존재하며, 이러한 장벽이 혁신을 실패로 이끄는 주요 원인으로 평가되어 왔다. Gross 등은 이 연구에서 기존의 이론과는 달리 혁신에 대한 거부감이 없는 상황에서도 혁신이 실패하였음을 증명하였다. 저자들은 혁신에 대한 장벽보다는 혁신의 실행 과정에서 실패 원인을 찾을 수 있었던 것이다.

이 저서는 이러한 연구방법을 통하여 단일사례라는 한계에도 불구하고, 혁신 이론에 있어서 하나의 전환점을 만들어 냈다. 이 연구가 나오기 이전에는 대부분의 연구 초점이 혁신의 장벽이 무엇인가에 대해 맞추어져 왔었다. 그러나 이 연구 이후부터는 혁신의 실행 과정에 중점을 둔 연구들이 더 많은 관심을 받게 되었다.

수 있다.

이와는 대조적으로 단일사례연구가 정당화될 수 있는 세 번째 경우는 하나의 사례가 매우 '평범하고 일반적이어서 대다수의 사례를 대표하거나 매우 전형적인' 특징을 가진 경우이다. 이때의 연구목적은 일상생활이나 평범한 상황에서의 환경과 조건을 파악하는 데에 있다. 이러한 방식으로 노점상이 비공식적인 기업가 활동에 의해 생성된 잠재적인 사회적 편익에 대한 교훈을 얻을 수 있는 대상이 될 수 있고(Duneier, 1999), 도시의 저소득 근린지역에 거주하는 1인 가구에 대한 사회적이고 조직적인 구조를 통해 빈곤과 사회적 자본 간의 관계에 대한 통찰력을 얻을 수도 있다(Small, 2004).

단일사례연구가 정당화될 수 있는 네 번째 경우는 이 사례가 '기존에 몰

랐던 것을 알게 해주는' 사례일 때이다. 예를 들면 과거에는 사회과학적 조사로 접근이 불가능했는데 이것이 가능해지면서 하나의 사례를 통해 관찰과 분석이 가능해진 경우이다. 1장의 BOX 2A에서 언급하였던 Whyte(1943/1993)의 「Street Corner Society」가 이에 해당한다. 다른 예로 Phillippe Bourgois(2003)의 스패니시 할렘의 마약시장과 관련된 연구가 있다. 저자는 많은 마약 거래상과 그들의 가족으로부터 신뢰와 장기간의 우정을 쌓은 결과 그때까지 연구하지 못했던 그들의 생활 방식을 밝혀낼 수 있었다. 또 다른 예로 Elliot Liebow(1967)은 「Tally's Corner」를 통해 그들과 함께 지내며 실업자 문제에 관한 직접적인 관찰과 통찰력 있는 사례 분석을 하였다(BOX 9 참조). 실업문제는 그 이전에도 어느 나라건 매우 일반적인 문제였지만 이 연구는 직접 실업자와 접촉해서 문제를 조사한 결과 과거에는 과학적 접근이 불가능하였던 현상을 밝혀냈다는 것에 의의가 크다. 이러한 조건들은 단일사례의 사용을 정당화하기에 충분하다.

BOX 9
단일사례연구가 정당화되는 경우의 예시

단일사례연구를 선택하게 되는 또 다른 이유는 이전에는 실증적인 연구가 불가능하였던 상황에 새롭게 접근이 가능한 경우이다. 이러한 사례연구는 정보 그 자체만으로도 매우 새로운 것이기 때문에 가치가 있다.

Elliot Liebow(1967)가 쓴 「Tally's Corner」는 사회학의 고전으로 이러한 성격의 단일사례연구에 해당된다. 이 책은 도시 안에서 가난하게 사는 한 무리의 남자들에 관한 이야기를 다루고 있다. 저자는 이 사람들과 교류하면서 그들의 생활 방식, 행동양식, 그리고 특히 실업과 실패에 대한 그들의 예민함 등에 대해 충분히 이해할 수 있었다. 이 책은 오랫동안 미국의 많은 도시에 팽배해 있었지만 잘 이해되지 않았던 하위문화에 대해 훌륭한 통찰력을 제공하였다. 또한 이 단일사례연구는 이와 같은 연구주제를 어떻게 다루어야 하는지, 향후의 연구가 어떻게 진행되어야 하는지, 그리고 궁극적으로 정책적 조치가 어떻게 이루어져야 하는지를 함께 제시하고 있다.

다섯 번째는 '종단적인(longitudinal)' 사례연구의 경우이다. 종단적 연구란 같은 사례에 대하여 두 개 이상의 시점에서 이를 조사하는 것이다. 이때 이론의 초점은 특정 조건이 시간에 따라 어떻게 변화하는지가 될 것이다. 시간의 간격은 변화가 스스로 드러날 것으로 예상되는 단계를 반영할 수 있어야 한다. 시간 간격이 사전에 정해지면 그 다음으로 특정 사건(critical event)이 발생한 시점을 기준으로 "전(before)"과 "후(after)"의 논리를 따르게 된다. 이와 달리 시간의 간격이 아닌 특정 기간에 일어난 추세에 관심이 있을 수 있다. 예외적 상황이지만 「Middletown」(Lynd & Lynd, 1929)과 「Middletown in Transition」(Lynd & Lynd, 1937)처럼 동일한 사례가 연속적인 두 개의 사례연구주제가 될 수 있다. 그러나 시간의 간격이 어떠하든 어느 기간에 일어난 사건이든 관계없이 연구대상 프로세스에는 사례연구에서의 이론적 명제가 반영되어야 한다. 시간 간격에 변화가 나타날 것으로 예상되는 단계가 반영된다면 관찰된 과정 역시 사례연구에서의 이론적 명제가 반영되도록 하여야 한다.

지금까지 언급한 다섯 가지의 사항은 단일사례연구를 선택하는 매우 중요한 근거가 된다. 이밖에 단일사례연구가 적당한 경우는 다중사례연구를 위한 예비조사로써 초기 단계에서 사용되는 것이다. 그러나 예비조사로는 단일사례연구가 그 자체로 완전한 연구로 인정받기는 힘들다.

단일사례연구가 적당한 경우라 하더라도(여기서 언급한 다섯 가지 이외에 다른 이유가 있을 수도 있다) 단일사례연구의 잠재적인 약점은 조사 대상으로 선택하였던 사례가 나중에 보니 처음에 생각했던 것처럼 연구에 적합하지 않다고 밝혀질 수 있다는 점이다. 그렇기 때문에 단일사례연구를 할 때에는 선택된 사례가 잘못되었을 경우를 대비해서 대안의 사례를 미리 고려해 두어야 한다. 또한 사례연구의 증거수집에 필요한 모든 접근성을 가능한 한 최대화해야 한다. 이러한 조건들을 만족하지 않는다면 단일사례연구의 선택을 그리 권장하고 싶지는 않다.

단일사례와 복합단일사례연구. 단일사례연구가 하나의 수준 이상으로 분석단위를 포함하고 있을 수 있다. 이는 사례연구의 주요 분석단위(첫 번째 수준) 이외에 그 사례에 속한 하위 단위(들)(두 번째 수준)를 분석에 포함시키고자 할 경우이다(BOX 10 참조). 예를 들어, 사례연구가 병원과 해당 의료서비스 문화의 특성과 같은 단일 조직에 관한 것일 수 있지만, 분석에는 병원 내 일부 요소의 데이터(예: 병원 직원 조사)가 포함될 수 있다. 또한, 평가연구의 경우 하나의 프로그램에 여러 개의 프로젝트가 포함되어 있는 사례가 있을 수 있다. 이때 주요 분석단위는 프로그램이 되겠지만, 그 안에 포함된 개별적인 프로젝트들은 하위 분석단위로 세분화될 수 있다. 하위 분석단위(embedded subunits)에 해당하는 대상들은 샘플링 방법이나 군집화 기법으로 연구자가 선택할 수 있다(McClintock, 1985). 이와 같이 분석의 단위가 혼합되어 있는 연구설계를 '복합 분석단위를 가진 단일사례연구설계'라 한다(〈도표 2-4〉, 유형 2 참조).

BOX 10
복합 분석단위를 가진 단일사례연구

Seymour Martin Lipset, Martin Trow, 그리고 James Coleman이 1956년에 발표한 「Union Democracy」는 지금까지도 매우 우수한 사례연구로 평가받고 있다. 이 사례연구는 규모가 크면서 복잡한 하나의 단체인 국제인쇄협회 내의 내부 정치에 관한 것이다. 이 사례연구는 몇 가지 하위 분석단위를 가지고 있었는데, 주요 단위는 조직 전체("사례")이며, 가장 작은 단위는 개별 단원이었다. 이 두 단위 외에도 다음과 같은 여러 중간 단위에 대한 데이터도 수집했다. 개인들 사이의 리더들(특정 그룹의 회원들이 속해있는 "유대인"과 "지역민들", "조합장들")과 회원 서베이, 리더 인터뷰, 상점 기록, 지역민의 투표 기록, 노조 기록 보관 등 다양한 증거 자료원에서 서로 다른 자료가 나왔다.

이때 중요한 점은 하위 분석단위는 원래 단일사례 내에(또는 일부로) 있어야 한다는 것이다. 원래 단일사례와 유사한 다른 사례를 하나의 사례연구에 포함된 하위 분석단위인 것처럼 다뤄서는 안 된다. 그러한 상황이라면 실제로 모든 사례들을 실제로 하나의 사례설계에 포함시키고, 그 하위 단계에서 데이터 수집 단계에서의 차이와 비교해 다중사례설계(다중사례설계에 대한 향후 논의 참조)의 일부로 다루는 것이 타당하다.

복합사례연구의 설계와 대조적으로, 단일사례연구가 조직 또는 프로그램의 전체적인 특성만 조사했다면 단일설계를 사용했을 것이다(〈도표 2-4〉의 유형 1 참조). 복합설계와 단일설계는 모두 장단점을 가지고 있다. 단일설계는 논리적인 하위 단위를 식별할 수 없거나 사례연구의 기초가 되는 이론이 주로 단일적인 성격을 가질 때 유리하다. 그러나 전반적인 접근법(global approach)이 너무 단일적(예: "좋은" 조직의 연구)이어서 연구자가 관련 데이터를 다루지 않아도 될 때 문제가 발생한다. 단일설계의 전형적인 문제는 사례연구 전체가 지나치게 추상적인 수준에서 수행될 수 있다는 것이며, 명확한 측정이 어렵다는 데 있다.

단일설계의 또 다른 문제는 사례연구의 전체적 윤곽이 연구자에게 잡히지 않았는데 연구질문이 연구과정에서 바뀔 수 있다는 것이다. 초기 연구질문은 특정 방향을 나타냈을 수 있지만, 데이터를 수집하면서 사례연구가 자신도 모르게 다른 지향점을 향하고, 그에 근거가 점차 다른 연구질문(예: "좋은" 조직의 연구로 시작된 것이 "유망한" 조직의 연구로 바뀌는 경우)을 다루고 있는 경우이다.

일부 사람들은 이같은 유연성을 사례연구의 강점으로 주장했지만, 사실 사례연구에 대한 가장 큰 비판은 이러한 유형의 변화가 연구자도 모르게 일어날 때 발생한다(Yin, Bateman, & Moore, 1985 참조). 이러한 문제의 발생 가능성을 인식하면서 당신은 예상치 못한 문제(slippage)를 피할 필요가 있다. 새로운 통찰력과 발견으로 사례연구를 하는 것처럼, 관련 연구질문들이 정말로 바람직한 방식으로 변화한다면, 당신은 이러한 변화를 인식할 필요가 있다(3장의 "적응력 있게 머무르기(Staying Adaptive)"에 따른 토론 참조). 바람직한 방식으로 변화가 발생한 경우라면 연구설계와 데이터 수집 계획부터 새롭게 다시 시작하도록 해야 한다.

단일설계가 가지는 문제에 대한 인식을 높이는 한 가지 방법은 일련의 하위단위를 갖는 것이다. 복합사례연구설계는 사례연구의 초점을 유지하는 중요한 장치 역할을 할 수 있다. 그러나 복합적 분석단위 설계에도 함정이 있다. 사례연구가 하위 분석단위 수준에만 초점을 맞추고, 더 큰 분석단위 또는 원래의 "사례"로 돌아가지 못할 때 큰 함정에 빠지게 된다. 예를 들어, 복수의 학교 프로젝트로 구성된 교육 프로그램 평가가 사례라면, 분석의 하위단위로 프로젝트의 특성이 포함될 수 있다. 하위수준으로서의 프로젝트에 관한 데이터는 프로젝트의 수가 많아질수록 정량성이 높아질 수도 있다. 그러나 프로그램 목표와 이행 및 결과에 대한 심도 있는 조사가 필요한데, (하위수준으로서의) 프로그램에서 이에 대한 조사가 거의 이루어지지 않는 경우라면 이 결과는 학교 프로젝트 연구(즉, 다른 프로젝트들의 다중사례연구 또는 심지어 프로젝트의 서베이 연구)가 된다. 이 경우 원래 사례연구에서 하고자 했던 교육 프로그램에 관한 의도에서 완전히 벗어나고, 그 프로그램에 대한 약간의 적은 정보가 학교 프로젝트 연구에서 배경 정보로만 사용되고, 결과적으로 교육 프로그램의 평가가 아닌, 학교 프로젝트의 연구가 될 수 있다.

마찬가지로, 조직문화에 대한 연구는 개별 직원을 연구의 하위 분석단위로 포함할 수 있다. 그러나 도출된 결과가 집계된 직원 데이터에만 의존하는 경우라면, 이 연구는 조직이 아닌 직원에 대한 연구로 바뀌게 된다. 두 사례 모두(교육 프로그램 또는 조직문화에 대한 복합사례연구)에서 원래의 사례, 즉 초기 관심의 대상(프로그램 또는 조직)이 연구의 대상이 아니라 대상의 맥락이 된 경우이다.

요약. 단일사례연구는 보편적인 사례연구의 설계 방식으로 크게 단일 분석단위 설계와 복합 분석단위 설계로 나눌 수 있다. 일반적으로 단일사례연구설계는 (a) 기존의 이론을 검증하고자 할 때, (b) 특이하고 극단적인 상황인 경우, (c) 대표적이고 전형적인 사례일 경우, (d) 이전에 과학적으로 관찰이 불가능하였던 현상에 대해 새롭게 접근이 가능한 경우, (e) 종단적인 사례일 경우 충분히 정당성을 가진다.

단일사례연구를 설계하고 이를 수행하기 전에 먼저 해결해야 하는 문제는 사례 그 자체를 정의하는 것이다. 선택한 사례가 실제로 관심 연구 분야의 이슈와 문제에 적합한지를 확인하기 위해서는 사례연구를 본격적으로 시작하기 전에 사례에 대한 조작적 정의를 먼저 내리고, 그 사례가 연구에 적합한지 미리 세심한 주의를 기울여야 한다.

단일사례연구 내에서도 하위 분석단위를 포함시킴으로써 더 복잡한 (복합) 연구설계가 개발될 수 있다. 하위 분석단위들을 추가시키는 것은 분석을 보다 풍부하게 할 수 있고 단일사례에 대한 통찰력을 높일 수 있다. 그러나 하위 분석단위에 너무 많이 집중하게 되면 원래 사례에 대한 전체적인 관점이 흩어지고, 연구의 방향이 바뀌게 되어 연구의 본질이 변화할 수 있다.

다중사례연구(유형 3과 유형 4)

동일한 연구 내에 두 개 이상의 사례를 포함하는 것을 다중사례연구라 하며, 최근에는 다중사례연구설계가 증가하고 있는 추세이다. 다중사례연구의 대표적인 예가 소규모의 공립병원과 사립병원에 대한 사례연구이다. 각 병원은 각 현장조사(fieldwork)의 대상이 될 것이며, 다중사례연구는 개별적인 사례연구의 발견과 그에 대한 결론에 도달하기 전에 먼저 단일사례연구로 개별 병원을 다룰 것이다.

다중사례연구와 단일사례연구의 비교. 어떤 분야에서는 다중사례연구가 단일사례연구와는 완전히 다른 "연구방법론"으로 보기도 한다. 예를 들어, 인류학과 정치학에서는 단일사례연구와 다중사례연구(혹은 "비교사례연구(comparative-case studies)")를 완전히 다른 것으로 구분하고 있다(Eckstein, 1975; Lijphart, 1975 참조).

그러나 본 서에서는 단일사례연구와 다중사례연구를 같은 연구방법론 틀 안에 있는 일종의 변형으로 간주한다. 따라서 전통적인 연구설계(단일사례연구)와 다중사례연구 사이를 구분하는 데에 초점을 두지는 않는다. 이는 사례연구방법의 한 부분으로써 어떤 연구설계를 선택하는지에 대한 문제로 간주하기 때문이다.

다중사례연구는 단일사례연구와 비교하였을 때 고유의 장점과 단점을 가진다. 다중사례연구가 일반적으로 단일사례연구보다 설득력 있으며 따라서 더 공고한 연구로 인정되지만(Herriot & Firestone, 1983), 단일사례연구가 꼭 필요한 경우도 존재한다. 즉, 사례가 매우 특이하거나 중요하거나 혹은 새로운 정보를 제공할 때에는 단일사례연구가 적합하다. 반면, 다중사례연구는 많은 연구원을 필요로 하며 방대한 자원과 시간을 요구한다. 따라서 다중사례연구를 가볍게 생각해서는 안 될 일이다.

여기서 중요한 것은 다중사례연구를 복수의 실험을 행하는 것과 같은 개념으로 파악해야 한다는 것이다. 이는 과거에 다중사례연구를 서베이에서 "복수(replication)"의 응답자에게 설문을 하는 것과 같은 개념으로 파악한 것과는 완전히 다른 관점이다. 다중사례를 "표본추출(sampling)"을 통한 복수의 응답자와 같이 생각하는 것은 매우 잘못된 관점이다. 왜냐하면 사례연구는 표본추출의 논리를 따르는 것이 아니고 반복연구의 논리를 따르는 것이기 때문이다.

반복연구의 논리. 반복연구(replication)의 논리는 복수실험(multiple experiment)과 유사하다(Barlow, Nock, & Hersen, 2008 참조). 가령, 한 번의 실험에서 매우 중요한 결과를 발견하였다면 그때의 연구목적은 두 번째, 세 번째, 혹은 더 많은 실험을 통해서 같은 결과를 도출하는 데 있을 것이다. 반복연구는 처음에 시도했던 실험조건을 그대로 따라 가기도 하지만 어떤 경우에는 처음 실험에서 도출된 결과와 상반된다고 생각되는 실험조건을 한두 개 변경하고, 이 경우에도 같은 결과가 나오는지를 조사하기도 한다. 이러한 반복연구를 통해서 연구의 결과는 보다 공고해진다.

다중사례연구도 유사한 논리를 따른다. 각각의 사례는 (a) 같은 결과를 예측하는지 보기 위하여(단순반복연구), (b) 다른 조건에서 상반된 결과를 예측하기 위해서(이론적 반복연구) 신중하게 선택하여야 한다. 6~10개의 개별적인 사례연구를 수행하는 것은 6~10개의 실험을 실시하는 것과 같은 논리이다. 이 중 2~3개의 사례연구는 (a)와 같이 사례들이 동일한 결과를 도출하는지 보기 위한 것인 반면, 4~6개의 사례연구는 (b)와 같이 서로 다른 패턴을 확인하기 위해 설계될 수 있다. 만약 모든 개별 사례연구가 예측한 대로 이루어진다면, 이러한 6~10개의 사례연구는 전체 다중사례연구와 관련된 초기 명제 집합에 대해 강력한 근거를 제공할 것이다.[6] 그러나 일부 개별사례연구가 상반되는 경우라면 초기 명제는 다른 사례연구 세트를 사용하여 수정하고 다시 테스트해야 한다. 이러한 과정은 연구자들이 서로 상충되는 실험결과를 다루는 방식과 비슷하다.

반복절차의 기초가 되는 논리도 단순히 두 사례가 유사하거나 달라야 한다는 것이 아니라(예: 의료 환경에서, Dopson, Ferlie, Fitzgerald, & Locock,

2009 참조) 일부 이론적 부분을 반영하고 있어야 한다. 또 다른 예로, 외부 전문가 집단의 측면에서 시 정부에 조언하는 문제를 고려해 보자. 전형적인 방식은 전문가 집단이 일부 연구를 진행한 뒤 시 당국에 보고서를 통해 자문을 하는 것이다. 그러나 일반적으로 그러한 보고서가 거의 관심을 받지 못하고, 적절한 조치가 취해지는 데까지 훨씬 더 적은 관심을 받는 문제가 있다. BOX 11은 다중사례연구가 이 문제를 어떻게 다루었는지 설명한다.

BOX 11
다중사례를 위한 반복연구설계

Peter Szanton(1981)는 그의 저서 「Not Well Advised」에서 시 공무원에게 조언하기 위해 함께 일한 경험이 있는 대학과 대학이 아닌 연구 단체를 대상으로 그들이 겪었던 다양한 경험과 노력을 그리고 있다. 이 책은 반복연구설계를 가진 다중사례연구의 매우 훌륭한 전형이 될 수 있다.

Szanton은 이 그룹이 신뢰할 수 있는 연구결과를 만들어 냈음에도 시 정부를 돕는 데 실패한 여덟 가지 사례연구를 다루고 있다. 이 사례들은 독자들이 이같은 문제가 해당 연구의 사례에 국한하지 않고, 일반적인 현상이라는 확신을 가지기에 충분한 반복연구들이다. 이 연구에서는 학계와 공공정책 문화의 차이가 극복하기 힘든 의사소통 장벽을 만들어 실패한다는 것을 가정하고 있다. Szanton은 대학이 아닌 그룹을 대상으로 한 5개의 사례를 추가했는데, 이 사례들에서도 동일하게 실패했다. 따라서 실패가 반드시 학문적 기관 내에 문제가 내재된 것은 아니라고 결론지었다. 세 번째 사례 그룹은 이와 대조적으로 대학 그룹이 어떻게 기업이나 엔지니어링 회사와 같은 시 정부 이외의 분야에 대해 성공적이고 반복적으로 조언했는지를 보여준다. 세 가지 사례로 구성된 최종 집합은 시 정부를 도울 수 있는 몇 안 되는 집단이 새로운 연구 기반 아이디어를 포함하는 연구 보고서를 제출하는 것뿐만 아니라 실질적으로 실행하는 데 관심을 가졌다는 것을 보여준다. 이러한 모든 사례연구를 통해 얻은 결론은 시 정부가 자문을 받으면서도 이를 실행에 옮기는 데 있어 특별한 수요가 있다는 것이 Szanton의 주요 결론이었다.

각각 4개의 사례집단 내부에서는 단순반복연구(literal replication)를 수행하였고, 4개의 서로 다른 사례집단 간의 비교를 통하여 이론적 반복연구(theoretical replication)도 수행하였다. 이와 같은 사례연구의 반복연구설계는 다른 주제에도 적용될 수 있고, 또한 적용되어야 한다.

반복연구의 논리가 실험이나 사례연구에 사용될 때에는 설문조사에서 일반적으로 쓰이는 표본추출의 논리와 분명히 구분되어야 한다. 표본추출은 잠재적 응답자들의 집단 혹은 전체 모집단을 조작적으로 측정한 다음 실제 설문조사 대상이 되는 응답자를 선택하기 위해 통계적인 추출을 하는 것이다. 표본에서 도출된 자료의 결과가 전체 모집단을 반영한다고 가정하고, 신뢰구간을 계산하기 위해서 사용되는 추정 값에 의하여 결과의 정확도가 계산된다. 이러한 통계적 절차는 연구자가 특정 현상에 대한 빈도나 정도를 파악하고자 할 때 일반적으로 사용된다. 이러한 표본추출 논리를 사례연구에 적용하는 것은 잘못된 일이다.

첫째, 사례연구는 현상의 정도를 측정하는 최선의 방법이 아니다. 둘째, 각각의 개별적 사례연구는 현상과 정황을 모두 다루어야 하며 많은 수의 관련된 변수를 대상으로 한다. 따라서 많은 수의 사례를 요구할 수 없고 관련된 변수들도 너무 많아서 통계적인 방법을 취할 수 없다.

셋째, 만약 표본추출의 논리가 모든 연구 유형에 다 적용되어야 한다면 중요한 연구주제들의 상당 부분은 실증적으로 조사되기에 불가능하게 될 것이다. 예를 들어, 당신의 연구가 미국 대통령의 역할과 관련된 것이고 이를 위해 몇몇의(혹은 최소한의) 역대 대통령들의 사례를 선택하여 리더십에 대한 다중사례연구를 한다고 가정하자. 하지만 선택한 몇 가지 사례들로는 미국 공화국의 탄생 이후 존재한 45명의 대통령의 리더십을 적절하게 대표할 수 없을 것이다. 그렇기 때문에 이 연구주제에 표본추출의 논리를 적용한다면 연구를 수행하는 것 자체가 불가능해질 것이다. 그러나 만약 반복연구의 논리를 사용한다면 연구의 수행 가능성은 매우 높아진다.

다중사례연구에 반복연구의 논리가 어떻게 적용되는지는 〈도표 2-5〉에 설명되어 있다. 연구설계의 처음 단계는 이론의 개발로 시작되며 그 다음 단계에서는 사례를 선택한다. 연구설계와 자료수집 과정에서는 구체적인 측정 방법을 정의하는 것이 중요하다. 개별적인 사례들이 모여서 하나의(whole) 사례연구 주제가 되며, 사례연구의 결론을 도출하기 위해서는 증거들을 하나의 결과로 수렴시켜야 한다. 개별적인 사례연구에서 도출된 결론들은 다른 사례연구들로 반복연구를 해야 하는지 판단할 수 있는 정보를 제공한다. 개별 사례연구들과 이들을 모두 포괄하는 다중사례의 결과가 모두 요약 보고서에 반영되어야 한다. 개별적인 각각의 사례연구에 대하여 특정 명제가 어떻게, 왜 증명되었는지(혹은 증명되지 않았는지)에 대하여 밝혀야 한다. 사례연구의 방법들 간에는, 반복실험의 논리를 확장하여 왜 특정 사례연구가 특정한 결과를 가질 것이라고 예측되었으며, 다른 사례연구들은 왜 상반된 결과를 가질 것으로 예측되었는지 밝혀야 한다.

〈도표 2-5〉에서 중요한 부분 중 하나는 점선으로 표시된 피드백의 연결고리이다. 이 연결선은 개별적인 사례연구들 각각 연구되는 과정에서 중요한 발견이 있을 때(예: 사례들 중 하나가 본래의 연구설계와 예상치 않게 벗어난 경우) 어디로 돌아가야 하는지를 나타낸다. 이 같은 발견이 있을 때 연구자는 본래 다중사례연구의 이론적 명제가 무엇이었는지 상기해야 한다. 또한 이러한 상황에서 연구를 더이상 진행하기 전에 "연구설계를 다시" 해야 한다. 연구를 재설계한다는 것은 다른 사례를 찾는 것일 수도 있고, 자료수집과 같은 연구의 프로토콜을 바꾸는 것이 될 수도 있다(3장 참조). 만약 이러한 상황에서 연구설계를 수정하지 않고 계속 진행한다면, 연구자가 본래의 연구설계에 끼워 맞추기 위해서 연구의 결과를 왜곡하거나 중요한 발견을 무시하였다는 비난을 받을 수 있다. 또한 본래의 이론적 명제에 맞추기 위하여 자료들을 선택적으로만 보고서에 반영하였다는 비판이 나올 수도 있다.

〈도표 2-5〉는 표본추출 설계와는 매우 다른 논리를 설명하고 있다. 이 논

〈도표 2-5〉 사례연구방법

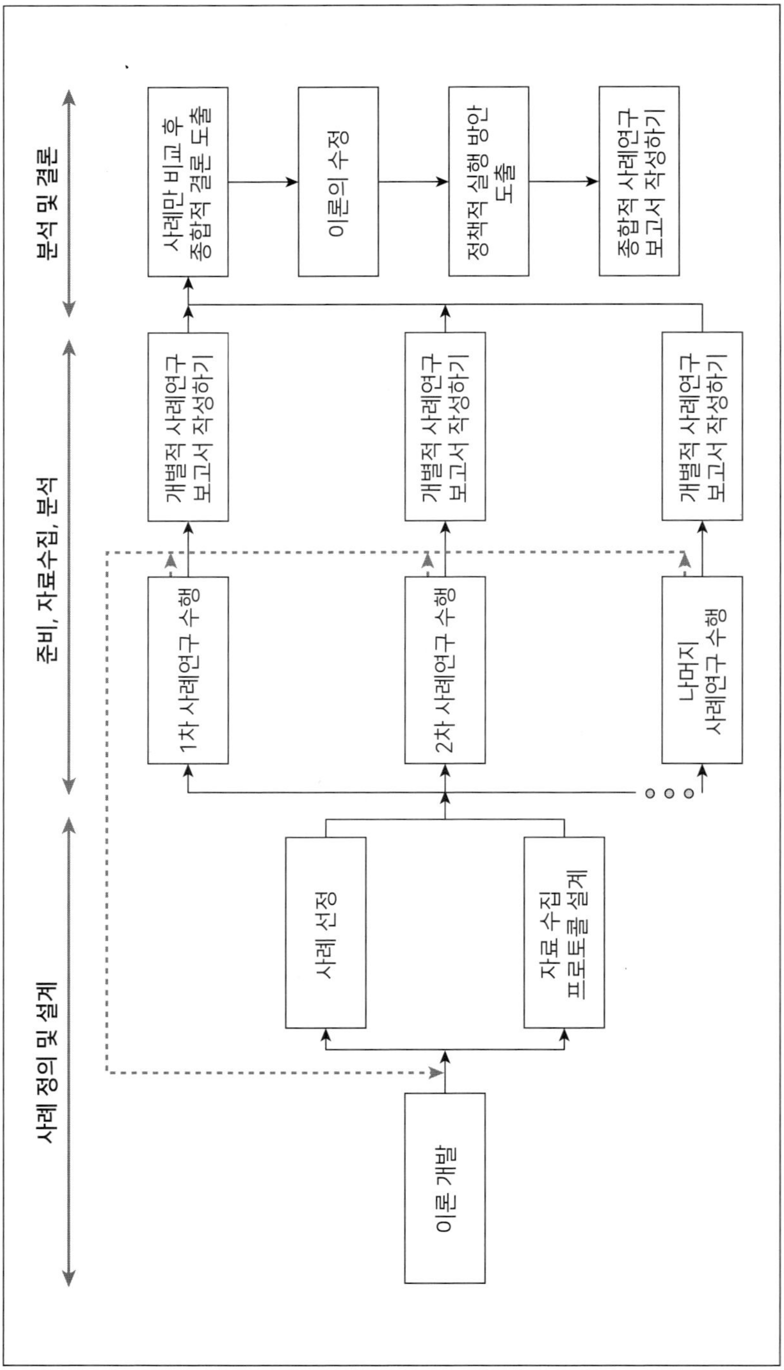

출처: COSMOS Corporation.

리는 표본추출 설계와 상반될 뿐만 아니라 수행하기도 쉽지 않다. 따라서 다중사례연구를 진행하기 전에 동료들과 깊이 있는 토의를 충분히 거칠 필요가 있다.

다중사례연구설계를 사용할 때 몇 개의 사례가 필요한가에 대해 의문이 들 수 있을 것이다. 그러나 표본추출의 논리가 사용되는 것이 아니기 때문에 표본의 크기와 관련된 전형적인 기준을 생각하는 것은 바람직하지 않다(Lipsey, 1990 참조). 대신 몇 번의 반복연구를 수행해야 하는지 고려하는 것이 올바른 의사결정이 될 수 있다. 즉, 단순반복연구와 이론적 반복연구에서 사용하고자 하는 사례의 개수를 결정하는 것이다.

이러한 판단은 연구자의 재량에 따라 결정되는 것으로 비춰질 수도 있다. 재량적 판단은 사례연구방법에만 국한되지 않는다. 대개 "유의한 효과"의 기준을 정하는 부분은 사례연구가 아닌 다른 연구방법에서 나타난다. "p-value<0.05" 또는 "p-value<0.01"과 같이 유의수준을 정함에 있어 귀무가설(null hypothesis)을 기각할지 또는 수용할지에 대한 신뢰구간의 설정은 어떤 공식을 따르는 것이 아니다. 이것은 연구자의 판단에 의한 선택의 문제이다. 반복연구에 필요한 사례의 개수를 선택하는 것도 다중사례연구의 결과를 얼마만큼 확신할 수 있는가에 따라 결정된다(통계적 유의수준에 더 높은 기준이 적용될수록 결과에 대한 확실성이 더 커지는 것과 마찬가지이다). 다른 예로 환자의 상태가 안전한지 혹은 위태로운지에 대한 임상실험에서 조사자는 일반적으로 "p-value<0.01"을 유의수준으로 설정하지 않고 "p-value<0.001" 또는 더 낮은 값으로 설정할 것이다.

단순반복연구에 필요한 사례의 개수를 통계적 연구방법으로부터 유추해보자면 유의수준을 선택하는 것과 유사하다고 볼 수 있다. 이론이 간단하고 당면한 이슈가 확실성을 지나치게 필요로 하지 않는 상황이라면 2~3개의 단순반복연구로도 충분할 수 있다. 그러나 만약 이론이 복잡하고, 미묘하고, 높은 확실성을 필요로 한다면 5~6개 혹은 더 많은 반복연구가 필요할 것이다.

이론적 반복연구를 위해 몇 개의 사례가 필요한지의 문제는 연구자가 경쟁설명의 중요성에 대해 어떻게 느끼고 있는가에 따라 결정된다. 경쟁설명이 강력할수록 연구자는 경쟁설명을 적용했을 때 기존 가설과 상반되지만 예상되는 결과를 보여주는 추가적인 사례를 필요로 하게 된다. 가령, 당신의 최초 가정이 여름 독서 프로그램이 학생들의 독해 점수를 높인다는 것이라면 이미 2~3개의 단순반복연구를 통한 사례에서 그 결과를 확인했을 것이다. 이에 대한 경쟁설명은 여름방학 동안에는 학부모들이 학생들의 학업에 더욱 관심을 쏟기 때문에 학생들의 독해 점수가 상승한다는 것이다. 그렇다면 당신은 여름 독서 프로그램에 참가하지 않았지만 부모님들의 관심을 받은 학생의 사례를 찾고 이론적 반복연구를 수행함으로써 독해 점수가 상승하지 않았다는 결과를 예측할 수 있을 것이다. 이러한 결과가 두 번 반복된다면 도출된 연구결과를 지지하는 정도가 더 커질 것이다.

다중사례연구가 적당한 경우. 간략히 말해서 다중사례연구를 선택해야 하는 이유는 문자 그대로 단순반복연구와 이론적 반복연구 때문이다(BOX 11 참고). 가장 간단한 다중사례연구는 2~3개의 사례를 선택해서 단순반복연구를 수행하는 것이다. 단순반복연구를 할 때에는 연구에 적용한 이론대로 연구의 결과가 도출될 수 있는 사례들을 선택하는 것이 좋다. 이때 사례연구의 실질적인 목적은 "왜, 어떻게 그러한 결과가 산출되었는지"를 파악하고 동일한 조건을 가진 다른 사례에도 적용되는지를 밝히는 데에 있다.[7]

이론적 반복연구를 할 경우에는 다중사례연구가 좀 더 복잡해질 수 있다. 가령, 완전히 다른 결과를 나타내는 "2개(two-tail)"의 극단적인 사례를 선택하는 것도 이 경우에 해당된다. 이러한 이론적 반복연구는 서로 다른 조건에서

가설을 검증하고, 각각의 조건에 해당하는 여러 개의 사례를 조사하기 위함이다. 따라서 이론적 반복연구는 서로 다른 조건을 가진 사례집단 각각 이 최소한 2개 이상의 사례들을 하위집단으로 가져야 한다. 두 집단 간에는 이론적 반복연구가 수행되는 것이고, 각각의 하위 집단 내부에서는 단순반복연구가 수행되는 것이다.

다중사례연구의 분석단위. 다중사례연구도 단일사례연구와 마찬가지로 분석단위에 따라서 두 가지의 변형이 있다. 첫 번째 유형은 각각의 사례가 하나의 분석단위로 이루어진 다중사례연구(〈도표 2-4〉, 유형 3 참조)이고, 두 번째 유형은 각각의 사례가 2개 이상의 분석단위로 이루어진 다중사례연구(〈도표 2-4〉, 유형 4 참조)이다. 이 두 가지 유형의 구분은 조사하고자 하는 현상과 연구문제가 무엇인가에 따라 달라진다. 복합 분석단위 다중사례설계에서는 각각의 사례에 서베이를 포함시키기도 한다.

가령, 여러 학교에서 채택된 어떤 특정한 훈련 커리큘럼의 효과에 대한 사례연구가 있다고 가정해 보자. 이 사례연구에서 각각의 학교는 동일한 이론적 틀을 가진 반복연구의 대상이 될 것이다. 9개의 학교 중 3개는 직접적인 결과를 산출하기 위한 단순반복연구용으로 사용되고, 다른 6개는 조건들을 비교하는 이론적 반복연구용으로 사용될 수 있을 것이다.

이 연구는 학교 성과에 관한 연구문제를 다루기 위하여 학생들을 대상으로 서베이를 실시함으로써(또는 학생들의 시험 성적으로 대체할 수 있다) 모든 9개의 학교에 대해서 복합 분석단위 설계를 적용할 수 있다. 그러나 9개의 학교에서 수행된 서베이 자료는 연구의 전체적인 결론을 도출하는 데 사용되지 않을 것이다. 서베이 결과는 각각의 학교에 대한 개별적인 연구결과를 도출하기 위해서 부분적으로 사용될 것이다. 서베이로 수집된 자료는 매우 정량적인 것으로 개별 학교의 학생들에 대한 태도와 행위에 초점이 맞추어져 있다. 이 자료들은 학교 각각의 운영방식과 성공 요인을 해석하기 위해서 다른 기록정보들과 함께 사용될 것이다. 만약 이 서베이 자료를 9개의 학교 전체에 대한 결론을 도출하는 데 사용한다면 이 연구는 더 이상 반복연구설계가 될 수 없다. 이렇게 되면 이 연구는 이제 하나의 증거를 제공하는 집합적인 서베이 조사, 그리고 별도의 세트를 제공하는 9가지 사례연구로 구성된 혼합연구방법(이 장의 끝에 있는 복합연구설계에 대한 논의 참조)가 된다. 만약 단일사례연구로 이 연구주제를 다루고자 한다면 분석단위에 대한 완전히 다른 정의가 필요할 것이며, 또한 본래의 이론과 연구명제에 대한 광범위한 수정도 함께 이루어져야 한다. 이러한 상황의 전환은 원래의 다중사례연구의 설계를 버려야 할 수도 있다. 새롭게 설계된 혼합연구방법은 주요 분석단위에 대해 다시 정의하고, 본래의 이론과 이론적 명제 또한 수정해야 한다.

요약. 지금까지 다중사례연구와 그것에 이어지는 사례연구가 필요한 상황에 대해서 설명하였다. 다중사례연구는 그 사용이 점점 증가하고 있는 추세에 있지만 단일사례연구에 비해 훨씬 많은 비용과 시간을 필요로 한다.

모든 다중사례연구설계는 표본추출의 논리가 아니라 반복연구의 논리를 따라야 하며 모든 사례는 신중하게 선택되어야 한다. 선택된 사례들은 여러 번의 실험을 반복하는 것과 마찬가지로 취급되어야 한다. 여러 사례가 동일한 조건에서 같은 결과를 산출하는지 알아보는 것은 단순반복연구이며, 상이한 조건에서 반대되는 결과를 산출함으로써 가설을 검증하는 것은 이론적 반복연구이다.

다중사례연구설계의 사례들은 하나의 분석단위로 구성될 수도 있고, 여러 개의 분석단위를 포함할 수도 있다. 여러 개의 분석단위로 구성된 경우에는 서베이와 같이 정량적인 자료수집과 분석 방법을 함께 사용할 수 있다.

연습문제 2-4
사례연구설계를 정의하라

먼저 이 책의 BOX에 나와 있는 사례연구 중 하나를 선택하라. 선택한 사례연구의 연구설계가 어떠한지 설명하라. 선택한 사례연구의 연구질문에 대답하기 위하여 어떠한 증거를 수집하였는가? 수집된 증거를 바탕으로 결론을 도출하기 위하여 사용한 방법은 무엇인가? 그 사례연구는 단일사례연구인가, 아니면 다중사례연구인가? 분석의 단위는 무엇인가?

사례연구설계를 위한 조언

이제 사례연구를 어떻게 설계하고 설계된 연구의 수행을 위해 무엇을 준비해야 하는지 이해하였을 것이다. 여기 세 가지의 유용한 조언이 있다.

단일사례연구 vs. 다중사례연구

첫 번째 조언은 단일사례연구나 다중사례연구 모두 성공적인 사례연구가 될 수 있겠지만 선택을 해야 한다면 다중사례연구 방식이 단일사례연구설계보다 낫다는 것이다. 만약 "2개의 사례"를 대상으로 한다 하더라도 1개의 사례를 대상으로 하는 것보다는 더 좋은 연구가 될 가능성이 높다. 단일사례연구는 "모든 계란을 한 바구니에 담는 것"과 마찬가지로 공격받기 쉽다. 더 중요한 것은 두 개 이상의 사례로부터 나오는 분석의 결과가 더 현실적이기 때문이다.

2개의 사례만 있어도 단순반복연구를 수행할 수 있다. 2개의 실험과 마찬가지로 2개의 사례로부터 각각 독립적인 분석결과가 나오므로 1개의 사례에서 나온 결과보다는 훨씬 설득력이 있다. 그 대신 2개의 사례를 신중하게 선택해야 한다. 왜냐하면 2개의 사례가 서로 대조적인 상황을 제시하여 직접적인 반복성을 찾기 어려워질 수도 있기 때문이다. 이와 같은 연구설계에서 만약 연구가정과 반대되는 결과가 나온다면 그 결과는 이론적 반복연구의 기점이 될 것이다. 다시 말하지만 단일사례연구에 비하여 다중사례연구는 연구결과의 타당성을 훨씬 강하게 확보할 수 있다(Eilbert & Lafronza, 2005; Hanna, 2005; BOX 12 참조).

BOX 12
"두 개의 사례"로 구성된 사례연구

12A. 공동체 설립에 대한 비교 사례

Chaskin(2001)은 지역주민의 수준에 따라 공동체의 역량을 위한 전략이 달라져야 한다는 주장을 하기 위해서 두 개의 사례를 사용하였다. 연구의 주요 주제이자 저자가 제시하고자 하는 개념적 틀은 공동체 역량을 구축하기 위한 두 가지 접근방법이었다. 하나는 기존에 존재하는 공동체 조직의 네트워크를 강화하는 방법이고, 또 다른 하나는 새로운 조직을 만드는 방법이다. 저자는 먼저 이론적 기초를 위한 개념적 틀을 제시하고, 그 다음 각각의 접근방법이 얼마나 효과가 있었는지 두 개의 사례를 통해서 보여주었다.

12B. 교육 시스템 구현을 위한 전략

Elmore, Abelmann, 그리고 Fuhrman(1997)은 두 개의 사례연구를 통하여 교육 시스템의 설계를 위한 전략을 설명하였다. 이 연구는 학생들의 학문적 성과를 높이기 위하여 학교가 어떠한 교육 시스템을 설계하고 구현해야 하는가를 다루고 있다. 두 개의 사례는 서로 대비되는 전략을 사용하고 있는데 하나는 더 낮은 비용의 기본적 시스템을 갖춘 사례이고, 다른 하나는 보다 높은 비용의 복잡한 시스템을 갖춘 사례였다.

일반적으로 단일사례연구를 비판하는 이유는 선택한 사례가 너무 독특하거나 조건이 너무 인위적이라는 생각 때문이다. 이러한 비판은 단일사례연구를 했다는 사실을 넘어서 연구자가 실증적인 연구를 제대로 수행하였는가에 대한 회의적인 시각이 될 수 있다. 만약 최소한 2개의 사례를 대상으로 한다면 그러한 비판과 회의적 사고를 어느 정도 완화시킬 수 있다. 2개 이상의 사례를 선택한다면 보다 설득력 있는 결과를 도출할 수 있다는 의미이다. 따라서 사례연구를 할 때에는 가급적 2개 이상의 사례를 선택하는 것이 바람직하다. 만약 단일사례연구를 선택하고자 한다면 그 하나의 사례를 선택한 이유가 정당화될 수 있도록 철저한 준비가 필요하다.

연습문제 2-5
다중사례연구를 선택한 이유를 설명하라

사례연구에 사용할 만한 "사례" 하나를 생각해 보라. 본 서의 BOX에 나온 단일사례연구 중 한 가지를 선택해도 좋다. 이제 그 사례를 확장시킬 보충 "사례"를 생각해 보라. 보충 사례의 결과는 어떤 방법으로 처음에 선택한 사례의 결과를 보완할 수 있는가? 두 번째 사례의 자료가 처음 사례의 미흡한 점을 메우거나 처음의 사례가 갖는 단점을 보완하는 데 도움이 되는가? 두 개의 사례를 사용함으로써 좀 더 탄탄한 사례연구의 결과를 도출할 수 있는가? 만약 세 개의 사례를 사용한다면 연구결과가 더욱 설득력을 가질 수 있는가?

설계의 변경

두 번째 조언은 연구설계가 중요하다고 해서 자료를 수집하는 동안 새로운 사실이 발견되었을 때 연구설계를 변경할 수 없다고 생각해서는 안 된다는 것이다. 자료수집 기간 동안 연구설계의 문제점을 발견하는 일은 매우 중요한 일이며 이러한 경우에는 처음 설계하였던 연구계획을 완전히 바꾸거나 부분적으로 변경하는 것이 바람직하다.

만약 어떤 사례가 매우 희귀하고 독특하다고 생각되어 그 사례를 대상으로 단일사례연구를 수행하였는데, 자료수집을 하고 보니 그렇지 않은 경우가 있을 수 있다. 단순반복연구를 수행하기 위해 속성이 유사한 사례들을 선택하여 다중사례연구를 시작하였으나 자료수집 과정에서 사례들의 성격이 매우 다른 것을 발견할 수도 있다. 이러한 사실을 발견했을 때 연구자는 초기의 연구설계를 변경할 수 있는 권리가 있다. 그러나 연구자가 연구설계를 변경하고자 할 때는 매우 신중해야 한다. 연구자가 주의해야 할 점은 연구설계의 변경에 대한 정확한 본질을 잘 이해해야 한다는 것이다. 다른 사례를 선택할 것인가, 혹은 원래 생각했던 이론적 명제와 연구목적을 바꿀 것인가? 중요한 것은 연구설계를 변경하는 유연성이 사례연구가 지켜야 할 학문적 엄격성을 감소시키는 것이 아니라는 점이다.

복합연구설계: 사례연구를 다른 연구방법과 함께 사용하기

연구자들은 복합연구(mixed methods research)에 대해 많은 관심을 가져왔다. 복합연구란 "연구자가 정성적 또는 정량적 연구 기법, 연구방법, 접근 방식, 개념 또는 언어를 하나의 연구에 통합하거나 결합한 연구"를 의미한다(Johnson & Onwuegbuzie, 2004, p. 17, 강조하여 추가). 지난 10년에서 20년 동안 복합연구에 대한 많은 관심은 여러 사회과학 분야에서 새롭고 활동적인 전문집단의 형성과 더불어 관련 연구의 증가와 질적 성장으로 이어졌다(HesseBiber & Johnson, 2015).

하나의 연구에 하나의 연구방법만 사용하는 것이 전통적으로 적용되었다가 여기에서 파생된 것이 복합연구설계이다. 이 연구설계 방식은 서로 독립적인(separate) 연구에 각각 다른 연구방법을 사용한 다음 나중에 개별적인 연구결과를 혼합(synthesize)하는 상황과는 구분되는 방법이다. 단일사례는 하나의 연구에 서로 다른 연구방법을 사용하되 모든 연구방법이 동일한 질문을 다루고, 서로 보완적인 자료를 수집하며, 수집된 자료에 서로 다른 분석방법을 적용하는 것이다(Yin, 2006b).

이와 같은 복합연구설계는 연구자가 하나의 연구방법을 사용할 때보다도 복잡한 연구문제를 다루고, 보다 풍부하고 유용한 증거를 수집할 수 있게 한다. 연구문제의 본질과 연구자가 연구방법들을 다루는 능력에 따라 복합연구설계는 훌륭한 연구설계 방법이 될 수 있다(Yin, 2015b).

사례연구의 분석단위에 대한 앞선 논의에서 이미 복합연구설계의 형태를 사용한 사례연구의 종류를 언급한 바 있다. 복합 분석단위를 갖는 사례연구에서는 주요 사례를 위하여 더욱 전체적인 자료수집 전략에 기반을 두지만 하위 분석단위에 대한 자료수집을 위하여 서베이나 다른 정량적 기법을 필요로 한다. 이와 같은 상황에서는 사례연구방법이 주요 연구방법이고 다른 연구방법들은 사례연구를 보조하는 역할을 한다.

반대의 관계 또한 가능하다. 즉, 사례연구가 더 크고 복합적인 연구의 부분이 될 수도 있는 것이다. 주요 조사방법은 서베이나 다른 정량적 기법에 의존하며 사례연구는 연구대상의 정황 조건을 설명하기 위해 보조적으로 사용되는 방식이 될 수도 있다.

이러한 관계는 〈도표 2-6〉에서 볼 수 있다(6장 pp. 235~236 참조).

복합연구분석에서 사례연구가 전혀 사용될 필요가 없을 수 있다. 예를 들어, 많은 임상 연구는 신문이나 문서와 같은 정량적인 분석으로 이뤄진 역사

〈도표 2-6〉 두 가지 방식의 복합연구

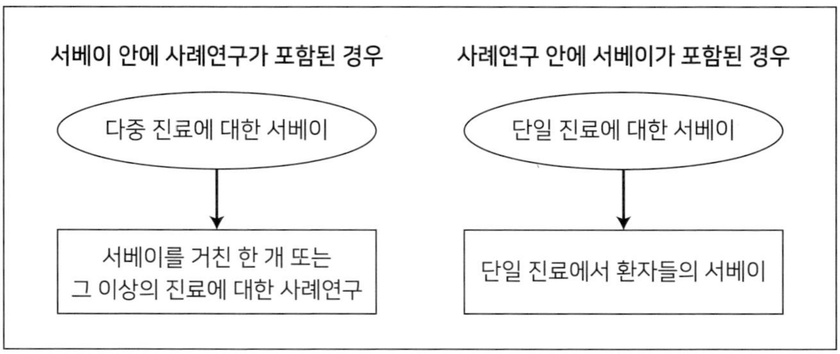

적인 작업 결과물과 혼합되어 있다. 또한 더 넓은 의미에서 볼 때, 두 명의 연구자는 복합연구가 정량적 연구방법과 정성적 연구방법의 결합만을 의미하지 않는다고 주장한다. 가령, 어떤 경우에는 특정 정황적 조건을 설명하기 위하여 서베이를 사용하고, 그 정황적 조건 중 일부를 조작화하기 위하여 실험을 실시하여 연구결과를 서로 보완할 수 있다(예: Berends & Garet, 2002).

분명한 것은 복합연구는 한 가지 연구방법을 사용한 연구보다 수행하기가 어렵다는 것이다. 그러나 복합연구는 연구자로 하여금 사례연구방법 한 가지만을 사용할 때보다 광범위하고 복잡한 연구문제를 다룰 수 있게 해준다. 따라서 사례연구 수행 시 다른 연구방법과 함께 사용하는 것을 고려해 보는 것도 좋을 것이다.

미주

1. 〈도표 2-2〉는 자료수집 활동이 아니라 공식적인 연구설계에 관한 것이다. 자료수집 기법이 실제로 적용되는 것은 도표에 나타나지 않았지만 제3단계에서 이루어질 것이다. 가령, 사례연구의 경우에는 4장에 언급된 것처럼 복수의 자료원을 사용해야 한다거나 하는 내용이 포함될 것이다. 마찬가지로 서베이의 경우에는 자료수집을 위한 설문문항 설계에 관한 내용이 포함되어야 하며, 실험의 경우는 자료수집을 위한 실험전략 등이 제시되어야 한다.
2. 심리학 분야에서 실험이 통계적 일반화에 관해 고심할 필요가 있는지 여부는 계속 논쟁거리였다. 통계적으로 볼 때, 실험에서의 인간연구대상자들은 모집단 샘플로서 실험의 결과는 동일한 모집단에만 적용되어야 한다. 비록 실험의 결과는 모든 인류에 적용하고자 했음에도 불구하고 행동연구에서 대학교 2학년생을 지나치게 많이 활용한다는 점(Cooper, McCord, & Socha, 2011; Gordon, Slade, & Schmitt, 1986; McNemar, 1946; Peterson, 2001; Sears, 1986)과 대부분의 행동연구에서 인간연구대상자가 선진국의 백인 남성 중심이었다는 점(Henrich, Heine,

& Norenzayan, 2010) 등은 많은 논란이 되고 있다(Prescott, 2002, p. 38).

3. Mary Kennedy(1979)는 법률 정의에서 유사한 과정에 대한 주의를 제기한 첫 번째 사람이었다. 하나의 법적 사례에서 이루어진 해석은 향후 사례에 대한 판례(일반화)로 사용될 수 있다. 실제로 법률 지식의 본질은 이런 방식으로 발전하는 것처럼 보인다. 그러나 해석(일반화)은 사례와 잠재적으로 특이한 인구통계학적인 특징 자체에 기인한 것이 아니라, 사례에 의해 확립된 아이디어나 원칙에 관한 것이다. 명백하게, 특정 사건이 선례로 받아들여질 것인가 하는 것은 법적 주장과 논쟁의 대상이 된다.
4. 본 서 제3판을 비평한 한 익명의 독자는 외적 타당성에 관련해서 인터뷰 대상자(피면접자)가 질문의 내용을 얼마나 잘 이해하였는지를 파악하는 것이 중요하다고 지적하였다.
5. 사례연구에 대한 외부 심사자들의 신뢰성을 얻는 또 다른 방법에 대해서는 Yin(1999)을 참조하라.
6. 처음에는 다소 규모가 큰 사례를 얻는 것이 어려워 보일 수 있다. Small(2009)은 서베이 연구가 원래 20명~30명을 대상으로 공개 면접을 실시하려고 계획했으나 나중에 서베이 관점에서 보니 표본의 크기가 너무 작은 상황이라는 것을 깨달았다. 그럼에도 그는 동일한 수의 인터뷰 대상자가 다중사례연구의 반복설계에 적합하다면, 연구설계 및 데이터 수집 절차에 대한 적절한 조정을 거쳐 적은 수일지라도 중요한 결정과 결론에 도달하는 데 충분하다고 지적하였다.
7. 이미 결과를 알고 있는 사례들을 추가적으로 사용하는 엄격한 정량적 연구는 단순반복연구와 동일한 연구설계를 따르며, “사례통제(case-control)”, “회상적(retrospective) 기법” 또는 “사례참조(case referent)” 연구라고 지칭한다(Rosenbaum, 2002, p. 7 참조).

응용 1 탐색적 사례연구

조직의 혁신이 일상화되는 과정

사례연구방법에 대한 잘못된 인상은 탐색적 사례연구를 지나치게 일상적으로 사용함으로써 발생할 수 있다. 그러나 탐색적 사례연구도 체계적인 연구절차를 따라야 한다. 응용 1에서는 탐색적 사례연구가 명시적인 연구절차를 따라 수행한 후 사례연구를 위한 개념적 프레임워크 및 데이터 수집 절차를 개발하는 방법을 보여준다.

모든 조직은 다양한 관행을 가지고 있다. 이러한 관행에는 (a) 고용 및 기타 인적 자원 절차에서부터 (b) 제품 및 서비스 생산방법, 심지어 (c) 일상적인 물류 준비에 이르기까지 조직의 모든 활동을 포괄한다. 학교, 경찰서, 소방서와 같은 공공기관에서는 컴퓨터나 다른 전문 장비 활용 등과 같이 새로운 기술을 실무에 적용하는 것이 특이할 만한 과제였다.

처음에는 공공기관은 이러한 새로운 관행을 "혁신"으로 채택한다. 시간이 지나며 조직은 새로운 관행 중 일부를 적용하지 않을 수 있지만, 다른 일부는 조직의 핵심 구조가 된다. 시간이 지날수록 이러한 관행은 "일상화(routinized)"되거나 "지속(sustained)적인" 것으로 여겨져 더이상 혁신적이지 않게 된다. 그러나 특정 조직에서 채택된 혁신이 어떻게 일상적인 관행으로 전환하게 되는지는 알려진 바가 거의 없다. 즉, 어떻게 새로운 관행이 일상화되는가?

마찬가지로 이러한 과정을 어떻게 연구하느냐가 어려운 문제이다. 그것은 몇 년에 걸쳐 일어나는 점진적인 전환일 수도 있고, 이미 일상화가 된 징후를 쉽게 인식하기 힘들 수도 있다. 그 결과, 전환에 대해 어떻게 연구해야 하는지가 어려워질 수 있다. 이때 탐색적 연구는 원하는 연구를 수행하는 방법을 알아내는 한 가지 방법이 될 수 있다.

응용 1에는 이러한 탐색적 노력이 포함되었다.* 이 연구의 한 가지 목적은 후속연구에서 다루어야 할 구체적인 관행을 식별하는 것이었다. 또 다른 목적은 일상화가 일어나는지 인지할 수 있도록 실제로 조직이 변화하는 것이었다. 조직의 변화는 당시 문헌에서 흔히 볼 수 있는 대안적 접근법을 넘어서 일상화가 일어났는지 아닌지에 대한 사람들의 인식을 확인하는 것이었다. 그 이전에는 실제 조직변화가 일어났는지 여부를 인식하고 확인하려는 노력조차 없었다. 마지막으로, 탐색적 연구를 수행한 목적은 후속연구에 사용될 데이터 수집 절차를 명시할 필요성이었다. 요컨대, 탐색적 연구의 목적은 최종 연구의 개념적 체계를 개발하는 데 있었다.

탐색적 연구를 위한 현장 기반 프로토콜. 연구팀은 탐색적 연구에서 7가지 사례(이 중 최종 연구에 사용된 것은 하나도 없음)에 대한 데이터를 수집하는 과정에 오랜 시간이 걸렸다. 그 과정의 핵심은 혁신의 주기(life cycle)에 관한 대안적인 특징을 상세히 기술한 특별한 파일럿 프로토콜의 사용이었다. 연구팀은 '채택-이행-일상화'가 혁신의 전체 주기를 구성하지만 실증적인 연구에 필요한 조직변화에 대한 구체적인 가설이나 척도를 개발할 필요는 없다는 것을 깨달았다. 이런 의미에서 프로토콜은 방법론적인 문제만이 아닌, 조직변화에 대한 개념을 발전시키기 위해 필요했다.

연구팀은 모든 파일럿 현장연구를 완료한 후 이 파일럿 프로토콜을 수정했다. 반복적인 과정을 거치며 팀은 다음과 같은 몇 가지 질문을 반복해서 다루어야 했다. (1) 기존의 탐색적 질문을 이제 삭제해도 될 만큼 충분한 정보를 얻었는가? (2) 새로운 문제의 프레임을 요구하면서 문제가 새롭게 나타났는

---

* 이 응용은 원래 Applications of Case Study Research, Yin(2012a)에 등장한 3장의 일부 내용을 조금 수정한 것이다.

가? (3) 기존 질문을 수정할 필요가 있는가? 또한 연구팀은 다양한 혁신을 체계적으로 검토하여, 궁극적으로는 최종 6개의 기술(법 집행 기관의 음주측정기 사용, 학교의 컴퓨터 보조 교육, 소방서의 이동형 중환자실 등 3개 도시의 각 2개의 서비스)을 채택했다. 이러한 파일럿 연구는 최종 연구의 개념적 체계를 발전시키는 데 큰 도움을 주었다. 이러한 과정을 거쳐 혁신의 일상화 전환 과정에 대한 연구질문과 연구방법을 확정할 수 있었다.

예시적 결과와 주요 교훈. 탐색적 연구결과는 이 여섯 가지 기술에 대한 연구 타당성을 확인하는 데 기여했다. 또한 탐색적 연구를 통해 새로운 관행이

〈도표 APP1-1〉 일상화와 관련된 조직의 경로와 주기

작업 또는 자원 유형	경로	주기
예산	외부 자금출처에서 내부 자금출처로의 혁신적 변화에 대한 지원	내부 자금출처가 포함된 연간 예산 주기 유지
인사: 직업	혁신 기능이 공식적인 직무 설명 및 고용 전제조건의 일부가 됨	—
재직자 이직률	—	신규 인력 도입 시 살아남음 — 혁신에서 벗어나 핵심 인력의 승진에서 살아남음
훈련: 사전실습	기술이 전문적인 표준의 일부가 되고, 직무연수 또는 전문학교 커리큘럼의 일부가 됨	—
직무연수	—	여러 교육 주기 동안 학습된 기술
조직적 거버넌스	혁신 활동이 조직 상태를 구성함	조직 전체에 걸쳐 광범위하게 사용
공급 및 유지보수	공급 및 유지보수는 기관별 또는 장기(계약) 단위로 제공됨	장비 교체율 유지

일상화 전환 과정에 대한 가설을 입증하기 위한 조작적 측정기준(operational measures)을 개발하는 데 도움이 되었다. 특정 장소에 대한 각 관행과 이와 관련한 측정 가능한 조직의 사건들은 〈도표 APP1-1〉에서 설명한 "주기(cycles)" 또는 "경로(passages)" 과정을 거쳐 식별되었다.

탐색적 연구의 세 번째 주요 결과는 혁신의 과정에 대한 가설의 구성과 이러한 주기와 경로의 순서에 관한 것이다. 몇몇은 초기 일상화 과정에서 발생한다고 가정되었고, 다른 것들은 나중에 발생한다고 가정되었다. 열두 가지 혁신적 관행에 대한 사례연구와 다른 현장의 90개 관행에 대한 전화 서베이에 대한 후속연구의 결과에 기초해 〈도표 APP1-2〉는 혁신의 역사를 설명하는 방법을 보여준다. 이는 다음과 같은 방식으로 읽어야 한다. (1) 두 축은 혁신이 왼쪽에서 오른쪽으로 (시간이 지남에 따라) 그리고 아래에서 위로 (일상화됨에 따라) 이동할 수 있다고 본다. (2) 동시에 양방향으로 이동하면 "즉흥 단계"(〈도표 APP1-2〉 왼쪽 아래)에서 "확장 단계"(중간), "사라짐 단계"(오른쪽 위)를 통과해 혁신을 반영하는 대각선 방향이 생성된다. 후자의 두 단계는 각 상자에 나열된 경로와 주기를 통해 정의된다. (3) 대각선 이동은 각 세 단계를 가리키는 수직 화살표 옆에 열거된 이니셔티브와 조건에 의해 촉진된다. 마지막으로 (4) 이 전체 과정에서 기존의 관행은 새로운 혁신적 관행으로 대체되며 반대 대각선 방향으로 감소한다.

토론 및 과제

사례연구 프로토콜에서 전문 용어의 사용

응용 1에서 다룬 여섯 가지 관행은 조직 문화, 절차, 인사 및 용어에 있어서 크게 다른 세 가지 도시 서비스에 대한 것이다. 해당 사례연구는 각 서비스에 대해 일상화 과정은 동일하다고 보았지만, 서비스가 다르기 때문에 각기

〈도표 APP1-2〉 지역 서비스 혁신의 역사

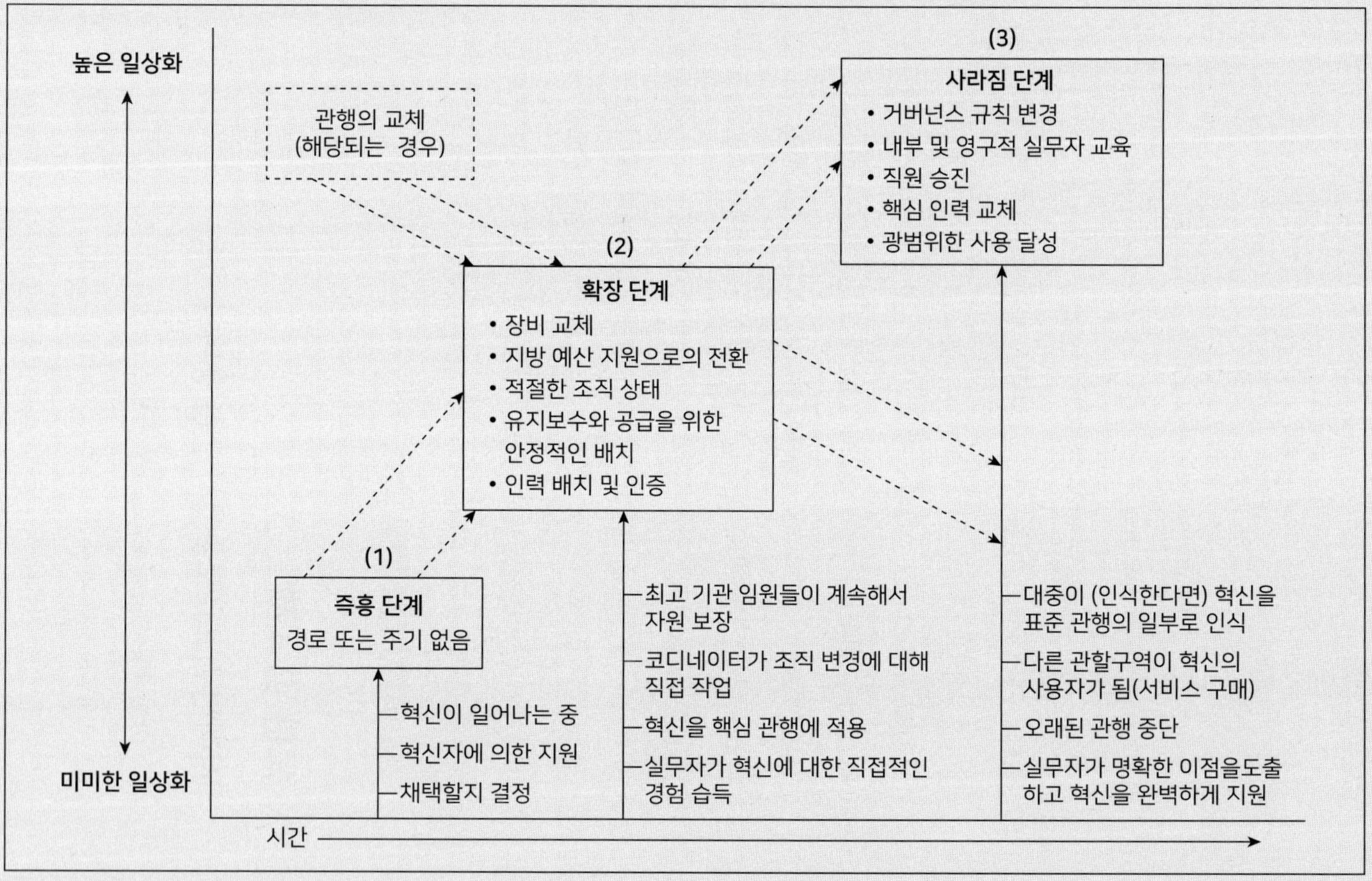

출처: Yin(1981c).

서로 다른 데이터 수집 프로토콜이 필요했다. 이는 특히 전화 서베이를 실시할 때, 각 서비스에서 사용된 용어와 절차가 크게 달라 동일한 질문(세트)를 사용할 수 없었다. 이는 연구팀에게 예상치 못한 많은 일을 요구했다. 연구팀은 탐색적 연구과정 동안 여러 가지 어려움을 겪으며 데이터 수집에 많은 시간이 걸렸다.

자신의 이전 또는 진행 중인 연구에서 개발할 수 있는 프로토콜을 검토해보라. 당신의 연구주제에 익숙하지 않은 사람들을 혼란스럽게 할 수 있는, 특정 분야에 특화된 단어나 용어를 사용하고 있는지 살펴보라. 당신의 프로토콜은 충분히 "평이한" 용어로 구성되어 있는가? 아니면 전문적인 용어가 등장하는가? 전문적인 용어가 빈번할 경우 보다 일상적인 용어로 대체한다면 어떤 대안이 있을 수 있을까? 현장조사는 더 힘들지 않을까?

응용 2 사례연구에서 "사례" 정하기

지역단위에서 직업훈련과 경제개발 이니셔티브의 연계방안

사례연구에서 연구할 사례를 정의하는 방법은 신중한 검토가 필요하다. 때로는 후보사례가 사전에 결정되기도 한다. 그러나 많은 상황에서 당신은 개념적으로 사례를 정의하기 위해 고군분투하게 될 것이다. **응용 2**는 1건의 사례연구를 위해 어떠한 식별 절차를 거쳐 후보사례가 정의되는지 보여준다.

응용 2는 지역단위에서 (고용이 어려운) 직업훈련과 경제개발 이니셔티브를 어떻게 명시적으로 연계할 수 있는지 조사하는 사례연구이다.* 이런 종류의 이니셔티브는 매력적인 두 가지 이점을 제공한다.

먼저 경제개발 이니셔티브 직업훈련의 참여자들이 얻을 수 있는 잠재적인 장점은 성장하는 산업의 직업에 배치될 가능성이 높아 오래도록 일을 할 수 있다는 것이다. 한편, 고용주의 경우 이러한 직업훈련 프로그램을 통해 적절한 교육을 받은 대규모 고용 풀(pool)을 통해 채용이 보다 용이할 수 있다. 이와는 반대로 직업훈련과 경제개발 노력이 별개로 이뤄질 때, 이 두 가지 이점은 발생하지 않을 것이다. 즉, 단순히 직업훈련만으로는 고용이 어려운 저성장 산업의 (일시적) 일자리에 배치될 수 있으며, 경제개발만으로는 고용주의 잠재적인 고용여력은 간과된 채 고용주의 시설과 자본에 너무 많은 공급이 발생해 비효율적일 수 있다.

사례연구의 목적은 직업훈련과 경제개발 이니셔티브를 연계해 원하는 결과의 조합이 일어나도록 하는 것이다. 그러나 개념상 이 둘의 연계는 간단했지만 이를 실질적으로 정의하기는 어려웠다. 어떤 종류의 사례들이 관련이 있을까?

---

* 이 응용의 버전은 원래 Applications of Case Study Research, Yin(2012a) 3장의 일부 내용에 등장한다.

먼저 초기단계에서 필요한 것은 "사례"를 정의하는 것이다. 연구팀은 이 사례가 반드시 단일 조직이나 이니셔티브가 아니라는 것을 쉽게 깨달았다. 연계가 연구의 대상이 되는 경우 공동의 조직(두 개 이상의 조직 간)이나 공동 이니셔티브(직업훈련과 경제개발)가 "사례"가 될 가능성이 높다. 따라서 어떤 사례가 선택 가능한지 검토하는 것보다 이러한 공동의 노력을 확인하는 것이 첫 번째 과제가 되었다.

선택사항. 이렇게 골치 아픈 상황에는 공동의 노력을 조직화하는 것을 선택사항으로 고려해 볼 수 있다. 지역단위에서 이러한 노력은 각기 다른 세 가지 방법(공동 프로젝트, 공동 프로그램 또는 조직 간 협정)이 있다. 예를 들어, 공동 프로젝트에서는 커뮤니티 칼리지가 해당 기업과 협력해 고성장 산업에서 특정 지역 기업의 입문 직종에 필요한 기술을 중점적으로 다루는 과정을 포함시켰다. 연구팀은 출판된 연구에서 이러한 공동 프로젝트의 수많은 예시를 찾아냈다. 공동 프로그램에는 실직된 근로자들을 위한 주 전체의 훈련 프로그램이 포함되어 있었다. 일반적으로 이러한 프로그램은 단일 프로젝트보다 오래 진행되었으며, 많은 주들이 그러한 이니셔티브 하에 프로그램을 진행하였다. 이와는 대조적으로, 조직 간 협정은 반드시 단일 프로젝트나 프로그램에 초점을 맞추고 있지 않았다. 오히려, 둘 이상의 조직이 직업훈련과 경제개발 활동을 연계하기 위해 (공동기업 구성, 컨소시엄 설립 또는 기존 조직 간 기관 합의) 특정 약정에 참여한 것이 더 나은 선택이었다.

이 세 가지 선택은 이론 및 관련된 정책 모두에서 연구팀의 최종 사례 선택에 중요한 역할을 했다. 첫째, 기존의 문헌은 세 가지 선택사항이 다르다는 것을 나타냈다. 즉, 한 가지 사항을 다른 경우와 혼동해서는 안 된다. 예를 들어, 프로그램은 프로젝트보다 더 많은 지출을 필요로 하고, 조직 간 협정은 가장 번거로울 수 있지만, 그 결과 여러 프로그램과 프로젝트에 영향을 줄 수 있다.

둘째, 기존 문헌에서는 조직 간 협정이 장기적으로 지역의 역량을 축적할 가능성을 높임에도 불구하고, 조직 간 협정에 대한 관심이 크지 않았다. 따라서 실행 가능한 조직 간 협정이 있는 지역은 많은 이니셔티브를 지속할 수 있으며, 단일 프로젝트 또는 프로그램이 산발적으로 진행되더라도 영향을 덜 받을 수 있었다.

셋째, 연구팀은 조직 간 협정에 대한 지식을 찾을 수 있는 사례연구에 관심이 있었다. 세월이 흐르면서 고용과 경제발전뿐만 아니라 특정 인구집단을 위한 많은 서비스(예: 주거, 교육, 사회 서비스, 의료, 정신 건강관리, 지역사회 개발)에서도 '민관 협력'에 대한 관심이 높아지고 있었다. 그러나 당시 문헌들은 조직 간 협정의 작용, 즉 그것들이 어떻게 형성되고, 무엇이 그들을 활성화시키는지, 그리고 어떻게 지속시킬 것인지에 관한 내용을 거의 다루고 있지 않았다.

마지막으로, 조직 간 협정을 사례로 하더라도 협정 내의 프로그램이나 프로젝트를 여전히 분석의 하위단위로 다룰 수 있다. 즉, 이런 방식으로 이 연구는 다른 두 가지 선택사항(공동 프로젝트, 공동 프로그램)을 고려할 수 있다. 이러한 모든 이유로 연구팀은 연구할 사례를 '조직 간 협정'으로 정의했다.

적격 사례에 대한 심사. 이와 동시에 후보 사례의 식별과 심사에 있어서도 어려움이 있었다. 조직 간 협정은 명시적인 방법으로 드러나지 않아 특히 문제가 되었다. 처음에는 협약으로 보이지만 나중에 여러 조직의 파트너십이 아닌, 단일조직으로 밝혀질 수 있었다. 또한 사례연구를 수행하기 전에 각 "사례"를 원하는 곳에 배치하기 위해 연구에 대한 장기적인 관점에서 검토가 필요하다. 그렇지 않을 경우 특정 후보에 대한 심사가 너무 광범위해질 수 있다. 즉, 너무 많아질 수 있다(모든 후보사례에 대해 사례연구를 수행할 수는 없다). 그럼에도 불구하고, 적절한 심사를 위해 예비 단계에서 실제 실증적 자료의 수집과 분석이 필요하다.

연구팀은 이 분야와 관련된 수많은 개인과 접촉하고, 이용 가능한 보고서와 문헌을 검토하며 심사를 시작했다. 이러한 노력은 선발 기준에 맞는 후보를 제시하는 데 사용되었고, 62개의 최종 후보가 나왔다. 이후 연구팀은 최종 후보에게 서면과 전화로 모두 연락을 시도해 최종적으로 그들 중 47개에 대한 정보를 입수했다.

심사 정보에는 약 45분으로 진행된 정형화된 면접에서 얻은 응답이 포함되었다. 또한, 각 후보에게 조직운영에 대한 서면 자료와 보고서를 제출하도록 독려했다. 최종 심사 결과 47개의 후보 중 22개가 추가 심사대상이라고 판단했다. 연구팀은 문서의 정확성과 현장의 접근성을 고려해 22개 중 6개의 그룹을 최종적으로 선정하였다.

토론 및 과제

사례연구의 "사례" 정의 및 경계 정하기

사례연구의 "사례"는 단순하게 보일 수 있다(예: 개인, 여러 사람, 조직, 이웃). 또는 유동적으로 보일 수 있다(예: 의사결정, 프로세스, 사회적 관계 및 정치 캠페인과 같은 일련의 사건). 이 책의 BOX에 나타난 일련의 사례연구에 나타난 몇 가지 사례를 열거해 보라. 사례를 쉽게 구분하기 어렵고, 사례에 대한 정의가 모호한지 논의해 보라. 예를 들어, 두 사람 사이의 관계를 "사례"로 정의해 연구하는 것조차도 기간의 차이와 사회적 상황이 어떻게 사례 내 또는 그 밖에 있는 것으로 보일 수 있는지가 포함될 수 있다. 발생할 수 있는 복잡성을 고려했을 때 처음에는 단순해 보이는 사례의 유형과 유동적으로 보이는 사례의 유형이 크게 다르다는 것을 찾을 수 있는가?

응용 3 현장에서 "발견"은 어떻게 일어나는가
중간 규모 커뮤니티의 사회적 계층화

사례연구방법을 수행할 때, 초기 현장조사는 연구설계에 대한 일부 초기 가정과 관련될 수 있다. 따라서 현장조사가 사례연구를 유익하게 만드는 중요한 부분과 연결될 수 있기 때문에 신중한 접근이 필요하다. **응용 3**은 사례연구팀이 사회적 계층화에 대한 기존 생각을 다시 검토하도록 이끈 현장증거를 보여준다. 이 연구는 대표적인 사례연구가 되었다.

가족, 공동체, 조직 등 거의 모든 사회집단은 조직적이든 조직적이지 않든 일정한 사회적 구조를 가지고 있다. 가족 구성원, 공동체 그룹 또는 조직 단위와 같은 사회적 구조의 구성 요소는 일련의 비공식적인 과정을 거쳐 조직화된다. 다원적 조직의 모든 구성원은 동등한 지위를 갖는다. 반면 계층적 조직의 경우 일부 구성원은 보다 높은 위치를 차지하고, 다른 구성원은은 아래에 위치한다. 이러한 조직의 구성은 많은 조직의 형태 중 두 가지 유형에 불과하며, 사회적 집단구조를 특징짓는 한 가지 방법이 될 수 있다. 공동체를 연구하는 데 있어 사회적 구조에 대한 연구는 오늘날에도 많은 관심을 받고 있다.

응용 3은 양키 시의 사회적 구조에 관한 연구이다. 이 연구는 20세기 중반에 5권으로 된 시리즈로 등장했으며, 가장 잘 알려진 사회학적 사례연구 중 하나이다.* 양키 시에 위치한 한 공동체는 보스턴 바로 북쪽에 있는 뉴잉글랜드의 큰 강 어귀에 위치해 있었다. 그 당시 이 공동체의 인구는 1만 7천 명이었다. 주민의 50% 이상이 사람들이 양키 시에서 태어났거나 근처에서 태어났고, 24%

---

*Warner, W. L., & Lunt, P. S. (1941). The social life of a modern community. New Haven, CT: Yale University Press. 이 응용은 본문 원문에서 발췌한 현 저자의 요약본으로, Yin(2004)의 The Case Study Anthology 4장에 처음 등장하였다.

는 외국에서 태어났으며, 나머지는 미국의 다른 지역에서 태어났다. 고용이 가능한 인구의 약 4분의 1이 신발 산업에 종사하고 있었으며, 은제품 제조업, 건축업, 운송업, 그리고 전기 상점에서 작은 규모로 경제활동에 종사했다.

양키 시에 대한 연구가 시작되자 연구팀은 공동체의 사회적 구조가 대체로 경제질서를 중심으로 돌아가고 있을 것이라는 가설에서 출발했다. 연구팀은 그러한 질서가 "우리 사회의 근본적인 구조..."를 나타내고, 미국인에게 동기를 부여하는 가장 중요하고 광범위한 가치의 시스템이 궁극적으로 경제질서를 따른다고 믿었다(Warner & Lunt, 1941, p.81).

초기 현장조사에서의 인터뷰는 이 가설을 뒷받침하는 경향이 있었다. 은행가, 재산 규모가 큰 사람, 급여가 높은 사람, 전문직 종사자가 높은 지위에 있는 것으로 보였고, 노동자나 중노동자, 저임금 근로자가 낮은 지위에 있는 것으로 보였다. 그러나 "다른 증거들이 축적되기 시작하면서 단순한 경제적 가설을 받아들이기 어렵게 되었다."(p. 81).

예를 들어, 비슷한 직업을 가진 사람들이 항상 같은 지위에 있는 것은 아니었다. 어떤 의사는 더 유능한 의사로 인정받아 다른 의사들보다 높은 지위를 가졌고, 장관, 변호사, 은행가들 사이에서도 비슷한 신분 내 불평등이 실업계와 산업계에서도 발견되었다. 직업과 부가 개인의 계급적 지위를 크게 결정하는 요인처럼 보였지만, 다른 조건들도 중요했다. 연구팀은 경제적 가설이 아닌, 다른 가설이 필요한 무언가가 작용하고 있음을 깨달았다. 즉, "2개 이상의 계층이 있는 것처럼 보였으며, 그에 따라 사회적으로 우월한 지위와 열등한 지위로 공동체의 구성원 순위가 정해졌다."(p. 82).

연구팀은 아이들이 부모와 동일한 지위로 태어나는 등 같은 계층 내에서 결혼이 이뤄지는 경향이 있다는 사실을 밝혀냈다. 사회는 권리와 특권, 그리고 의무와 의무를 계층 간에 불평등하게 분배하는 것처럼 보였다. 그러나 카스트 제도와 달리, 사회적 구조는 "사회적 사다리 위아래로 움직이기 위한" 조건도 있었다(p. 82). 전반적으로 연구진은 이제 양키 시의 사회적 구조가 엄연한 경제·직업이 아닌 계급질서에 의해 지배되고 있다는, 새로운 "계급 가설"을 세웠다.

예를 들어, 그 마을에서 가장 부유한 남자가 가장 높은 지위에 앉지 않았다. 왜냐하면 그와 그의 가족은 비록 사회적으로 받아들여지는 도덕적 행동을 하는 것으로 보이지만, "올바르게 행동"(p. 82)하거나 "올바른 것을 하지 않았기"(p. 83) 때문이다. 반대로 돈이 거의 없거나, 직업적인 지위가 낮더라도 사람들이 선호하는 협회나 클럽에 속할 수 있는 방식으로 돈을 썼다면 사회적으로 높은 지위에 있을 수 있었다.

이러한 새로운 사고방식에 따라 연구팀은 다음의 "가치 있는" 발견을 했다(p. 84). 인터뷰 대상자들의 높고 낮은 가치에 대한 표현에서 연구팀은 "특정 지리적 용어가 도시의 지리적 공간에 있는 사람들의 사회적 위치뿐만 아니라 순위 서열에서 그들의 비교 위치를 평가하는 데 사용된다는 것을 주목했다."(p. 84) 연구팀은 이러한 참고자료를 정리하면서 "힐 스트리트는 대략 상류층, 홈빌은 적어도 중산층의 좋은 구역, 리버브룩은 최하층 계급"(p. 86)과 같은 방식으로 구성원의 사회적 지위가 분류된다고 결론지었다.

흥미롭게도, 연구팀은 사회적 계층과 지리적 위치가 대략적인 방식으로만 일치한다는 사실을 추가적으로 발견했다. 힐 스트리트에 살고 있는 모든 사람들이 '힐 스트리터스'로 여겨지는 것은 아니었고, 계층별로 '힐 스트리터스'로 여겨지는 많은 사람이 시내의 다른 곳에 살고 있었다. 홈빌과 리버브룩에도 같은 패턴이 존재했다.

동시에 인터뷰를 통해 3개의 주요계층 내에 상위 및 하위 세분류가 존재한다는 것을 알았다. 예를 들어, 인터뷰 대상자들은 "오래된 가족"의 사람들과 "새로운 가족"의 사람들을 자주 언급하였다(p. 86). 연구팀은 이 세분류를 "상부-상부"와 "하부-상부"로 분류했다. 최종적으로 원래의 3개 세분류에서 6개의 세분류를 인식하게 되었다(이 세분류의 기초가 되는 개념들은 이후 사회 계층화 분야에 주요한 학술적 기여를 하였다).

연구팀은 이 같은 가설을 통해 나온 계층적 구조를 고려하면 다양한 협회의 회원 가입이 이러한 계층적 구조 내에서 거주자를 분류하는 데 추가적인 증거가 될 수 있다는 것을 발견했다. 예를 들어, 어떤 인터뷰에서는 "어떤 클럽은 … 사회에서 높은 위치에 있는 사람들에 의해 지나치게 높은 위치에 위치하고 있어, 하층 계급의 대부분은 그들의 존재조차 알지 못했고, 중산층 사람들은 그 클럽이 그들의 기대치에 비해 너무 높게 여기고 있음을 보여주었다."(p. 87)고 했다.

양키 시 내 협회의 다양성뿐만 아니라 주민들의 높은 협회 참여율은 많은 사람이 특정 협회에 가입해 있음을 의미했고, 다른 계층의 사람들은 서로 다른 협회에 속해 있는 것처럼 보였다. 예를 들어, "힐 스트리터스"로 지정된 사람들은 직업 협회에는 속하지 않았지만, 홈빌러스는 속했다. 홈빌러스는 또한 우애조합과 반-보조자(semi-auxiliaries)들을 선호했다. 연구팀은 연구의 주제를 명확히 하기 위해 같은 거주자가 계층을 뛰어넘는 경향이 있는 두 개 이상의 협회에 소속된 사람들을 대상으로 추가 인터뷰를 수행했다.

연구팀은 양키 시 주민을 6개 계층에 배정하기 위한 기초자료로, 인터뷰에서의 명시적인 진술(예: "그녀는 소속되지 않는다" 또는 "그들은 우리 클럽에 소속되어 있다" p. 90), 주거형태, 협회 회원 패턴 등을 활용했다. 연구팀은 이를 "완전한 연구"로 만들기 위한 전제조건이 필요하다고 보았기 때문에 이러한 자료를 만들었다(p. 91). 동시에, 연구팀은 경계 간의 사례가 많고, 계층 간의 이동이 끊임없이 일어나고 있다는 것을 인지했다.

토론 또는 과제

현장조사 결과가 기존의 생각을 도전하게 하자

사례연구방법에서 현장조사는 내재적으로 새로운 긴장을 조성할 수 있다. 한편 사례연구를 시작하기 위해서는 신중한 계획이 필요하다. 자신의 관심사뿐만 아니라 선행연구의 검토에 기초해 자신만의 일부 예비적 연구질문뿐 아니라 잠정적인 사례연구에 대한 설계도 필요할 수 있다. 또한 일단 데이터를 수집하기 시작하면, 그 분야의 정보는 당신의 기존 생각에 도전하지 않으면 의미가 없을 수 있다. (**응용** 3에서 논의한) 현장조사가 연구팀으로 하여금 기존의 경제적 가설에서 계급 가설로 연구의 방향을 바꾸는 것처럼 당신은 새로우면서 중요한 통찰력이나 발견을 놓치고 싶지 않을 것이다.

현장조사에서의 긴장감은 새로운 정보가 당신의 기존 생각을 바꿔야 하는지 확신할 수 없을 때 발생한다. 만약 당신이 이미 현장에서 자료를 수집하고 있다면, 당신은 연구의 중간단계에 있을 것이기 때문이다. 있을지 모르는 새로운 통찰력을 놓치고 싶지 않겠지만, 동시에 불필요하게 연구절차를 방해함으로써 과민반응하는 것도 원치 않을 것이다. 큰 발견과 작은 발견을 구분할 수 있는 방법이 있는지 논의하여 큰 발견에는 세심한 주의를 기울이고, 작은 발견은 각주로 다뤄라. 또한, 기존 계획을 계속 진행할 수 있을 뿐 아니라 새로운 발견이 원래의 생각을 바꿀지 말지를 결정할 때까지, 그리고 공식적으로 절차를 변경할 수 있을 때까지 잠시 동안 이러한 계획을 수정할 수 있는 중간 지대가 있는지 논의하라.

제3장

사례연구 증거수집을 위한 준비 단계

Case Study Research

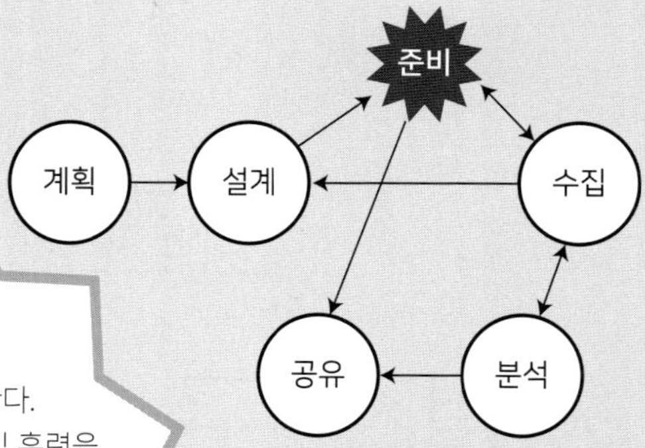

3장
준비

- 참여 연구원의 자질을 검토한다.
- 사례 현장에 대한 사전교육 및 훈련을 실시한다.
- 사례연구의 프로토콜을 개발한다.
- 정보원의 비밀 보호를 위해 연구윤리 규정의 승인을 받는다.
- 후보사례를 검토하고 최종 사례들을 선택한다.

연구원이 기존에 가지고 있는 기술과 자질은 이미 사례연구 증거수집을 위한 초기 준비에 반영되어 있다. 후속 준비는 계획한 사례연구를 수행하는 데 필요한 단계를 구현하는 것으로 확장되며, 정보원을 보호하는 단계도 여기에 포함한다.

사례연구 수행 시 다양한 판단이 필요할 수 있다. 때로는 순간적인 상황에서 판단을 내려야 할 때도 있으며, 연구원은 최소한의 편견도 갖지 않도록 항상 주의를 기울여야 한다. 또한 연구원은 발생할 수 있는 절차상의 불확실성에 대하여 연구대상자에게 편하게 전달할 수 있어야 한다. 다른 바람직한 연구원의 자질로 좋은 질문을 하고, "경청하고", 새로운 상황에 유연하게 적응하고, 연구이슈를 완전히 이해하고, 편견을 배제하고, 연구와 관련하여 높은 윤리적 기준을 가지는 것 등이 추가적으로 요구된다.

계획된 사례연구를 수행하기 위하여 연구원은 몇 가지 작업을 수행해야 한다. 첫 번째는 인간연구대상자(human subject)에 대한 보호를 위해 관련된 기관의 승인을 받는 것이다. 두 번째는 전체 사례연구팀에 대하여 필요한 교육을 집중적으로 실시하는 것이다. 세 번째는 사례연구에 참여할 후보 사례를 선별하는 것이다. 네 번째는 예비사례조사를 수행해야 한다.

3

사례연구 증거수집을 위한 준비 단계

사례연구 자료를 수집하기 전에 해야 할 일

사례연구가 확정되지 않는, 즉 유동적인 하나 이상의 연구질문과 연구설계로 시작함에도 불구하고, 대부분 사람들이 사례연구를 자료수집만 결부하여 생각한다. 이 장과 다음 장에서는 자료수집 활동에 관해 살펴본다. 3장에서는 무엇을 준비해야 하는지를 살펴보고, 4장에서는 실제적인 자료수집 기법에 대해 살펴본다.

자료수집을 위한 준비 단계는 복잡하고 어려울 수 있다. 만약 필요한 준비가 제대로 이루어지지 않는다면 사례연구 전체에 문제가 생길 수 있고, 연구문제를 정의하고 사례연구를 설계한 모든 일이 수포로 돌아가게 된다. 게다가, 인간을 연구대상으로 하는 사례연구라면 인간연구대상자(human subject)를 어떻게 보호할지를 보여주는 것은 또 다른 어려움이 될 수 있다.

사례연구를 위한 준비가 제대로 되었는지는 다음의 다섯 가지 요건에 비추어 판단할 수 있다. 첫째는 연구원이 연구에 필요한 기술과 자질을 충분히 갖추고 있는가를 살펴보는 것이다. 과거에는 연구원의 기술과 자질에 대해 특별히 주목하지는 않았다. 그러나 연구원에게 필요한 기술 중 몇 가지는 매우 중요하여 필요할 경우 배우거나 훈련을 받아야 한다. 나머지 네 가지 추가적인 요건은 사례연구 진행을 위한 연구자 사전교육, 프로토콜(protocol)의 개발, 후보사례의 심사, 예비사례연구 수행 등인데, 이러한 요소들도 사례연구를 준비하는 공식적인 단계에 속한다. 특히 프로토콜 개발은 사례연구의 전반적인 신뢰성에 영향을 끼치기 때문에 매우 중요하다. 그러나 자료수집 과정이 원활하게 진행되기 위해서는 위에 언급한 모든 다섯 가지 요소가 잘 수행되어야만 한다. 이하에서는 각 항목에 대해 설명한다.

연구원에게 요구되는 기술과 자질

많은 사람이 사례연구를 수행하는 것이 용이할 것이라고 생각해 사례연구에 관심을 갖는다. 이는 아마도 연구방법으로서의 사례연구와 비연구방법으로서의 사례연구를 혼동해서 생긴 문제라 생각한다(예: 1장의 "대중적인 사례연구"). 많은 사회과학 연구자들과 특히 신진 연구자들이 큰 어려움 없이 사례연구방법을 배울 수 있을 것이라 생각한다. 이는 연구자가 최소한의 기술적인 절차만을 습득하면 사례연구 수행이 가능하고, 형식적 측면이나 분석적 능력에 부족함이 있어도 문제가 되지 않는다고 생각하는 데에서 기인한다. 그러나 이러한 믿음은 진실과는 상당히 거리가 있다.

실제로는, 사례연구를 위해서 요구되는 연구자의 지적 능력, 자아, 그리고 감정 등은 어떤 다른 연구방법보다도 훨씬 까다롭다. 이는 사례연구의 자료수집 과정에 정해진 절차가 없기 때문이다. 실험이나 서베이의 경우는 자료수집 단계의 일부, 혹은 많은 부분이 연구보조자에 의해서 행해진다. 연구 보조자는 최소한의 재량권만을 가지며 자료수집 행동은 정해진 절차를 따르기만 하면 된다.

사례연구는 연구의 이슈와 수집되는 자료 사이에 끊임없이 상호작용이 발생하기 때문에 다른 연구방법에 비해서 잘 훈련되고 경험 많은 연구원이 더욱 중요하게 요구된다. 이러한 상호작용이 가능하게 하기 위해서는 세심한 판단이 필요하다. 이러한 것에는 자료수집에 대한 기술적인 측면뿐 아니라 개인정보를 어떻게 또는 어디까지 공유할지, 현장에서 발생할 수 있는 충돌을 어떻게 대처할지와 같은 윤리적인 판단이 포함된다. 기민한 연구자만이 예기치 않은 문제가 일어난 경우에도 당황하지 않고 왜곡을 피하면서 오히려 이를 잘 활용하여 연구를 진행할 수 있다.

TIP: 사례연구를 위한 자료수집은 언제 시작해야 할까?

2장의 제안들을 따라 사례연구설계를 끝마쳤다면 이제 자료수집에 대해 걱정하기 시작할 것이다. 시간은 한정되어 있으며 그 안에 좋은 자료들을 선택해야 하기 때문이다. 자료수집 준비의 용이성은 외부적인 시간 제약 또는 조건들에 달려 있는 것이 아니다. 연구자가 사례연구 수행능력을 갖추고 실제 자료를 수집하기 위한 일정한 절차를 마련하고 사전준비를 한다면, 자료수집 준비는 더욱 용이해질 것이다.

당신은 자료수집을 위한 준비가 되어 있는가? 그리고 사례연구 수행 시, 자료수집 준비를 위해 일정한 절차를 따라야 한다고 생각하는가?

그러나 불행히도 사례연구를 위해서 훌륭한 연구원이 될 수 있는 사람과 그렇지 않은 사람을 구별할 수 있는 방법은 없다. 수학자와 법률 전문가를 예로 들어 이 상황과 비교해 보자. 수학자는 더 높은 수준의 문제를 풀어 보아서 자신이 그 문제를 풀 수 있는지 없는지를 판단할 수 있기 때문에 자기 자신의 능력을 스스로 평가할 수 있다. 법률가의 경우는 일단 국가의 자격시험을 통과해야만 한다. 즉, 자격시험 통과 여부에 따라 자기 자신의 능력을 알 수 있는 것이다.

반면, 사례연구를 잘 수행하기 위해 필요한 연구원의 기술과 자질을 평가할 수 있는 어떤 관문이나 시험이 있는 것은 아니다. 다만 연구원이 갖추어야 하는 기본적인 요건들은 다음과 같다.

- 적합한 질문을 잘 해야 하며 대답을 잘 해석할 줄 알아야 한다.
- 자신의 이데올로기나 선입관에 갇히지 않고, 잘 "경청"할 수 있어야 한다.
- 새로운 상황에 부딪혔을 때, 그것을 위기가 아닌 기회로 받아들일 수 있도록 유연한 태도를 유지할 수 있어야 한다.
- 연구하려는 이슈를 잘 파악하고 있어야 한다. 탐색적인 상황에서도 이것이 필요하다.
- 윤리적으로 연구를 수행하여야 한다. 한편 전문가의 입장에서 상반된 증거에 특히 주의를 기울여야 한다.

연구원이 위의 자질을 모두 갖추어야 하는 것만은 아니고, 요구되는 자질 중 일부 부족한 부분은 개선시켜 나가야 할 것이다. 중요한 점은 자료를 조사하는 모든 연구원이 정직하게 조사에 임하며, 다음의 지침들에 따라 자신을 점검하며 자료를 수집해야 한다는 것이다.

좋은 질문하기

1장에서 언급한 대로, 사례연구는 다른 연구방법에 비하여 자료수집을 하는 기간 내내 탐구정신이 필요하다. 따라서 좋은 질문을 할 수 있는 능력은 연구자의 필수적인 전제 조건이다. 연구자가 적절한 질문을 통하여 증거를 수집하고 연구의 내용을 얼마나 풍부하게 창조할 수 있는가는 다음과 같은 활동에 달려 있다.

> 조사하고자 하는 대상에 대한 깊은 이해를 통하여 연구로부터 무엇을 얻을 수 있는가에 대해 생각하고, 그러한 생각을 수집할 수 있는 정보

> 와 관련시켜서 체계화하고, 그 정보에 비추어 생각들을 다시 점검하며, 기대했던 결과와 발견된 결과 사이에 필연적으로 발생하는 불일치를 추가적인 자료수집으로 해결한다(Becker, 1998, p. 66).

사례연구의 자료수집은 공식적인 프로토콜에 의해서 진행되지만, 어떤 정보가 그 연구를 위해서 적합한지를 미리 예측할 수는 없다. 자료를 수집하는 동안 연구원은 재빨리 수집된 증거들을 검토하고 왜 이러한 결과들이 나타났는지에 대해서 끊임없이 자문해야 한다.

연구원이 좋은 질문들과 함께 전체 자료수집 과정을 제대로 수행하였다면, 현장조사를 수행하는 날마다 끝날 무렵에는 정신적, 감정적으로 매우 지치게 될 가능성이 높다. 즉, 연구원에게 있어서 분석적 에너지의 고갈이 일어나게 되는데, 이는 실험이나 서베이를 할 때에는 잘 일어나지 않는 현상이다. 일반적으로 실험이나 서베이는 자료수집 과정이 정해진 절차를 따르게 되며, 자료수집가는 최소한의 재량권만을 가지고 일정 양의 과업을 완수하기만 하면 된다. 그렇기 때문에 실험과 서베이에 있어서의 자료수집은 육체적으로는 매우 힘들지만 정신적으로 힘들지는 않다. 그러나 만약 연구원이 현장에서 사례연구를 수행하면서 육체적으로만 힘들고 정신적으로 힘들지 않다면 아마도 충분한 질문을 하지 않았기 때문일 것이다.

좋은 질문을 하기 위해서는 지금 수행하는 연구조사가 문제를 탐색하기 위한 것이지 꼭 해답을 찾는 것이 아니라는 점을 이해하는 것이 중요하다. 훌륭한 연구원이라면 응답자가 대답하는 것을 듣고 바로 새로운 질문으로 유도할 줄 알아야 한다. 그러한 질문 과정을 통하여 왜, 어떻게 이러한 현상이 발생하였는지에 대한 중요한 정보들을 모을 수 있을 때, 좋은 질문이라고 할 수 있다.

경청하기

사례연구에 있어서 "경청"이란 단지 청각뿐만 아니라, 관찰, 느낌 등 다양한 양식을 통하여 정보를 수집하는 것을 의미한다. 좋은 경청자가 된다는 것은 편견 없이 대량의 정보를 흡수할 수 있음을 의미한다. 좋은 경청자란 인터뷰하는 사람의 말을 정확하게 듣고(때로는 인터뷰 대상자가 사용하는 용어의 숨겨진 뜻을 이해하여야 한다), 분위기와 정황 요소들을 함께 이해하는 사람을 말한다. 즉, 상대방의 말을 이해하는 것뿐만 아니라 말을 통해 전하고자 하는 의미를 이해할 수 있어야 한다.

경청하는 기술은 현실 상황을 관찰할 때뿐만 아니라, 문서에서 발견할 수 있는 증거들을 조사하는 데에도 적용된다. 문서들을 검토할 때에는 행간의 의미를 파악하는 것이 중요하다. 또한 여러 종류의 정보를 결합하여 추론하는 능력도 필요하며, 이러한 과정에서 중요한 통찰력을 얻을 수 있게 된다. "경청"을 잘 하지 못하는 연구원은 아무리 중요한 정보가 있어도 그것을 깨닫지 못하게 된다. 또한 닫힌 마음을 가진 사람이나 기억력이 좋지 않은 사람 역시 '경청'을 잘 하지 못하는 사람이다.

적응성을 유지하기

사례연구를 수행하다 보면, 처음 계획된 연구설계 및 절차 그대로 진행되는 경우가 많지 않다. 연구를 수행하는 동안 어느 정도의 변화나 수정은 불가피하게 발생하기 마련이다. 경험이 많은 연구원이라면 조사의 본래 목적을 항상 염두에 두고 예상치 못한 상황이 발생했을 때에는 연구의 절차나 계획을 상황에 맞게 적응시킬 줄 알아야 한다(BOX 13 참조).

BOX 13
사례연구설계에서의 적응성

Peter Blau(1955)의 정부 조직에 대한 행동연구(「The Dynamics of Bureaucracy」)는 공식적 조직과 비공식적 조직 간의 관계에 대해 깊은 통찰력을 제시하고 있다는 점에서 60년이 지난 현재에도 매우 높은 평가를 받고 있다.

이 연구는 두 개의 정부 조직을 대상으로 하고 있지만 처음부터 연구설계가 두 개의 조직을 대상으로 한 것은 아니었다. 저자는 원래 하나의 조직을 대상으로 조사를 하려고 했으나 후에 두 개의 조직, 즉 정부 조직과 민간 조직을 비교하기 위해서 연구설계를 변경하였다고 보고서에서 밝히고 있다(pp. 272-273). 그러나 민간단체를 연구대상으로 섭외하고 접근을 허락받는 것이 쉬운 일이 아니었다. 여러 번 실패를 거듭하면서 저자는 두 개의 서로 다른 성격의 조직을 비교 연구하는 것에 대해서 공고한 정당성과 이론적 기반을 개발하는 데 노력을 기울였다.

이와 같이, 초기의 연구 계획이 변경되는 것은 사례연구설계에서 발생할 수 있는 여러 변화 중의 하나이다. Blau의 예는 연구자가 변화하는 상황을 어떻게 기회로 활용할 수 있는지, 이론적 기반의 변화를 어떠한 방향으로 고려해야 하는지에 대해 보여주고 있다.

만약 변화가 발생하였다면, 일단 편견 없는 관점을 유지하고 상황에 대해 잘 인식하는 것이 중요하다. 그렇지 않고 무턱대고 처음부터 완전히 새로운 조사를 하는 것은 바람직하지 않다. 조사 과정에서 변화가 발생하면 그동안 완수한 많은 부분을 다시 반복해야 하고 다시 문서화하여야 한다. 경우에 따라서는 초기의 연구설계 단계로 다시 돌아가야 할 수도 있다. 2장에서 언급한 바와 같이, 가장 최악의 경우는 초기의 연구설계가 잘못되었음에도 불구하고 단지 연구방향만 바꾸어서 새로운 조사를 하는 것이다. 따라서 경직된 사고가 아닌 학문적 엄격성과 적응성 사이의 균형을 유지하는 것이 무엇보다 중요하다.

또한 여기서 적응성은 자신의 입장에서 결과적으로 상대를 착취하는 형태가 되어서는 안 된다. 예를 들어, 인터뷰 대상자가 질문에 응답하는 데 시간을 좀 더 달라고 했다고 해서 본래 예정했던 시간보다 인터뷰의 시간을 지나치게 늘리는 것이 유연성을 뜻하지 않는다. 또 다른 예로 어떤 조직을 대상으로 조사하고 있는데 상대방이 전에는 허락하지 않던 중요 문서를 볼 수 있도록 허용했다고 해서 허락 없이 복사까지 하려고 하는 행위는 곤란하다는 것이다.

적응성을 잘 유지하면 중요한 결과를 얻을 수 있다. 연구 중 예기치 않게 드러나는 사고방식을 발견하여 궁극적으로 해당 사례연구가 학문적 발전에 큰 기여를 할 수도 있다. 그러므로 특정 가정에서 사례연구를 시작했지만 예비 현장조사(preliminary fieldwork)에서 상반되는 증거가 나올 때, 연구원이 기민한 적응성을 유지하는 경우 이러한 문제에 잘 대응할 수 있다. 예를 들어, 2장의 **응용** 3은 예비 현장조사가 사례연구에 어떻게 중요한 통찰력을 가져올 수 있는지 보여주고 있다.

연구이슈 이해하기

연구목표를 성공적으로 달성하기 위해서 가장 중요한 점은 처음부터 사례연구의 목적을 잘 이해하는 것이다. 연구원의 분석적 판단이 자료수집 기간 내내 필요하기 때문에 모든 연구원은 연구의 이론적, 정책적 이슈들을 잘 이해하고 있어야 한다. 사례연구를 수행하는 연구원의 분석적 판단이 데이터 수집 전반에 걸쳐 이루어져야 하므로 모든 연구원은 관련 이론 또는 규정문제를 잘 이해하고 있어야 한다. 다시 한 번 강조하지만 탐색적 사례연구를 수행하더라도 연구에 대한 이론적 근거를 잊지 말아야 한다.

실제로 탐정과 같이 행동하는 것은 사례연구 현장에서 조사를 할 때 풍부한 통찰력을 제공해 줄 수 있다. 탐정은 사건이 발생한 후에 사건 현장에 도착해서 실제로 무슨 일이 일어났는지 추론을 하게 된다. 이때 추론은 상식적인 정황 요소들과 물리적 증거, 그리고 목격자로부터 수집된 정보들을 하나로 모으는 것을 기반으로 하여 이루어진다. 마지막으로 다른 여러 범죄에 대해서도 추론을 하고, 동일한 범죄자가 사건을 저질렀는지 판단할 것이다. 이 마지막 단계는 다중사례연구에서 사용하는 반복연구의 논리와 유사한 것이다.

윤리적으로 연구를 수행하기

만약 연구원이 자기가 미리 생각한 대로 사례연구의 결과를 도출하고자 한다면 앞에서 언급한 연구원의 자격 요건들이 모두 무시되어도 상관없을 것이다. 어떤 연구방법을 선택하는지와 관계없이 모든 연구원들은 미리 연구 이슈를 이해해야 하므로 선입관이나 편견을 갖게 되기가 쉽다(Becker, 1958, 1967 참조). 연구원들이 사례연구방법을 이용해서 특정 이슈를 추진하거나 옹호하게 해서는 안 된다.[1]

연구원의 편견이 조사에 반영되었는지를 검증할 수 있는 방법은 예상과 상반된 증거에 대해 연구자가 얼마나 개방적인가를 보는 것이다. 예를 들어, “비영리” 조직을 조사하는 연구원이 비영리 조직 중 상당수가 놀랍게도 상업적이고 자본주의적 성향을 가지고 있음을 발견했다고 가정하자. 만약 그러한 발견에 대해 강력한 증거들이 확보되었다면 사례연구의 결과에는 이러한 발견이 반영되어야 할 것이다. 더 낮은 수준에서는 연구원이 실제로는 인터뷰 대상자의 발언이 연구자의 가정과 일치하지 않아서 충분히 주의를 기울이지 않은 것인데 이를 인터뷰 대상자의 말이 불분명하게 들렸다고 간주해 인터뷰 대상자의 발언 중 일부를 무시할 수도 있다.

예상과 다른 발견이 얼마나 타당한 것인지 내성 테스트를 하기 위해서 연구원이 발견한 예비적인 사실들을 자료수집 단계에서 두세 명의 주요 동료에게 보고하는 것이다. 그 동료들은 이에 대해 다른 설명을 제시하거나 자료수집에 대해 조언을 할 수도 있을 것이다. 자료수집 과정에서 예상과 다른 발견이 나타날 때 이것이 공식적으로 토의되고 문서화될 수 있다면, 연구원의 개인적인 편견이 개입될 가능성은 줄어들게 될 것이다.

편견의 배제는 "연구윤리" 지침에 제시되어 있는 다양한 가치 중 하나이다. 훌륭한 사례연구 연구자라면 다른 사회과학자들처럼 높은 윤리적 기준을 추구해야 한다. 이 기준에는 정직하고, 기만하지 않고, 자신의 일에 책임을 지는 것뿐 아니라 표절이나 잘못된 정보를 전달하지 않는다는 학문적 책임감이 포함된다. 전문성은 관련 연구를 지속적으로 수행하고, 정확성과 신뢰성을 추구하며, 필요한 방법론이 무엇인지 이해하고, 나의 연구가 가지는 한계를 잘 숙지함으로써 완성될 수 있다.

특별한 윤리적 기준을 요구하는 다른 연구 분야의 문서들을 참고하면 윤리적 기준에 대해 더 많은 부분을 배울 수 있을 것이다(미국인류학협회(American Anthropology Association)(2012), 미국교수연합회(American Association of University Professors)(2013), 전미교육협회(American Educational Research Association)(2011), 미국평가학회(American Evaluation Association)(2004), American Political Science Association Committee on Professional Ethics, Rights, and Freedom(2012), 미국심리학협회(American Psychological Association)(2010), 미국사회학협회(American Sociological Association)(2008)).

연습문제 3-1
사례연구방법을 위해 연구원에게 요구되는 기술

사례연구를 성공적으로 수행한 연구원들을 알고 있는가? 연구원으로서 그들의 강점과 약점은 무엇이라 생각되는가? 그들의 강점, 약점을 당신과 비교해 보라.

연습문제 3-2
사례연구방법을 위해 당신이 가진 기술을 분석하기

사례연구를 수행하기 위해 필요한 기술 중 당신이 가진 특별한 것은 무엇인가? 과거에 연구 수행을 위해서 자료를 수집하고 분석해 본 경험이 있는가? 그 현장연구 경험에서 당신은 "경청"을 하고 규정을 잘 따르는 사람이었는가? 만약 사례연구를 위해 요구되는 기술 또는 자질 중에서 당신에게 부족한 것이 있다면, 어떤 방법으로 이를 강화할 것인가?

사례연구를 위한 교육

인간연구대상자 보호

"인간을 대상"으로 하는 연구의 경우 특별한 윤리적 기준이 필요하다. 사례연구에 사람들이 참여한다거나 개인 혹은 고객에 대한 기록이나 학생들의 점수와 같은 자료를 수집하는 경우도 이에 해당한다. 따라서 사례연구의 설계가 끝나고 자료수집 단계가 시작되기 전, 연구자는 사례연구 수행 시 인간연구대상자(human subject)를 어떻게 보호할 것인지를 미리 계획하여야 한다. 연구자는 항상 고도의 윤리기준을 준수하며 연구를 수행해야 하므로 인간연구대상자 보호를 단순한 명목적인 관리과정으로 여겨서는 안 된다(또한, 이번 장에서 다시 언급하겠지만 당국이 궁극적으로 인간연구대상자에 대한 많은 요구사항을 해제하더라도 초기 관행이 오래전부터 형성되어 있으므로 많은 참여자들은 예전의 "오래된 규칙"를 따르기 기대한다).

인간연구대상자 보호가 반드시 필요한 이유는 대부분의 사례연구가 인간의 삶에 관한 문제를 다루기 때문이다. 이러한 관점에서 보면, 사회과학자들은 생물학이나 화학 같은 인간 이외의 체계를 연구하는 과학자나 "죽은 과거"를 연구하는 역사가와는 다르다. "현대의 실생활과 현상을 연구한다"는 것은 의료연구에서 행하는 것만큼의 윤리적 실천을 요구한다.

인간연구대상자를 보호하기 위하여 연구자는 자신이 하는 사례연구에 특별히 세심한 주의를 기울여야 한다. 구체적으로 다음과 같은 사항들이 준수되어야 한다(National Research Council, 2003, pp. 23-28).

- 사례연구에서 조사대상이 되는 모든 사람에게 수행하고자 하는 사례연구의 특성을 고지한 후, 공식적으로 자발적 참가를 요청하고 승낙을 얻는다.
- 사례연구 참여자들이 연구로 인해서 어떠한 피해를 입지 않도록 보호한다.
- 참여자들의 사생활과 비밀을 보호한다. 만약 참여자 신분이 노출되어 향후 다른 연구의 참여 요청을 하는 데 사용된다면 이는 참여자들이 불편하거나 꺼리는 상황이 될 수 있다.
- 상처받기 쉬운 그룹(예: 아이들)을 대상으로 하는 연구를 수행할 때는 그들을 보호하기 위한 특별한 조치를 취한다.
- 연구의 참여자들은 공평하게 선택되어야 한다. 어떠한 집단의 사람도 불공평하게 연구에서 배제되거나 포함시켜서는 안 된다.

생명윤리위원회(Institutional Review Board, IRB)로부터 연구계획에 대한 공식적인 승인을 받아야 할 수도 있다. 이 위원회는 대학과 연구기관에 의해 조직되었으며 모든 인간을 대상으로 하는 연구가 진행되기 이전에 검토와 승인에 대한 과업을 부여받았다. 따라서 사례연구를 수행하기 전에 가장 필요한 단계는 자신이 속하고 있는 기관의 생명윤리위원회를 찾아보고, 위원회가 정하는 지침에 따르고, 연구의 승인을 받아야 한다. 또한, 승인 절차는 지난 몇 년 동안 발전해 왔으므로 사례연구와 질적 연구와 관련된 절차가 수정되었을

수 있으므로 최근 내용에 대하여서는 IRB에 문의한다.[2]

생명윤리위원회는 사례연구의 설계부터 연구목적, 인간연구대상자를 어떻게 보호할 계획인지에 대해 검토할 것이다. 연구에 있어서 사람과의 상호작용은 인터뷰와 같이 사람을 직접 대면하는 경우와 문서기록(고객이나 학생에 대한 기록 등)으로 간접적으로 만나는 경우 모두에서 일어난다. 다른 연구방법과 달리 사례연구가 익숙하지 않기 때문에 위원회는 더 많은 주의를 기울여 검토할 것이다. 예를 들어, 인터뷰를 통해 사례연구의 자료를 수집한다고 할 때 서베이 인터뷰와 달리 발생하는 상호작용이 구조화되어 있지 않기 때문에 더욱 어려운 상황이 될 수도 있다. 생명윤리위원회는 연구자가 연구대상과 어떻게 소통하려고 계획하는지 사용하려고 계획하는 프로토콜과 자료수집 도구는 무엇인지 그리고 사전동의, 피해방지, 사생활과 비밀보호 등과 관련한 보호조치는 마련되어 있는지 등에 관해 모든 것을 알기 원할 것이다(Tutorial 3-1과 웹사이트 study .sagepub.com/yin6e의 생명윤리위원회와 관련된 내용 참조).

일반적으로는 각 분야별 윤리적 기준과 전문연구기관들이 공표하고 있는 (사례연구가 아닌) 인간이 연구대상이 되는 연구의 기준에서 이러한 지침들을 확인할 수 있다. 또한 대학교이든 독립된 연구기관이든 관계없이 각 조직들이 가지고 있는 연구 기준이 중요하며, 연구자들은 이를 잘 따라야 한다.

사례연구를 위한 교육

연구원에 대한 교육 또한 사례연구 수행에 필요한 과정이다. 교육의 시기와 생명윤리위원회의 승인을 요청하는 시기는 선후관계가 명확하지 않다. 승인을 요청하기 전에 미리 자료수집 계획을 세워야 하지만 승인이 이루어진 후에 자료수집 계획이 확정될 수도 있다. 따라서 교육 활동이 장기간에 걸쳐 실시될 수도 있다.

"책임급(senior)" 연구원이 되기 위한 교육. 사례연구를 위해 교육이 필요한 이유는 모든 연구원이 "책임급(senior)" 연구원만큼 능숙하게 연구를 수행할 수 있어야 하기 때문이다. 일단 자료수집이 시작되면 연구원은 정해진 절차에 의존하는 것이 아니라 자신이 한 명의 독립적인 연구자라고 생각해야 한다. 즉, 각각의 연구원들은 자료수집 과정 동안 지능적인 의사결정을 해야만 하는 것이다.

사례연구를 위한 조사 교육은 자료수집 단계에 관한 것뿐만 아니라 연구문제의 정의와 연구설계 개발 단계부터 시작해야 한다. 이러한 과정이 1장과 2장에서 언급한 바와 같이 만족스럽게 수행되었다면, 추가적으로 기울여야 할 노력은 많지 않을 것이다. 특히 단일사례연구를 한다면 더욱 그러하다.

그러나 사례연구 조사는 다음과 같은 세 가지 이유 중의 하나 때문에 사례연구의 팀 2가 필요한 경우가 많다.[3]

1. 하나의 사례라 하더라도 같은 장소에서 집중적으로 자료를 수집해야 하기 때문에 '팀'으로 구성된 연구자들이 필요하다(BOX 14 참조).
2. 다중사례연구를 수행하는 경우 서로 다른 사람이 각각의 현장에서 자료를 수집하거나 현장을 바꿔가며 수집할 필요가 있을 수 있다(Stake, 2006, p. 21). 또는,
3. 위의 두 가지 조건들이 복합적으로 필요한 경우가 있다.

이러한 상황에서는 조사 팀의 모든 구성원이 사례연구 프로토콜의 초안을 개발하는 데에 기여해야 한다. 이 초안은 대개 생명윤리위원회의 승인을 받기 위한 것이며, 생명윤리위원회의 승인을 받은 후에 완성된 프로토콜이 최종본으로 간주된다.

여러 명의 연구원을 교육할 때 일률적인 주입식 교육이 아니라 그룹별 공동작업 형태로 진행하면 보다 좋은 교육성과를 기대할 수 있다(〈도표 3-1〉의

BOX 14
1924~1925년경의 현장연구 실행계획

증거를 수집할 수 있는 현장에 접근 허락을 받고, 조사 스케줄을 짜는 일은 사례연구를 진행하는데 매우 중요한 활동이다. 현대의 연구자들은 이러한 활동이 사회과학이 크게 성장한 1960년대와 1970년 이후에 등장하였다고 생각할지도 모른다.

그러나 놀랍게도 거의 1세기 전에 행해진 현장연구에서도 현대의 관리 기법들이 이미 적용된 바가 있다. 두 명의 수석 연구원과 몇몇의 조수로 구성된 한 연구팀은 자신들의 연구대상이었던 도시에 사무실을 열었다. 이 사무실은 오랜 기간 동안 다른 프로젝트 연구원들이 사용하던 것이었다. 연구팀은 이 지역 공동체의 삶에 직접 참여하고, 문서자료들을 조사하고, 부분적인 통계 수치들을 통합하고, 인터뷰를 하고, 설문지를 배포하고, 수거하였다. 이러한 집중적인 현장연구로 5년의 시간을 소요하였다. 그 결과로 『Middletown』이라는 제목으로 책이 출판되었고(Robert와 Helen Lynd, 1929), 이 책은 지금도 미국 소도시에 대한 연구 분야에서 고전으로 평가받고 있다.

〈도표 3-1〉 사례연구 교육을 위한 일정

사전 자료읽기: 사례연구 제안서, 현장중심 방법론에 관한 교재(가능하면), 사례연구 이론에 관한 문헌, 이전에 수행된 사례연구의 예(보고서나 출판물) 등을 포함한다.

세션 1: 사례연구 목적, 주요 연구문제 및 선택한 사례(들)에 대한 논의

세션 2: 사례연구 프로토콜 검토
- A. 관련된 이론적 틀과 선행연구 토론
- B. 연구설계와 논리 개발 및 검토
- C. 프로토콜 주제에 관한 심도 있는 토론(프로토콜의 주제가 얼마나 중요한지, 어떠한 자료가 수집되어야 하는지에 대해 토의)
- D. 최종적으로 사례연구 보고서에서 다루고자 하는 주제를 예측(사례연구의 최종목표에 대한 사전적인 예측 수립)

세션 3: 방법론적 검토
- A. 현장방문 일정 협의(확인편지)
- B. 현장조사 절차(방법론적인 원칙에 대한 토의)
- C. 증거 사용(증거유형과 수렴방법에 대해 검토)
- D. 현장조사 시 노트필기 방법
- E. Follow-up 활동(현장의 대상과 의사소통 종료)
- F. 마감일을 포함한 조사 일정

교육 일정 참조).

교육에서는 연구문제의 주제와 관련된 참고문헌과 연구설계의 방향이 되는 이론적 이슈, 사례연구방법과 전략 등을 포함해 계획하고 있는 사례연구의 모든 단계가 다뤄진다. 방법론에 대한 교육을 위해 다른 사례연구(BOX 15 참조)에서 사용된 도구의 예시를 검토하는 것이 필요할 수도 있다.

BOX 15
21세기에 사용된 사례연구방법과 도구에 대한 검토

웹사이트는 다른 사례연구에 사용된 방법과 도구를 쉽게 찾아 볼 수 있는 기회를 제공한다. 예를 들어, 온라인 버전의 기사와 학술잡ㅈ 에는 인쇄된 버전이었다면 없었을 보충자료를 포함하고 있는 경우가 많다. 가령, Randolph와 Eronen(2007)의 사례연구에는 공식적 사례연구 프로토콜, 사례연구 코딩 규칙을 정리해 놓은 자료, 사례연구 자료와 연결되는 증거, 사례연구 자료의 문서목록 등 다양한 보충자료를 포함하고 있다.

이러한 사전교육의 목적은 모든 팀원이 연구와 관련된 기본 개념, 용어, 이슈들을 잘 이해하도록 하기 위함이다. 모든 연구원은 다음과 같은 사실에 대하여 숙지할 필요가 있다.

- 왜 이 사례연구를 수행하는가?
- 어떠한 증거가 수집되어야 하는가?
- 어떠한 변동이 발생할 수 있는가?
- 주어진 명제를 지지하는 증거와 상반된 증거가 무엇인가?

사례연구를 위한 사전교육에 대한 모든 구성원의 주요 목표는 일방적인 강의가 아니라 참여한 연구원들이 토론을 통해서 연구에 대해 충분히 숙지할 수 있도록 하는 것이다.

이러한 교육 방식은 다른 연구방법에서 사용하는 자료수집 교육과 성격이 매우 다르다. 예컨대 서베이를 위한 사전교육에서는 토론방식을 사용하지 않고 설문항목과 용어에 대해서 짧은 시간 동안 집중적으로 설명한다. 또한 서베이를 위한 사전교육에서는 연구원들이 설문문항 이외에 전체적이고 개념적으로 연구이슈를 충분히 이해하도록 촉구하지는 않는다. 서베이 연구원들은 연구이슈가 무엇이고 설문의 결과가 어떻게 분석되는지에 관심이 없다. 단지 설문지에 미리 적혀 있는 질문들만을 이해하고 설문을 충실하게 수행하면 되는 것이다.

프로토콜 개발과 검토. 이제 사례연구 프로토콜의 내용에 대해서 좀 더 자세히 살펴보자. 바람직한 교육 프로그램은 사례연구의 팀원 모두가 프로토콜을 이해하도록 하는 것이다.

프로토콜에 대한 이해를 돕기 위해 다음의 활동이 필요하다. 먼저, 모든 연구원은 각각 프로토콜에 포함되어 있는 주요 주제 중 한 부분을 정한 후 자신이 맡은 부분에 대한 참고자료들을 검토하여 필요한 정보를 추가한다. 그 다음, 다른 구성원들이 프로토콜의 질문을 명확히 이해하도록 담당하고 있는 부분에 대해서 깊이 있는 토론을 이끌어야 한다. 이러한 방식의 목적은 팀 전체 뿐 아니라 개별적인 모든 연구원이 프로토콜의 내용을 공유하고 깊게 이해하는 것에 있다.

교육을 하는 동안 문제점 발견하기. 또한 교육은 사례연구 계획의 문제점 혹은 연구팀의 역량에 어떠한 문제점이 있는지를 밝혀낼 수 있는 좋은 기회를 제공한다. 만약 어떤 문제가 교육기간 동안 나타난다면 이는 연구가 한창 진행된 후 발견되는 것보다는 해결하기가 수월하다. 따라서 유능한 연구원이라면 나중에 발생할 수 있는 잠재적인 문제들을 미리 발견하기 위해 노력해야 한다.

이 기간 동안 가장 분명하게 드러날 수 있는 문제점은 사례연구의 설계 단계나 연구문제를 정의하는 단계에서 발생한 오류를 찾아내는 경우이다. 만약 연구설계나 연구문제를 정의하는 단계에서 오류가 발견된다면 아무리 많은 시간과 노력이 필요하다 하더라도 반드시 필요한 수정을 해야 한다. 예를 들어, 연구의 원래 목적은 개인용 컴퓨터의 사용과 같은 기술적인 현상을 조사하기 위한 것이었는데 연구설계가 조직의 현상에 대한 것으로 초점이 맞춰진 경우가 있을 수 있다. 이러한 경우에는 연구의 근본적인 목적이 흔들릴 수도 있게 된다. 물론 연구설계를 다시 변경하는 일은 적게는 다른 참고문헌을 조사하는 일에서, 많게는 연구계획 전체를 재검토해야 하거나 독자층을 바꾸거나 하는 등의 수고를 필요로 한다. 또한 생명윤리위원회 감사 과정을 확인하여 새로 적용할 윤리규정이 있는지 살펴보아야 한다. 예상 밖의 어떠한 경우가 생기더라도 교육기간 동안 원래 연구계획에 비현실적이거나 문제점이 발견된다면 얼마든지 연구의 기본적인 전제가 바뀔 수 있다.

발견될 수 있는 두 번째 문제점으로는 연구팀 구성원 간에 서로 의견이 대립하는 경우이다. 즉, 연구원 중의 일부가 프로젝트나 연구 후원자의 기본 사상에 동조하지 못하는 경우가 발생할 수 있다. 가령, 공동체 조직에 관한 다중사례연구를 하는데 그러한 조직들의 효능에 대해 연구원들마다 서로 다른 믿음을 가지고 있을 수 있다. 이렇게 조사대상에 대한 연구원의 편견이 발견되는 경우 이를 해결할 수 있는 한 가지 방법은, 수집된 증거가 타당하다고 검증된다면 연구의 기본 사상과 상반된 의견도 존중된다는 점을 연구원들에게 이해시키는 것이다. 또한 연구를 계속할 것인지 그만둘 것인지도 스스로 선택할 수 있음에 대해 주지시킨다.

세 번째 문제점으로는 연구 마감일을 도저히 맞추기 어렵다거나 기대했던 자료원에 현실적으로 접근이 불가능한 경우이다. 예를 들어, 한 사례당 20명을 인터뷰하기로 하였는데 한 명당 소요되는 인터뷰 시간이 현장에서 예상보다 많이 필요하다는 것을 교육기간에 발견했다고 하자. 이 경우에는 현장에서 인터뷰 스케줄이 사전에 반드시 조정되어야 할 것이다.

위에서 언급된 문제점들과 관계없이 교육 과정은 일반적으로 자료수집 활동에 대한 집단적 규범을 수립하는 데 효과가 있어야 한다. 이러한 규범의 구축 과정이 있어야 자료수집 기간 동안 예상치 않은 문제가 발생하여도 서로 협조하여 문제를 해결할 수 있게 된다.

연습문제 3-3
사례연구를 위한 사전교육 수행하기

사례연구를 위한 사전교육과 다른 연구전략(즉, 서베이, 실험, 역사연구, 기록정보 분석 등)에서 필요한 사전교육이 어떻게 다른가를 설명해 보라. 당신이 하고자 하는 사례연구를 위한 교육 세션의 일정을 미리 생각해 보라.

사례연구 프로토콜

사례연구 프로토콜과 서베이의 설문지는 모두 "데이터 수집"이라는 공통점을 갖고 있다. 즉, 사례연구는 하나의 사례로부터, 서베이는 한 명의 응답자로부터 자료를 수집하는 것이다.

이러한 유사성 이외에 매우 큰 차이점도 있다. 첫째, 프로토콜은 사례연구 증거수집을 위한 실질적인 질문들을 포함하고 있다. 이는 다음 설명에도 나오지만 서베이 설문지 대상과는 전혀 다른 대상을 갖는다. 이런 면에서 프로토콜은 기존의 설문지나 측정도구 이상의 의미를 갖는다. 프로토콜은 측정도구뿐만 아니라 프로토콜를 사용함에 있어 따라야 할 일반적인 규칙과 절차를 포함하고 있다. 둘째, 프로토콜은 측정도구보다 훨씬 다양한 부분을 취급한다. 셋째, 프로토콜의 개발은 모든 사례연구에 있어서 매우 중요하지만 특히 다중사례연구에 있어서는 더욱 그러하다.

프로토콜은 사례연구의 신뢰도를 높이는 가장 중요한 방법이며, 연구원이 모든 사례로부터 올바르게 자료를 수집할 수 있도록 인도하는 목적을 가진다. 〈도표 3-2〉는 사례연구 프로토콜의 한 예이다. 이는 연방정부로부터 자금을 지원받았던 혁신적인 성격의 법률 시행에 관한 사례연구에서 사용되었던 프로토콜이다. 먼저 후보사례 선정 과정이 이루어졌고, 그 과정을 통하여 법 시행에 관한 세부적인 내용들이 정의되었다("후보사례 심사"에 대해 더 자세한 내용은 이 장의 뒷부분을 참조하라). 이 연구는 18개의 사례로 구성된 다중사례연구설계를 가진다. 따라서 개별적인 사례에 대해서는 아주 깊이 있는 정보가 수집되기 어려웠다. 따라서 자료수집에 필요한 질문의 수(10개)는 최소한으로 하였다(〈도표 3-2〉의 부문 C 참조).

〈도표 3-2〉에서 제시한 것처럼 사례연구의 프로토콜은 일반적으로 다음과 같은 네 가지 부문을 포함하고 있어야 한다.

- **부문 A**: 연구개요(프로젝트 목적과 후원자, 연구이슈, 조사하고자 하는 연구주제에 대한 참고문헌)
- **부문 B**: 자료수집 절차(인간연구대상자 보호 절차, 수집대상 데이터에 대한 식별, 현장 접근 승인과 관련된 허가서 제시 및 기타 진행상의 주의사항들)
- **부문 C**: 프로토콜 질문(자료수집 시 연구자가 염두에 두어야 할 구체적인 질문사항과 이러한 질문들을 다룰 증거의 원천들 — 예를 들어, 〈도표 3-4〉를 보라.)

〈도표 3-2〉 사례연구 수행을 위한 프로토콜의 목차(새로운 법 시행에 대한 사례연구)

A. 사례연구의 개요

1. 미션(mission)과 목적
2. 사례연구 문제, 가설, 명제
3. 연구의 이론적 틀
4. 프로토콜의 역할(프로토콜은 연구원의 조사를 돕기 위한 표준화된 안건이라는 사항을 명시)

B. 자료수집 절차

1. 현장조사 시 접촉할 사람의 이름
2. 자료수집 계획 (인터뷰 대상자의 역할, 관찰하려는 사건, 현장에서 확인해 볼 문서들 등을 포함해 확보하고자 하는 자료의 유형을 서술)
3. 방문하기 전 준비 기간(현장조사에서 조사할 정보와 검토할 이슈를 파악)

C. 프로토콜 질문

1. 새로운 법 시행에 관한 내용과 혁신성
   a. 새로 시행되는 법의 세부 내용은?
   b. 혁신적인 법 시행이 제안되기까지 사법권에서는 어떠한 노력이 공동으로 이루어졌는가?
   c. 이러한 실행을 위한 아이디어의 출발은 무엇이었는가?
   d. 사전에 치밀한 계획과정이 있었고, 계획대로 잘 수행되었는가? 이 법의근본적인 목적이 무엇이며 주요 대상은 누구인가?
   e. 이 법의 시행이 다른 법에 비해 혁신적이라고 하는 이유가 무엇인가?
   f. 이 법의 시행은 관할 지역의 예산으로 지원받은 것인가? 아니면 외부의자금에 의한 것인가?
2. 혁신성에 대한 평가
   a. 평가의 설계는 어떻게 하며, 누가 평가할 것인가?
   b. 어떠한 부문에 대한 평가가 지금까지 이루어졌는가?
   c. 결과를 평가하기 위해 사용되었던 측정방법은 무엇이며, 지금까지 어떠한 결과가 나타났는가?
   d. 현재의 결과가 연방정부의 투자 때문이라는 것에 대해 어떤 경쟁설명이 수립되었는가?

D. 연구보고서의 잠정적 개요

1. 보고서의 독자, 그리고 독자들과의 의사소통을 위해 선호되는 스타일의 형태
2. 새로운 법 시행에 관한 구체적 내용
3. 새로운 법 시행의 혁신성
4. 새로운 법 시행을 통해 나타난 성과
5. 새로운 법 시행이 등장하게 된 정황적 요인과 역사적 배경
6. 각종 증거물들: 새롭게 시행된 법의 실행 과정과 성과에 대한 사건의 연대기; 실행을 위한 논리모델[4]; 성과나 다른 자료; 관련되는 문서에 대한 참고문헌; 인터뷰한 사람들의 목록 등

- **부문 D**: 연구보고서의 잠정적 개요(자료 형식, 참고자료 사용방법, 참고문헌 목록)

위에 언급한 주제들을 살펴보면 프로토콜이 왜 중요한지 알 수 있을 것이다. 첫째, 프로토콜은 목적했던 연구의 주제에 집중할 수 있도록 한다. 둘째, 프로토콜을 준비함으로써 완성된 연구보고서에 대해 윤곽을 미리 그려보고, 그 과정에서 어떠한 문제가 발생할 수 있는지 생각해 볼 수 있도록 해준다. 다시 말해, 프로토콜은 향후 발생할 수 있는 문제점을 미리 예상하고 대처함으로써 종국에 가서 실망스러운 결과가 발생하는 일을 피할 수 있도록 도와주는 기능을 한다.

〈도표 3-2〉에서 제시된 프로토콜의 내용은 사례연구 보고서에서 중요하게 고려해야 할 또 하나의 중요한 속성을 포함하고 있다. 예로 들은 연구보고서에는 먼저 새로운 법 시행의 내용이 무엇인지를 설명하는 것으로 시작한다(〈도표 3-2〉의 D2 참조). 그리고 새로운 법 시행이 등장하게 된 정황적 요인과 역사적 배경에 대해서는 나중에 언급한다(D5 참조). 법 시행의 내용이 먼저 나오고, 정황적 요인과 배경이 나중에 나오는 순서를 설정한 이유는 대부분의 연구자가 그동안 연구의 정황 조건과 배경에 대해 너무 많이 강조하여 왔다는 사실을 반증하는 것이기도 하다. 아무리 정황적 조건들이 중요하다 할지라도 연구의 주제에 대한 설명, 즉 새로운 법 시행 방법에 대한 상황이 더 많이 강조되어야 할 부분인 것이다(제시된 프로토콜 〈도표 3-2〉의 혁신성 부분). 즉, 사례를 직접 조사하고 난 다음에 관련 정황 조건과 배경을 제공할 수 있다.

전반적으로 프로토콜은 사례연구의 신뢰성을 높이는 주요 방법이며, 단일사례(다중사례연구에서 해당 단일사례가 다중사례 중 하나인 경우에도)에서 데이터를 수집할 수 있도록 한다. 이하에서는 프로토콜에 포함되어야 하는 네 가지 부문에 대해 상세히 논의한다.

사례연구 개요(프로토콜 부문 A)

연구개요에서는 연구배경, 실질적인 연구이슈, 그리고 이슈와 관련된 참고문헌에 대해 다루어야 한다.

연구배경에 대한 정보는 사례연구의 후원자(후원자가 있을 경우)와 독자(예를 들어, 논문심사위원회)들이 추구하는 미션(mission)과 목적을 만들어 내는 것에서 시작된다. 이 관점은 연구를 수행하는 동안 지속적으로 유지해야 한다. 가령 후원자나 독자가 특정 선행연구와 이번 사례연구 간의 관계를 보고 싶어 한다거나 사례연구 보고서를 쓰는 데 있어서 어떤 일반적인 형태를 원한다거나 특정 기간 내에 보고서 작성을 마치고 싶어 할 수 있다. 개요 부분에서는 이런 조건들을 명시해야 한다.

부문 A의 연구배경에 대해 서술하는 부분은 먼저 프로젝트의 목적을 소개하고, 그 다음에는 프로젝트를 수행하고 후원하는 사람들에 대해 간단한 정보를 제공하는 것이다. 연구배경에 쓰인 이러한 내용은 인터뷰할 사람이나 회사에 보내는 편지에 소개의 글로 사용될 수도 있다(〈도표 3-3〉의 편지 내용 참조).

그러나 연구배경은 연구개요의 일부분이며, 연구개요의 대부분은 조사하고자 하는 실질적인 주제에 할애되어야 한다. 즉, 특정 사례를 선정한 이유, 연구명제나 가설, 연구의 이론적 혹은 정책적 타당성 등이 연구개요 부분에 포함된다. 이러한 논제들을 다룰 때에는 부문 A에는 주요 참고문헌을 비롯한 주요 자료들은 사례연구팀의 구성원 모두가 언제든지 읽어볼 수 있도록 해야 한다.

잘 작성된 연구개요는 사례연구의 목적과 연구가 행해진 상황을 독자들에게 효과적으로 전달할 수 있다. 이렇게 작성된 연구개요 부분과 이와 관련된 자료들은 IRB 승인과 같이 또 다른 목적을 위해서 필요할 수도 있다. 그렇기 때문에 부문 A를 쓰는 것은 매우 중요한 활동이라고 볼 수 있다. 같은 맥락에

〈도표 3-3〉 소개의 글(예문)

NATIONAL COMMISSION ON NEIGHBORHOODS
2000 K street, N.W., Suite 350
Washington, D.C. 20006
202-632-5200

May 30, 1978

안녕하십니까?

이 편지를 통하여 귀하께 공동체 조직과 지역 개선을 위해 매우 풍부한 경험을 소유하고 있으며, 자질이 이미 검증된 연구팀을 소개하고자 합니다. 이 연구팀은 전문가로 구성된 정부소속의 특별 전문위원회로서, NCN(National Commission on Neighborhoods) 이라는 명칭으로 현재 40~50개의 사례 연구를 수행하고 있습니다.

NCN에서는 이 사례연구를 통하여 다음과 같은 점에 대해 조사할 수 있기를 희망하고 있습니다. 공공부문과 민간부문에 어떠한 투자를 해야 지역 활성화가 성공할 수 있는가? 이러한 지역 활성화를 위해 어떠한 기반 조건이 필요한가? 지역주민에게 돌아가는 실질적인 혜택은 무엇인가? 구체적으로 어떠한 활동이 실행될 수 있는가?

이 편지를 담당 행정관료, 공무원, 그리고 지역 단체장께 보낼 것입니다. 귀하의 귀중한 시간을 할애하시어 저희의 인터뷰에 응해 주시기를 간곡히 청하는 바입니다. 저희 사례연구가 성공적으로 수행되고 정부의 정책적 결정에 도움이 되기 위해서는 귀하의 도움이 매우 중요하다고 사료됩니다.

12명의 NCN 회원을 대표하여 귀하의 협조에 먼저 감사의 뜻을 전하고 싶습니다. 저희 위원회의 정기 뉴스레터나 최종 보고서를 받아보고 싶으시다면 인터뷰하실 때에 저희 연구원에게 말씀해 주시기 바랍니다.

다시 한 번 감사의 말씀을 드립니다.

Senator Joseph F. Timilty
Chairman

출처: U.S. Government.

서, 잘 구성된 사례연구 개요는 후에 최종 연구보고서의 연구배경과 도입 부분에 기초자료로 사용될 수 있다.

자료수집 절차(프로토콜 부문 B)

1장에서 이미 사례연구란 '현실세계에서 벌어지는 사건들에 대해 연구하는 것'으로 정의한 바 있다. 이는 사례연구를 정의하고 설계하는 데 매우 중요한 의미를 제공한다.

사례연구의 자료수집 단계에서는 잘 설계된 현장조사 절차가 중요한 이슈로 등장한다. 사례연구에서 의미하는 자료란 제한된 실험실이나, 도서관, 혹은 딱딱한 설문지를 통해서가 아니라, 매일의 일상생활에서 사람과 조직으로부터 수집되는 것이다. 따라서 사례연구를 수행하기 위해서는 현실세계에서 벌어지는 사건과 연구에서 필요한 자료가 무엇인지 연결시키는 방법을 배워야 한다. 이는 1장에서 다루었던 다른 연구방법들과 달리 사례연구는 연구원이 자료수집 환경을 통제할 수 없다는 의미이기도 하다.

실험실에서 행해지는 실험은 피험자가 실험실로 들어오고, 연구자가 실험 환경을 완전히 통제한다. 피험자는 윤리적, 물리적 제한 조건 내에서 연구자의 지시에 따르게 된다. 마찬가지로, 서베이에서는 응답자가 미리 설정된 질문에만 답할 수 있으며, 연구자가 만들어 놓은 규칙에 의해서 행위가 제약을 받는다. 미리 규정된 행동양식을 따르지 않는 피험자나 응답자는 실험이나 서베이에서 제외시킬 수도 있다. 역사연구에서도 중요한 문서들이 항상 수집 가능한 것은 아니지만, 연구자가 자신이 원하는 속도와 시간에 따라 스케줄을 짜고 원하는 장소에서 조사를 할 수 있다. 실험, 서베이, 역사는 연구자가 공식적인 자료수집 활동을 스스로 통제할 수 있다는 공통점이 있다.

그러나 사례연구는 이와는 완전히 다른 상황이다. 연구원은 인터뷰를 하기 위해서 자신의 시간이 아니라 인터뷰 대상자의 스케줄과 시간적 여력에 신경을 써야 한다. 사례연구 인터뷰는 훨씬 개방적이며, 인터뷰 대상자가 질문에 꼭 대답해 주리라는 보장도 없다. 또한 현실세계의 활동을 관찰하기 위해서 연구원이 그 세계로 직접 들어가야만 하는 수도 있다. 이러한 조건에서, 연구원은 관찰자로서 행동할 수 있는 특별한 조치를 강구해야만 하는 것이다. 즉, 사례연구에서는 응답자나 피험자가 아니라 연구원 자신의 행동이 제약을 받게 되는 것이다.

다른 연구방법과 달리 독특한 자료수집 과정 때문에 부문 B에서는 사례연구를 위해서는 사람들의 행동을 "포착(coping)"할 수 있는 지침과 더불어 구체적이고 잘 계획된 절차가 명시되어 있어야 한다. 예를 들어, 캠프에 어린 아이를 보낸다고 상상해 보자. 당신은 거기서 무엇이 필요할지 정확히 모르기 때문에 최선을 다해서 미리 필요한 것을 준비해 주려고 할 것이다. 사례연구의 현장조사 절차도 이와 마찬가지가 되어야 한다.

프로토콜의 자료조사 부문에서 강조해야 하는 자료수집 관련 과업은 다음과 같은 것이다.

- 조사하고자 하는 현장 또는 인터뷰 대상자와의 접촉 승인을 받는다.
- 현장에 있는 동안 조사를 위해 충분한 자원을 확보한다(태블릿이나 개인용 컴퓨터, 종이, 종이 클립, 필기도구, 노트할 수 있는 조용한 공간 등).
- 다른 연구원이나 동료들과 자료수집을 위해 상의하거나 도움을 받을 수 있는 방안을 확보한다.
- 정해진 시간 내에 자료수집을 완수하기 위하여 구체적이고 명확한 스케줄을 작성한다.
- 인터뷰 대상자가 갑자기 약속을 변경한다거나 연구원 자신의 건강 상태나 사정에 문제가 생기는 등 예상치 못한 변동에 미리 대비하고 계획을 세운다.

위의 이슈는 프로토콜의 내용 중 부문 B 현장조사 부분에 포함되어야 하는 주제들이다. 연구 유형에 따라서 구체적인 절차는 연구마다 달라질 수 있다.

현장조사 절차는 구체적으로 조작화될수록 자료수집을 위해 도움이 된다. 이밖에 고려해야 하는 이슈로는 문서수집에 관한 것이다. 아주 중요한 문제는 아니지만 미리 한 번쯤 생각해 보는 것이 도움이 될 수도 있을 것이다. 가령, 현장에서 대량의 문서를 수집해야만 하는 경우가 있다. 대량의 문서수집에 대한 부담감은 다음과 같은 두 가지 절차에 의해서 감소시킬 수 있다. 첫째, 연구대상자와 충분한 관계를 맺고 현장연구에서 사례연구팀은 전자 버전의 문서를 요청할 수 있다. 둘째, 전자 버전이 존재하지 않는 경우라면 사례연구팀은 각 문서의 내용을 pdf 사본으로 만들기 위해 지역 내 인쇄센터를 방문해야 할 수도 있다. 부문 B에는 이러한 방법과 다른 방법을 함께 설명한다.

부문 B의 마지막 부분에서는 인간연구대상자를 어떻게 보호할 것인지와 관련된 절차를 주의 깊게 서술하여야 한다. 먼저, 설계된 프로토콜이 생명윤리위원회의 승인을 받은 것임을 지속적으로 언급한다. 또한 프로토콜에는 연구 참여자의 승낙을 얻거나, 인터뷰 대상자들에게 연구와 관련된 위험이나 조건 사항들을 미리 알리기 위해서 사용할 안내문구나 지시사항들이 포함되어야 한다.

자료수집을 위한 질문(프로토콜 부문 C)

프로토콜에서 가장 중요한 것은 실질적인 질문인데, 부문 C에서 볼 수 있듯이 이 질문들은 연구를 통해 무엇을 조사하고자 하는지를 밝히는 것이다. 혹자는 프로토콜을 사례연구의 "도구"라고 생각할 수도 있겠지만, 서베이 도구와 프로토콜 질문은 다음과 같은 두 가지 관점에서 차이점이 있다.

질문의 방향. 가장 먼저, 현장조사에서 무엇을 질문할 것인가는 인터뷰 대상자가 아니라 연구자 자신에게 주어진 문제이다. 이러한 의미에서 프로토콜은 서베이의 질문과 완전히 다른 방향을 가진다. 부문 C의 질문은 연구원이 어떤 자료를 수집하여야 하는지, 왜 그 자료가 수집되어야 하는지에 대해서 상기시켜 주는 역할만을 한다. 물론 어떤 연구질문은 인터뷰 과정에서 프로토콜에 명시된 그대로 사용될 수도 있다. 그러나 프로토콜의 연구질문이 가지는 기본적인 목적은 연구원으로 하여금 자료수집 절차를 제대로 지키도록 하는 데 있다(〈도표 3-4〉는 프로토콜에 포함되는 학교 프로그램에 관한 질문을 보여주고 있음; 최종 프로토콜에는 이러한 질문이 12개가 포함되었음).

부문 C의 각 연구질문 다음에는 어떠한 자료원으로부터 그 질문에 대한 증거를 찾을 수 있을 것인지가 제시되어야 한다. 자료원에는 인터뷰 대상자의 이름, 문서의 출처나 제목, 관찰 장소 등이 포함될 수 있을 것이다. 이와 같이 연구질문과 자료원을 동시에 고려하는 것이 나중에 실제로 자료를 수집하는 단계에서 매우 큰 도움이 된다. 예를 들어, 현장 인터뷰를 시작하기 전에 사례연구 연구자는 예상되는 인터뷰에 관한 프로토콜 질문을 빠르게 검토한다(프

〈도표 3-4〉 프로토콜에 포함되는 질문의 예시

학교 교육을 개선하기 위한 목적을 가지고 2~3년 전부터 실시된 실천운동에 대해 정의하라. 이 운동의 이름이 무엇이었는가?

- 그 운동의 구체적 활동과 발생한 사건들을 논리적 모델의 틀에 적용하여 설명하라.
- 실천된 운동과 사건들이 시간의 경과에 따라 어떻게 전개되었는지 정보를 수집하고 사건들 사이의 인과관계를 파악하라. 예를 들어,
  - 학교 교육의 목표에 대한 기대나 여론이 향상되었는가
  - 교육 수준이 실제로 향상되었는가
  - 교사들의 자질이 실제로 향상되었는가
  - 자녀 교육에 대한 학부모들의 관심과 참여가 향상되었는가
  - 학생들의 성과가 향상되었는가(교과과정의 등록 현황, 출석, 혹은 시험 성적결과 측면에서)
- 이 실천운동이 행해졌던 기간 동안에, 학교 교육의 개선은 어느 정도 이루어졌으며 어떠한 특징을 보이고 있는지 자료를 수집하라.

로토콜의 질문은 조사의 구조만을 형성할 뿐, 인터뷰에서 어떠한 질문을 할지 정하는 것이 아니다).

다섯 가지의 질문 수준. 둘째, 사례연구 프로토콜의 질문은 초기 설계부터 다음과 같은 모든 단계의 질문을 함께 반영해야 한다. 실제 현장에서의 질문은 다음의 5단계 중 어느 곳에서라도 생길 수 있다.

1단계: 인터뷰 대상자에게 던질 질문

2단계: 개별적인 사례에 관한 질문(연구원이 해결해야 하는 프로토콜에 있는 질문)

3단계: 여러 사례에 걸쳐서 나타나는 패턴에 관한 질문

4단계: 연구 전반에 걸친 질문, 예를 들어, 사례에서 수집되는 증거 이외의 정보나 다른 문헌, 참고해야 할 공식적인 자료가 더 존재하는지에 대한 질문

5단계: 연구 자체의 범위를 넘어서 더 넓은 범위의 정책적인 제안이나 결론에 관한 규범적인 성격의 질문

이 다섯 가지 단계 중에서 특별히 2단계 질문에 주목할 필요가 있다. 1단계 질문과 2단계 질문의 차이점을 이해하는 것이 매우 중요하다. 이 두 가지 유형의 질문은 일반적으로 가장 혼동되는 질문이다. 왜냐하면 연구원이 현장에서 묻고자 하는 구체적인 질문(1단계)과 사례연구에서 근본적으로 조사하고자 하는 질문(2단계)이 비슷한 것이라고 생각하기 때문이다.

이 두 단계의 질문이 혼동된다면 '탐정'을 다시 한 번 생각해 보라. 탐정은 범죄사건이 어떠한 과정을 통해 발생했는가(2단계)를 머릿속으로 생각하지만, 목격자나 용의자에게 던지는 구체적인 질문(1단계)에서 탐정 자신의 생각을 드러낼 필요는 없다. 조사에 있어서 말로 표현해야 하는 부분과 마음속으로

생각해야 하는 부분이 있는데, 이러한 차이가 바로 1단계와 2단계의 차이점인 것이다. 따라서 사례연구 프로토콜에 있어서 부문 C의 2단계 질문을 명확하게 설정하는 것은 1단계 질문을 설정하는 것보다 훨씬 중요하다.

사례연구 현장에서 조사자가 인터뷰 대상자에게 1단계 질문을 구체적으로 하는 동시에 2단계 질문이 무엇인지를 계속 염두에 두는 일은 쉽지 않은 일이다. 마찬가지로, 사례연구의 증거로 사용하게 될 문서자료를 조사할 때에도 흔히 조사자는 2단계 질문이 무엇인지를 간과하는 수가 있다(조사자가 스스로에게 "내가 왜 이 문서를 읽고 있는가"를 물어봄으로써 자신이 2단계 질문을 놓치고 있는지 여부를 파악할 수 있다). 세미나를 통한 사전교육에 참여하는 것은 이러한 문제들을 극복하는 데 도움이 된다. "훌륭한 조사자"는 사례연구 전반에 걸쳐 해결해야 하는 근본적인 질문이 무엇인지에 대해 끊임없이 인지하고 있는 사람이라는 사실을 잊어서는 안 된다. 사례연구 프로토콜 2단계 질문은 이러한 물음을 담고 있다.

물론 당연히 다른 단계의 질문들도 명확하게 이해하고 있어야 한다. 예를 들어, 분석단위가 조직 단위인 다중사례연구에서 교차사례 통합질문(3단계)을 한다고 가정해 보자. 여기서 더 큰 조직일수록 작은 조직보다 더 빨리 반응하는지, 또는 복잡한 구조를 가진 관료주의일수록 느리게 대응하는지 조사할 수 있다. 그러나 이 3단계 질문은 단일사례연구의 자료수집에 관한 프로토콜에 포함되면 안 된다. 왜냐하면 단일사례연구는 하나의 조직 단위만을 대상으로 그 반응을 조사해야 하기 때문이다. 따라서 3단계 질문은 모든 단일사례연구(또는 다중사례연구)로부터 자료를 수집한 후에 행해질 수 있는 것이다. 결국 이 3단계 질문은 다중사례분석에만 해당될 수 있는 것이다. 마찬가지로 4단계와 5단계 질문 역시 전체 사례연구의 실증적 자료를 다루는 경우에 할 수 있는 질문들이다. 따라서 사례연구 프로토콜에 이러한 질문을 포함시켜야 한다면 이러한 한계를 명시해 두어야 한다(해당 질문은 아마 프로토콜 부문 A에 가장 적합할 것이다). 기억할 것은, 프로토콜이란 하나의 사례로부터 자료를 수집하기 위한 것이며, 설령 개별적인 사례들이 다중사례연구의 일부분이라 할지라도 그 프로토콜이 전체 프로젝트를 위해서 개발된 것이 아니라는 점이다.

분석단위 vs. 자료수집 단위. 1단계와 2단계 문제의 차이점과 관련하여, 부문 C의 질문을 작성하는 데 발생할 수 있는 또 하나의 중요한 문제가 있다. 프로토콜의 질문에 의해서 결정된 자료수집의 단위(사례에 대한 증거의 원천)가 분석의 단위("사례")와 다른 경우가 있을 수 있다는 것이다. 만약 자료수집 과정에서 분석의 단위를 불가피하게 수정해야 하는 상황이 벌어진다면 매우 혼란스럽지 않을 수 없다.

분석의 단위와 자료수집의 단위가 혼란스러운 경우는 가령, 자료수집의 단위는 개인(개인들을 인터뷰하여 자료수집)인데, 분석의 단위는 조직(그 개인들이 속해 있는 조직)인 경우에 발생할 수 있다. 이러한 설계는 사례연구가 조직에 관한 것일 때 자주 발생하곤 한다. 연구가 조직에 관한 것이라면 설령 자료수집이 개인들을 인터뷰하여 얻어진 정보에 의존한다하더라도, 연구의 결론은 개인들이 제공한 정보에만 의존할 수는 없다(이 경우 사례연구가 아닌 변형된 개방형 서베이로 전환시켜야 한다). 이 경우 부문 C의 프로토콜 질문은 개인이 아닌 조직에 관한 것이어야 한다. 〈도표 3-5〉의 두 번째 열은 이러한 조직적인 사례연구를 다루고 있다. 여기에서는 개인에 대한 인터뷰(셀 1)나 조직의 인사정책에 대한 기록 혹은 문서화할 수 있는 조직의 성과들(셀 2)로 구성된 증거에 해당한다.

반면, 이와 반대되는 상황도 있을 수 있다. 사례연구는 개인에 관한 것인데, 정보의 원천은 조직에 있는 인사파일이나 학생기록과 같은 기록정보에 의

〈도표 3-5〉 분석단위 vs. 자료수집 단위: 서로 다른 단위를 갖는 경우

분석 단위 \ 자료수집 단위	개인	조직	연구의 결론
개인	개인의 행동, 개인의 태도, 개인의 인지	기록정보, 행동·태도·인지와 관련된 기록물	→ 개인에 관한 사례연구
조직	개인에 대한 인터뷰: • 어떻게 조직의 활동이 이루어지는가 • 왜 그러한 활동이 이루어지는가	인사정책, 조직의 성과	→ 조직에 관한 사례연구

존하는 경우이다(셀 3). 이러한 상황에서는 조직으로부터 나온 개인의 정보에만 의존하여 연구의 결론을 도출하지는 않을 것이다. 따라서 분석의 단위가 개인이라면 프로토콜의 질문 내용은 조직에 관한 것이 아닌 개인에 관한 것이어야 한다. 〈도표 3-5〉의 첫 번째 열이 이러한 개인에 대한 사례연구를 다루는 경우이다.

그 밖의 자료수집 방법. 부문 C의 프로토콜 질문이 표의 형태로 표현될 수 있다. 즉, 어떤 질문을 할 것인지 질문의 내용을 도표화하여 작성하는 방법이다(더 자세한 것은 Miles & Huberman, 1994 참조). 이렇게 자료 배열의 열과 행을 정함으로써 질문의 윤곽이 잡힐 수 있다. 즉, 수집되어야 할 자료(수치와 같은 정량적인 자료뿐 아니라 카테고리 또는 내러티브 형태의 정성적인 자료일지라도)를 미리 배열해두면 자료를 수집하기 전 단계에서 어떠한 자료를 수집해야 하는지 명확하게 파악할 수 있다. 정성적인 자료를 수집하는 것이라면

비워진 표의 내용에 단어로 구성된 자료가 채워질 것이다.

셀(cell)을 비워두는 방법은 여러 가지로 유용할 수 있다. 첫째, 정확하게 무슨 자료가 수집되고 있는지 연구원이 쉽게 파악할 수 있도록 해준다. 둘째, 다중사례연구를 할 때 같은 질문에 대한 답이 여러 개의 사례로부터 수집되어야 하는데, 이때 병행하는 정보가 제대로 수집되고 있는지를 확인할 수 있게 해준다. 최종적으로 채워진 표의 내용이 실제 분석의 토대가 되므로 이러한 작성방법은 자료들이 수집된 이후 무엇을 진행해야 하는지 이해할 수 있도록 도와줄 것이다.

연구보고서의 잠정적 개요(프로토콜 부문 D)

사례연구 계획에서 가장 빼놓기 쉬운 주제가 연구보고서 작성과 관련한 구상이다. 대부분 연구자는 자료수집이 완료되기 전에는 사례연구 보고서에 대한 전체적인 윤곽, 형식, 독자들에 대해서 깊게 생각하지 않는다. 대부분의 다른 연구가 최종 연구보고서를 연구의 마지막 단계에서 작성하는 것과는 달리 사례연구는 프로토콜에 잠정적인 보고서의 윤곽이 미리 포함되어 있어야 한다(이러한 이유로 이 장의 첫 부분에 제시된 그림에서 “준비” 단계와 “공유” 단계 사이가 화살표로 연결되어 있는 것이다).

다시 말하지만, 다른 연구방법에서는 전통적이고 연속적인 절차에 따라, 즉 자료수집이 완료되면 그 다음에 보고서에 대해 생각하는 것이 일반적이다. 예를 들어, 실험의 경우 연구보고서의 양식과 독자가 학술지에 의해서 이미 정해져 있기 때문에, 연구자는 실험이 완전히 끝날 때까지 보고서에 대해서 미리 생각을 하지 않는다. 가령 실험연구보고서는 연구문제와 가설에 대한 정의, 연구설계, 실험장치, 자료수집 절차, 수집된 자료의 제시, 자료분석, 발견된 사실과 도출된 결론에 대한 검토와 같이 대부분 비슷한 구성을 가진다.

그러나 불행하게도 사례연구 보고서는 일반적으로 통용되는 형식이 존재하지 않는다. 그렇기 때문에, 모든 연구자는 사례연구를 수행하고 최종 사례연구 보고서를 설계하기 전에 어느 정도 기초적인 구상을 해야 한다(6장에 보고서 작성 준비와 관련된 내용을 자세히 다루고 있다). 최종적으로 만들어진 보고서의 수준을 높일 수 있는 한 가지 방법은 사례연구가 학술지에 발간될 수 있도록 논문의 형태로 준비하는 것이다. 게재 가능한 학술지 한두 개를 정하여, 사례연구 보고서를 이 학술지에 게재한다고 생각하고 작성을 계획해 보는 것도 유용한 방법이 될 것이다. 다른 한 가지의 가능성은, 본 사례연구의 후원자가 연구주제와 관련해 보고서의 형태와 참고문헌에 대한 지식을 미리 가지고 있을 수도 있다.

선행 사례연구가 후보 학술지에 실렸거나, 후원자의 지원을 받은 보고서가 있을 경우 프로토콜 개발은 수월해진다. 이 경우 프로토콜 부문 D의 개요는 독자층과 연구주제의 선정, 최종 보고서의 분량을 정하는 것이 될 것이다. 예를 들어, 어떤 후원자는 일화까지는 아니더라도, 짧은 글을 양념 삼아 보고서에 포함시키고 싶을 수 있는데, 이 경우 보고서 작성의 개요에서는 이와 관련된 자료수집을 강조하여야 한다. 기존 방식에 따라 준비를 순차적으로 수행하기만 하지 않고 데이터 수집 전 연구보고서의 개요에 주의를 기울인다면 문제가 되지 않을 것이다.

연구보고서의 개요에 더하여, 부문 D의 프로토콜에는 보고서 분량을 어느 정도로 할지에 대해 명시할 수 있다. 자료수집이 제대로 이루어진다면 출판된 보고서나 발간물, 제안서와 같은 문서로 된 형태의 다양한 증거가 많이 수집될 것이다. 이러한 문서들이 나중에 잘 활용되기 위하여 어떤 조치가 취해져야 할까? 대부분의 경우 수집된 문서들은 파일로 보관되고 나면 나중에 다시 꺼내보게 되지는 않을 것이다. 사례연구에서 수집된 문서들은 사례연구의 "데이터베이스"로서 매우 중요한 부분이 된다(4장 참조). 이를 관리할 수 있는 한 방법으로, 각 문서들을 항목화하여 사례연구 보고서의 주석으로 넣어 참고문헌에 포함시킬 수 있을 것이다. 이러한 주석은 독자들이 관련 연구에 대해 보다 깊이 있는 부분을 알고자 할 때 어떤 문서가 필요한지 알 수 있도록 도와 줄 것이다.

요약하면, 가능한 한 프로토콜 부문 D에 사례연구 보고서의 기초적인 개요가 포함되어야 한다는 것이다. 이는 관련된 자료를 적합한 형식으로 수집하는 데 도움을 주며, 자료의 수집을 위해 현장을 다시 방문해야 하는 번거로움을 줄여줄 수 있다. 그러나 보고서의 개요를 미리 설정한다는 것이 프로토콜이 설계된 대로 반드시 고정되어야 한다는 것을 의미하는 것은 아니다. 초기 자료수집의 결과에 따라 프로토콜은 언제든지 변경될 수 있다. 이러한 유연성을 동시에 고려하고, 사례연구의 프로토콜을 편견 없이 제대로 사용한다면 사례연구방법의 장점을 최대한 살릴 수 있을 것이다.

연습문제 3-4
사례연구 프로토콜을 개발하기

대학생활에서 나타나는 일상적인 현상을 하나 선택하라. 최근에 바뀐 대학 조직이라든가, 전공학과의 필수 커리큘럼 구성에 대한 것이 될 수 있다. 이밖에, 자신이 관심 있는 분야에 대한 주제를 선택해도 좋다. 선택한 주제에 관해서 타당한 설명을 할 수 있도록 자료수집을 위한 프로토콜을 개발해 보라. 연구질문과 연구명제는 무엇인가? 구체적으로 어떤 자료를 수집하고자 하는가(예를 들어, 인터뷰 대상, 수집해야 할 문서자료, 현장에서 관찰해야 하는 사항 등)? 사례연구의 프로토콜이 자료수집의 전체적인 과정에 대한 방향을 제시하기에 충분한가?

후보사례 심사

또 하나의 준비 단계로 어떤 사례(현장 혹은 개인)를 연구의 최종 대상으로 선택할 것인지를 결정하는 일이 남았다. 연구하고자 하는 사례가 매우 독특하고 그 특성을 연구자가 이미 잘 알고 있다면 사례를 선택하는 일이 매우 간단할 것이다. 또한 연구자가 사례에 대해서 특별한 관계를 갖고 있거나 접촉할 수 있는 권한을 갖고 있는 경우에도 사례를 선택하는 데 어려움이 적을 것이다. 그러나 이와는 달리 여러 개의 좋은 사례가 존재하여 이 중에서 최종 사례 하나를 선택하거나 다중사례연구를 위해 몇 개의 사례만 선택해야 할 수도 있다(예: Elman, Gerring, & Mahoney, 2016). 최종 사례를 선별하는 목적은 공식적인 자료수집 단계에 들어가기 전 연구에 가장 적합한 사례를 파악하고자 하는데 있다. 최악의 시나리오는 본격적으로 자료수집이 진행된 다음에 그 사례가 의도했던 연구목적과 다른 상황에 있거나 중요하지 않은 사례로 판단되는 것이다.

1단계 접근. 만약 사례를 위한 후보사례가 십여 개 정도 있다면(이때의 후보사례는 분석단위에 따라서 개인이나 조직, 또는 의사결정과 같은 것을 대상으로 할 수 있다), 각각의 후보사례가 얼마나 사람들에게 알려져 있는가를 기준으로 최종 사례를 선택할 수도 있을 것이다. 아니면 모든 후보사례에 대해서 제한된 범위 내에서 문서자료를 조사해 볼 수도 있을 것이다. 어떠한 경우에도 피해야 하는 것은, 대대적인 선별과정이 결과적으로는 모든 후보사례에 대해 "소규모의" 사례연구를 실시하게 되는 상황이다. 즉, 후보사례에 대한 심사 절차는 최대한 간소화되어야 한다.

후보사례 심사를 위한 자료수집 전에 먼저 선행되어야 할 일은 자격요건을 갖춘 사례를 선별하기 위한 구체적인 기준을 정하는 것이다. 만약 단일 전제하에 사례연구를 수행하고자 한다면, 자료수집이 가장 용이할 것 같은(다른 조건이 모두 같다는 전제하에) 사례를 선택하는 것이 좋다. 만약 다중사례연구를 수행하고자 한다면, 반복연구(단순반복연구인지, 혹은 이론적 반복연구인지)에 적합한 사례들을 선택하는 것이 바람직하다.

2단계 접근. 만약 적당한 후보사례가 너무 많을 경우(즉, 십여 개, 혹은 그 이상)에는 두 단계의 선발작업을 실시할 수 있다. 첫 번째 단계는 모든 사례에 대해서 기록정보와 같은 정량적 자료를 수집하는 것이다(예를 들어, 학교나 기업에 대한 통계 데이터베이스). 또한 국가기관에서 제공하는 기록정보들을 이용할 수도 있다. 필요한 정보를 수집한 다음에는 적당한 기준을 만들어 후보사례의 숫자를 줄이고, 그 다음에는 두 번째 단계의 선별을 수행한다. 두 번째 단계의 선별과정은 앞서 설명한 것과 동일하다. BOX 16은 2단계 접근을 수행한 한 사례를 보여준다. 이러한 2단계 절차는 지역경제 개발과 관련된 사례연구에서도 수행되었다(2장 끝 부분에 제시된 **응용** 2 참조).

BOX 16
사례 선택에 있어서의 체계적인 절차

Marwell(2007)은 지역 공동체 조직이 도시 지역의 활성화에 미치는 역할이 매우 중요하다는 것을 명제로 한 연구를 수행했다. 이 연구는 2개의 지역을 선택한 후 각 지역에서 나타날 수 있는 공동체의 유형을 4개로 분류하여 현장에 대한 집중적인 조사를 했다.

조사대상이 되는 지역을 선택한 기준에 대한 절차를 부록에서 자세하게 설명하고 있다. 이에 따르면, 저자는 먼저 지역 자료를 사용해 59개의 지역을 14개의 후보로 좁힌 후 추가적인 네 가지 기준을 적용해 연구에 사용될 지역을 최종적으로 선택했다(pp. 241-247). 또한 최종 선택된 지역의 선별 기준을 자세히 서술하여 사례 선택의 과정을 확인할 수 있게 하였다(pp. 247-248). 이 연구는 연구를 수행하면서 연구자가 예측할 수 없지만 직면할 수 있는 이슈들뿐 아니라 어떠한 절차에 따라 사례를 선택하는지 잘 보여주고 있다(각주 6, p. 244 참조).

선별 절차가 끝나면 최종 사례 숫자와 초기에 생각했던 숫자를 비교해 보고자 할 것이다. 자원의 제약만 아니라면, 자격을 갖춘 사례의 숫자가 많을수록 더 좋은 연구가 될 수 있다는 점을 기억하자.

예비사례연구

예비사례연구는 자료의 내용과 따라야 할 절차적인 측면에서 연구자가 자료수집 계획을 구체적으로 세우는 데에 도움을 준다. 중요한 점은 예비조사(pilot test)가 서베이 등의 사전검증(pretest)과 다르다는 것이다. 예비사례는 좀 더 공식적인 성격을 지니며 개념적이고 논리적인 연구과정이다. 예비사례는 연구설계와는 별도로 연구사례에 관한 실상을 구체적으로 파악하게 해주고 본격적인 연구에서 사용하게 될 질문들을 좀 더 현실성 있게 만들어 주는 데 그 중요성이 있다. 반면 사전검증은 "공식적인 리허설"로 본래 의도한 대로 충실한 자료수집이 가능한가를 검증하는 것이다. 따라서 예비조사는 대개 생명윤리위원회에 승인을 요청하기 전에 실시한다.

예비사례는 여러 가지 방법으로 찾을 수 있다. 예를 들어, 현장의 정보원과 특별하게 친하거나 현장에 대한 접근이 굉장히 용이한 경우, 지리적으로 매우 편리한 경우, 또는 엄청나게 많은 수의 문서와 자료를 가지고 있는 경우 먼저 고려될 수 있다. 또 다른 예는, 예비사례가 실제의 사례와 비교해 복잡해서 연구에 필요한 모든 자료수집에 관한 이슈들을 담고 있는 경우이다. 어떤 상황에서는 예비사례연구가 매우 중요하여 많은 자원이 투자될 수도 있다. 이러한 이유로 예비조사와 관련된 세부 이슈들에 대해 좀 더 자세히 살펴볼 필요가 있다. 이후에서는 예비사례의 선택, 예비사례에서 조사되어야 할 항목들, 예비사례연구 보고서 작성 등에 대해서 설명한다.

예비사례의 선택

일반적으로 편리성, 접근성, 지리적 위치 등의 요인으로 예비사례를 선택하게 된다. 그렇기 때문에 예비사례연구에서는 인터뷰 대상과 연구원 간의 관계가 "실제" 사례연구 현장에서보다는 보다 덜 구조적이고 느슨한 관계를 갖게 된다. 따라서 연구원은 예비사례를 일종의 "실험실"과 같이 생각하고 다른 각도에서 여러 현상을 관찰하거나, 여러 가지 방법을 가지고 다양한 접근을 시도해 볼 수도 있다.

실제로 기술혁신에 관한 한 연구(2장 끝부분에 제시된 탐색적 연구와 관련된 **응용** 1 참조)에서는 서로 다른 기술적 특성을 가진 7개의 예비사례연구를 하였다. 7개의 사례들 중에서 첫 번째로 방문한 4개의 사례는 연구팀과 같은 도시에 위치해 있었고, 나머지 3개의 사례는 각각 다른 도시들에 위치해 있었다. 이 예비사례들은 특별한 기술을 사용하고 있었거나 중요한 이유가 있어서 선택되었던 것이 아니다. 단지 지리적으로 가까운 위치에 있거나 연구팀이 사적으로 친분이 있어 접근하기 용이하였다는 것이 선택의 중요한 기준이 되었던 것이다.

예비사례연구에 협조한 주요 정보원들은 대부분 자신이 제공한 사례에 대해 연구자가 어떤 피드백을 해주기를 기대한다. 정보원들에게 있어서 연구자는 외부 관찰자로서의 의미를 지닌다. 따라서 연구자는 예비사례연구 후에 피드백을 할 수 있는 준비가 되어 있어야 한다. 본격적인 사례연구에서 다룰 주제를 가지고 프로토콜 초안을 이미 개발하였더라도, 정보원이 필요로 하는 피드백을 해주기 위해 이미 개발된 프로토콜의 일부를 수정해야 할 수도 있다. 그러고 나서 연구자는 프로토콜을 가지고 공식적인 조사절차에 따라 예비사례연구를 수행해야 한다.

예비사례연구의 범위

예비사례연구는 본 사례연구에 비해 보다 광범위한 질문을 다룰 수 있다. 또한 예비사례연구는 탐구하고자 하는 연구문제의 본질적 내용과 방법론적인 이슈들을 포괄적으로 다룰 수 있다는 점에서 의의가 있다.

앞서 언급한 예에서, **응용** 1의 연구팀은 7개의 예비사례연구를 수행하였다. 이것은 혁신적인 기술의 유형에는 어떤 것이 있으며, 이와 관련한 조직의 노력에는 어떠한 유형이 있었는지를 개념적으로 파악하기 위해서 행해진 것이었다. 이 예비사례연구는 본 연구에서 어떠한 기술을 대상으로 자료를 수집할 것인지, 연구의 이론적인 명제를 최종 결정하기 전에 이루어졌다. 따라서 예비조사를 통해 수집된 자료는 본격적인 사례연구에서 다룰 기본 이슈를 결정하는 데에 중요한 통찰력을 제공하게 되었다. 또한 연구팀은 이 예비사례연구에서 수집된 정보를 문헌조사 결과와 결합함으로써, 최종 연구설계가 과거의 지배적인 이론뿐만 아니라, 최신의 실증적 관찰 결과 모두를 동시에 반영할 수 있도록 하였다. 이와 같이, 기존 이론과 현장관찰에서 얻어진 두 가지 정보의 원천은 본격적인 사례연구에서 다룰 중요한 이론적 이슈뿐만 아니라 실제 세계의 문제들을 반영할 수 있도록 도와준다.[5]

방법론적인 관점에서 보았을 때 예비사례연구는 연구자가 본 사례연구 현장에서 보다 현실적인 질문을 할 수 있게 도와주고, 현장조사에 필요한 전술을 수립하는 데 유용한 정보를 제공한다. 앞서 예로 들은 기술 관련 예비사례연구에서 당면한 하나의 중요한 전술적 문제는 기술을 먼저 관찰할 것인가, 아니면 현재 조직의 주요 이슈에 대해 먼저 정보를 수집할 것인가 하는 것이었다. 이 문제에 대한 선택은 현장조사팀이 어떻게 조사를 진행할 것인가에 달려있다. 현장조사팀이 2인 이상으로 구성되었다면 예비사례연구의 유용성이 더욱 인정된다. 예비사례연구를 통해서 (1) 연구원 각자의 작업을 어떻게 배분할 것인가, (2) 공동으로 진행해야 하는 조사는 무엇이고, 각자 따로 진행해야 하는 일은 무엇인가 등에 대한 구체적 실험을 할 수 있도록 하기 때문이다. 이와 관련하여 다양한 방법론적인 시도가 행해지고 각각의 선택에 대한 장단점을 파악한 후에 최종적으로 공식적인 자료수집 계획을 위한 적절한 절차가 개발될 수 있는 것이다.

예비사례연구 보고서

예비사례연구 보고서는 본 조사의 연구원들을 위한 것이므로 그것이 메모 형식이라 할지라도 정확하게 작성되어야 한다. 예비사례연구 보고서에서는 본 사례연구 보고서와는 달리 연구설계 과정이나 사례 현장에서의 예비적 조사 과정 중에서 배운 구체적인 정보와 교훈들을 밝히는 데 역점을 두어야 한다. 그러므로 예비사례연구 보고서는 연구설계나 현장조사 과정에서 문제가 되거나 부적절한 사항이 발견되면 그것들을 별개 항목으로 잡아 자세히 밝혀 볼 필요가 있는 것이다.

만약 두 개 이상의 예비사례가 계획되어 있다면, 처음에 나온 예비사례연구 보고서는 다음 예비사례연구에 대한 중요한 길잡이 역할을 한다. 먼저 나온 보고서는 다음의 예비사례연구에 새롭고도 중요한 정보 및 수정사항을 제공하기 때문이다. 이와 같이 서로 지속적으로 연계됨으로써 마지막의 예비사례연구 및 보고서는 본 사례연구의 프로토콜을 정립하게 하는 훌륭한 원형을 제공하게 되는 것이다.

연습문제 3-5
예비사례연구를 위한 사례 선택하기

예비사례연구를 수행하는 데 적절한 사례의 특성에 대해 정의해 보라. 그 사례를 대상으로 예비연구를 수행하기 위해서 어떻게 접근할 것인가? 왜 그 사례를 예비사례연구 대상으로 선택하였는지 설명하라.

요약

이번 장에서는 자료수집을 위한 준비 단계에 대하여 살펴보았다. 단일사례연구인지 다중사례연구인지, 몇 명의 연구원이 참여하는지 등과 관련한 사례연구의 범위에 따라서 준비 단계가 복잡할 수도 있고 단순할 수도 있다.

중요한 점은 (1) 연구원의 기술과 자질 파악, (2) 사전교육과 훈련, (3) 프로토콜 개발, (4) 후보사례 선정, 그리고 (5) 예비사례연구 등으로 요약할 수 있다. 모든 사례연구는 무엇을 조사할 것인가에 따라 정도의 차이는 있겠지만 일반적으로 이 모든 단계를 따라야 한다.

자료수집에 관한 전문성은 실전 경험을 많이 쌓아야만 습득될 수 있다. 그렇기 때문에 경험이 없는 연구자는 비교적 간단한 사례연구를 먼저 수행한 후 점차 복잡한 사례연구를 수행함으로써 점진적으로 세련된 경험을 쌓는 것도 좋은 방안이다. 경험이 많이 쌓일수록 자료수집의 사전 준비에 대한 부담감은 점차 가벼워질 것이다. 또한 같은 연구팀의 구성원이 몇 개의 사례를 공동으로 수행하는 것도 바람직하다. 같은 팀이 공동으로 반복 작업을 하게 되면 효율성도 증가할 뿐만 아니라 전문적인 경험과 능력 및 자신감을 가질 수 있기 때문이다.

미주

1. Thacher(2006)는 그가 명명한 "규범적" 사례연구의 사용에 대해 강력하게 옹호하였다. 자료의 공정성에 의문이 제기될 위험이 있을 때, 연구자는 특정 쟁점들을 지지하기 위해 규범적 사례연구를 수행한다. 자료수집의 공정성에 대한 위험은 사례연구에 경험이 많지 않은 초보 연구원보다는 경험이 많은 숙련된 연구자가 다루는 것이 좋다.
2. Federal Register의 2015년 3월 8일 출판물에서 규칙 만들기에 대한 최신 내용을 온라인으로 확인할 수 있다. 또한, Office for Human Research Protections(2015)를 참조하면 된다.
3. 한 명의 연구원이 단일사례연구를 수행하는 것과 여러 명의 연구원이 다중사례연구를 수행하는 데에는 접근 방향에 있어서 매우 큰 차이가 있다. 전통적인 단일사례연구를 위한 연구원은 명석하고 창조적이며 새로운 조건에 적응력이 뛰어나야 한다. 그러나 여러 명의 연구원이 다중사례연구를 수행할 때에는 그러한 개인적인 재능보다는 연구원 간의 일관성이 더욱 중요하게 요구된다. 따라서 다중사례연구를 수행할 때에는 연구원들을 사전에 잘 교육시켜서 개인의 편견이 연구에 개입되지 않도록 하는 것이 중요하다.
3. 최종 결과는 American Society for Public Administration 저널에 실렸으며, 그 해(1981)에 Public Administration Review의 최고 연구로 선정되었다. 이후 해당 논문은 많은 후속연구들의 주요 이론적 개념으로 인용되고 있다.
4. 논리 모델에 대한 설명은 5장을 참조하라.
5. 최종 연구(Yin, 1981c)는 American Society for Public Administration 저널에 실렸으며, 그 해(1981)에 Public Administration Review의 최고 연구로 선정되어 William E. Mosher Award를 수상하였다.

제4장

사례연구 증거 수집하기

Case Study Research

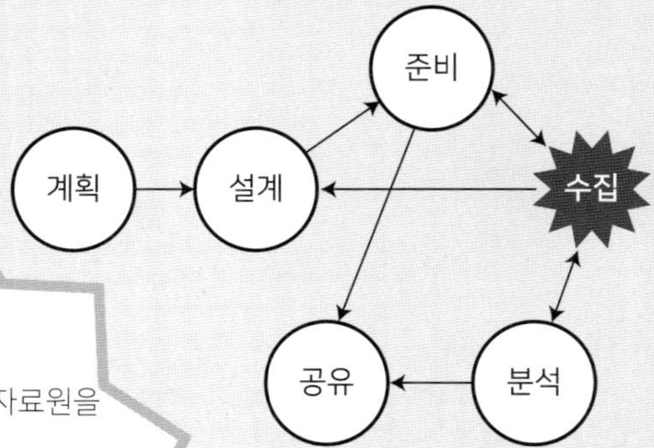

4장
자료 수집

- 증거 수집을 위한 여섯 가지 자료원을 살펴본다.
- 다양한 자료원에서 증거를 수집해 다원화한다.
- 자료를 모아 종합적인 사례연구의 데이터베이스를 구축한다.
- 증거의 연결고리를 만든다.
- 전자적 정보원을 활용한다.

사례연구에 사용되는 증거는 문서, 기록물, 인터뷰, 직접관찰, 참여관찰, 물리적인 인공물 등 최소 여섯 가지의 자료원에서 수집될 수 있다. 이러한 여섯 가지 자료원을 적절하게 사용하기 위해서는 각 자료원에 대한 수집 절차에 대한 깊이 있는 이해가 있어야 한다. 자료수집에는 오랜 시간의 현장조사와 수차례에 걸친 장기간의 인터뷰가 필요할 수도 있다. 이런 절차는 실제주의자(realist)와 상대주의자(relativist) 혹은 이 두 관점 모두를 따를 수 있다. 사례연구에서 실제로 발생한 사건 및 인간 행동에 대한 자료를 모으는 것은 실제주의자의 관점이고, 사례연구에 참여한 사람들의 독특한 관점을 포착하는 것은 상대주의자의 관점에 해당한다.

여섯 가지 자료원으로부터의 자료수집 방법에 더하여, 자료수집에 보편적으로 적용되는 네 가지 원칙이 있다. 첫 번째 원칙은 두 개 이상의 자료원을 사용한다는 것이다(다양한 자료수집 방법을 사용하되 동일한 사실과 발견에 대한 증거자료가 될 수 있도록 해야 함). 둘째는 최종 보고에 포함되는 결과가 아닌, 공식적으로 모아둔 증거들의 집합으로 사례연구의 데이터베이스를 구축(현장 기록, 문서, 현장에서 수집한 도표들, 메모 등을 모두 포함한 사례연구의 자료)하는 것이다. 세 번째 원칙은 연구문제와 수집된 자료, 도출된 결론 간에 명확한 연결고리가 생기도록 증거의 사슬을 만드는 것이다. 마지막으로는 소셜 미디어와 같은 전자적 정보원들을 프록시(proxy)로 활용하는 것이다(예를 들어, 참여자와 온라인 채팅을 통해 인터뷰를 진행한다). 이러한 원칙들을 사례연구에 적용하면 사례연구의 질을 실질적으로 향상시킬 수 있다.

4

사례연구 증거 수집하기

증거의 여섯 가지 원천을 다루기 위해 따라야 할 원칙

사례연구의 증거는 다양한 자료원으로부터 획득될 수 있다. 이 장에서는 문서, 기록물, 인터뷰, 직접관찰, 참여관찰, 그리고 물리적인 인공물과 같은 여섯 가지 주요 자료원에 대해 논의한다. 각 자료의 원천은 일련의 데이터나 증거와 관련이 있다. 이 장의 목적은 이러한 여섯 가지 자료원으로부터 자료를 수집하는 방법에 대해 소개하고, 자료수집 방법에 공통적으로 적용되는 네 가지 원칙을 설명하는 것이다.

참고서적

사례연구를 수행함에 있어서 증거수집을 위한 여섯 가지 자료원은 모두가 잠재적으로 의미가 있다. 이해를 돕기 위하여, 이 장에서는 여섯 가지 자료원에 관해 한꺼번에 살펴보고자 한다. 어느 특정 자료원과 관련하여 보다 깊이 있게 알고 싶다면 조사방법론과 관련된 다양한 서적을 참고할 것을 권한다. 그러나 참고서적을 선택할 때에는 각각의 특징에 대한 조사와 신중한 검토가 필요하다.

사례연구의 자료수집 방법에 관한 지침을 소개하는 책들은 다음 세 가지 부류로 분류할 수 있다. 첫째 부류는 자료수집 방법 자체에 대한 내용을 알고 싶을 경우 활용이 가능한 책들이다(Pole & Hillyard, 2016; Schatzman & Strauss, 1973; Wolcott, 2005). 이 서적들은 “현장조사(fieldwork)” 또는 “현장연구(field research)”에 대한 방법을 소개하고 있다. 자료수집에 관한 전반적이고 기본적인 절차 외에 현장연구를 어떻게 계획하고 수행할지에 대해 유용한 지침들을 제공하고 있다. 이러한 부류의 책은 사례연구 자체에 초점을 두고 있지는 않지만 자료수집 절차는 어느 연구 분야든 유사하기 때문에 도움이 될 것이다.

두 번째 부류는 보다 쉽게 구할 수 있는 책으로, 구하기는 용이하나 책을 선택함에 있어 독자들은 조금 더 주의를 기울여야 한다. 이런 책들은 일반적으로 현장관찰(Rubin & Rubin, 2011; Weiss, 1994)이나 참여관찰(DeWalt & DeWalt, 2011; Jorgensen, 1989) 또는 문서 증거(Barzun & Graff, 2003)와 같이 부분적인 자료수집 기법에 대해서만 다루고 있고, 다른 자료원의 활용에 대한 설명이 없어 여러 종류의 자료수집 방법을 한 번에 비교하는 것이 용이하지 않기 때문이다. 더구나 대부분의 책이 임상연구나 초기 진료를 목적으로 하는 연구(Crabtree & Miller, 1999), 프로그램 평가(Patton, 2015), 혹은 사회사업에 대한 연구(Rubin & Babbie, 2014), 인류학(Robben & Sluka, 2012) 등과 같이 특정 분야에 집중되어 있거나, 교육을 목적으로 하고 있어서 사례연구 연구자들이 필요로 하는 내용과 잘 맞지 않을 수 있다.

세 번째 부류의 책은 자료수집(Bryman, 2012)뿐만 아니라 연구조사 방법론의 폭넓은 주제들을 포함하고 있으나 내용이 너무 광범위하기 때문에 자료수집에 관한 내용을 다루는 부분은 극히 일부에 지나지 않는 경우이다(Creswell, 2014, 11장 중 1장, Silverman, 2010, 28장 중 1장). 다양한 주제를 다루면서 자료수집 방법까지 아주 상세하게 다루고 있는 책들은, 연구자가 개인적으로 사용할 수 있는 교재라기보다는 오히려 방대한 양의 논문들을 모아 놓은 형식으로 구성되어 있는 경우가 많다(Bickman & Rog, 2009).

이러한 차이 때문에 참고서적을 선택할 때에 책의 내용이 포괄적인 방법론 중에서 단지 부분적인 속성만을 제시한 것은 아닌지 신중하게 살펴보아야 한다. 다양한 방법론을 전체적으로 비교하고, 장단점을 파악한 후 자신만의 자료수집 절차를 만드는 것이 중요하다.

> TIP: 사례연구를 위한 자료수집을 위해 얼마나 많은 시간과 노력을 투자해야 할까? 자료수집을 끝낼 수 있는 시점을 어떻게 알 수 있을까?
>
> 다른 방법들과 달리, 사례연구에서 자료수집을 끝낼 수 있는 명확한 시점이 존재하는 것은 아니다. 충분한 자료수집을 통해 (a) 주요 주제들의 대부분에 대한 확증적인 증거(두 개 이상의 원천으로부터 얻은 증거)를 얻을 수 있도록 하며, (b) 수집된 자료를 통하여 주요 경쟁가설 및 경쟁설명들도 조사할 수 있어야 한다.
>
> **다른 연구방법들은 언제 자료수집을 종료하는가? 왜 사례연구방법은 자료수집 종료에 같은 방식이 적용될 수 없는가?**

자료수집의 원칙

좋은 사례연구를 수행하기 위해서는 여섯 가지의 자료원에 대한 개별적인 이해도 중요하지만, 2장에서 언급하였던 구성 타당성, 내적 타당성, 외적 타당성, 신뢰성 등과 같은 연구설계와도 연계해서 생각할 필요가 있다. 이번 장에서는 연구설계에 초점을 두고 자료수집에서 지켜야 할 네 가지 원칙에 대해 중점적으로 살펴볼 것이다.

사례연구의 자료수집 원칙은 과거에는 그리 중요하게 취급되지 않았었던 것이 사실이다. 이번 장에서는 이 원칙을 자세하고 충분하게 설명하도록 할 것이다. 자료수집의 네 가지 원칙은 다음과 같다. (a) 두 개 이상의 자료원을 사용하라, (b) 사례연구의 데이터베이스를 만들어라, (c) 증거의 연결고리를 만들어라, (d) 소셜 미디어와 같은 전자적 정보원을 이용한 자료를 활용하라. 이 원칙들은 여섯 가지 자료원 모두와 관련되어 있으며, 좋은 사례연구를 위해서 매우 중요하므로 언제나 지켜져야 한다. 이러한 원칙들은 2장의 〈도표 2-3〉에서 설명한 구성 타당성과 신뢰성의 문제를 해결하는 데 특히 도움이 될 것이다.

연습문제 4-1
사례연구에서 증거의 출처를 정의하기

이 책의 BOX에 인용된 사례조사 중 한 가지를 선택하라. 사례조사를 검토한 후, 그 사례에서 중요한 다섯 가지 '결과'를 파악하라. 각각의 결과에 대하여 사용된 증거의 원천(들)이 무엇인지 파악하라. 한 가지 이상의 자료원이 사용된 경우가 얼마나 되는가?

여섯 가지 자료원

사례연구에서 일반적으로 사용되는 여섯 가지 증거의 원천, 즉 자료원에는 문서정보, 기록물, 인터뷰, 직접관찰, 참여관찰, 그리고 물리적 인공물 등이 있다. 그러나 이외에도 다양한 방법을 통하여 증거를 수집할 수 있다는 사실을 알아둘 필요가 있다. 즉, 영화, 사진, 비디오테이프, 투사 기법과 심리테스트, 공간학, 동작학, 민속학적 연구, 그리고 생활사 연구("street" ehrography) 등이 자료수집 방법으로 사용될 수 있다(Marshall & Rossman, 2016).

증거수집을 위한 여섯 가지의 자료원은 각각 상대적인 강점과 약점을 가진다(〈도표 4-1〉 참조). 이 그림에서도 볼 수 있듯이, 모든 면에서 다른 자료원보다 우수한 단 하나의 자료원이 존재하는 것은 아니다. 사실상 다양한 자료원은 서로 상호보완적인 속성을 가지고 있다. 따라서 좋은 사례연구는 가능

〈도표 4-1〉 여섯 가지 자료수집 방법: 강점과 약점

자료원	강점	단점
문서정보 1차적 기록물 (미분류 기록물)	• 안전성: 반복해서 검토할 수 있음 • 중립성: 연구대상에게 어떠한 영향도 미치지 않음 • 정확성: 정확한 이름, 출처, 그리고 사건의 상세 부분을 알 수 있음 • 포괄성: 긴 시간에 걸쳐 많은 사건과 다양한 환경을 포괄함	• 검색 용이성: 너무 광범위하므로 원하는 자료를 정확히 검색하는 것이 어려울 수 있음 • 편향적 선택성: 자료수집이 불완전할 경우 • 객관성의 결여: 저자의 선입견이 반영될 수 있음 • 접근성: 접근이 제한되는 경우도 있음
기록정보 2차적 기록물 (분류 보관된 공식적 기록물)	• [문서정보와 동일] • 정확성과 정량적 정보	• [문서정보와 동일] • 사적인 이유로 인해 접근이 제한될 수 있음
인터뷰	• 목적 적합성: 사례연구주제에 직접적으로 집중할 수 있음 • 직관성: 개인의 관점(인식, 태도, 의미)뿐 아니라 설명에 대해서도 제공	• 잘못 구성된 질문으로 인한 오류 • 응답자의 반응: 연구의도를 미리 파악하거나 응답자가 원하는 대로 대답할 수 있음 • 잘못된 기억으로 인한 부정확한 답변
직접관찰	• 현실성: 사건을 실시간으로 다룸 • 정황요인 반영: 사건의 정황을 다룸	• 시간: 시간이 많이 걸림 • 선택성:많은 범위를 포괄하기 어려움 • 응답자 반응: 관찰 당하고 있다는 사실 때문에 사건의 진행이 달라지는 경우 • 비용: 인간에 의한 관찰로 비용이 많이 듦
참여관찰	• [직접관찰과 동일] • 인간관계를 통해 행동과 동기에 대한 통찰력을 제공	• [직접관찰과 동일] • 조사자가 사건을 조작(manipulation)하는 경우 발생하는 오류
물리적 인공물	• 문화적 특징에 대한 통찰력 • 기술적 작동 원리에 대한 통찰력	• 선택성(selectivity) • 이용 가능성(availability)

한 한 다양한 자료원으로부터 자료를 수집해야 하는 것이다.

문서정보

문서정보는 사례연구의 가장 중요한 자료원 중의 하나이다.[1] 문서정보는 매우 다양한 유형이 존재하기 때문에 어떠한 유형의 문서정보를 수집할 것인지 미리 명확한 계획을 세우는 것이 좋다. 문서정보는 다음과 같이 다양한 형태를 띨 수 있다.

- 이메일, 편지, 메모 교신, 이밖에 일기, 일정, 노트와 같은 기타 개인적 문서
- 아젠다, 발표문, 회의기록, 사건기록 등
- 행정문서 – 제안서, 진행 보고서, 내부기록
- 연구자가 조사 중인 사례에 관한 공식적 연구나 평가 결과
- 신문기사, 혹은 대중매체나 공동체 뉴스레터에 등장한 기사

이외에 인터넷 검색을 통해 가용한 다른 형태의 문서정보들이 더욱 증가하고 있다. 문서정보는 대부분 유용한 정보를 제공한다고 볼 수 있으나, 항상 문서정보가 정확한 것은 아니라는 사실에 주의해야 한다. 문서정보를 사용할 때에는 쓰인 그대로의 기록을 받아들일 것이 아니라, 먼저 그 문서가 정확한 정보를 제공하고 있는지 신중하게 검토하고 확인해 보아야 한다. 예를 들어, 미국 국회 청문회의 공식 기록이 최종 형태로 프린트되기 전에 국회의원이나 다른 사람들에 의해 편집, 수정된다는 사실을 아는 사람은 매우 드물 것이다. 이와 마찬가지로 고대역사를 연구하는 학자들 역시 과거의 기록문서를 조사할 때에는 그 문서의 신뢰성에 대해 먼저 고려해야만 한다.

사례연구 수행 시 문서정보가 가장 중요하게 사용되는 기능은 다른 자료

원으로부터 증거를 모으거나 확인하는 것이다. 첫째, 문서정보는 인터뷰에서 언급되었던 회사명이나 철자가 틀리지 않았는지 확인하는 데 유용하다. 둘째, 문서정보는 다른 자료원으로부터 수집된 정보를 확인하는 과정에서 더 자세한 정보를 제공할 수도 있다. 만약 문서로 된 증거가 어떤 사실을 확증해 주기보다 오히려 상반된 결과를 제시하고 있다면 연구자는 그 주제에 대해 더 깊이 있는 조사를 진행함으로써 문제를 해결하고자 노력해야 할 것이다. 셋째, 문서정보로부터 또 다른 추론이 가능하다. 예를 들어, 한 조직 내에서 특정 문서가 누구에게 전달되는지 그 명단을 관찰하면 그 조직 내의 커뮤니케이션과 네트워킹에 대해 새로운 사실을 발견할 수도 있을 것이다. 그러나 문서정보로부터 추론한 사실은 정확한 것이 아니기 때문에 결정적인 발견이라기보다는 오히려 더 깊이 있는 조사를 위한 단서로만 활용하여야 한다.

사례연구에서 어떠한 자료수집 방법을 사용하더라도 문서정보는 매우 중요한 역할을 담당한다. 기본적으로 모든 자료수집 계획에서 연구와 관련된 문서정보를 체계적으로 검색하는 것이 중요하기 때문이다. 예를 들어, 현장조사 전에 인터넷을 검색하는 것은 유용한 사전 정보를 제공해줄 수 있다. 또한, 현장조사 기간에 현장에서 조직의 오래된 문서를 포함한 관련 문서들을 조사할 수 있도록 해당 자료에 접근할 수 있는 허락을 미리 받아 두는 것도 필요하다. 문서자료에 대한 검색 활동은 일반적으로 다른 자료수집에 비해서 융통성이 있고, 연구자의 편의에 의해서 진행될 수 있다. 그렇기 때문에 문서정보를 통한 자료수집을 철저히 하지 못했다는 것은 사례연구에 있어서 변명의 여지가 있을 수 없다. 경우에 따라서는 신문기사가 매우 훌륭한 자료원이 될 수도 있다(BOX 17, BOX 18 참조).

문서정보의 중요성에도 불구하고, 많은 사람은 사례연구가 문서자료에 너무 많이 의존한다고 비판하기도 한다. 이는 아마도 노련하지 못한 연구자가

BOX 17
참여관찰과 신문기사 수집

미국 도시의 교육 환경을 개선하는 일은 21세기를 위한 미국의 큰 도전 과제 중의 하나였다. Donald McAdams(2000)는 미국 텍사스 주 남동부의 도시 휴스턴을 배경으로 교육과 관련한 부족한 재정자원, 인종문제, 지역 선거구 등과 같은 흥미로운 주제에 대해 사례연구를 수행하였다. McAdams는 4년 임기제인 학교 이사회의 임원으로 3번 선출되었기 때문에 연구를 수행하는 데 많은 혜택을 받았다. 그는 사회과학 분석가로서가 아니라 개인의 이야기를 풀어나가는 것처럼 사례연구를 구성하였다. 또한 그는 자신이 언급하는 사건들을 확인시키기 위하여 지역신문의 기사에 실린 글들을 많이 인용하였다. 그 결과 그의 책은 독자들이 가장 읽기 쉬우면서도 증거에 대한 기록이 잘 정리된 사례연구로 인정받고 있다.

BOX 18
같은 사건을 다루는 데 사용된 두 가지 기록정보의 비교

1990년대의 선동적인 사건 중 하나는 "로드니 킹(Rodney King) 사건"이라는 이름으로 잘 알려져 있다. 백인 경찰관들이 흑인을 구타하는 장면이 뜻하지 않게 누군가에 의해 녹화되었으나, 일 년 뒤 그들은 모두 무죄인 것으로 판결되었다. 이는 상당한 사회적 동요를 불러일으켰고, 그 속에서 58명이 사망하고, 2,000여 명이 부상당하고, 11,000명이 체포되었다(근래에 들어서는 더 많은 유사한 사건들이 반복적으로 발생하였다).

한 사례연구에서 저자는 이 사건에 대한 연구를 위해 의도적으로 두 가지의 서로 다른 신문(대도시 지역의 주요 일간지와 흑인 주거지에서 가장 영향력 있는 신문)을 이용하였다(Jacobs, 1996). 이 사건을 즈음으로 일정 기간 동안, 첫 번째 신문은 357개의 기사를 발행하고 두 번째 신문(이는 일간지가 아니라 주간지였다)은 137개의 기사를 발행하였다. 이 사례연구는 사건의 일련을 추적하고, 문서자료 증거의 잠재적인 오류나 편견이 존재할 수 있음과 그러한 편견을 해결할 필요성을 부각시키며, 두 신문이 사건을 바라보는 시각이 어떻게 다른가를 보여주었다.

문서정보를 지나치게 신뢰하는 실수를 저질렀기 때문일 수도 있다. 실제로 모든 문서는 사례연구를 위해 작성된 것이 아니라 어떤 특정한 목적이나 독자를 위해서 쓰였다는 사실을 상기하여야 한다. 이러한 측면에서 연구자는 대리 관찰자이며, 문서 증거는 또 다른 증거들을 구하기 위한 일종의 도구인 것이다. 문서 증거의 정확한 목적을 항상 인식함으로써 증거에 의해서 오도되지 않아야 증거들의 내용을 해석하는 데 더 정확할 수 있는 것이다.[2]

인터넷 검색을 통해 이용 가능한 자료들의 풍부함 덕분에 새로운 문제가 나타나게 되었다. 인터넷 자료들을 검토하는 데 있어 방향을 잃거나 혹은 방대한 자료 때문에 많은 시간을 허비하게 되는 것이 그것이다. 그러나 이러한 문제는 지역사회 연구 시 국가 인구조사(다음 섹션에 나오는 기록물에 관한 토의를 참조하라)와 같은 자료원으로부터 이용 가능한 숫자 정보의 과잉 문제와 크게 다르지 않다. 두 가지 상황 모두에서, 연구자는 사례연구의 근본적인 탐구문제가 무엇인지 명확히 인식하고 가장 관련 있는 정보에 집중할 필요가 있다. 여기서 한 가지 조언하고 싶은 것은 탐구문제와 관련된 중요성 정도에 따라 자료(문서정보와 숫자정보)를 분류하거나 등급을 매기는 것이다. 그 다음, 핵심적인 정보로 분류된 자료를 읽거나 검토하는 데 더 많은 시간을 투자하고, 다른 자료들은 남겨두는 방식이다. 이 절차는 완벽하지는 않지만 적어도 연구자가 계속해서 다음 단계로 사례연구를 진행할 수 있도록 하는 데 도움이 될 것이다.

기록물

많은 사례연구에 있어서 기록물은 대체로 컴퓨터 파일이나 레코드와 같은 형식이며, 각종 통계 및 서베이 저장 자료이다. 기록물은 다음과 같은 것들을 포함한다.

- 국가 인구조사나 정부기관이 작성한 통계 수치 등 "열람 가능한 공공

자료"

- 일정 기간 동안 서비스를 제공한 고객의 숫자가 얼마나 되는가를 보여주는 기록
- 예산이나 인사자료와 같은 조직 또는 회사의 기록
- 지리적인 특징을 나타내는 지도나 도표
- 다른 연구자가 생성한 서베이 자료(예: 직원들이나 지역주민들 또는 참여자들을 대상으로 하는 사례연구에서 다른 연구자가 이미 이들을 대상으로 서베이한 자료)

기록물은 다른 자료원과 결합하여 함께 사용할 수 있다. 그러나 문서상 증거와는 달리, 이러한 기록물의 유용성은 사례연구마다 매우 달라질 수 있다. 어떤 연구에는 기록물이 방대한 지식의 추출과 질적인 분석을 위하여 매우 중요한 대상이 될 수 있다(6장 마지막의 **응용** 10 참조). 경우에 따라서는 기록물이 그다지 중요한 의미를 지니지 않을 수도 있다.

연구와 관련 높은 기록물에 대해서는 그 증거의 정확성뿐만 아니라 그 증거가 산출되었던 정황들을 함께 신중히 고려해야 한다. 기록물은 매우 중요한 정량적 자료로 사용될 수도 있지만 숫자 자체만으로 정확성을 확신해서는 안 된다. 예를 들어, 법을 집행하는 기관의 범죄 보고서, 또는 사회복지기관, 회사, 공공기관의 기록물에는 일종의 함정이 있다. 공식 보고서가 갖는 함정과 주의사항에 대해서는 앞서 문서 증거 부분에서 이미 언급한 바 있다. 기록물도 마찬가지이다. 대부분의 기록물은 특정 목적이나 특정 독자들을 위해서 산출된 것들이다(사례연구의 연구자를 위해서 만들어진 것이 아니다). 따라서 기록물을 사용할 때에는 그 기록물의 내용과 성격을 정확히 파악하고 동시에 그러한 기록물이 산출되었던 정황과 조건을 충분히 고려하여야만 한다.

인터뷰

사례연구에서 증거수집을 위한 가장 중요한 자료원 중 하나가 인터뷰이다. 인터뷰를 서베이와 비슷하다고 생각하는 사람에게는 인터뷰를 독자적인 자료 수집 방법으로 설명하는 것이 생소하게 느껴질 수도 있을 것이다. 그러나 인터뷰는 사례연구에서 일반적으로 흔히 볼 수 있는 자료원 중 하나이다. 인터뷰는 주요 사건에 대하여 설명(어떻게(how), 왜(why))과 참여자의 상대주의적 관점에 대한 통찰력을 제공할 수 있다.

인터뷰는 구조화된 질문형식이 아니라 유도된 대화형식에 더 가깝다. 즉, 연구자가 일관된 조사목표를 가지고 질문을 하지만 그 과정에서의 실질적인 질문의 흐름이나 내용은 경직되지 않고 부드럽게 진행되는 것을 의미한다(Rubin & Rubin, 2011). 이러한 형태의 인터뷰는 "심화 인터뷰(in-depth interview)" 또는 "구조화되지 않는 인터뷰(unstructured interview)"라 한다(Weiss, 1994, pp. 207-208).

인터뷰 과정 전반에 걸쳐서 연구자는 두 개의 과업을 동시에 수행해야 한다. (a) 사례연구의 프로토콜에 따라 연구자는 자신의 연구목적에 맞게 질문 방향을 일관되게 유지하여야 하고, (b) 실제적인 질문들은 연구자의 편견 없이 진행되어야 한다(3장에서 이를 "1단계"와 "2단계"로 구분하고 있다). 예를 들어, 질문의 방향이 프로세스가 "왜" 그렇게 진행되었는가를 알고 싶은 것이라고 가정하자. Becker(1998, pp. 58-60)는 "왜"라는 질문과 "어떻게"라는 질문은 차이가 있으며 "왜"라는 질문은 인터뷰 대상자의 입장에서 방어기제를 작동시킬 수 있기 때문에 이를 "어떻게"로 질문을 바꾸어 하는 것이 좀 더 효과적으로 정보를 얻을 수 있다고 설명했다. 이처럼 사례연구 인터뷰는 동시에 두 가지 수준에서의 운용이 필요하다. 연구자는 질문의 방향을 연구목적에 따라 일관되게 유지하되(2단계 질문) 개방적이고 자유로운 대화 방식으로 우호적이고, 편안하게, 그리고 관련 있는 질문을 해야 한다(1단계 질문).

인터뷰에 대해서 흔히 나오는 질문은 인터뷰를 녹음해야 하는가이다. 녹음장치를 사용할 것인가의 문제는 개인적인 취향에 달려있다. 녹음기를 사용하면 확실히 더 정확하게 인터뷰 내용을 기억할 수 있겠지만 반면, 다음과 같은 경우에는 녹음기 사용을 피하는 것이 좋다. (a) 인터뷰 응답자가 녹음하는 것을 싫어하거나 거부할 경우, (b) 인터뷰 과정이 너무 긴 시간과 에너지를 필요로 해서 녹음된 내용을 재생하거나 체계적으로 다시 들을 계획이 없는 경우, (c) 면접자가 녹음장비에 대해 너무 서투르기 때문에 녹음하는 행위가 오히려 인터뷰 동안에 정신을 산만하게 하고 방해가 되는 경우, (d) 면접자가 녹음장비가 있다고 해서 인터뷰 내용에 집중하지 않을 경우이다.

이러한 점들을 숙지하면서 다음과 같은 세 가지 유형의 인터뷰, 즉 장기 인터뷰(prolonged case study interview), 단기 인터뷰(shorter case study interview), 서베이 형식의 인터뷰(survey interviews in a case study) 등에 관해 살펴보자.

장기 인터뷰. 장기 인터뷰란 한 자리에서 2시간 또는 그 이상의 시간이 걸리거나, 여러 번에 걸쳐 나누어서 진행하는 인터뷰 방식을 일컫는다. 이때 연구자는 인터뷰 응답자에게 특정 인물이나 사건에 대한 개인의 의견이나 해석, 또는 특정 현상과 관련된 설명과 관점을 물을 수 있다. 또한 이를 토대로 더 깊이 있는 조사를 진행시킬 수도 있으며, 응답자가 다른 자료원의 증거뿐 아니라 연구자에게 인터뷰를 할 수 있는 다른 사람들을 추천해 줄 수도 있다.

이러한 점에서 보면 인터뷰 응답자는 연구원에게 더 많은 도움을 주면 줄수록 단순히 인터뷰의 대상자가 아닌 "정보 제공자(informant)"로서 더 중요한 역할을 하게 된다. 사례연구의 성공을 위해서 때로는 주요 정보 제공자의 역할이 매우 중요해질 수도 있다. 이러한 정보 제공자(또는 정보원)는 연구자에게 문제에 대한 통찰력을 제공할 뿐만 아니라, 수집된 증거를 확인시켜 주거나 또 다른 증거를 제공하기도 하고 상반된 증거를 제안하거나 그러한 증거를 획득하는 데 도움을 줄 수도 있다. 「Street Corner Society」(Whyte, 1943/1993, 1장의 BOX 2A 참조)에는 "Doc"이라 불리는 정보원이 그 유명한 사례연구를 수행하는 데 아주 결정적인 역할을 담당했다. 다른 많은 사례연구에도 이와 비슷한 주요 정보원들이 언급되어 왔다. 물론 연구자는 한 명의 정보원에게 지나치게 의존되지 않도록 주의해야 한다. 주요 정보원과 의존적인 관계에 빠지지 않기 위해서는 그 정보원이 제공하는 의견을 확인할 수 있는 다른 증거를 찾거나 가능한 한 상반되는 증거들을 찾아보도록 시도하는 방법이 있다.

단기 인터뷰. 위에서 언급한 경우보다 대부분의 사례연구 인터뷰는 비교적 짧은 시간 동안(예를 들어, 한 시간 동안) 행해진다. 단기 인터뷰 역시 질문 형식이 개방적이고 대화형식을 유지하지만 사례연구 프로토콜의 질문들에 좀 더 집중해야 한다. 단기 인터뷰에 대한 현장조사의 예시로는 이 장의 **응용** 4를 참조하라.

예를 들어, 인터뷰의 주요 목적이 연구자가 이미 생각했던 사실을 단순히 다시 확인하고자 하는 경우일 수 있다. 이때 연구자는 그 주제에 대해 잘 모르는 것처럼 보임으로써 응답자가 그 주제에 대해 자신의 신선한 의견을 제시할 수 있도록 잘 유도해야 한다. 그렇지 않고 연구자가 질문을 자의적으로 이끌어 가게 되면, 확인적 인터뷰의 목적을 제대로 달성할 수 없게 될 것이다. 만약 응답자들이 너무 쉽게 의견에 동조하거나 남의 의견을 따라가고 있는 것처럼 보일 때에는 신중하지만 교묘한 방법으로 이를 확인해야 한다.[3] 확인을 위한 한 가지 방법은 다른 관점을 가진 사람들과 비교하여 사건의 순서를 다시 확인하는 것이다. 만약 응답자가 다른 사람들이 확인하고자 하는 질문에 제대로 대답을 하지 못하거나 대답을 거부한다면, 연구자는 신문기자처럼 이러한 사실을 있는 그대로 기록하여야 한다.

완전히 다른 얘이기는 하지만, 당신이 수행하고 있는 사례연구의 프로토콜이 사건에 대한 응답자의 매우 개인적인 해석을 요구하는 경우가 있을 수 있다. 이 경우, 응답자의 지각이나 생각이 매우 중요하다. 이러한 형태의 인터뷰를 '포커스 그룹(focus group)'이라고 하는데, 포커스 그룹은 세계 2차 대전 당시 군대의 사기를 연구하기 위해 처음 사용되었고, 나중에는 라디오 프로그램에 대한 청취자의 반응과 같은 시장조사 방법으로 유명해졌다(Merton, Fiske, & Kendall, 1990). 포커스 그룹은 소규모의 사람들을 모집하여 사례연구의 특정 부분과 관련된 주제를 놓고 그룹에 속한 사람 하나하나가 자신의 관점을 표출하도록 토의를 이끌어 나간다(Krueger & Casey, 2015; Ryan, Gandha, Culbertson, & Carlson, 2014). 더 큰 집단의 견해가 필요할 경우 포커스 그룹의 규모를 키우기보다는 여러 포커스 그룹에서 응답자를 모아 구성하게 된다.

어떠한 유형을 선택하느냐와 관계없이, 인터뷰라는 자료수집 방식이 대화형식이기 때문에 방식상 발생할 수 있는 방법론적 오류를 최소화시켜야 한다. 인터뷰는 질문자와 응답자의 대화를 통해 이뤄지기 때문에 의도하지 않았으나 인터뷰 과정에서 질문자의 의견이 응답자의 반응에 영향을 미칠 수 있으며, 이것은 다시 인터뷰의 질문에 반영될 수도 있다. 이러한 상황이라면 인터뷰를 통해 수집된 증거는 연구분석의 자료로써 그 가치가 떨어진다. 이러한 점들을 잘 숙지하면서 인터뷰를 진행하여야 사례연구의 질을 높일 수 있다.

인터뷰 대상자와 조사자 간에 관계가 형성될 수 있는 장기 인터뷰에서 나타날 수 있는 문제가 단기 인터뷰에서도 동일하게 나타날 수 있다. 이 문제에서 완전히 자유롭기란 실질적으로 어렵다. 그보다는 인터뷰라는 자료수집 방법에 이러한 위험이 있음을 인지하며 사례연구를 수행한다면 보다 나은 연구결과를 얻을 수 있을 것이다.

서베이 형식의 인터뷰. 서베이 형식의 인터뷰는 서베이와 같이 좀 더 구조화된 질문을 사용하는 인터뷰 방식이다. 사례연구를 위한 자료수집의 일환으로 서베이 기법이 인터뷰에 사용될 수 있으며(2장 참조) 이러한 과정을 거쳐 수집된 증거는 사례연구의 정량적 자료가 된다(BOX 19 참조).

BOX 19
서베이를 포함한 사례연구

Hanna(2000)는 도시와 시골의 경계지역에 관한 사례연구를 수행하기 위하여 서베이를 포함한 다양한 자료수집 방법을 사용하였다. 이 지역에서는 경제적, 환경적 계획과 관련한 이슈들을 다루기 위하여 통합된 자원관리 프로그램이 실행되고 있었다. 이 사례연구는 지역적 특징에 관한 설명과 자원관리 프로그램의 실행에 영향을 미친 것으로 보이는 정책적 요소, 그리고 지역주민의 참여에 초점을 두고 있다. 이 연구의 주요 분석단위는 자원관리 프로그램이었으며, 하위 분석단위로는 정책의 실행 과정에 참여하였던 사람들을 대상으로 하였다. 저자는 하위 분석단위의 자료수집을 위하여 서베이를 실시하였는데, 이 서베이 자료는 통계적 검증을 통해 분석되었으며 이 사례연구의 결론을 도출하기 위한 일부 자료로 사용되었다.

만약 연구자가 도시설계 프로젝트에 대한 사례연구를 하면서 그 프로젝트에 참가한 설계자들을 대상으로 서베이를 한다거나(Crewe, 2001), 조직에 관한 사례연구에서 종업원이나 관리자를 대상으로 서베이를 포함시키고자 한다면 이러한 유형의 인터뷰가 적당할 것이다.

이러한 인터뷰 기법은 기존의 일반적인 서베이에서 사용하는 표본추출 절차와 측정도구 준비 단계를 동일하게 따르며, 분석방법도 서베이와 매우 유사하다. 차이점이라면 서베이의 역할이 다양한 증거 중의 일부로만 고려된다는 점에 있다. 예를 들어, 어떤 지역의 변화를 연구할 때 서베이는 지역 수준에 관한 거주민들의 인식을 조사하는 데 사용될 수 있다. 실질적으로 지역의 경제 수준이 어떻게 변화하였는가를 측정하는 데 서베이가 꼭 필요한 것은 아니지만 지역의 전반적인 수준을 측정하는 부분적 요소로 고려될 수는 있다는 것이다.

요약. 대부분의 사례연구는 사람들의 일상 또는 인간 행위를 다루기 때문에 인터뷰야말로 사례연구의 핵심적인 자료원이 될 수 있다. 연구주제와 관련된 정보를 잘 알고 있는 응답자는 그 상황에 대해서 중요한 통찰을 제공할 수 있으며, 또한 그 상황이 일어나기 전의 역사에 대해서 면접자가 빨리 파악하고 연관된 다른 증거들을 찾을 수 있도록 도움을 줄 수 있다.

그와 동시에, 인터뷰가 사례연구의 핵심 구성 요소인 행동적 사건에 초점을 맞춘다 할지라도 인터뷰 자체는 단지 구술 보고라는 점을 주지해야 한다. 사건에 대한 보고나 사건이 일어난 경위를 설명함에 있어서도, 인터뷰 대상자들이 편견을 가지고 있거나, 잘못된 기억을 하거나, 부정확한 설명을 할 수 있다는 점을 간과해서는 안 된다. 다시 한 번 언급하지만, 가장 바람직한 방법은 인터뷰에서 수집된 자료들을 다른 자료원으로부터 수집된 자료와 비교하여 확인하는 것이다.

그러나 이와 다른 상황이라면 일반적으로 상대주의적 방법을 따른다. 이 경우, 인터뷰 대상자의 의미와 구술 보고는 주요한 증거가 된다. 연구자는 인터뷰 대상자의 개인적 의견(즉, 견해나 태도, 의미)이나 어떠한 행위적 사건을 설명하는 시각에 더 관심이 있을 것이다. 따라서 인터뷰로 수집한 자료들을 다른 자료들과 비교하여 확실시하는 것은 불필요하다. 그러나 연구자는 인터뷰 대상자의 답변을 다양한 방법으로 다시 질문하거나 다른 상황에서 질문하여 일관된 답변이 나오는지 비교하여 확인할 수는 있다.

직접관찰

사례연구는 그 '사례'의 실제 정황 속에서 이루어지는 경우가 많기 때문에 연구자는 직접관찰의 기회를 가질 수 있다. 관심의 대상이 되는 현상이 과거에 벌어진 사건이 아니라면 그 현장의 환경적인 상황이나 관련된 사람들의 행위들이 직접관찰의 대상이 될 수 있다. 이러한 직접관찰 방법이 사례연구에서는 또 하나의 자료원인 것이다(Morgan, Pullon, MacDonald, McKinlay, & Gray, 2016).

관찰방법은 공식적인 자료수집 활동에서부터 우발적으로 발생한 자료수집 행위 모두를 포함한다. 가장 공식적인 방법은 사례연구 프로토콜의 일부분으로 관찰에 관한 구체적인 절차와 방식을 포함시키고 특정 유형의 행위가 일정 기간 동안 얼마나 자주 발생하는가를 측정하는 것이다(BOX 20 참조). 이러한 직접관찰 방법은 공식적인 회의 참석, 현장에서의 구경, 공장 근로, 수업 참여 등과 같은 활동이 될 수 있다. 비교적 덜 공식적인 방법으로는 인터뷰와 같은 다른 자료수집을 위해 현장을 방문했을 때 할 수 있는 방법이 있다. 예를 들어, 방문한 회사의 작업 공간 혹은 주변 환경 상태를 관찰함으로써 그 조직의 문화를 짐작할 수 있다거나, 아니면 인터뷰 응답자의 사무실 위치나 가구들을 관찰함으로써 그 응답자가 조직 내에서 어떠한 위치에 있는지를 파악하는 것 등을 말한다.[4]

관찰을 통해 수집된 증거는 주로 연구하고 있는 주제에 대한 추가적인 정보를 제공하는 데 유용하다. 만약 사례연구가 환자의 간병 집단에 대한 것이라면, 실제 이들의 간병 활동을 관찰하여 인터뷰를 보완할 정보를 얻을 수 있으며, 심지어는 그룹을 인터뷰한 것보다 더 중요한 데이터를 얻을 수도 있다. 비슷한 일례로, 관찰은 새로운 기술이나 커리큘럼이 실제로 어떻게 이용되는지, 그리고 어떠한 문제가 발생하는지에 대해 새로운 측면에서 정보를 제공할

BOX 20
관찰한 증거 사용하기

20A. 현장관찰 보고하기

"클린 룸(Clean Room)"은 반도체칩 생산을 위한 제조과정에서 필수적인 부분이다. 이곳에서 직원들은 "bunny suit"이라는 보푸라기 없는 옷을 입고 극소의 반도체 부품들을 다루게 된다. Rogers와 Larsen은 첨단 기술과 관련된 직장 생활을 다룬 「Silicon Valley Fever」(1986)라는 저서에서, 직원들이 '클린 룸'이라는 작업 환경에 어떻게 적응하는지를 보여주기 위하여 관찰을 통하여 수집된 증거를 사용하였다. 덧붙이자면, 당시 직원들의 대부분은 여자인 반면 감독자들의 대부분은 남자였다.

20B. 현장관찰과 다른 사례연구 자료수집 방법들의 결합

사례연구는 한 가지 자료수집 방법만을 사용해야 한다는 제약이 없다. 실제로 훌륭한 사례연구로 평가되는 연구들은 매우 다양한 자료수집 방법을 사용하고 있다.

다양한 자료수집 방법을 사용한 사례연구의 예는 Gross와 Bernstein, Giacquinta(1971)의 저서에서 찾아볼 수 있다(2장의 BOX 8 참조). 「Imple-menting Organizational Innovations」이라는 제목의 이 책은 한 학교에서 발생한 사건을 다룬 사례연구이다. 이 사례연구에서는 관찰방법을 통하여 학생들이 과제를 수행하는데 소요되는 시간을 측정하였으며, 교사들을 대상으로 구조화된 서베이를 수행하였다. 또한 소수의 주요 인물들을 대상으로 비구조화된 인터뷰도 수행하였고, 학교의 문서자료를 조사하기도 하였다. 관찰방법과 서베이를 통해 수집된 자료는 학교 내에서의 사람들의 태도와 행동에 대한 정량적 정보를 제공한 반면, 개방형 인터뷰와 문서자료는 정성적인 정보를 생성하였다.

이 사례연구의 특징은 정량적, 정성적 자료 중 한 가지만을 사용한 것이 아니라 다양한 자료수집 방법을 통해서 증거를 수집하고, 이들을 수렴시켜서 사례연구의 결론을 도출하였다는 것이다.

수 있다.

이러한 관찰이 연구에서 매우 중요하기 때문에 사례연구 현장에서 사진을 찍으려고 하는 경우가 있다. 사진은 외부의 다른 사람들에게 그 사례의 중요한 특징을 전달하는 데 매우 유용하다(Dabbs, 1882 참조). 그러나 많은 경우 사진을 찍기 전에 그들의 명시적인 허락을 받아야 한다.

관찰을 통해서 수집한 증거의 신뢰성을 확보하기 위해서는 그 관찰이 공식적인 것이건 비공식적인 것이건 간에 두 명 이상의 관찰자에 의해서 행해져야 한다는 것이다. 그렇기 때문에 사례연구의 자료수집 과정에서, 적어도 현장조사의 관찰 부분에 대해서는 자원이 허락하는 한 다수의 관찰자에 의해서 조사가 진행되는 것이 바람직하다고 하는 것이다.

참여관찰

참여관찰은 관찰방법의 특수한 형태로 연구자가 단순히 수동적인 관찰자가 아니라 사례연구의 상황 내에서 필요에 따라 능동적인 다양한 역할을 수행하고, 사건에 실제적으로 참여하게 되는 것을 말한다. 예컨대, DeWalt와 DeWalt(2011, 2장 참조)의 연구처럼 특정 지역의 주민들에 대한 일상을 조사한다고 가정하자. 이때 참여관찰자는 다양한 사람과의 일상적인 사회적 상호작용을 하거나 특정 활동들을 직접 수행하기도 한다(Yin, 1982a 참조). 예를 들어, 지역 공동체나 조직에 대한 연구에서 참여관찰 활동은 다음과 같은 것이 될 수 있다.

- 사례연구의 대상이 되는 지역에 직접 거주한다(BOX 21 참조).
- 상점 점원으로 취직해서 지역 공동체의 역할을 일부 담당한다.

BOX 21
지역주민의 삶에 관한 참여관찰

참여관찰은 도시주민의 삶을 연구하는 데 자주 사용되었던 연구조사 방법 중의 하나이다. 지역주민의 삶에 관한 연구로 잘 알려진 「The Urban Villager」는 Herbert Gans(1962)에 의해서 수행된 것으로, "이탈리아계 미국인의 집단과 계층 의식"에 관한 문제를 다룬 책이다.

Gans는 "이 연구에서 사용된 자료수집

방법에 관하여"라는 소제목으로 조사방법을 별도의 장으로 구분하여 자세히 설명하고 있다. 여기에서 그는 여섯 가지의 방법에 의하여 증거를 수집하였다고 밝히고 있다. 여섯 가지의 자료수집 방법은 근린 시설의 사용, 회의 참가, 주민과 친구들과의 비공식적 사교, 공식적/비공식적인 인터뷰, 정보원의 도움, 그리고 직접관찰 등이 그것이었다. 그는 이러한 모든 자료수집 방법 중에서 "참여관찰이 가장 생산적이었다"라고 기록하고 있다(pp. 339-340). 참여관찰은 Gans가 실제로 그의 아내와 함께 그 지역에 거주함으로써 가능하였던 일이었다. 연구의 결과는 도시 재설계와 도시 발전에 따른 급격한 변화를 경험한 도시 주민의 삶에 대한 고전이 되었다. 이 연구는 그로부터 20년 전에 발표된 Whyte(1943/1993)의 「Street Corner Society」에서 나타난 지역주민들의 안정적 성향과 완전히 대비되는 결과를 나타내었다(1장의 BOX 2A 참조).

- 조직 상황에서 일반 사원으로서 역할을 담당한다.
- 조직 내에서 중요한 의사결정자로서의 역할을 직접 수행한다.

참여관찰 기법은 다양한 사회 문화적 집단에 대한 연구를 수행하는 인류학에서 많이 사용되어 왔다. 이 기법은 큰 조직(BOX 22 참조)이나 작은 비공

BOX 22
'일상생활'에서의 참여관찰

Eric Redman(1973)은 그의 유명한 사례연구인 「The Dance of Legislation」에서 국회가 어떻게 움직이는지 내부자로서의 시각을 제시하였다. 이 사례연구에서는 1970년 91차 국회 기간 동안 국민건강보험 법안이 제안되고 통과되는 과정을 추적하였다.

실제로 저자는 이 법안이 통과되기까지 국회에서 중요한 역할을 담당하였으며 이러한 활동은 그의 연구를 진행하는 데 매우 유리한 이점을 제공하였다. 그는 국회의 일상적인 업무가 어떻게 진행되는지 충분히 관찰할 수 있었으며 법안이 상정되고 통과되는 과정 역시 상세하게 조사할 수 있었던 것이다.

이 연구는 실제 상황에서 참여관찰을 통해 사례연구가 수행될 수 있는 좋은 전형으로 평가받고 있다. 저자는 일반인들이 잘 알지 못하는 국회 내부의 여러 역할에 대해서도 좋은 정보를 제공하였다. 이 연구에는 미묘

하게 벌어지는 국회위원들의 전략과 활동, 로비스트들의 역할, 그리고 입법부와 행정 당국 사이에 발생하는 여러 상호작용에 관해서 상세한 내용들이 수록되어 있으며 법률 제정의 일반적인 채택 과정이 독자들이 이해하기 쉽도록 설명되어 있다.

식 집단과 같이 다양한 일상적인 환경에서도 이용될 수 있다.

참여관찰은 사례연구의 자료수집에 있어 독특한 기회를 제공하여 주는 것은 분명하다. 그러나 이 기법은 고유의 장점과 더불어 몇 가지 중요한 문제점들을 안고 있다. 참여관찰의 가장 독특한 장점은 과학적 조사를 할 수 없는 사건이나 집단에 직접 접근할 수 있다는 것이다. 다시 말해, 어떤 주제의 경우에는 참여관찰을 통하지 않고는 증거를 수집할 방법이 없는 경우가 있다는 것이다. 참여관찰의 또 다른 장점은 외부의 시각이 아니라 사례연구 "내부"에 있는 사람의 시각으로 현실을 인지할 수 있다는 점이다. 이러한 점 때문에 많은 사람은 참여관찰을 통해서 사례연구의 현상을 정확하게 그려낼 수 있다고 주장하기도 한다. 마지막으로 참여관찰의 또 다른 장점은, 사례연구과정에서 사람들과 회의를 소집하는 등의 사소한 사건들을 연구자가 직접 조작할 수 있다는 것이다. 문서정보, 기록물, 인터뷰 등의 자료수집 방법이 모두 수동적인 조사인 데에 비하여, 오로지 참여관찰 방법만이 이러한 조작화가 가능하다. 이때의 조작이란 실험에서처럼 정확할 수는 없겠지만, 연구자가 상황을 어느 정도 통제함으로써 더 다양한 조건하에서 자료수집을 할 수 있다는 장점을 갖게 된다.

참여관찰에서 가장 문제가 되는 것은 연구자가 직접 사례에 참여함으로써 생길 수 있는 편향적 판단의 문제이다(Becker, 1958 참조). 첫째, 사례에 직접 참여하는 과정에서 원래의 과학적인 조사 의도와는 반대로 피관찰자의 입장을 옹호하거나 그들의 위치에서만 사건을 바라보게 됨으로써, 오히려 외부

관찰자보다 판단력이 흐려지게 되는 경우이다.* 둘째, 참여 관찰자가 관찰하는 집단이나 조직의 옹호자가 되어버릴 수 있다는 것이다. 셋째, 관찰자가 사건에 대한 다른 관점에서 질문을 하거나 그러한 시각에 대해서 자세하게 기록할 시간이 충분하지 않을 수 있다는 점이다. 넷째, 연구대상이 되는 조직 혹은 사회집단이 물리적으로 너무 떨어져 있는 경우에는 관찰자가 사건에 참여하거나 중요한 사건을 관찰하는 데 어려움을 겪을 수 있다는 점이다.

이러한 측면에서, 참여관찰 연구를 수행할 때에는 참여관찰 방법의 장점과 문제점을 잘 파악하고 이 둘 간의 상쇄 관계에 대하여 신중하게 고려하여야 한다. 참여관찰이 어떤 경우에 있어서는 매우 올바른 접근방법이 될 수 있지만 어떤 경우에 있어서는 사례연구 전체의 신뢰성을 위협할 수도 있기 때문이다.

물리적 인공물

증거수집의 마지막 원천은 물리적 혹은 문화적 인공물로 이는 기술적 장치, 도구, 기구, 예술작품, 혹은 기타 물질적인 자취들을 의미한다. 이러한 인공물은 현장 방문 시에 수집되거나 관찰될 수 있으며, 어린이를 대상으로 한 연구와 같이 인류학 연구에서 매우 광범위하게 사용되어 왔다.

일반적으로 물리적 인공물이 사례연구의 증거로 그 타당성을 매우 높게 평가받는다고 볼 수는 없지만, 경우에 따라서는 사례연구 전반에 매우 중요한 요소가 될 수도 있다. 수업시간의 개인 컴퓨터 사용에 대한 하나의 사례연구를 예로 들어보자. 이 연구에서는 실제 컴퓨터 사용의 행태에 대한 증거들이 필요하였다. 컴퓨터 사용에 관한 증거를 조사자가 직접 관찰할 수도 있지만

* 연구자가 참여한 현장의 상황에 익숙해짐에 따라, 참여자로서 더욱 몰입하게 되면 연구자 스스로 조사 현장에 있는 이유를 상실해 버릴 수 있다. 연구자가 관찰의 역할에 대해 더 이상 의식하지 않게 되는 현상을 'going native'라 한다. — 역자주

컴퓨터의 프린트 출력물과 같은 인공물이 매우 유용한 증거가 되었다. 학생들은 과제의 결과로 출력물을 제출하였고, 그 출력물을 하나로 만들어 노트로 보관하기도 하였다. 이러한 프린트 출력물은 학교 과제의 유형을 보여줄 뿐만 아니라 그 과제를 하기 위해 소요된 시간이나 날짜 등도 조사자가 쉽게 파악할 수 있게 해주었다. 사례연구 조사자는 한 학기라는 긴 시간 동안 이루어진 컴퓨터 사용에 관한 행태를 간단히 프린트 출력물을 통해서 더 자세하게 이해할 수 있게 된 것이다. 이는 제한된 시간에 현장을 방문해서 직접 관찰하는 것보다 더 효율적이라고 볼 수 있다.

요약

이 절은 사례연구에서 가장 일반적으로 사용되는 여섯 가지 자료원과 그 사용방법에 대해 살펴보았다. 모든 자료원을 올바르게 사용하기 위해서 개별적인 자료수집 방법과 절차를 연구자가 충분히 숙지하고 있어야 한다. 모든 자료수집 방법을 사례연구에서 사용해야 하는 것은 아니다. 그러나 연구자라면 모든 자료수집 방법에 대해서 일단 잘 알고 있어야 하며 만약 그렇지 않다면 필요한 전문성을 갖춘 동료들을 사례연구팀의 구성원으로 하여 협업하여 연구를 수행하는 것이 바람직하다.

연습문제 4-2
사례연구의 구체적인 증거에 대한 유형을 정의하기

당신이 연구하고자 하는 사례연구의 논제를 밝히고, 어떠한 유형의 증거를 수집할 것인지를 설명하라. 이를테면, 문서정보 중에서도 어떤 종류의 문서정보를 이용할 것인가? 인터뷰를 진행한다면, 응답자를 누구로 하여 어떠한 질문을 할 것인가? 기록물이라면, 기록의 내용은 무엇이고 무엇을 상세히 서술할 것인가? 만약 응답자들의 다양한 관점과 의미를 강조하고 싶다면 특정 참여자의 구성을 어떻게 할 것인가?

자료수집의 네 가지 원칙

위에서 설명한 여섯 가지의 증거수집을 위한 자료원은 다음과 같은 네 가지의 원칙을 따르게 될 때 가장 그 효과를 극대화할 수 있다. 여기서 제시하는 원칙들은 여섯 가지 자료원에 공통적으로 해당되며, 이 원칙들이 잘 지켜진다면 사례연구 증거의 구성 타당성과 신뢰성을 확보하는 데 매우 도움이 될 수 있다. 사례연구 자료수집에 있어서 필요한 네 가지 원칙은 다음과 같다.

원칙 1: 두 개 이상의 자료원을 사용하라

여섯 가지의 자료원 중에서 한 가지만을 사용해도 사례연구의 증거 기반이 될 수는 있다. 문서정보를 전혀 수집하지 않은 채 참여관찰 방법만 사용한 연구도 있으며, 한 번의 인터뷰도 없이 기록물만 가지고 연구를 수행한 경우도 있다.

한 가지 자료원에만 의존하는 것은, 연구자가 가장 잘 알고 있는 방법이나 연구에 가장 적절하다고 생각되는 방법 하나만을 선택해야 한다는 잘못된 생각 때문이다. 실제로 많은 연구자는 연구문제를 파악한 후 거기에 적당한 자료수집 방법 한 가지를 선택하여 연구설계를 마치는 실수를 흔히 범하곤 한다.

자료를 다원화(triangulation)*해야 하는 이유. 앞서 한 가지 자료원을 사

---

*서로 멀리 떨어진 각 지점에서 각도를 관측하여 각각의 위치 관계를 수치적(數値的)으로 정하는 측량방법을 삼각측량(triangulation)이라 한다. 이 용어는 토지측량을 하는 경우에 어떤 특정한 기준점에 서서 3개의 서로 다른 관점으로부터 토지의 면적이나 거리를 관찰하고 측정하는 방법에서 비롯되었다. 다원화는 한 목적물의 정확한 위치를 파악하기 위해 다양한 참고 점을 사용해야 한다는 것이다. 본 서에서는 사례연구에 다양한 자료원을 사용하되 그로부터 수집된 증거들을 한 방향으로 수렴시켜야 한다는 의미를 설명하기 위해 사용된 용어이다. 따라서 삼각측량이라는 용어보다는 다원화라는 용어가 더 적절할 것으로 간주된다. — 역자주

용하는 접근방법에 대해서 설명하였다. 그러나 한 가지 자료원만을 사용하는 것이 바람직한 것은 아니다. 오히려 사례연구의 주요 강점 중에 하나는 다양한 자료원을 사용할 수 있다는 것에 있다(BOX 20B, BOX 23 참조). 또한 일반적으로 하나의 자료원을 사용한 경우보다 복수의 자료원을 사용한 연구가 우수하다고 인정받으며, 다른 연구에서 인용하는 횟수도 더 높아진다(COSMOS Corporation, 1983; Yin et al., 1985 참조).

BOX 23
개인적 경험과 현장조사를 결합한 사례연구

전 세계의 모든 사람은 이미 헤드 스타트*에 대해서 들어본 경험이 있을 것이다. 헤드 스타트는 미국에서 매우 성공적인 것으로 인정받고 있는 사회복지 프로그램 중의 하나이다. Zigler와 Muenchow(1992)가 빈민구제 프로그램의 개발과 실행 과정을 대상으로 사례연구를 수행하였다. 저자 Zigler는 헤드 스타트의 초대 감독관으로서 직접 업무를 수행한 경험이 있기 때문에 개인적 경험과 뛰어난 통찰력이 연구에 잘 반영되어 있다. 또한 공동 저자인 Muenchow는 헤드 스타트와 관련된 200명 이상의 사람들을 대상으로 인터뷰를 수행하였고, 역사연구 및 현장조사 등을 통한 실증적인 자료들을 철저하게 수집하였다. 이와 같이 다양한 자료수집 방법을 통하여 연구의 결론이 도출되었기 때문에 이 연구는 매우 설득력 있는 사례연구로 인정받고 있다. 또한 다양한 자료가 잘 결합되어 가장 읽기 쉬우면서도 잘 정리된 책으로 정평이 나 있다.

사례연구의 경우 실험, 서베이, 역사 등과 같은 연구방법들보다 복수의 자료원을 사용할 필요성이 훨씬 더 높다. 예를 들어, 실험은 실험실에서 측정된

* 미국의 '헤드 스타트(Head Start)' 프로그램이 벌어지는 마을에서는 빈곤층 아동이 어머니의 뱃속에 있을 때부터 산모를 무료로 검진해 주는 방식으로 아동보호의 하나로 들어간다. 0~2세 시기엔 종합적인 보육지원 서비스를 제공해 아이가 방치되지 않도록 한다. 이어 3~5세 때는 지역 센터에서 아동들이 학교에 잘 적응할 수 있도록 책 읽는 법, 수를 세는 법 등을 가르친다. — 역자주

실제 행동의 기록과 측정에 한계가 많기 때문에 일반적으로 체계적인 서베이나 언어적 정보의 사용이 어렵다. 이와 반대로 서베이는 구두 정보가 강조되는 방법이지 개인의 행동에 대한 측정이나 기록이 아니다. 또한 역사연구는 이미 "죽어버린" 과거를 대상으로 하는 관계로 현상에 대한 직접관찰이나 관련된 사람들을 인터뷰하는 것이 불가능하기 때문에 동시대를 증거로 하는 자료들이 희박하다.

물론 실험, 서베이 등 다른 연구방법도 부분적으로 변형이 가능하고, 두 개 이상의 방법이 결합되어 하나의 새로운 방법을 만들어 낼 수도 있다. 또한 사례연구 이외의 연구방법에서도 경우에 따라서는 두 개 이상의 자료수집 방법을 사용하는 것이 바람직할 수도 있다. 역사연구 분야에서 "구술역사(oral history)"가 발전된 것이 이에 해당한다. 예를 들어, 역사학자들은 인터뷰 정보가 응답자의 사망 이전까지는 공개되지 않는다는 조건하에, 은퇴한 주요 인사들과의 심층 면접을 수행한다. 이후에 이러한 인터뷰 정보를 좀 더 관습적인 일련의 역사적 증거들과 함께 결합한다. 그러나 전통적인 연구방법이 부분적으로 변형이 가능하다고 해서, 사례연구가 본질적으로 매우 다양한 증거를 다루어야 하지만 다른 연구방법은 그렇지 않다는 근본적인 사실이 변하는 것은 아니다.

사례연구에서 복수의 자료원을 사용하는 주요 논리는 실제 상황이라는 맥락 아래 현상에 대한 심층적 연구를 하려는 사례연구의 동기와 관련이 있다. 일정 기간 동안의 사건들을 포함하는 상황에서 심층적이고, 맥락을 이해한다는 것은 사건과 관련된 다양한 자료를 수집한다는 것이며 이는 곧 다양한 자료원으로부터의 자료수집을 의미한다.

사례연구에서 두 개 이상의 자료원을 사용하는 것은 사례연구의 범위를 연구하는 것 이상을 의미한다. 또한 연구자는 연구를 수렴해가는 중요한 방법론적 실습을 할 수 있다. 삼각측량을 예로 들자면, 한 목적물의 정확한 위치를 파악하기 위해서는 다양한 참고점을 사용해야 한다(Yardley, 2009). 이러한 이유에서, 사례연구의 결과는 복수의 자료원을 사용하여 수렴을 통해 얻어졌을 경우보다 설득력 있고 정확하다고 평가를 받는 것이다(BOX 24 참조).

BOX 24
다양한 자료수집 방법의 결합

Basu와 Dirsmith, Gupta(1999)는 미 연방정부의 감사기관 중의 하나인 미국 회계감사원(U.S. General Accounting Office)에 대한 사례연구를 수행하였다. 이 사례연구는 기존의 이론을 바탕으로 조직의 실제 활동과 외부에 보이는 조직 이미지 간의 상관관계를 조사하고자 하였다(연구를 통해 나타난 결과에 의하면 그 둘 간에는 약한 상관관계가 있는 것으로 밝혀졌다). 이 사례연구는 매우 다양한 자료수집 방법을 사용하였다는 것이 특징이다. 오랜 기간 동안의 현장관찰, 55명의 인터뷰, 역사적 사건들에 대한 기록, 공식 문서, 행정 담당자들의 파일, 뉴스 기사 등 이러한 일련의 자료원을 동원하여 같은 연구문제에 적용시키는 자료의 다원화를 효과적으로 시도하였다는 점이 주목할 만하다.

Patton(2002)은 사례연구를 위해서 다음과 같은 네 가지 유형의 다원화(triangulation)를 제시하였다.

1. 자료의 다원화(data triangulation): 다양한 자료원의 사용
2. 연구자의 다원화(investigator triangulation): 한 연구에 복수의 연구자 혹은 평가자를 사용
3. 이론의 다원화(theory triangulation): 연구자료의 해석 및 평가에 다원적 시각 또는 대립되는 이론적 관점을 적용
4. 연구방법의 다원화(methodological triangulation): 다양한 방법론을 적용

이 장에서 지금까지 논의한 것은 네 가지 유형의 다원화 중에서 첫 번째

유형, 즉 자료의 다원화에 관한 것이었다. 자료의 다원화는 다양한 자료원으로부터 복수의 정보를 모아 결론을 확인하는 데 사용하는 것을 목표로 한다. 이렇게 확증 중심의 전략을 추구하는 데 있어서 〈도표 4-2〉는 두 가지의 결과가 나올 수 있음을 보여준다. 하나는 자료의 다원화에 성공한 경우(〈도표 4-2〉의 위 그림)이고, 다른 하나는 동일한 연구에서 복수의 자료원을 사용하였음에도 불구하고 서로 다른 사실에 도달한 경우(〈도표 4-2〉의 아래 그림)이다. 〈도표 4-2〉는 자료를 다원화하였다는 것은 사례연구의 사실 혹은 사건이 두 개 이상의 자료원으로부터 지지되고 확인되었음을 보여준다. 만약 연구자가 복수의 자료원으로부터 증거를 수집하였으나 하나의 결론으로 증거들이 수렴되지 못하였다면 그것은 각각의 자료원을 개별적으로 사용(자료의 출처가 각기 다른 것에 기반을 둔 경우)한 것이기 때문에 자료의 다원화가 되었다

〈도표 4-2〉 복수의 증거 원천이 수렴된 경우와 수렴되지 않은 경우

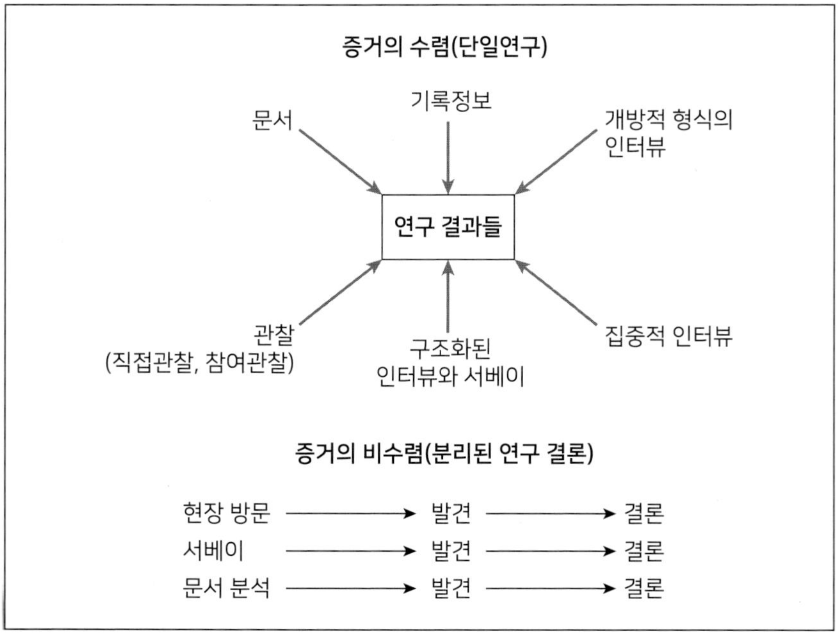

고 할 수 없다.

자료를 다원화한다는 것은 구성 타당성에 대한 잠재적인 문제를 해결할 수 있는 방법이 되기도 한다. 왜냐하면 복수의 자료원을 사용한다는 것은 같은 현상에 대해서 측정을 여러 번 수행하였다는 것을 의미하기 때문이다. 다른 종류의 사례연구에 있어서 관심을 가지는 현상은 다를 수 있다. 첫째, 사례연구의 관심대상이 되는 현상이 행동, 또는 사회적 사건 중심일 경우, 여기서 수렴된 결과는 암묵적으로 "실재"하는 것은 하나라고 생각한다. 여러 자료원으로부터 증거를 수집하는 행위는 정확성을 높여 신뢰도를 제고시키는 역할을 하게 된다.

다수의 실재가 존재할 가능성이 있다고 믿는 상대론자의 입장에서의 사례연구는, 관심의 대상이 되는 현상이 참여자들의 독특한 관점일 수 있다. 다원화는 여기서도 역시 중요한데, 이는 참여자들의 관점을 정확하게 표현하기 위해서이다. "다양한" 자료원의 역할을 하게끔, 동일한 참여자일지라도 최소한 여러 상황에서, 그리고 여러 차례 물어보아야 한다.

복수의 자료원을 사용하기 위한 전제조건. 다양한 자료원을 사용한다는 것은 사실 연구자에게는 엄청난 부담이 될 수 있다. 첫째, 복수의 자료원으로부터 자료를 수집하는 것은 하나의 자료원으로부터 자료를 수집하는 것보다 비용이 훨씬 많이 든다(Denzin, 1978, p. 61). 둘째, 더욱 중요한 것은 연구팀에 속한 모든 연구원이 사용되는 자료수집 방법에 대해서 완전히 숙지해야 한다는 점이다. 한 사례연구에서 연구원들은 문서 증거로부터 역사연구방법을 통해 자료를 수집하고 분석해야 하기도 하고, 경제학이나 공학 연구처럼 기록물에서 데이터를 추출하고 분석해야 할 수도 있다. 또한 서베이와 같이 설문 문항을 설계하고 이를 수행해야 할지도 모른다. 만약 이 중에서 하나의 기법이라도 잘 사용하지 못한다면 광범위한 영역의 이슈를 다루고자 했던 의도와

조사의 일관성을 꾀하고자 하였던 의도가 실패로 돌아간다. 따라서 다양한 자료수집 방법을 숙지하는 것이야 말로 연구원의 전문성에 있어서 중요한 관건이 아닐 수 없다.

불행히도 학계에서의 교육 프로그램에는 자료수집 방법 중에서 한 가지 유형의 활동만을 강조하고 있어서 학생들에게 다른 기법들을 숙지할 수 있는 기회가 많이 주어지고 있지는 않다. 이러한 상황을 극복하기 위해서 연구자는 필요한 훈련과 실습을 확보하기 위한 다른 방도를 찾아야 할 것이다. 그러한 방법 중에 하나는 여러 학문을 함께 연구하는 기관에서 근무하는 방법이고, 또 다른 방법은 다양한 사회과학자의 방법론에 관한 글을 분석하면서 (Hammond, 1968 참조) 그들의 경험을 통하여 서로 다른 자료수집 방법의 장점과 단점을 학습하는 것이다. 마지막으로 세 번째 방법은 여러 가지 다른 기법을 미리 연습해 볼 수 있는 기회를 가질 수 있도록 예비연구를 설계하는 방법이다.

중요한 것은 사례연구에 있어서 모든 연구자는 다양한 자료원을 사용하고 이로부터 증거를 획득하기 위한 자료수집 방법에 대해서 매우 잘 숙달되어 있어야 한다는 것이다. 복수의 자료원을 사용하지 않은 사례연구는 사례연구방법이 가지는 가장 귀중한 장점을 잃어버리는 것과도 같다. 더 심각하게는, 사례연구조사로 시작했던 것이 다른 것으로 변질될 수도 있다. 예를 들어, 연구자가 자료수집을 위해 지나치게 인터뷰에만 의존하고 문서정보나 인터뷰 증거를 뒷받침할 만한 기타 종류의 정보에는 충분한 관심을 기울이지 못할 수 있다. 이 경우 연구자는 사례연구를 한 것이 아니라, '인터뷰' 연구를 행한 것에 불과하다. 이 인터뷰 연구는 개방형 질문으로부터 수집한 구술 보고를 기반으로 하는 서베이와 오히려 유사할 것이다. 이러한 연구보고서는 "응답자에 따르면," "인터뷰에 명시된 바와 같이," 또는 "그/그녀가 보고한 바에 의하면

…"과 같은 구절을 계속해서 사용하며, 정보의 자기보고적 성격을 끊임없이 보여줄 수밖에 없을 것이다.

연습문제 4-3
증거 수렴시키기

최근 당신의 일상에 일어난 특정 사건을 떠올려 보라. 지금 (돌이켜 보아) 그때 무슨 일이 있어났는지를 설명하고자 할 때, 그 사건에 있어 '사실'을 어떻게 입증할 것인가? (당신 자신을 포함하여) 중요한 사람을 인터뷰할 수 있는가? 증거를 뒷받침할만한 문서정보나 인공물이 존재하는가? 사건과 관련된 기억이나 상황에 관해 다양한 관점을 반영할 수 있는가?

원칙 2: 사례연구 데이터베이스를 만들어라

두 번째 원칙은 수집된 자료를 재구성하고 문서화하는 것이다. 사례연구의 문서화는 1장에서 정의한 다른 연구방법들의 절차나 방식을 참고 하는 것이 바람직하다. 왜냐하면 다른 연구방법들의 경우 문서화 방법이 이미 잘 정립되어 있기 때문이다. 다른 연구방법들의 문서화는 일반적으로 다음과 같은 두 가지로 구성되어 있다.

1. 자료 혹은 증거 베이스
2. 연구자의 보고서(논문, 보고서, 책, 구술자료, 시각자료 등 어떤 형태이든)

최근 컴퓨터의 등장으로 전산화된 데이터 파일이 보편화되면서 위 두 가지 수집 방법에 대한 차이점이 더욱 명확해졌다. 예를 들어, 심리학 연구, 서베이, 혹은 경제연구를 하고 있는 연구자들이 서로 데이터 파일이나 전자적 문서들(행동 반응에 관한 데이터, 심리테스트 점수, 설문 응답 결과, 경제 지수들의 데이터베이스 등이 들어있는 자료)을 교환한다고 가정해 보자. 이 데이터베이스는 연구자가 작성한 어떠한 형태의 보고서와는 별도로 다른 연구자에게는 또 다른 2차적인 분석의 대상이 될 수 있다.

그러나 사례연구에 있어서 증거에 대한 데이터베이스와 연구자의 사례연구 보고서를 별도로 구분하는 관행은 아직 정착되고 있지는 않다. 오히려 너무나 많은 경우에 있어서 사례연구의 자료나 증거들이 따로 분류하고 저장되어 있는 것이 아니라 사례연구의 최종 보고서에 묻어 있는 것으로만 인식되어 있다. 만약 어떤 독자가 사례연구의 결론을 도출시켰을 실제 원본 데이터를 조사해 보고 싶다고 해도 이를 확인할 수 있는 방법이 없다. 왜냐하면 사례연구 보고서의 내러티브는 이미 저자의 해석이 반영된 자료이기 때문이다.

따라서 사례연구의 데이터베이스는 별도로 분리되어야 하고, 사례연구과정에서 얻은 모든 데이터, 또는 자료는 순서대로 정리되어야 한다. 여기서 내러티브나 정량적 자료 등 모든 연구의 데이터를 의미한다. 문서, 현장조사에서 얻은 자료 등 모든 것이 그 대상이 될 수 있다.

또한 CAQDAS(computer-assisted qualitative data analysis software)나 워드, 엑셀 파일 등 다양한 도구를 사용해 데이터베이스를 만들 수 있다. 사례연구조사 자체보다 사용된 자료에 관심이 있는 사람이라면 사례연구 보고서를 읽는 것과는 별도로 직접 데이터베이스에 접근해 필요한 정보를 검토할 수도 있을 것이다. 결국 데이터베이스를 생성하는 것은 사례연구 전체의 신뢰성을 크게 향상시킬 수 있는 방법이 된다.

그러나 사례연구의 데이터베이스가 있다고 해서 사례연구 보고서에 충분한 증거를 제시하지 않아도 된다는 의미는 아니다(이에 대한 논의는 6장에서 계속된다). 사례연구 보고서에도 독자가 독립적으로 결론을 이끌어낼 수 있고, 2차적 해석이 가능하도록 데이터베이스로부터 충분한 자료가 포함되어 있어야 한다. 더 많은 정보를 얻기를 원하는 독자라면 단지 보고서에서 제시된 증거가 아닌 모든 자료를 포함하고 있는 데이터베이스에 접근해 이를 검토할 수 있다.

사례연구의 데이터베이스는 순서대로 잘 정리되어야 하지만 너무 멋지게 만들려고 할 필요는 없다. 데이터베이스의 가장 중요한 기능은 시간이 흘러도 언제든지 접근할 수 있도록 정보를 저장하는 데 있다. 잘 만들어진 데이터베이스는 독자들에게도 유용하지만 추후 연구에도 사용할 수 있다.

그러나 불행하게도 대부분의 조사방법론에 관한 책에서 사례연구의 데이터베이스를 구축하는 과정에 발생할 수 있는 문제들에 대한 설명을 찾아보기 힘들다. 다음 부분에서는 지속적으로 발전하고 있는 사례연구 데이터베이스 구축방법에 대해 설명할 것이다. 데이터베이스 구축에 있어서의 문제점은 노트, 문서, 도표, 내러티브로 나누어 각각 설명할 것이다.

현장 기록(Notes). 사례연구에 있어 연구자 자신의 현장 기록은 데이터베이스의 가장 일반적인 구성 요소가 된다. 현장 기록은 다양한 형태를 취한다. 현장 기록은 연구자의 인터뷰나 관찰의 결과일 수도 있고, 서류를 분석한 결과가 될 수도 있다. 이 기록은 손으로 쓴 것일 수도 있고, 녹음 혹은 녹화된 것일 수도 있고 컴퓨터 파일이 될 수도 있다. 그것들은 일기의 형식으로 모일 수도 있고, 체계적으로 정리되지 않은 형태일 수도 있다.

현장 기록이 어떤 유형이든 간에 다른 사람들이 나중에 다시 찾아 볼 수 있도록 체계적으로 보관되어야 한다. 현장 기록은 일반적으로 이미 사례연구 프로토콜에서 제시하고 있는 중요 연구주제에 따라 분류할 수도 있겠지만, 제3자가 사용할 수 있도록 구분만 된다면 어떻게 분류하는가는 문제가 되지 않는다. 다만 이러한 방법을 통해서 이 기록이 사례연구 데이터베이스의 한 부분으로 체계화되고 카테고리화되어 차후 그에 대한 체계적 접근이 가능하도록 하는 것이 중요하다.

현장 기록이 사례연구 데이터베이스의 구성 요소라고 해서 연구자가 인터뷰한 것을 다시 수정하고, 편집하고 정리하느라 많은 시간을 할애할 필요는 없다. 인터뷰 노트를 재정리하고, 수정하고 편집해서 공식적인 사례기록을 만들어야 한다고 생각한다면 그것은 아마 우선순위를 잘못 생각했기 때문일 것이다. 기록의 정리나 편집은 사례연구 보고서 그 자체에서 이루어지는 일이지 기록 자체를 가지고 할 일은 아니라는 것이다. 현장 기록을 데이터베이스화한다는 것은 그것들을 단순히 분류하고 정리해서 나중에 다시 찾아볼 수 있게 만든다는 것을 의미한다(BOX 25 참조).

BOX 25
현장 기록의 다양성

현장조사에서 속필한 메모는 보다 공식적인 형태인 현장 기록으로 변형하여 사용할 수 있다. 속필한 메모나 공식적인 기록 모두 데이터베이스를 구성하는 요소가 된다. 아래에서는 네 가지 예시를 들어 이를 설명하겠다.

첫 번째 예시는 조사자가 도시 인근 지역에 머물며 지역 소방서의 대민담당관과 함께 지냈던 첫 날의 기록이다. 어떻게 이러한 기록이 만들어졌는지 보려면 이 장의 응용5를 참조하라. 이 기록은 해당 지역의 물리적 조건과, 이러한 물리적 상황에 대한 세 그룹의 길거리 조직 리더들의 의견, 그리고 지역에 대한 대민담당관의 개인적 견해와 의견에 초점을 두고 있다. 조사자는 동일 지역을 대상으로 그곳에서 지낸 일상을 기록하여 합쳐 놓았다.

다른 세 가지는 DeWalt와 DeWalt(2011)의 책 부록에서 사용된 예시들로, 서로 다른 주제의 연구들을 담고 있는데 Manabi와 Ecuador에서 여성의 사회적 권력과 경제적인 전략, 켄터키 지방의 노인들에 대한 건강 관련 전략, 멕시코 지역의 산림 프로젝트에 대한 평가 등이 그것이다. 이 예시들은 현장연구의 어려움을 상세하게 잘 보여주고 있다.

사례연구 문서(documents). 사례연구 기간 동안에는 연구와 관련된 많은 문서가 수집된다. 3장에서는 이러한 문서들을 처리하는 방법이 사례연구 프로토콜에서 제시되어야 한다는 점을 지적하고 있으며, 이를 위한 방법으로 문서들에 대한 목록을 만들고 주석을 다는 방법을 제안하였다. 이와 같이 주석에 담긴 참고목록은 문서들의 체계적인 저장과 검색을 용이하게 할 뿐만 아니라 나중에 연구자들이 데이터베이스를 이용하거나 공유할 수 있도록 하며, 연구자가 자료를 찾는 것도 수월하게 한다(사례연구 보고서의 참고문헌 인용 방식과 동일한 방식을 사용하는 경우 저장과 검색을 보다 효율적으로 하도록 하며, 실제 사례연구 보고서 작성 및 편집 시 연구자의 어려움을 덜어줄 수 있다).

도표(tabular materials). 사례연구 데이터베이스에는 특정 자료원에서 수집(인용)되거나 혹은 연구팀에 의해서 생성된 통계 수치나 숫자 정보들이 포함된다. 이러한 정보들 역시 나중의 사용을 위해서 잘 정리되어 저장될 필요가 있다.

사례연구에 있어서 도표는 서베이에서 일반화되어 있는 통계적 자료나 기타 계량적인 정보들을 의미한다. 예를 들어, 사례연구에서 전체 연구의 한 부분으로 서베이를 한두 번 수행하였다고 했을 때, 서베이에서 나온 정량적인 결과나 원시 데이터들은 컴퓨터 파일 형태로 저장될 수 있을 것이다. 또 다른 예를 들자면, 기록정보나 관찰을 통해 수집한 증거를 사용하는 경우 특정 현상이 몇 번 발생되었는지 그 "빈도"를 구해야 하는 경우(흔히 '차창 밖 조사'라고 불리는)가 있을 수 있다(Miles & Huberman, 1994 참조). 연구팀에 의해서 측정된 빈도가 문서로 정리되면 이것들 역시 데이터베이스의 일부분으로 정리되고 저장되어야 한다.

내러티브(narratives). 연구자가 생성한 내러티브는 사례연구 데이터베이스의 주요 구성 요소가 될 수 있다. 여기서 내러티브는 여러 가지 형태를 가질 수 있다. 첫 번째 형태는 앞서 언급한 것처럼 주석이 달린 참고문헌의 목록이나 상호참조(cross-reference), 또는 데이터베이스로부터 자료 추출을 용이하게 할 수 있도록 자료를 조직화하는 것을 지원하는 분류표 등이다.

두 번째 유형의 내러티브는 사례연구의 자료수집 기간이나, 직후에 관심을 갖게 된 특정 주제 또는 아이디어에 기반을 두고 만든 증거들이다. 이렇게 생성된 자료는 주제나 아이디어에 대한 실증적 지원을 강화하고, 증거들을 체계적으로 분류하는 것을 지원할 것이다. 이러한 모든 활동은 근거이론(ground theory) 방법론자들이 메모를 수집하는 행위와 유사하다(Corbin & Strauss, 2015). 처음에는 내러티브나 메모에 나타나는 주제나 아이디어가 서로 구별되어 분리되어 있는 것처럼 보이지만, 이렇게 통합된 자료는 분석 단계에서 사례연구의 분석이 보다 풍부할 수 있도록 도와준다.

세 번째 유형은 사례연구 프로토콜에서 규정하고 있는 연구질문들에 대하여 자유로운 형식으로 답변하는 형태로 구성되는 내러티브인데, 여기서 연구자는 잠재적으로 분석 단계로 넘어가고 있다고 볼 수 있다. 프로토콜의 연구질문 하나하나에 대한 답변들에는 증거들을 통합하여 잠정적인 결론으로 수렴하여 표현하고자 하는 의도를 반영하고 있다. 질문의 본질에 따라, 어떠한 사실로 수렴되기도 하고, 응답자들의 다양한 현실이나 나름의 해석을 존중하는 방향으로 정리되기도 한다. 이 과정은 실제로 매우 분석적인 작업이며, 사례연구 분석의 본격적인 시작이라고도 볼 수 있다.

답변의 형태는 연구자에게 있어서 학교에서 시행하는 일종의 "take-home 시험"(문제를 집에 가져와서 푸는 시험)이라고 볼 수 있다. 연구자는 시험의 응시자와 마찬가지이다. 연구자의 목적은 관련된 증거들을 인용하여 알맞은 답을 구성하는 것이며, 그 증거들은 인터뷰, 문서, 관찰결과, 혹은 기록정보 등 그 어떤 것이라도 될 수 있다.

이와 같이, 이야기 형식으로 연구문제의 답을 정리하는 방법의 주요 목적은 사례연구에서 제기하는 다양한 이슈와 그와 관련된 증거 간의 연결 관계를 주석과 인용을 사용하여 문서화하는 것이다.

모든 답변은 사례연구 데이터베이스의 한 부분으로 간주되며, 이는 실질적으로 (단일사례연구의) 사례연구 보고서의 출발이 될 수 있다. 그러나 연구자가 작성한 내러티브는 사례연구의 보고서가 되기 전에는 데이터베이스의 한 부분이기 때문에 내러티브를 작성하기 위하여 너무 많은 시간을 투자할 필요는 없다. 좋은 내러티브의 가장 중요한 속성은 연구와 관련된 이슈들을 적당한 인용의 사용으로 구체적인 증거들과 연결시키는 것이다. 질문-답변 데이터베이스의 예시로는 이 장 마지막의 **응용** 6을 참조하라.

연습문제 4-4
데이터베이스 구축하기

연습문제 4-3에서 다루었던 주제(당신의 일상으로부터 상기한 특정 사건에 관한)에 관해 다음과 같은 개요에 근거한 두 페이지 미만의 짧은 보고서를 작성하라. 먼저, 주제에 대한 연구질문이 무엇인지 기술하라. 그 다음, 증거를 사용하여 질문에 대한 답변을 작성하라. 이때, 인용과 각주를 반드시 포함하는 서식을 가져야 한다. 이 과정을 다른 질문(혹은 잠정적인 사례연구 프로토콜의 연구질문)에 반복하여 적용하라. 이러한 질문과 답변의 연속이 어떻게 전체 사례연구 '데이터베이스'의 한 부분이 될 것인지 예상해 보라.

원칙 3: 증거의 연결고리를 만들어라

사례연구의 정보에 대한 신뢰성을 갖추기 위해 필요한 세 번째 원칙으로는 증거의 연결고리를 만드는 것이다. 이 원칙은 범죄 수사에서 사용되는 개념과 유사하다.

〈도표 4-3〉 증거의 연결고리 만들기

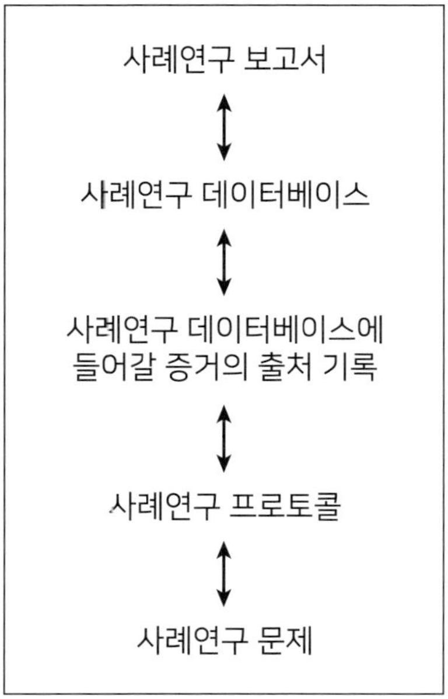

증거의 연결고리를 만들라는 말은 독자들이 사례연구 보고서를 읽었을 때 초기 연구문제부터 최종 결과에 이르기까지 모든 증거가 어떻게 연결되었는지 알 수 있게끔 하라는 뜻이다(〈도표 4-3〉 참조). 이때 독자들은 연구의 결론에서 초기 연구문제가 어떻게 연결되었는지, 연구문제와 최종 결론이 어떻게 연결되었는지 양방향으로 모든 과정을 추적할 수 있어야 한다. 법의학 증거를 "법정"에서 제시하는 과정이 매우 엄격하듯이, 사례연구 보고서에서 제시하는 증거들 역시 법의학 증거처럼 엄격하게 다루어져야 한다. 반대로 말하면, 사례연구의 어떠한 증거들도 부주의나 편견으로 인하여 소실되어서는 안 되며, 이로 인하여 사례의 '사실'과 관련한 증거들이 주목을 받지 못하게 되어서도 안 된다는 것이다. 마찬가지로 초기 연구단계(예: 연구문제)의 증거는 이후의 연구단계(예: 결론) 개념을 반영해야 한다. 이러한 원칙들이 잘 지켜지면 구성 타당성과 같은 방법론적인 문제를 해결할 수 있으며, 이로 인해 사례연구의 전체적인 품질을 향상시킬 수 있는 것이다.

다음과 같은 시나리오를 상상해 보자. 당신은 한 사례연구 보고서의 결론을 읽고 그 결론을 위한 기초자료에 대해 더 알고 싶어졌다. 따라서 당신은 결론에서부터 시작하여 연구의 전반부로 거꾸로 거슬러 올라가면서 증거의 과정들에 대해 추적해 보고자 한다.

이를 위해서는 첫째, 보고서의 결론에서 사례연구 데이터베이스에서 추출한 정량적 자료나 내러티브 자료에 해당하는 특정 문서나 인터뷰 혹은 관찰과 같은 증거의 자료원에 대해 별도의 명시가 필요하다. 둘째, 증거로 채택된 자료원의 중요 문장이나 단어에 대해서는 따로 표시를 하여 실제 어떠한 내용들이 사용되었는지 확인할 수 있어야 한다. 또한, 데이터베이스는 그 증거들이 수집되었던 상황(예를 들어, 인터뷰 시간과 장소 등)을 기록해야 한다. 세 번째, 증거를 수집한 상황이 사례연구 프로토콜에서 규정한 연구절차나 연구문제와 일관된 것이어야 한다. 이는 자료수집이 프로토콜에 규정된 절차를 따랐음을 보여주기 때문이다. 마지막으로, 프로토콜을 빠르게 검토하여 프로토콜의 질문과 초기 연구문제 간의 연결 관계를 알 수 있도록 나타내야 한다.

종합하자면, 당신은 사례연구의 과정을 한 부분에서 다른 부분으로 이동하면서, 방법론적인 절차가 어떻게 이루어졌는지, 그리고 증거들이 어떻게 결론으로 이어졌는지에 대해서 명확하게 파악할 수 있어야 한다. 이것이 바로 바람직한 "증거의 연결고리"인 것이다.

연습문제 4-5
증거의 연결고리 만들기

현재 수행하는 사례연구의 가설은 어떠한 결과를 나타내야 하는지 설명해 보라. 이러한 가설을 지지하는 특정 데이터나 증거의 결론이 무엇인지 식별하고, 연구로의 전반부로 거꾸로 거슬러 올라가 보라. 유사하게, 이러한 증거를 수집하도록 이끈 사례연구 프로토콜의 질문은 무엇인지 확인하고, 연구문제가 이 프로토콜의 질문을 이끌어 내는지 검토하라. 어떻게 증거의 연결고리가 만들어지고, 연결고리를 따라 어떻게 사례연구의 과정을 앞뒤로 이동할 수 있는지 이해하였는가?

원칙 4: 소셜 미디어 정보원으로부터 자료를 수집해라

소셜 미디어 정보원(social media)을 통한 자료수집. 이 장의 초반부에 설명하였던 여섯 가지 자료원에서 얻게 되는 대부분의 증거는 소셜 미디어를 통해 수집될 수 있다. 예를 들어, 온라인 채팅을 통해 대상을 인터뷰할 수 있으며, 사건의 현장에 있을 것 같은 동료 연구자에게 사진이나 비디오를 요청해 관찰할 수도 있다. 채팅방이나 다른 온라인 그룹의 대화에 참여하는 것은 참여관찰과 유사한 정보를 제공하며, 관련된 물리적 인공물을 유튜브(YouTube) 등을 통하여 사진이나 영상의 형태로 온라인에서 제공할 수 있다. 다시 말해, 현대의 소셜 미디어는 선행연구에 대한 내용을 포함하여 모든 다양한 종류의 증거를 활용할 수 있도록 해준다.

어떤 사례연구는 소셜 미디어 정보원 자체가 연구의 대상일 수 있다(예를 들어, Skype 접속상의 대화 혹은 그 과정에서의 상호관계를 조사하는 경우). 이러한 상황에서는 좀 더 주의를 기울여 연구를 진행해 나가야 한다. 그러나 소셜 미디어를 통한 정보원이 주된 연구의 대상이 아니고, 이 장 초판에서 언급한 여섯 가지 자료원을 수집하는 보조적 정보원인 경우라 할지라도 다음과 같은 점들을 주의해야 한다.

주의할 점. 첫째, 소셜 미디어 자료는 넘쳐나기 때문에 자료수집에 있어 시간이나 비용 등을 고려해 한도를 정해두어야 한다. 필요한 자료의 우선순위를 두어 어느 정도 시간을 쓸지 결정하고, 자신이 찾고자 하는 주된 정보가 무엇인지에 대해 생각을 가지고 있어야 한다. 물론 새로운 정보를 얻기 위해 조사 범위를 넓혀갈 수 있지만, 통제 가능한 범위 내에서 자료수집이 이뤄져야 할 것이다.

두 번째는 사용하고자 하는 자료의 출처와 이를 통해 얻는 정보는 재차 검토해 보아야 한다. 예를 들어, 위키피디아(Wikipedia)와 같은 웹사이트를 찾아보는 것은 처음에 새로운 개념이나 주제를 이해하는 데 좋은 방법이 될 수 있다. 그러나 이 사이트가 아무리 포스팅에 담겨있는 내용의 정확성을 점검한다 하더라도 한계가 있다. 특정 저자가 일부 주제에 대한 포스팅을 지배하고 있을 경우 편견이 개입될 여지가 많다는 것이다. 온라인 자료를 다른 정보원의 자료들과 교차하여 점검하는 것은 자료의 편향성, 불완전성이나 해석상의 편의(bias)가 무엇인지 알 수 있는 중요한 수단이 된다.

마지막으로, 페이스북(Facebook)이나 트위터(Twitter), 유투브, 개인 블로그(blogs)와 같은 소셜 미디어 사이트에서 자료를 수집할 경우라면 좀 더 신중을 기울여야 한다. 연구자는 이러한 사이트들로부터 얻은 정보를 사용할 때 연구자가 채팅하고 있는 상대가 진짜 본인이 하고 있는 것인지 혹은 다른 이의 영향을 받으며 채팅을 하는 것인지 등을 고려하여 매우 회의적인 관점에서 사용해야 한다. 마찬가지로 소셜 미디어 자료에서 주장하고 있는 저자, 장소, 시간 등이 정확하지 않을 수 있다는 것을 인식할 필요가 있다. 또한, 사진이나 음성 혹은 비디오 등 온라인 자료가 개인에 관한 정보를 담고 있다면 사전에 해당 자료의 사용 여부에 대한 허락을 받아야 한다.

요약

이번 장은 사례연구 증거수집을 위한 여섯 가지 정보원과, 증거들을 어떻게 수집할 수 있는지에 대해 알아보았다. 또한 자료수집과 관련한 네 가지 원칙에 관해서도 살펴보았다.

사례연구를 위한 자료수집 과정은 다른 연구방법에서 사용되는 자료수집 과정에 비하여 더욱 복잡하다. 사례연구를 수행하는 연구자는 다른 연구방법에서는 필수적으로 요구되지 않는 방법론적인 숙련도를 갖추고 있어야 하며, 자료수집 과정 동안 품질관리를 위해 공식적인 절차를 따라야 한다. 위에서 언급한 자료수집의 네 가지 원칙은 이러한 방향으로 가기 위한 단계이다. 이 네 가지 원칙은 창조적이고 통찰력 있는 연구자의 재량을 제한하기 위한 것이 아니라, 가능한 한 자료수집의 절차를 명확하게 만들어서 수집된 최종 자료가 연구의 구성 타당성과 신뢰성을 확보하여 분석의 결과를 좀 더 가치 있게 만들기 위한 것이다. 수집된 자료의 분석이 어떻게 이루어지는가에 관해서는 다음 장에서 다루기로 하겠다.

미주

1. 미국의 저소득 지역에서는 학교나 공공도서관의 문서정보가 일반인들이 사용하기에 충분하지 않다는 주제가 연구대상이 되어 왔다(Neuman & Celano, 2001). 지역의 정보 부족 현상은 결국 해당 지역이나 공동체를 연구하는 연구자들이 증거를 수집할 때에도 많은 불편을 초래하였다.
2. 문서 증거의 타당성을 검증하고, 문서의 실제 저자를 판단하는 문제에 관해서 Barzun과 Graff(2003)가 매우 중요한 방법을 제안한 바 있다. 또한 Mosteller와 Wallace(1984)는 원작자 및 출처와 관련한 문제를 다룬 정량적 연구를 발표하였다.
3. 이러한 유형의 일관적인 반응은 "폐쇄적"인 기관의 구성원들을 대상으로 인터뷰할 때 많이 일어나는 현상이다. 가령 마약 중독 프로그램에 속한 교육생들이나 학교와 밀접하게 연관된 교사들이 그 예가 될 수 있다. 이러한 반응은 피면접자들이 "사회적으로 바람직한" 대답을 잘 알고 있어서 서로 일관적으로 증거들을 확인시키는 과정이 단순히 되풀이되는 것이다.
4. 한 주립대학에서 진행된 현장조사에서 우연히 총장의 회의실에서 현장관찰이 이루어졌다. 회의실 벽에는 주립대학 캠퍼스에 대한 11개의 큰 사진들이 있었다. 왜 주립 지역 전문대학(community college)의 사진이 포함되지 않았냐는 질문을 했을 때 비로소 주립대학과 주립 지역 전문대학이 같은 주지만 별도의 분리된 시스템으로 운영되고 있는 것을 알 수 있었다. 해당 사례연구가 주의 과학 분야 고급 학위 취득에 대한 것이었으므로 이러한 분리를 처음에는 이해하지 못했으나 이후에는 지역 전문대학이 학점 및 커리큘럼에 대한 조정이 부족한 이유를 알고 난 뒤 지역 전문대학을 다니면서 고급 학위를 원하는 학생들이 비효율적인(그리고 더 비싼) 과정을 다니고 있다는 것을 이해하였다.

응용 4 현장 인터뷰 하기
시민 순찰대

사례연구의 현장조사는 다양한 참여자와의 짧은 인터뷰로 이루어진다. **응용 4**는 지역 활동을 기획하는 사람들과의 인터뷰를 중심으로 이루어진 사례연구이다.

범죄예방을 위하여 동네의 주민들은 차로 동네를 돌거나 직접 동네를 걷는 등의 형태로 순찰대를 조직할 수 있다. 이러한 활동의 참여는 지역주민들의 자발적(voluntary) 지원에 따라 이루어지며, 지역경찰의 치안활동을 보완한다. 이러한 "시민 순찰대"는 현장조사를 필요로 하는 다음의 연구문제들을 다루고 있다. (1) 시민 순찰대는 어떻게 운영되는가, (2) 지역경찰과는 어떠한 관계를 가지는가, (3) 순찰활동의 수용 가능성 정도를 결정하는 경계는 어떤 상황에서 나타나는가. **응용** 4는 이러한 연구문제를 다룬 현장조사에 관한 것이다.*

Rangefield 시민 순찰대. Rangefield 시민 순찰대는 다양한 인종이 거주하는 지역의 4개 블록을 중심으로 활동한다. 이 4개의 블록은 대부분 재건축한 타운하우스와 그 주민들이 거주하는 곳이다. Rangfield의 주거지역을 포함한 주변은 약물 거래, 금품 갈취, 강도, 차량 도난 등의 위협이 항상 문제가 되었다.

예술가이자 그래픽 디자이너인 J. B. Compton은 이 동네에 9년간 거주했으며, Rangefield 시민 순찰대의 일원이기도 하다. 그는 Rangfield로 이주한 후, 범죄를 직접 경험한 적이 몇 번 있다. 첫 번째는 그의 표현에 따르면 "멋진 강도"를 당해 그의 집이 "사실상 모두 청소"된 사건이었다. 두 번째 사건으로 그의 차가 몇 번 파손당했으며, 세 번째 사건으로 뒷마당의 기구들이 3번 도

---

* 이 응용의 원문은 Yin (2012a)의 Applications of Case Study Research의 2장에 나왔다.

난을 당했다.

Compton의 경험은 그만 겪은 특별한 것은 아니었다. 2년 전에는 주거침입과 물품 도난이 급증해 4개 블록 안의 주민들이 모여 이러한 범죄를 막을 수 있는 방법에 대해 논의하기도 했다. Rangefield 지역의 주민들은 환경과 정치적 문제에 대해서는 이미 조직화되어 있었으며, 과거 주민들이 함께 협동한 경험도 있었다. "Rangfield Patrol"이란 시민 순찰대를 조직한 지역사회의 리더인 David High는 "Rangfield는 주민들이 서로를 알고 화합의 정신이 있는 곳"이라고 말했다.

High에 따르면 범죄에 대한 순찰대의 첫 번째 대응은 지역경찰에 지역 내 치안활동을 보강해달라고 요청한 것이었다. 다음으로 지역주민들의 "안전 의식(security consciousness)"을 제고시키기 위한 방안에 대해 논의한 결과, 이를 통해 많은 집주인이 집의 앞뒤로 조명을 설치하고, 침입자 알람을 설치하였다. 경찰은 치안활동 강화를 약속하였지만 주민들은 큰 변화를 느끼지 못하였다. 일부 주민은 창너머 경찰관과 순찰차가 지나가는 횟수를 세어보기도 하였다.

High는 "우리가 경찰로부터 보호를 받지 못하기 때문에 우리가 직접 거리의 범죄들을 처단하기로 결정하였다."고 말했다. 처음에는 주민 4명이 자원하여 시민 순찰대를 계획하였다. 지역주민 회의에서 이러한 계획을 제시하였을 때 15명에서 20명의 사람들이 바로 함께 참여하겠다고 자원하였다. 그리고 곧 자원한 사람의 숫자가 60여 명으로 늘었다. High는 "그러나 지역사회의 더 큰 지지를 받는 데까지는 어려움이 있었다."고 회상했다. 그리고 "처음에 우리는 총을 차고, 우리의 집을 지키려는 자경단원으로 생각되었다."고 말했다.

Rangefield Patrol의 목표는 Rangefield의 4개 블록을 보다 안전하게 만드는 것이다. 시민 순찰대의 대부분 일원들이 사회적, 정치적, 지역 서비스 활동을 지원하는 더 큰 지역사회 조직인 Rangefield Neighborhood Association

의 일원이기도 하지만 Rangefield Patrol은 이 조직과 독립적으로 '범죄예방' 활동 수행만을 목표로 하였다. 시민 순찰대의 모든 일원은 성인 남성으로 구성되어 있다.

시민 순찰활동. 현장조사를 진행할 당시, Rangefield Patrol의 활동시간은 금요일을 제외한 매일 오후 9시부터 오전 1시까지였다(금요일은 지역경찰이 치안 및 순찰을 강화해 활동하고 있었다). 4시간 단위로 2명의 대원이 교대하여 순찰을 돌았다.

시민 순찰대원의 가장 중요한 지침은 자신들이 잘 보이도록 순찰하는 것이다. High에 따르면 "가시성(visibility)은 주민들이 안전을 느끼게 하고 범죄를 억제하는 효과가 있다."라고 했다. 이들의 주요 업무는 4개 블록 지역을 걷거나 서 있으면서 귀가하는 지역주민들에게 인사하고, 그들이 요청하였을 때는 집이나 근처까지 함께 걸어가고, 주기적으로 뒷골목을 확인하는 것이다. Compton은 그가 한 순찰활동이 위험하다고 느낀 적이 없다고 하였다. 물론 그는 "행인이 무기를 지녔을 수도 있으니 조심해야 한다."고 하였지만 "그래도 이러한 활동으로도 많은 위험을 막을 수 있다."고 하였다.

시민 순찰대의 지침에 따르면 만약 시민 순찰대원이 직접 범죄를 목격한 경우 순찰대원은 경찰에 신고하여야 하며, 호루라기를 불고 가능한 한 그 어떠한 대치 상황에 휘말려서는 안 된다. High는 "우리는 상황이 어쩔 수 없다면 범죄자와 대치해야 하지만 여태까지는 호루라기를 부는 것만으로 성공했기 때문에 추가적인 대응이 필요 없었다. 우리 지역의 이러한 힘을 보여주는 활동은 일부 사건들에 성공적으로 개입하기도 했다."고 한다. 모든 주민들은 시민 순찰대의 일원이 아니더라도 모두 호루라기를 지니고 다녔는데, 호루라기 소리를 들으면 모든 이웃들이 바로 경찰에 신고하고, 밖으로 나가 순찰대원이나 피해자에게 도움을 주도록 하고 있다. High에 따르면, 주민들이 이 호루라기에 반응해 최소 5건에서 6건의 강도 사건과 몇몇의 자동차 도난을 막을 수 있었다고 한다. High는 "호루라기 소리에 대한 사람들의 대응은 시각이 늦더라도 매우 효과적이었다."고 하였다.

저렴한 호루라기가 사실상 시민 순찰대원의 유일한 도구이다. 그들은 특별한 유니폼이나 뱃지를 착용하는 것도 아니고, 무기를 소지하지도 않았다.

순찰 조직. 시민 순찰대의 현재 일원은 대략 60여 명의 성인 남성으로 구성되어 있지만 순찰대의 코디네이터는 여성이며, 이외의 여성주민은 전단지를 돌리거나 다른 일을 돕는다. 코디네이터는 순찰업무의 스케줄 조정, 결원에 대한 대체인력 구하기, 순찰활동과 관련된 사건 기록 관리, 그리고 순찰대원들의 회의소집 등의 업무를 맡는다. 또한, 이들은 지역경찰과 긴밀한 소통을 유지하며 이따금 지역 이웃의 대표로서 지역경찰에 안전과 관련된 요구를 한다.

High에 따르면, 코디네이터를 제외하고는 시민 순찰대에 별도의 리더십이나 행정적 인프라는 없다. High는 "몇몇의 매우 적극적인 자원자들이 참여하면서 이들이 순찰대의 대변인이 되었으나 그 누구도 직함을 가지고 있지 않다."고 말했다. 그가 덧붙이길, 대부분의 의사결정은 코디네이터가 하거나 전체 순찰대원이 참여하는 회의에서 결정된다. Compton은 모든 순찰대의 자원봉사자들이 순찰대의 운영에 대해 자유롭게 의견을 제시할 수 있다고 강조하였다. 그는 "공식적인 순찰대의 대표는 없으며, 우리는 보통 어떤 문제에 대해 비판하고, 대안을 제시하거나 혹은 논의를 위해 회의를 한다."고 하였다.

지난 2년 동안, 순찰대원을 충원할 필요성은 거의 없었다. 60명에 해당하는 순찰대의 구성원 수가 동일하게 유지되었다. Compton에 따르면, 시민 순찰대의 일원이 되기 위해서는 참여할 의사를 표시하는 것이 필요하다. Compton은 이웃과의 대화 속에서 순찰대라는 것에 대해 알게 되었고, 약 1년 전부터 참여하였다. 이 일이 위험하다고 생각하거나 건강이 좋지 않아 참여하지 못한 주민들도 있지만 대부분 순찰대원들은 그들이 거주하는 지역을 더욱 안전하고 살기 좋은 곳으로 만들기 위해 참여하고 있다. 하지만 "다른 이들, 특히 세입자들은 순찰대에 별로 관심이 없다."고 하였다. 순찰대의 일원이 되면 얻는 보상이 무엇이냐고 물었을 때 Compton은 이웃과의 안면이 생기고 공동체 의식을 높일 수 있다고 하였다. 그러나 그에 따르면 가장 큰 이점은 "내 가족 모두가 더 안전해진다. 조용하고 사건이 없는 것, 바로 그것이 우리가 얻는 가장 큰 보상"이라고 하였다.

순찰대원들의 유일한 임무는 순찰을 위해 정해진 시간을 준수하는 것이다. High에 따르면 본인은 한 달에 약 12시간을 순찰에 사용한다. Compton은 한 달에 대략 2번 순찰을 하여 총 8시간의 시간을 낸다. 그는 "확실히 순찰은 부담이 될 수도 있다."고 하며 "그래도 이에 맞추어 내 스케줄을 조정하고 있다."고 하였다.

각각의 순찰대원들은 분별력 있고, 함께 하려는 의지가 있어야 한다. 처음 순찰대원이 되는 모든 이들은 베테랑 순찰대원과 처음 몇 번의 순찰을 함께 하면서 훈련을 받게 된다. 문서로 된 규정이나 행동 규칙은 존재하지 않는다. High는 "순찰활동의 일반적 규칙은 회의에서 토론을 통해 정해지게 된다."고 하며, "우리는 모두 어떤 것을 해야 하고, 어떤 것을 하면 안 되는지에 대한 분별력을 가지고 있다. 가장 중요한 것은 각자가 조심해야 한다는 점과 위기상황일 때만 개입해야 한다는 점을 아는 것"이라고 하였다. 시민 순찰대가 생긴 이후로 그 어떤 대원도 잘못된 판단으로 일을 그만두는 등의 문제가 발생한 적은 없다고 하였다.

그러나 초기에는 출석과 관련된 문제가 생겼다. High는 "사람들이 아무 일도 발생하지 않아 점점 지루함을 느꼈다."고 하였다. 처음 순찰대의 활동이 시작하였을 때는, 순찰대원들이 몇몇의 강도와 금품 갈취 시도를 막고 수상하게 배회하는 사람들을 돌려보냈다. 현재는 길거리에 별다른 사건이 없어 순찰대원들이 점점 흥미를 잃었다.

대체로 시민 순찰대는 주민들의 지지를 받는 것으로 보인다, High는 "우리는 이웃들로부터 동네를 더 안전하게 해주어서 고맙다는 말을 많이 들었다."고 하였다. Compton 역시 대다수 주민들이 순찰대에 대하여 긍정적인 의견을 가지고 있다면서 다만 지역경찰이 시민 순찰대에 대해 어떻게 생각하는지는 "전혀 모르겠다."고 하였다. 그는 또한 "시민 순찰대와 지역경찰이 서로 접촉할 일이 거의 없어서 때로는 지역경찰이 우리가 있는지 없는지 신경 쓰지 않는다는 생각을 한다."고 하였다.

지역경찰과의 관계. Rangefield Patrol은 자신들이 지역경찰의 활동을 지원하고, 지역의 보호장치를 더하는 조직이라고 보았다. 지역경찰과의 일상적인 접촉은 없지만 코디네이터를 통해 경찰에게 순찰대 활동에 대해 꾸준히 알린다. 지역경찰은 금요일 밤에 추가적인 치안활동을 한다. High는 지역경찰이 시민 순찰대의 신고에 응답하는 것에 대해 "상당히 좋다."고 평가하며, Rangefield Patrol이 시작되면서 경찰의 치안활동 질이 좋아졌다고 보았다. 그는 "우리 지역이 특히 의견을 적극적으로 표현하는 편이라 그럴 수도 있다."고 추측하였다. 또한, 그는 일반적으로 지역경찰의 치안활동은 충분하지 않다고 덧붙이면서 "만약 충분했다면 우리가 길거리에서 직접 순찰하지는 않을 것"이라고 하였다.

지역경찰의 지역사회 디렉터인 경찰관 Jon Lindh는 Rangefield 시민 순찰대가 해당 지역의 지역경찰 배치에 영향을 미치지 않았다고 하였다. 경찰관들은 범죄의 수준과 경찰관의 업무량에 따라 배치된다고 설명하였다.

경찰관 Lindh는 Rangefield 시민 순찰대의 일원들과 몇 번 접촉한 적이 있다고 하였다. "시민 순찰대원들은 상당히 적절하게 활동을 한다."라고 말하며 그는 시민 순찰대의 활동에 대한 경찰관들의 불만에 대해서는 알지 못한다고 덧붙였다. 그러나 지역경찰과 시민 순찰대의 접촉은 거의 없는 편이다. 경찰관 Lindh는 지역경찰이 순찰하며 시민 순찰대원과 때로 대화를 나누기도 하지만 이는 규정이 아니라 오히려 예외적인 상황이라고 하였다. 그는 시민 순찰대원들이 경찰서에 몇 번 와서 서장과의 대화를 통해 "자기의 동네가 겪은 어려움을 알려주었다."고 언급하였다.

시민 순찰대의 성과에 대해 물었을 때 경찰관 Lindh는 다음과 같이 답했다. 첫째는 지역사회와 지역의 고민거리에 대한 인식을 제고시켰고, 둘째는 지역에서 어떤 일들이 일어나고 있는지 경찰에 알려주고 있는 것이라고 하였다. 그러나 그는 '시민 순찰대'라는 개념이 경찰을 대체할 수는 없다고 생각하였는데, 그 이유로 "그들은 경찰의 역할을 대신할 수 없다. 그리고 그들은 심각한 문제가 발생할 시 어떻게 대처해야 하는지 알지 못한다."고 하였다. 그는 순찰대의 일상적인 범죄보고는 좋다고 덧붙였다. "우리는 사람들이 일상적인 범죄보고를 하는 것을 독려"한다고 하였다. 또한 그는 도시의 여러 범죄 예방 세미나에서 시민 순찰대의 노력에 대해 긍정적인 평가를 들었다고 하였다.

Compton은 시민 순찰대가 초기의 기대 이상으로 역할을 해내고 있다고 하였다. 지역의 범죄율이 눈에 띄게 감소했고, 공동체의 결집력을 높임으로써 안전에 대한 인식을 향상시켰다. 지역범죄와 관련한 순찰대의 성과에 대하여 확인하기 위해 High는 "지루함이 성공이다."라고 말했다. 그는 "지난 8~9개월 동안 가택침입이나 강도 등의 범죄가 일어나지 않았다."고 하면서 "우리가 억제한 범죄의 수는 아마 셀 수 없을 것이다."고 하였다. 지역범죄의 감소에 대해 경찰관 Lindh는 그러한 주장을 뒷받침할 객관적 증거는 없지만 Rangefield 시민 순찰대의 활동으로 일부 범죄자는 Rangefield 지역을 떠나 다른 지역으로 범죄의 표적을 바꿨을 수도 있다고 하였다.

토론 및 과제

현장조사 시 개인의 안전

시민 순찰대를 연구하기 위해 적은 수의 대원과 실제 순찰활동을 동행하는 현장조사는 연구자의 안전을 위협할 수도 있다. 비록 예상하지 못한 사건은 피할 수 없고, 그런 사건이 일어날 가능성에 대해 많은 대비를 해두어야겠지만 다음의 단계들은 사전준비하는 데 도움이 될 것이다.

매우 중요한 두 개의 단계가 있다. 첫째, 연구자는 연구를 진행하고 현장조사를 하기 위해 필요한 허가를 받아야 한다. 시민 순찰대의 경우, 그러한 허가를 주는 것은 순찰대를 조직하는 역할을 하는 주요 인물과 지역경찰과 같은 기관의 직원이 될 것이다. 가장 좋지 않는 상황은 연구자가 동행하는 순찰대원의 허가만을 얻는 경우이다(더 높은 수준의 허가가 필요한 상황도 있다. 만약 연구자가 특정 학급을 대상으로 연구하고자 할 때 해당 학급의 교사가 동의했을지라도 교장의 동의를 받는 것이 좋다).

둘째로, 연구자는 신뢰하는 동료 연구자(들)에게 정확한 현장조사 시간을 알려주고, 그 시간에는 연락하지 않도록 요청하여야 한다. 이러한 절차의 일부로, 연구자는 동행하는 순찰대원에게 이 시간 동안 예상하지 못한 연락은 동료연구자(들)이 처리할 할 것이라고 알린다.

다른 환경에서의 현장조사에서 사전준비를 위한 또 다른 단계에는 무엇이 있을지 토의하라. 현장조사 시, 예측하지 못한 사건(예: 순찰대원이 위협적인 태도를 보이는 사람과 대면했을 때)에 대하여 현장조사 연구원들이 어떻게 대응해야 할지 생각해 보라. 현장조사 연구원들은 도와야 할까? 관찰해야 할까? 자리를 떠나야 할까?

응용 5

현장관찰 하기
도시 주거지역에서의 첫날

대부분의 사례연구는 공통적으로 현장을 기록한다. 이 기록은 "속필"의 형태일 수도 있고, 완전한 문장들로 이루어지지 않을 수도 있다. 속필의 상태와 관계없이 연구자는 이 속필을 최대한 빨리 공식적인 글로 바꾸어야 한다. **응용 5**는 사례연구 초기 단계의 현장조사에서 이러한 속필을 재작업하는 예시를 보여주고 있다.

도시 안의 주거지역은 보통 주민들과 소방관과 같은 긴급 요원 간 관계에서 많은 스트레스가 있는 현장이다. **응용 5**는 이런 주거지역을 처음 방문하였을 때 밤중에 현장에서 기록한 속필을 재작성하는 과정에 대한 것이다. 이 저자는 도시 주거지역에 배치된 소방관 한 명과 동행하였다.* 이 텍스트는 매우 묘사적이고, 중간중간에 연구자(나)의 주관적인 의견이 각괄호 [ ] 안에 들어가 있다(이 글에 등장한 모든 이름은 가명이며, 길 이름과 다른 사람들의 이름, 그리고 다른 구체적인 정보 등은 삭제되었다).

Harry Erroll 중위. Harry Erroll은 도시의 소방서에 25년간 근무하였으며, 처음 20년은 화재 진압[신고가 많은 지역에서 근무] 임무를 맡았다. 다음 4~5년 정도는 지역사회와의 관계를 담당하고 있었다[부상으로 인해 제한적인 임무 수행 중]. 그는 사람들이 그 소방서에서 만날 수 있는 가장 특이한 사람 중 한 명인데 이는 (a) 긴 머리를 가지고 있으며[그에 따르면 동료 소방관들을 만나기 전 기꺼이 머리를 뒤로 빗어 넘긴다], (b) 도교와 유사한 삶의 철학을 가

*이 응용의 내용은 Yin (2012a)의 Applications of Case Study Research의 2장 내용을 약간 편집한 것이다.

지고 있고[그가 입는 유일한 단추는 음양 상징 모양이다], (c) 이외의 부분은 다른 사람들의 삶의 방식을 받아들였기[그는 또한 시도 쓴다] 때문이다. 지난 10년에 걸쳐 개인적으로 이런 변화가 일어난 것으로 보이며, 이는 [내가 아는 한] 특별한 사건이 있어서는 아니고, 애초에 그가 소방관이 된 동기와 동일하게 지역사회를 돕는 것에 관심을 가지고 있기 때문인 것으로 보인다.

지역사회와의 관계를 위해 그의 역할은 도시의 큰 지역 중 하나를 맡는 것이고, 3명의 다른 직원과 함께 일하고 있다. 그들은 지역사회 회의에 다 함께 참석하고, 학생과 성인을 대상으로 강의를 하기도 한다. 네 명은 스케줄을 정해 일정 기간 전후마다 활동 보고서를 제출한다. 다른 세 명은 그 외 작은 지역들을 맡고 있다. Erroll 중위는 프리랜서이다.

소방서 #10. Errol은 소방서 #10에서 일한다. 이곳이 지역의 본부이기도 하여 Errol과 같이 제한적인 임무를 맡고 있는 사람들이 소방서 #10 건물의 가장 고층에서 근무하고 있다. 나는 이곳에서 현장조사의 첫 1시간을 보냈으며, 이때 Erroll은 내게 그가 작성하는 일상 보고서 샘플과 관련 자료, 사진을 보여주었다.

나는 다음의 주제들에 대해 Errol과 이야기를 나누어 보았다. (1) 괴롭힘 [아이들이 소방관들에게 돌을 던지는 것에 대해 이 행동은 화재 속 사람들의 목숨을 위험하게 하는 행동이라고 했더니 그들은 Harry에 하는 장난이었다며 이제는 화재 진압 후 소방관들이 소방서로 복귀할 때만 돌을 던진다], (2) 소방서의 출입문을 잠궈야 하는 새로운 조항 때문에 대응 시간이 조금 늦어짐에 대한 것, (3) Erroll이 지역 아이들에게 시 기관에서 일해 보는 기회를 생각해 볼 수 있도록 장려하고, 기관에는 적합한 훈련 프로그램을 개발하도록 장려하는 서류에 대해 이야기를 나누었다.

인접 거리. 소방서 근처의 거리와 인접 동네의 주된 특징은 쓰레기이다. 나는 정말 많은 양의 쓰레기를 목격하였다. 대부분은 쓰레기통이나 쓰레기봉투에 담겨있지 않았고, 여기저기서 온 것으로 보였다. 그 이유는 첫째, 그 곳에는 거리의 쓰레기를 수거하는 쓰레기 수거차의 접근을 막는 차[버려진 차들을 포함하여]들이 많다. 둘째, 상점들이 주민만큼 많은 양의 쓰레기를 내놓는다 [쓰레기를 차지하는 많은 양의 종이상자를 보니 명확하다]. 셋째, 쓰레기가 쓰레기통이나 쓰레기봉투에 있지 않으니 수거가 더욱 어렵다. 넷째, 근처의 빈 공간들은 쓰레기 투기를 용이하게 만든다.

소방관들은 운전해 출근하여 소방서 근처에 주차하려고 하기 때문에 주차 문제는 지역사회와 소방관들 간 갈등의 원인이 된다. Harry에 따르면 소방관들은 그들의 주차 위반에 대하여 그들의 업무 중 일부라고 생각하고 있으며, 주차공간에 대하여서는 지역주민과 소방관 사이에서 최소 한 번 이상의 갈등이 있었다고 한다. 이런 주차문제로 인해 소방서 근처의 거리는 인근 지역에서 가장 더러운 거리 중 하나가 되었다.

세 개의 지역사회 단체[대조적인 연구?]. 우리는 Youth and Community Center, Gotham Boys Club, Urban Task Force라는 세 개의 서로 다른 지역사회 단체를 방문하였다. 첫 번째 단체는 아프리카계 미국인 집단이 운영하는, 매우 활동적인 단체이다. 입구는 "낡은" 모습이고, 직원은 4~5명에 불과했지만 사무실 환경이 매우 잘 꾸며져[카페트, 데스크탑 컴퓨터, 현대적인 가구, 꽤나 큰 사무용 복합기] 있었다. 이 단체는 20개월 정도 되었는데 특정 민간 재단으로부터 자금 지원을 받고 있으며, 더 많은 지원을 구하기 위해 지역 프로그램 개발을 위한 활동을 진행하고 있다.

두 번째 단체는 같은 건물의 체육관과 다른 오락시설을 소유하고 있는 Mantos라는 이름의 한 나이 많은 남자에 의해 운영되고 있다. 이 단체는 대부분 이탈리아계의 이름을 가진 사람들로부터 지원을 받고 있었으며, 여름 캠프 프로그램들을 운영하고 있다. 이 단체는 설립된지 약 11년 되었다. Mantos는 지역사회의 적대감을 극복해야 했던 처음 몇 해가 가장 힘들었다고 했다. 이 단체가 댄스를 약 5년 전에 그만둔 것을 제외하면 나는 이 단체가 첫 몇 해와 비교하였을 때 더 개선되었다고 느꼈다. 이 단체를 대상으로 소방서는 최근에 "수업"을 시작하였는데 이 수업은 격주로 진행되었으며 화재위험과 화재예방에 대해 가르친다. Harry는 이 단체의 직원을 상대적으로 엄격하고 구식이라고 특징지었다. 또한 그는 다른 소방관들이 이 직원들이 수업에 참여하지 않는데도 방치한다고 하였다.

세 번째 단체는 시의 청년 기관 총무인 Al Ball이 운영하고 있다. Ball은 매우 부르주아 스타일[Harry의 표현]의 아프리카계 미국인이고, 사무실은 매우 형편없이 꾸며져 있다. Ball는 화재 문제와 다른 지역사회 문제들의 연결 관계를 이해하는 데 매우 어려워했다. 세 번째 단체와의 만남에서 한 회의록을 보면서[나는 지난 5개 회의에 대한 회의록을 모두 가지고 있다] 이 단체의 일상 업무가 무엇인지 대략 파악할 수 있었다[첫 번째 단체(Youth and Community Center)와는 긴밀하게 협업하는 것 같지는 않다]. 이 단체와 Ball는 모두 각각의 역할에 적응하지 못한 것으로 보이며, 지역사회에 정말로 관여하고 있는 것처럼 보이지는 않았다.

인접 지역 주변. 우리는 지역에서 상태가 매우 좋지 않아 보이는 곳을 차를 타거나 걸어서 다녔다. Harry는 공터를 보여주었는데, 그 장소는 아이들이 돌을 주워 주변 건물과 소방관에게 던지는 곳이다. Harry가 그 장소를 타르로 포장하기를 요청하였지만 원하는 결과를 얻지는 못하였다. 우리는 우연히 거리에서 Harry의 친구를 만나게 되었는데, 그는 17세였고 누군가의 보석금을 내기 위하여 법원으로 가는 중이었다. 그는 말이 많은 편은 아니었지만 매우 친절하였다[그는 Harry가 소방관들과 지역주민들과의 대치를 피할 수 있도록 도와준 적이 한 번 있다]. 그는 그가 산 지역이 지난 7년간 상황이 안 좋아졌다고 생각하였는데, 구체적인 예시로는 쓰레기만을 이야기하였다[우리의 대화는 불에 탄 쓰레기더미와 4피트(feet)에 가까운 맥주 캔들 옆에서 대화를 나누었으며, 그에 따르면 그 쓰레기들은 약 한 달 전부터 그 곳에 있었다].

우리는 지역에서 더 나은 곳을 찾아갔는데, 그곳에는 많은 목조 주택이 있었기 때문에 주택 소유주가 많이 있을 것이라고 예상하였다. 이곳은 매우 활동적인 주민 협의회가 있는 것으로 보였다. 또한, 우리는 Harry가 지난주에 이야기해두었던 학교 중 한 곳을 방문하였다. 우리가 학교를 방문하는 동안 Harry는 교사에게 이전 행사의 사진을 전달하였고, 교사는 화재 구조견에 대한 지난 일요일의 Dispatch 뉴스 복사본을 전달하였다.

화재 위험. 대부분의 사람은 전기 배선 불량이 화재의 주요 원인이라고 언급하였다. 오래된 아파트는 다리미, 토스터, 에어컨을 비롯한 여러 가전제품을 모두 사용할 수 있게 설계되어 있지 않았다. Urban Task Force의 Ball은 이런 주거상태에 대하여 잘 알고 있었는데, 건물 주인은 월세를 조금씩 올릴 수밖에 없어 건물 주인이 전기 배선을 고치면서 얻는 이득은 크지 않다고 덧붙였다.

예방의 차원에서 Harry는 좋은 인력으로 구성된 소방서의 프로그램을 통해 여러 학교의 교실에서 강의를 해오고 있다고 하였다. 조합의 압력으로 인하여 이 프로그램의 규모는 줄어들었다. 현재는 Harry을 비롯한 다른 지역사회 관계부서의 직원들은 보통 학교의 대강당에서 더 큰 규모의 관중을 대상으로 프로그램을 진행하기 때문에 Harry는 이전에 개별 학급을 방문하여 프로그램을 진행했던 것보다 지금 방식이 커뮤니케이션이 더 적어졌다고 느끼고 있었다. 그는 또한 소방관과 경찰의 제복이 매우 비슷하지만 이런 제복은 소방관에게는 방해가 된다며, 소방관과 경찰의 역할 차이를 이야기하였다. 그러나 Harry는 다른 소방관들의 경우 경찰과 구분하지 않는 것을 선호할 수도 있다고 하였다. 많은 소방관은 소방관이 지역사회의 주민들과 아이들과 소통해야 할 필요성을 이해하지 못하기 때문이다.

결론. 아직 Harry Erroll에 대한 이야기가 남아 있다. 언급했듯이 그의 시각은 소방관보다는 지역사회의 입장에 더 가까우며, 그는 두 집단 모두를 교육하기 위하여 노력해 왔다.

Harry는 자기주장이 강한 편이 아니며, 비록 시의 몇몇 기관의 행정서비스가 좋지 않아도 많은 불평을 하지도 않았다. 관찰을 통해 본 결과, 그는 관찰한 것을 바탕으로 정형화된 사고를 하지 않았다. 나는 내가 스스로 궁금한 것을 알아볼 수 있다고 느꼈고, Harry는 이 과정에서 어떠한 해설도 덧붙이지 않았다. 동시에 그는 몇몇 그의 의견을 가지고 있었다.

그 의견 중 첫 번째는 지역사회 관계를 개선하기 위해서 더 많은 직원과 예산이 필요하다는 것이다[그러나 그는 이 점에 대해 길게 설명하지 않았다]. 두 번째 의견은 시의 고용이 지역주민들, 특히 낮은 소득의 주민들에게 열려있어야 하며, 현재 피고용인들은 그들이 근무하는 도시나 주거지역에 거주하지 않기 때문에 이들은 결국 기생충 같은 종류라는 것이다. 세 번째로 그는 건물주인들은 쓸모없으며 사람들이 그들이 사는 곳에 관여시키는 유일한 방법은 콘도나 협동 주거형태와 같이 어떠한 형태든 실제 거주하는 사람이 아닌 자가 집을 소유하거나 관리하지 않아야 한다고 생각하였다. 나는 건물주인들이 더 큰 재정적 이득을 요구한다는, 매우 잘 알려진 최근 보고서를 생각하니 그의 생각이 아주 새로운 생각은 아니지만 흥미롭다고 생각하였다.

Harry의 직장에 대한 참여는 완전 개인적이다. 그는 언제든 은퇴할 수 있지만 그는 자신의 일을 즐긴다. 그가 하는 일에 대해 Harry가 말로 표현하지 않았지만 그의 일상적인 근무를 관찰하면서 이를 깨달을 수 있었다.

다음 현장조사 때 나는 그에게 우리가 오늘 본 지역보다 덜 악화된 주거지역을 보여 달라고 요청하였다. 우리는 또한 몇몇의 지역단체 대표들을 방문할 예정이다[Ball과의 대화에서 등장한 입주자들이 참여하고 있는 최소 한 개의 활동적인 단체가 있다].

토론 및 과제

새로운 연구의 연구문제 만들기

응용 5의 현장기록은 도시 주거지역에서의 거리생활에 대한 새로운 연구를 시작하며 나왔다. 위 내용을 읽으면서 이 기록들이 아무 연구문제도 담고 있지 않다고 생각하는 사람도 있을 것이다. 또한, 지역 내 조직들을 방문하는 것 말고는 다른 중요한 방향이 나와 있는 것처럼 보이지도 않는다. 사실 그 당시 이 연구가 소방관과 그들이 근무하는 지역사회와의 관계에 관한 것이라는 것밖에는 알지 못했는데, 그 이유는 이들의 관계가 이미 매우 좋지 않았기 때문이다. 주민들은 소방관들을 괴롭히고 있었고(예: 화재 진압 중인 소방관에게 물건을 던지는 행위), 많은 허위 신고로 불필요한 소방차들이 출동하였으며, 이외에도 여러 종류의 작은 문제들이 있었다. 그러나 현장기록에 의해 기록된 현장방문 당시에는 그 누구도 이 연구가 어떻게 설계되고 수행될 것인지, 그리고 심지어 어떤 형태의 데이터가 수집될지도 알지 못했다.

이런 상황에서 임시로 두 개의 연구방법을 정의했는데, 하나는 사례연구 방법을 사용하는 것과 다른 하나는 서베이를 이용한 것이었다. 이를 위해 각 연구에서 다룰 후보 연구문제들을 정의하였다. 두 방법의 차이가 각각 적절한 다른 유형의 연구질문으로 이어질 수 있을까? 반대로 만약 두 개의 연구가 동일한 연구문제를 다룬다고 한다면, 이러한 연구문제에 답하는 데 있어서 각 연구방법을 서로 비교해 어떤 장점이 있을까?

응용 6 질문-답변 데이터베이스 구축하기
지역사회 단체에 대한 사례연구

사례연구 데이터베이스는 사례연구를 위해 수집된 데이터로 구성되어 있다. 사례연구 데이터베이스는 데이터를 쉽게 찾고 불러올 수 있는 형식을 이용해야 한다. 사례연구 프로토콜의 한 부분인 질문에 기반한 질문-답변 형식은 데이터베이스를 구축하는 한 가지 방법 중 하나이다. **응용 6**은 이러한 형식이 어떻게 작용하는지 보여주고 있으며, 해당 내용의 많은 부분이 지면 관계상 축약되었다.

지역사회 단체는 오랜 시간 동안 지역 활성화와 개발, 그리고 서비스 측면에서 중요한 역할을 한다. 보통 지역주민의 자원봉사에 크게 의존하는 지역사회의 단체들은 거의 모든 종류의 주거지역에서 찾아볼 수 있으며, 거주지역의 물리적 측면과 사회적 측면 모두를 개선할 수 있다. 그렇기 때문에 신념에서 시작된 것이든 개발을 지향하는 것이든 혹은 서비스 제공을 목적으로 하는 단체이든 관계없이 이러한 단체에 관한 사례연구는 선행연구에서 종종 찾아볼 수 있다.

응용 6의 지역사회 단체는 초창기 결성되어 젊은 학자들의 시각에서는 엄청 오래되어 보일 수 있지만, 당시 수집된 데이터는 지역사회 단체에 대한 지속적인 관련성을 보여주고 있다. 이 단체는 Jeff-Vander-Lou, Inc.(JVL)로 알려져 있다(이 이름은 세 개의 중심 거리에서 파생되었는데 Jeff는 Jefferson Avenue, Vander는 Vandeventer Avenue, 그리고 Lou는 St.Louis Avenue에서 왔다). 이들의 업무는 지역의 주거문제를 다루는 것으로, 오늘날 비슷한 목적의 단체 활동과 유사한 역할을 한다.

응용 6의 질문-답변 형식은 사례연구 데이터베이스를 구성하는 한 가지

방법이다.* 이번 응용에서는 당시 진행한 다중사례연구를 후원한 사람들의 흥미를 반영한 주제들이 전체 질문의 집합에 반영되어 있으며, 40개 지역사회 단체를 포함하고 있다. 질문-답변 형식은 각각의 데이터베이스에 같은 질문으로 구성되어 있다. 따라서 각각의 데이터베이스에서 질문 1부터 질문 10까지의 답변을 검토하면서(동일한 질문이기 때문에 가능) 독자가 개인화되거나 특정 사례끼리의 통합을 할 수 있다는 주요 이점이 있다.

응용 6의 본문은 각각의 사례연구에 적용된 원래 초기 연구의 49개 질문을 담고 있는데, 이러한 질문들을 보면서 원래 데이터베이스의 전체 범위를 파악할 수 있다. 그러나 실제 사례를 보여주기 위하여 **응용** 6의 본문은 질문 8부터 시작하여 원래 응답**의 일부만을 보여주고 있다.

단체의 시작과 구조

단체의 시작

1. **몇 년도에 단체가 만들어졌습니까?**
2. **왜 이 단체가 시작되었으며, 이 단체를 시작하게 한 주요 후원자 혹은 대상은 무엇입니까?**
3. **처음 자금의 출처는 어디였습니까?**

---

* 원본에서 생략된 것은 수많은 주석들과 이 사례연구를 구성한 25명의 인터뷰, 사례연구의 증거자료를 모두 포함한 34개의 문서, 보고서 및 인쇄물이다.

** Kenneth Snipes는 원래 다중사례연구를 설계하고 감독한 현재 저자의 지시에 따라 JVL 사례연구를 수행했다. 이 응용의 내용은 Yin(2012a), Applications of Case Study Research의 6장에 나와 있으나, 지면을 고려하여 현재 저자가 편집하였다. 이 응용의 원문은 정부 출판물에 나와 있다(미국 지역사회위원회(U.S. National Commission on Neighborhoods), 1879년).

4. **단체의 시작을 위해 위임받은 시민이나 공식적 법적 권한을 부여받은 대상이 있었습니까?**
5. **단체의 초기 목표는 무엇이었습니까?**
6. **단체의 주요 리더십 구조는 어떻게 되어 있습니까?**
7. **단체의 구성원과 구조는 어떻게 되어 있습니까?**

단체의 발전

8. **초기와 비교하여 단체는 어떻게 변화하였습니까?** Jeff-Vander-Lou, Inc.(JVL)는 직원 규모, 활동성, 조직구조 등에서 변화가 있었는데 이는 활동, 프로그램, 그리고 프로젝트 수의 증가로 기인한 것이었다. 설립된지 4년이 지난 해에 JVL의 활발한 주택개발 활동으로 별도의 다른 법인을 설립해 국세청(IRS) Section501(c)(3)에 의해 공제받는 JVL Housing Corporation이 되었다. 이 단체는 주택 사업에 기여한 공로로 세금 공제를 받는다. 관련 사업체와 재단은 JVL Housing에 대해 광범위한 지원을 제공해왔다.

   주택사업 분야를 제외하고 JVL의 주요 변화는 다음과 같다.

   - 1969년에 JVL은 JVL 지역에 새로운 공장을 세운 Brown Shoe Company의 고용 심사 및 추천 사무소를 설립하였다.
   - 1970년대 초, JVL은 Franklin Avenue 기업인 협회와 협력하여 Model Cities 프로그램을 개선하였다.
   - 또한, 1970년에 JVL은 주택 관리 프로그램을 만들었다.
   - 1973년에는 보육 활동을 공식적으로 시작했다.
   - 1973년 후반에 JVL노인시민센터(JVL Senior Citizens' Center)를 세웠다.
   - 1974년 봄에는 JVL의 첫 소식지 Jeff-Vander-Look이 발간되었다(당시에는 Look이라는 잡지가 미국에서 가장 인기가 많았다). 1975년 11월에

Jeff-Vander-Look 소식지는 JVL News라는 이름으로 변경하여 재단장하였다.

- 1976년에 JVL는 미국 노동청(Department of Labor)의 지원을 받는 여름 청소년 캠프(Summer Youth Program)를 시작했다. 같은 해 경제 개발 담당 직원이 추가로 고용되었다.
- 1977년 여름 캠프 프로그램의 결과물로 JVL커뮤니케이션센터(JVL Communications Center)가 기금을 받게 되었다.

이러한 각 활동은 많은 개별적 업무와 더불어 전문직원과 필요한 시설을 추가하여 감독과 연속성을 보장하는 방향으로 단체가 변화시켰다. 이러한 변화 동안 JVL의 활동 장소는 그대로 유지되었고, 주택개발은 일관되게 단체의 우선순위 사업이었다.

9. 이러한 변화를 가져온 사건들은 무엇입니까?

10. 전반적으로 단체는 독립적으로 되었습니까? 아니면 의존적으로 되었습니까?

주거지역 활성화 활동과 지원

11. 어떠한 활동들이 완료되었으며, 또 어떠한 활동들이 진행 중입니까? JVL은 다음과 같이 특히 주택개발 부분에 많은 성과가 있었다.

- 1968년: 12개 방으로 구성된 집을 첫 건물로 개조하였다. 미국 주택도시개발부(HUD)와 주택 모기지(mortgage) 보험을 통해 5개의 주택이 비용의 상환을 모두 완료했다. 그리고 10개의 민간 보험사를 모아 JVL의 88개 주택에 대한 보험을 들어 Missouri Fair Plan이 1969~1970년에 구

축될 때까지 돌아가면서 손실 위험을 분배하기로 합의하였다.

- 1969년: "Opportunity House"라는 85,000달러의 비용으로 완성된 6개의 아파트로 구성된 단지를 재건축하였다. 그리고 Sheridan Medical Building을 개조한 후 이곳에서 JVL 지역을 대상으로 의사들을 영업하였다. 또한, Brown Group, Inc.을 설득하여 JVL 지역에 신발 공장을 짓도록 하고, 이후 45명 직원에 대한 고용 심사와 추천을 시작하였다.
- 1967~1970년: 미국 주택도시개발부(HUD) 프로그램을 통해 81개 주택 프로젝트를 완료하였다. 그리고 이 주택들은 지역사회의 가족들에게 1~3%에 해당하는 이자 보조금과 함께 매매되었다.
- 1970년: 주택관리를 위해 Presbyterian 교회의 자기개발 위원회의 자금을 받아 주택관리 부문을 신설하였고, 이를 통해 Spotts 아파트의 관리자와 행정조교의 급여를 지급할 수 있었다.
- 1971년: Aritha Spotts 아파트 공사를 완료하였다. 이 아파트는 74개의 주택으로 구성되고, 건축 비용으로 150만 달러가 들었다. 이 아파트에는 2층짜리 사무실과 커뮤니티 건물이 있다(이 프로젝트는 JVL이 HUD의 임대 주택 프로그램을 이용한 첫 주택 개발이었다). 또한, 7개의 주택 매매에 대하여도 HUD의 유관 프로그램과 함께 완료하였다.
- 1976년: 흩어진 부지의 98개 주택에 대하여 HUD 프로그램과 National Housing Partnership을 통해 재건축을 시작(1978년 중반에 완료)하였다.
- 1978년: 최근 JVL은 지역사회 발전을 위해 면세 대상인 신디케이트를 모색했으며, 3개 이상의 주택 패키지가 검토 중에 있다. 패키지 #16에서는 흩어진 부지에 88개의 주택을 짓고 있다. 패키지 #17에는 미국 주택도시개발부(HUD)의 지원을 받는 노인과 장애인을 위한 100개의 주택이 진행 중이다. 그리고 패키지 #18과 #19는 114개가 재건축되거나

신축되었다.

12. **어떻게 단체가 이러한 활동에 참여하게 되었습니까?**
13. **이러한 활동들은 어떻게 계획되었습니까?**
14. **이러한 활동들은 어떻게 도입되었습니까?**
15. **이러한 활동의 지속적인 혹은 새로운 자금지원에 있어서 어떤 어려움이 있었습니까?**
16. **프로그램의 계획과 도입과정에 단체의 설립과는 달리 다른 리더/직원이 참여하였습니까?**
17. **다양한 활동에 있어 어떤 선택들이 필요했습니까? 만약 필요했다면 무엇입니까?**
18. **어떤 문제에 대해서는 단체가 대응하지 않기로 선택하였습니까?**
19. **시간이 흐르면서 단체의 기본적인 특성에 이러한 활동이 어떠한 영향을 주었습니까?**

자원봉사 협회와 네트워크와의 관계

20. **이 단체를 자발적으로 지원한 다른 단체나 개인의 리스트를 만들어 주십시오.**
21. **대상 단체가 다른 그룹을 자발적으로 도와준 주요 상황 3개를 알려주십시오.**
22. **같은 지역의 다른 단체와 한 번이라도 협업한 적이 있습니까?** JVL은 특히 특정 지역에 제한되어 활동했다. 주택 개조, 보육, 그리고 노인을 위한 프로그램들 모두 Bethesda Mennonite 교회와 함께 계획하고 도입한 것이다. Mennonite의 노동력과 자금은 초기의 주택 프로젝트와 교회에 있는 JVL의 보육센터에만 투입되었다.

다른 단체와의 협업한 사례로는 Yeatman Corporation과 협업한 JVL의 노인들은 위한 "meals on wheels" 프로그램이다. 이 프로젝트는 처음 Model Cities 프로그램의 지원을 통해 진행되었으나 나중에는 St. Louis 노화에 대한 지역 기관(St. Louis Area Agency on Aging)의 자금을 받아 진행되었다. 비슷하게 JVL커뮤니케이션센터도 부분적으로 미국의 노동청과 Mott 재단의 자금 지원을 받았으며, 이 센터는 St. Louis 지역의 공립학교 시스템과의 협업을 통하여 지역의 인프라이자 교육 기관으로 발전하였다. 프로그램을 신청한 학생들은 다른 64명의 청소년과 함께 TV, 라디오, 사진, 영화 등에 대한 커리큘럼을 공부하며 그들의 일상 학업 중 일부 시간을 JVL커뮤니케이션센터에서 보낸다.

23. **이 단체는 다른 산하에 많은 하위단체를 가지고 있는 상부단체의 일부입니까?** 그 어떤 응답자나 그 어떤 서류자료도 JVL이 공식적으로 큰 상부단체의 하위단체라고 명시하지 않았다. 그러나 이 단체의 주요 리더인 Macler Shepard는 JVL이 많은 이사회와 협의회에 포함되어 있다고 하였다. 그 예로, Shepard는 Bi-State Development Agency의 위원이고, Mennonite Mutual Aid, the North Side Team Ministry, United Way 등의 이사회 일원이다.
24. **이 단체는 시 단위, 지역 단위 또는 전국 단위 네트워크의 일부입니까?**
25. **대상 단체와 다른 지역의 단체와의 관계에 대해 설명해 주십시오.** JVL은 주택개발이나 다른 JVL 지역의 개선을 위한 프로젝트 성과 덕분에 많은 지역단체의 존경과 선망을 받고 있다. Lucas Heights Village 주택개발의 리더는 Yeatman Corporation 및 Ward 19 의원과 관련된 응답자들이 표현한 감정을 다음과 같이 요약하였다. 어떤 것을 실제로 이룰 수 있고, 어떤 것은 희망사항일 뿐인지에 대해 논의할 때 갈등과 경쟁이 생긴

다는 것이다. 구체적으로, JVL은 Lucas Heights와 같은 JVL 지역 내 프로젝트와 긴밀한 관계를 만들지 않고, 독자적으로 활동한다고 생각한다. 또한 JVL은 미국 주택도시개발부(HUD) 자금 지원에 크게 의존한다. 이 지역사회 리더들은 JVL이 매우 "잔디(turf)" 지향적이며, 개발 계획을 Lucas Heights 프로젝트와 연계하기 위해 방향을 바꾸려고 하지 않는다고 하였다. 한 정치 분야의 대표자는 몇몇의 강한 성향을 가진 단체들에게는 '질투'라고 느껴질 수 있는 표현을 하였다. 그러나 대부분 응답자들은 여러 단체가 개발을 위해 협력할 수 있도록 도시가 그 역할을 맡아야 한다고 생각했다.

26. **외부의 조직이 대상 단체의 역사에 중요한 역할을 한 적이 있습니까?**

시 정부와의 관계

27. **대상 단체는 시의 공무원이나 부처와 어떠한 관계가 있습니까?**
28. **이 관계는 공식적인 관계입니까? 비공식적인 관계입니까?**
29. **이 관계는 생산적입니까?** Conway 시장은 JVL이 연방 및 민간기관의 지지를 받도록 설득할 수 있었다고 하였다. 그는 JVL이 지역사회에 기여하는 것을 시에서 알고 있으며, JVL과 특별한 갈등이 없다고 하였다. 그러다 JVL과 시 사이에 갈등이 생긴 것은 JVL이 남-북 고속도로와 Cochran Gardens 공공주택 재건 프로젝트에 반대했기 때문이다. 후자의 경우, JVL은 St.Louis 당국의 주택공급 계획에서 Cochran Gardens의 건물 하나를 재건하는데 3백만 달러의 비용이 드는 것을 문제 삼았다. 이는 당국이 JVL이 비슷한 방식으로 자금을 조달해 Pruitt-Igoe의 4개 건물을 3백만 달러에 재건하려는 계획에 반대하고 난 후였다. 시장은 JVL의 행동이 실제로는 레버리지를 얻기 위한 것일 수 있다고 보았다. 그러나 시장

은 이 문제가 일정 부분 해결되었으며, 현재 JVL은 주택공급 당국과 우호적인 관계에 있다고 하였다.

한편, Conway 시장의 비서는 JVL이 협상이나 논의가 진행 중일 때 미디어에 미리 알리면서 시와 JVL의 관계가 악화되고 있다고 보았다. 그는 JVL이 수용보다는 반목을 선호하는 것처럼 보인다고 전했다. 더 나아가 그는 다른 갈등의 원인이 되는 19대 Ward 의원에 반대되는 정치적 연합에 대해 설명하였다.

시와 JVL의 관계에 긴장과 압력이 있음에도 불구하고, 응답자는 JVL의 주택공급 패키지 #16과 #18은 시가 검토하는 리스트의 우선순위에 올라와 있으며, 이는 시가 JVL과 함께 일하고 싶어한다는 것을 보여주고 있다고 했다. 이는 기능적이고 생산적인 관계의 신호를 의미한다. Globe Democrat의 기자는 Macler Shepard가 시 공무원들의 존경을 받고 있다고 하였다.

30. 시 정부가 지역사회 단체의 설립을 막은 사례가 있습니까?

31. 시 정부가 지역의 보전 및 활성화를 위해 자신의 조직을 적극적이고 유능하도록 구조적인 변화를 거쳤습니까?

32. 시를 제외한 대상 단체의 주요 관계는 어떻습니까?

33. 전반적으로 시 정부가 대상 단체의 역사에 중요한 역할을 하였습니까?

결과

주거지역의 상태

34. 단체의 존속기간 동안 주거지역의 개선에 대한 눈에 띄는 증거가 있습니까? 조사된 바에 따르면 JVL 주거지역의 개선 정도는 매우 크고, 가시적이고, 획기적이었다. JVL의 방식과 계획에 비판적인 응답자도 확실히 JVL

의 성과를 인정하였다. 신축이든 재건이든, 주택개발은 JVL의 가장 큰 성과이다. 주택은 "패키지(package)"라고 불리는 것으로 개발되는데, 이는 JVL 직원들과 이사회의 결정 하에 기술전문가, 건축가, 일반 건설업자, 대여기관의 임원, 보험사 직원 등에 의해 수행된다. 지금까지 18개의 패키지가 개발되었으며, 이는 623개의 새로운 혹은 재건된 주택을 포함하고 있다. 주택 패키지는 4개부터 100개의 단위로 구성되어 있다. 이러한 패키지를 만들고 개발하는 데 몇 달에 걸친 세심한 작업과 협상이 필요하다. 글쓴이는 몇몇의 JVL 주거지역을 현장 방문하면서 많은 지역의 주택 개선을 관찰할 수 있었다.

그러나 주거지역을 제외한 중심지역의 개선은 분명하지 않았다. 1970년대 초기에 JVL은 Martin Luther King 쇼핑 지역을 개선하기 위하여 Model Cities 자금을 지원받았다. JVL의 보고서에 따르면 도로포장, 인도 만들기, 나무 심기, 버스 정류장, 도로 외 주차구역 등과 같이 중심지역의 개선을 위해 몇 십만 달러의 비용이 들었다. 1976년도에 JVL News는 해당 지역이 방치와 부실한 관리로 여전히 상태가 좋지 않다고 했다. 광장 역시 관리를 적절한 수준으로 유지하기 어려웠다. JVL은 자체적인 경제 재투자 계획의 일환으로 해당 지역에 추가 개발 계획을 발표했다. JVL News에 따르면 도시 상하수도 지부(Metropolitan Sewer District)가 더 많고, 좋은 서비스를 제공하는 역할을 했다.

또한 저자는 이 지역 전반에 걸쳐 인도와 커브길이 매우 낙후된 상태라는 것을 관찰할 수 있었다. 공터는 쓰레기로 넘쳐났고, 풀들이 무성하게 자라 있었다. JVL은 이러한 문제를 해결하기 위해 시의 부처에 지속적인 의견을 전달했다. 이 문제에 대해 아무런 조치가 취해지지 않았을 때 비판하거나 추가적인 조치로 인한 결과를 알리는데 JVL News가 매우 효과적으로 이용되었다.

현재, JVL는 주로 인도를 개선하고, 빈 공간에 신규 주택을 짓는 일에 집중하고 있다.

1968년에 JVL은 Brown Shoe Company가 지역에 신발공장을 세우도록 영향을 주었다. 공장은 300개에서 450개의 일자리를 창출했다. JVL News의 1976년 11월 소식에 따르면 공장 관리자는 97%의 출석률을 보고하였다. 또한 Brown Shoe Company는 감독자와 관리자를 위한 훈련 프로그램을 진행하고 있었다. JVL은 이곳의 일자리 지원자를 찾아내고, 테스트하는 인력 사무소를 운영하고 있다. 법을 집행하는 것과 관련해 JVL은 지역주민의 불만을 듣고, 정기적으로 현재의 "핫 스팟(hot spot)" 모퉁이나 거리를 찾아내 JVL News를 통해 전달하고, 경찰에 보고한다. 뒤따르는 개선사항 역시 전달한다.

35. 해당 단체가 주거지역의 물리적 변화를 막았다는 증거가 있습니까?

주민들의 인식

36. 지역주민들은 대상 단체에 대하여 어떻게 생각합니까? 많은 응답자가 JVL의 활동과 성과가 1970년에서 1976년 기간 내 모든 유형의 범죄를 감소시키는 데 기여했다고 답했다. 1977년에 발표된 시장조사에서 범죄의 감소를 나타내는 통계가 있다.

Globe Democrat의 한 기자에 따르면, 일부 사람들을 제외하고 JVL의 주거지역이 중산층의 젊은 사람들을 끌어들일 상점, 가게, 문화적 이벤트, 기관과 같은 시설이 부족하다고 했다. 그는 또한 실제로 범죄가 감소하였음에도 JVL의 주거지역이 위험하다는 널리 퍼진 인식을 언급하며, 이런 사람들의 경우 더 큰 위험을 감수한다고 하였다. 그 기자는 JVL에 살지 않지만 JVL 지역은 그의 보도 지역이다.

한 주민은 JVL 지역의 많은 주민이 이 지역은 개척자 같이 생각한다고 했다. 그는 집을 직접 소유한 사람들이 집에 더 많은 신경을 쓴다고 언급하였다. 그는 힘(조직적인 노력을 통한 사람들의 단합)의 근원이 JVL의 주거지역에 있다고 하였다. 주민들은 JVL에 대해 긍정적으로 보았으며, 주택의 물리적 개선과 해당 지역을 위한 그동안의 JVL 노력을 자주 언급하였다. 몇몇 응답자는 참여와 개입이 쉽다는 것을 이야기하였다. 그 예로, 주민이 빈 공간을 어떻게 개선할 것인지에 대해 듣기 위해 월례회의에 참석하였다. 그가 의견을 제시하였고, 불도저는 10일 이내에 도착하였다. 이제 그 주민은 이 공간을 깨끗하게 관리하고 있다.

37. **주민들은 대상 조직이 지역의 문제를 해결하는데 기여했다고 생각합니까?** 인터뷰에 응한 모든 주민들이 JVL이 지역의 가장 중요한 문제들을 해결했다고 답했다. 상업적 개발과 일반적인 유지 관리 및 정리는 가장 자주 언급된 문제였다. 상업적 개발을 위한 재투자는 Martin Luther King 사업 지역에 대한 시장조사를 토대로 했다. 대부분 응답자들은 JVL이 현재 가능한 모든 재원을 사용하고 있으므로 상업 재투자를 위한 새로운 자금은 다른 자금이 확보될 때까지는 미뤄져야 한다고 생각했다. 도시 서비스가 낙후한 문제는 도시가 산업 단지와 새로운 고속도로의 개발을 위해 North Side 지역사회의 일부를 제거하면서 발생했다고 인식하고 있었다.

38. **대상 단체의 활동으로 인해 주거활동이 증가했습니까?** 노인들을 위한 JVL의 활동들은 새롭고 다양한 서비스를 만들어냈다. 영화, 연사, 이동 및 에스코트 서비스, 쇼핑 및 복지를 지원을 받기 위해 매주 수백 명의 노인이 모이고 있다. 여름 청소년 캠프의 결과로 청소년과 청년들은 오락과 교육 활동에 대한 접근성이 향상되었다. 젊은 사람들의 여름 활동

은 해당 지역에 집중되어 있었다. 예를 들어, 화면의 비주얼 아트 프로젝트는 새로운 오락 기관에 대한 컨셉을 보여주었다. 또한 청년들이 제작한 영화는 지역의 익숙한 공간들을 다루고 있다. 시상식에는 JVL 지역의 모든 연령층의 사람들이 참석했다.

JVL은 Mennonite 교회에서 월례회의를 연다. 응답자들은 회의에서 논의되는 주제에 따라 출석률은 유동적이라고 하였다. 논의주제는 증세(시의 고위 공무원 참석), 공터 활용 프로그램, 알콜 중독이나 약에 대한 과세와 같은 보건 문제에 이르기까지 다양하다. JVL의 주민들은 시 공무원과 회의, 전화 또는 다른 직접적인 방법으로 접촉할 수 있는데, 이는 JVL이 시에서 제공하는 다양한 서비스를 책임지는 관리자를 공개하기 때문이다. JVL은 JVL News에 전화번호부를 게재하는데, 응답자들에 따르면 전화번호부를 이용하는 사람들이 많다고 한다. 이 전화번호부에는 시청 내 부서의 많은 전화번호들이 포함되어 있다.

39. **대상 조직으로 인해 인근 지역에 더 큰 영향을 준 주민에 관한 특정사례가 있습니까?**

40. **단체 설립 이후로 지역에서 단합 또는 갈등이 증가했습니까?** 이웃 간 단합을 위한 JVL의 기여는 정신적인 측면과 관련이 있어 보인다. 때때로 Macler Shepard는 설교자이고 이웃은 그의 회중으로 보인다. 그가 받는 존경은 이웃들이 그에 대해 느끼는 선망을 통해 커진다. 확실히 Shepard 자신도 JVL 지역을 단합하는 요인 중 하나이다. 응답자들(Conway 시장과 다른 시 공무원 포함)에 따르면 JVL은 한 마디로 "집요하다"라는 평이 있다.

인종과 사회 정의

41. **단체는 지역의 인종과 빈곤 문제를 어떻게 다루었습니까?** JVL의 모든 활동은 가난한 사람들과 흑인들이 겪는 어려움과 관련이 있다. JVL은 크고 오래된 지역에서 가난한 흑인이 겪는 문제를 해결하는 데 기여했다. 이 사례연구 전체는 지역의 인종과 빈곤 문제에 관한 것이다.

42. **대상 단체가 지역의 변환(transition)에 어떻게 대응했습니까?** 여기서 변환이란 이동, 화합 및 재분리이다. JVL은 노인들을 위한 새로운 보조금 기반의 주택공급을 통해 나이가 있는 주민들이 계속 거주할 수 있도록 했다. 또한 JVL은 주택을 개조한 후 해당 자산을 임대인에게 유리한 조건으로 되팔기도 하였다. JVL은 오래되었지만 건전한 중산층의 거주지를 개선시키려 하였다. JVL의 주택개발 프로그램에는 명확하게 경제적 통합을 목표로 했다.

백인 응답자들에 따르면, JVL 지역에서는 인종 간 화합이 이루어지고 있지 않다. 그들이 지역 내 교회에서 살고 일하지만, 그들은 지역 전반에 걸쳐 넓은 관계를 유지하고 있었다. 인종 간 화합은 몇 년 동안 법원에 있었던 학교 인종분리 폐지 사건에만 일어난 것처럼 보였다. 다른 가능성은 크지 않아 보였다. JVL 지역의 비즈니스 커뮤니티는 조직과 화합하여 협력한다. JVL의 인력 또한 화합되어 있다.

43. **대상 조직에서 인종 또는 민족 분열의 문제가 발생했습니까?** 대표자들과 다른 응답자들은 그러한 분열이 일어나지 않았다고 지적했다. 초기 JVL의 리더십을 이끌었던 팀은 백인과 흑인 그리고 남성과 여성으로도 이루어져 있다. 리더십과 지원하는 인력은 현재에도 초기와 비슷한 다양성을 유지하고 있다. 언급된 문제는 주로 성격 차이로 인해 발생한 것들

이었다.

44. **시간이 지나면서 조직의 정책에 변화가 있었습니까?** 혹은 앞의 네 가지 질문에 있는 문제와 관련된 활동은 무엇이었습니까?

45. **단체의 리더나 단원은 JVL 활동의 성과나 실패에 대해 어떻게 표현합니까?** [원래 연구에는 22개의 성과가 목록에 있었으며 이들 중 대부분은 앞의 답변에 포함되어 있다.]

다음은 실망감을 느꼈던 주요 항목이다.

- Pruitt-Igoe 공공주택 단지 철거, 특히 이 중 JVL이 재생시키고 관리한다는 네 개의 건물에 대한 철거
- 1872년에 건립된 Divoll School과 같은 랜드마크의 철거
- United Way of Greater St. Louis의 Opportunity House 자금 요청 거부
- 시가 불법 폐차장 및 JVL 지역에 흩어져있는 다른 병충해에 대해 조치를 취하게 하는 데 실패
- 주택개발을 위해 대규모 공공 개선 기금을 위한 지방정부의 지원을 받는 데 실패

46. **단체는 어떻게 지역사회 리더십을 강화하거나 주민의 참여를 증가시켰습니까?**

47. **단체는 여러 문제를 동시에 처리할 수 있습니까?**

48. **단체가 생긴 동안 어떤 상황이 단체의 생존을 위협했습니까?** JVL 리더들에 따르면 JVL의 생존을 위협하는 주된 요소는 생존을 위해 자금이 필요한 경우이다. JVL은 새로운 자금의 조달원을 지속적으로 개발하고 비즈니스 및 산업 분야에 따라 조직의 재정을 구조화해 20만 달러의 예산을 추가 확보함으로써 이러한 문제를 해결했다.

또 다른 위협은 지역 정부와의 지속적인 갈등이다. JVL의 기록과 응답자들에 따르면 지역의 정치적 문제로 JVL와 지역정부가 직접 대치한 적이 있었는데, 이때 JVL은 JVL 지역에서의 주민들의 지지와 존중을 동원하였다.

49. **단체의 업무를 가장 잘 나타내는 특정 사건이 있습니까?** Macler Shepard는 "우리는 지역사회에 헌신한다."고 주장하며 "영감"과 "헌신"과 같은 단어로 JVL의 정신을 특징지었다. JVL 지역에 거주할 예정인 한 젊은 성인 응답자는 "JVL 지역으로 이주하려는 것은 단순히 경제적 측면이 아니라 귀가하면서 쓰레기를 줍는 것이든 커뮤니케이션 자원(Communication Resource) 센터의 어린이들이 하는 질문에 답을 하는 것이든 '아 내가 무엇인가를 성취했구나'라는 만족감을 얻기 위해서다."라고 답했다.

토론 및 과제

사례연구 전체를 질문-답변 형식으로 보여주기

응용 6은 데이터베이스를 구축하는 방법 중 하나를 보여주고 있다. 이 형식은 원래 사례연구 프로토콜에 있는 일련의 질문들을 통해서 수집된 모든 데이터를 정리하게 한다. 이렇게 모인 데이터는 사례연구 프로토콜의 질문에 대한 "응답"이며, 이제 사례연구를 작성할 수 있다.

일반적으로, 연구자는 흥미롭고 초점을 맞춰 결론과 방법을 예상하는 주요 독자에게 호소하는 방향으로 최종 사례연구를 작성하려고 할 것이다. 그러나 또 다른 가능성도 있는데, 그것은 **응용** 6의 데이터베이스가 최종 사례연구에도 나오는 것이다. 데이터베이스의 구조가 창의적이지 않더라도 일련의 질문들을 하나의 가이드로 이용함으로써 독자는 결론을 쉽게 도출할 수 있다. 종래의 서술 방식을 따르는 대신 질문-답변 형식을 이용하여 최종 사례연구를 작성하는 것이 가지는 장점과 단점에 대해 논의가 필요하다. 질문의 순서를 그대로 따르지 않거나 데이터베이스에 나타난 모든 질문을 반복하더라도 사례연구는 완료된 것으로 볼 수 있다.

제5장

사례연구 증거 분석하기

Case Study Research

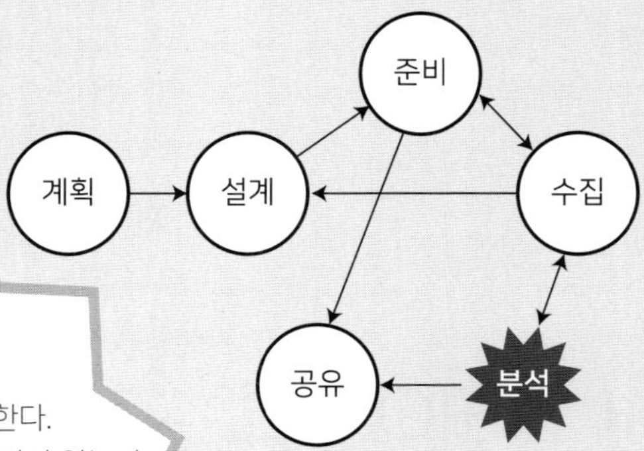

5장
분석

- 다양한 방식으로 자료를 나열한다.
- 특징적인 패턴이나 개념, 시사점이 있는지 살펴본다.
- 일반적으로 사용되는 분석전략을 개발한다.
- 일반적인 분석전략에 따라 다섯 가지 분석기법을 고려한다.
- 분석 전반에서 경쟁설명을 강조하며 결과를 해석한다.

사례연구 데이터는 조사, 분류, 도표화, 검증, 정량적 증거와 정성적 증거 등의 절차를 조합하여 분석될 수 있다. 이때 분석 절차가 제대로 정의되지 않거나 명확한 기준이 없으면 연구자가 당황할 수 있다. 반대로 사례연구를 통해 처음 연구를 시작하게 된 경우, 연구자가 지나치게 재량적 혹은 자의적으로 분석할 수 있다.

사례연구에서 '무엇을' 그리고 '왜' 분석을 하는지에 대한 우선순위가 정해지면, 이에 따라 자료를 "다루는 것"과 특징적인 패턴, 통찰, 또는 개념을 찾는 것에서 사례연구 분석을 시작할 수 있다. 또한, 이 장에서 설명하는 네 가지 일반적인 전략을 따를 수 있다. 이는 이론적 명제에 근거하고, 심층적으로 자료를 분석하며, 사례의 기술방법을 개발하고, 경쟁설명을 검토하는 단계로 구성된다. 컴퓨터를 사용해 많은 양의 자료를 다룰 수 있지만 관련 코드를 지정하고, 특징적으로 관찰되는 패턴에 대한 해석은 연구자의 몫이다. 이러한 점에서 컴퓨터를 이용하여 자료를 처리하는 다양한 방법이 일반적인 분석전략을 대체할 수는 없다.

사례연구의 분석을 위해 다섯 가지 분석기법을 활용해 다음의 일반적인 전략들을 적용할 수 있다. 분석기법에는 패턴 매칭, 설명하기, 시계열 분석, 논리모델, 사례통합 등이 있다. 하위 분석단위로 설계된 사례연구와 분석단위별로 적절히 잘 정제된 자료를 가지고 있다면, 연구 내용의 전체를 포괄하지는 못하더라도 통계모델과 결합해 사례연구를 분석할 수 있다. 중요한 것은 모든 증거에 집중하고, 가능한 경쟁설명의 관점에서 증거들을 해석하며, 연구자의 사례연구에서 가장 중요한 측면을 강조하고, 사례연구 주제와 관련된 일반적인 사고와 문헌과의 유사성을 설명하는 것이다.

5

사례연구 증거 분석하기

어떻게 분석을 시작하고, 분석기법을 선택해야 하는가.
이들은 어떻게 작용하는가

분석전략: 분석도구에 대한 의존을 넘어서

분석전략의 필요성

도입. 사례연구는 수집된 증거에 대해서 과학적 분석을 하기 위해 필요한 구체적인 방법론 개발이 가장 미진한 분야이다. 많은 경우 연구자들은 증거들을 어떻게 분석할지 신중히 생각하지 않고 자료수집 단계로 바로 진입하곤 한다(3장의 사례연구 프로토콜에서 자료수집 단계 전에 미리 분석방법을 정하는 것이 바람직하다고 설명하였음에도 불구하고). 분석방법에 대한 고려 없이 자료수집을 먼저 수행한 연구자들은 막상 분석단계에 가서는 매우 당황하게 된다. 필자 역시 실제로 수집된 증거를 가지고 무엇을 해야 할지 모르고 당황해 하던 사람들을 많이 봤다.

분석단계에 대한 고려가 없을 경우 발생하는 문제를 충분히 인지하고 있는 사례연구 연구자가 초보 연구자보다 큰 장점을 가지고 있다. 사례연구의 자료분석은 통계분석과 달리 정해진 공식이나 가이드를 참고할 수 있는 교재가 거의 없다. 다른 연구전략과 다르게 사례연구는 연구자의 학문적 성향과 재량에 훨씬 많이 의존한다. 따라서 연구자는 충분한 증거를 제시하고, 깊이 있는 성찰을 바탕으로 수집된 자료를 분석하고 해석하여야 한다. 많은 연구자들, 특히 초보 연구자의 경우 공식이나 비법 등 분석도구가 있을 것이라는 희망으로 이를 지속적으로 찾아 헤매는 경향이 있다. 분명, 분석도구는 연구결과를 산출하는 데 매우 중요하고 유용하게 쓰일 수 있다. 그러나 무엇보다 중요한 것은 연구자 자신이 어떠한 분석전략을 사용하고 있는지 잘 파악하고 있어야만 이 도구들이 유용하게 쓰일 수 있다는 점이다.

컴퓨터 기반의 분석도구. 최근에는 컴퓨터 소프트웨어 패키지의 사용이 점점 증가하고 있다. 가령, Atlas.ti, HyperRESEARCH, NVivo, 혹은 Ethnograph 등은 컴퓨터를 기반으로 하는 정성적 자료분석(Computer-assisted qualitative data analysis, CAQDAS)(Fielding & Lee, 1998)을 위한 소프트웨어이다. 자료분석을 위한 소프트웨어는 텍스트와 음성 기반의 모든 자료를 포괄하고 있으며, 과거에 비해 더욱 실용적이고 다양해졌다. 소프트웨어를 활용한 코딩 기술과 기법 또한 전보다 향상되고 사용이 더 쉬워지고 있다(Auerbach & Silverstein, 2003; Saldana, 2009). 소프트웨어의 도구와 관련한 사용 지침들은 많은 양의 자료를 분류하고 코딩할 수 있도록 도움을 준다. 내러티브와 같은 형태의 텍스트 자료는 개방형 인터뷰 또는 새로운 신문기사와 문서들과 같이 대량의 서술형 자료에서 수집된다.

이러한 소프트웨어 패키지의 가치를 잘 나타내는 두 개의 키워드는 '지원'과 '도구'이다. 앞에 언급한 정성적 자료분석의 소프트웨어는 직접적으로 분석을 하지 않지만, 분석을 지원하는 신뢰할만한 도구의 역할을 한다. 예를 들어, 연구자가 텍스트 자료를 입력하고 초기 코드를 설정하면, 소프트웨어 패키지들은 텍스트 자료상의 모든 단어를 찾아 설정한 코드로 표현하고, 단어나 코드의 발생 정도를 계산하며, 불리안 검색(Boolean searches)을 이용하여 자료 파일에서 여러 코드의 조합을 찾아준다. 연구자는 이 과정을 반복함으로써, 점차 더욱 복잡한 조합, 코드 범주, 또는 고차원의 개념을 만들어 낼 수 있다. 그러나 통계분석과는 달리, 소프트웨어에서 나온 결과 자체를 분석의 결과로 사용할 수는 없다.

그 대신, 연구자는 결과를 검토하여 그 안에 의미 있는 패턴이 존재하는지 파악하여야 한다. 코드 혹은 결합된 코드의 출현 빈도로 표현되는 패턴은 초기 단계에 사례연구로 이어질 수 있는 "어떻게" 그리고 "왜"의 연구질문보다도 매우 낮은 수준의 설명적 근거를 제시할 뿐이다. 따라서 "어떻게" 그리고 "왜"에 관한 형식의 사례연구에 대답할 수 있는, 풍부하고 통찰력 있는 설명을 제시하거나 사례를 보다 잘 기술하기 위해서 컴퓨터 분석 이후에 훨씬 더 많은 연구자의 생각과 분석이 요구된다.

분석의 초기 단계로 다시 돌아가 보자. 연구자는 초기에 설정한 각각의 코드들에 대해서 왜 그러한 코드 값이 부여되었는지 그 이유를 명확히 할 필요가 있다. 각각의 코드 혹은 개념이 어떤 방식으로 추출된 단어나 구절의 의미를 정확하게 반영하고 있는가? 그 이유는 무엇인가? 이 질문에 답하기 위해서 연구자는 자신의 분석 근거를 확실히 하여야 한다.

TIP: 사례연구의 자료분석을 어떻게 시작해야 할까?

사례연구에 대한 자료분석은 수집한 자료가 아니라 연구질문(예: 사례연구 프로토콜에 있는 질문)을 가지고 시작하는 것이 바람직하다. 먼저, 간단한 연구질문 하나를 선택하여 그 질문을 설명해 주는 증거를 찾고, 그 증거의 영향력에 기반을 두어 잠정적인 결론을 내린다. 또한 증거들을 어떤 방식으로 제시하여야 독자들이 분석의 결과를 보다 잘 이해할 수 있을지 고려해야 한다. 그 후, 더 큰 질문을 대상으로 이 과정을 반복한다. 사례연구의 주요 연구질문에 대해 모두 설명할 수 있을 때까지 위 과정을 계속 진행한다.

연구질문으로 시작하지 않고, 자료를 가지고 분석을 시도한다면 어떻게 될까?

그럼에도 불구하고, 몇몇 상황에서는 이러한 컴퓨터의 기능들이 매우 큰 도움을 주기도 한다. 컴퓨터 기능이 도움을 주는 경우는 (a) 단어나 구두보고(verbal reports)를 위한 녹취기록에 해당하며, 이 녹취기록이 사례연구 증거의 중요한 부분을 차지할 때, (b) 대량의 녹취기록을 수집한 경우이다. 대량의 녹취기록 수집은 새로운 개념이나 주제를 탐색하는 것이 중요한, 근거이론(grounded theory)(Corbin & Strauss, 2015) 방법론을 사용하는 연구에서 주로 발생한다. 그러나 아무리 컴퓨터가 필요한 상황이라 하더라도, 많은 학자는 컴퓨터 기반의 분석도구 사용에 대해 주의가 필요하다고 주장한다(Patton, 2002, p. 442). 즉, 연구자 스스로가 분석의 주체가 되어야 하며, 분석도구들은 단지 보조적인 역할을 담당할 뿐이라는 것이다. 즉, 연구자가 분석도구의 보조가 되어서는 안 된다는 것이다. 한 가지 전략은 전반적인 연구의 새로운 개념이나 주제를 표명할 수 있는 명백한 목표와 함께 자료를 검토하는 것이다(Charmaz, 2015). 이러한 방식으로 소프트웨어를 활용할 수는 있지만 가장 좋은 상황에서도 저명 학자들은 강한 주의를 표명했다(Patton, 2015). 이들은 소프트웨어는 조수일 뿐, 당신이 핵심 분석가이고 도구를 사용할 준비가 되어 있어야 한다고 강조한다. CAQDAS에 대한 추가적인 논의는 study.sagepub.com/yin6e 웹사이트의 Tutorial 5-1을 참조하라.

분석전략 시작하기. 컴퓨터 소프트웨어의 사용 여부와 관계없이, 분석의 시작은 먼저 자료들을 분석할 수 있도록 "조작화"하는 것이다. 특징적인 패턴과 통찰, 그리고 개념이 있는지 탐색해야 한다. 탐색을 훌륭히 수행하기 위해서는 무엇보다 자료를 잘 다루는 것이 중요하다. 예를 들어, 각각 다른 2명의 인터뷰 대상자에 대한 자료를 병렬로 처리하는 것처럼 자료 조작은 중요하다. "조작화" 방법에는 다음이 포함된다(Mile & Huberman, 1994 참조).

- 다른 주제와 하위 주제의 경우 정보를 다른 배열의 방식으로 배치한다(예: 이 책의 2장 〈도표 App1-1〉에서 유사한 예시 참조).
- 상반된 범주의 매트릭스(matrix)를 만들고 각각의 증거들을 알맞게 배치한다(예: 〈도표 3-5〉 참조).
- 자료의 검토를 위해 순서도나 그래프와 같은 시각적 표시를 활용한다(예: 〈도표 2-2〉 참조).
- 서로 다른 사건들의 빈도를 도표화한다(예: 6장 〈도표 App10-2 참조).
- 시간 순서 등 일정 순서를 기준으로 정보를 나열한다(예: 〈도표 4-3〉 참조).

4장에서 언급하였듯이, 분석을 시작하는 또 다른 방법은 연구자가 자료로부터 관찰한 내용을 직접 메모나 노트 등을 통해 기록하는 것이다. 바람직한 글쓰기는 현장 작업을 하거나 자료를 수집할 때 이루어지는 메모 작성과 다이어그램화(그래픽 형태의 메모 작성)를 포함하므로 기초 이론에서 사용되는 다른 유용한 관례와 유사하다(Corbin & Strauss, 2007). 추후 이 메모들은 컴퓨터 코드에 더해지거나 자료의 특정 부분을 해석하는 것에 대한 유추나 힌트 등의 정보를 줄 수 있다(Lempert, 2011). 메모를 시작하기 위해서는 당신이 샤워를 할 때 클래식 너겟이 무심코 당신의 아이디어가 된다고 생각하라.

근거이론 학자들은 오래전부터 이러한 메모를 활용해 왔다(Corbin & Strauss, 2007). 근거이론적 접근을 하는 학자들은 현장조사 시 메모, 또 는 다이어그램 등을 그리기 시작하여 이를 분석 단계까지 계속 진행시킨 다. 이 메모들에는 유추나 힌트, 제안 등이 적혀 있는데, 이는 자료에 대한 1차적인 해석에 해당하며 추후 자료를 개념화하는 토대가 된다(Lempert, 2011).

자료의 배열과 표현, 표, 메모, 다이어그램과 같은 초기 작업들은 추후 일반적인 분석전략으로 발전시키는 데 도움이 된다. 보통 연구전략은 연구질문제기, 자료 확보, 자료에 대한 해석 및 분석, 결과 제시 및 결론 도출 등과 같은 과정을 주기적이고, 반복적으로 따른다. 연구자는 실질적으로 위와 같은 연구주기 상에서 전후로 이동하면서 연구전략을 수행할 수 있어야 한다. 잠정적인 관계가 연구가설을 보다 지지하는 분석결과가 될 수 있으므로 연구자는 먼저 본 연구에서 어떠한 결론을 도출하고 싶은지 자신에게 되돌아 질문한 후, 수집된 자료들이 결론을 지지하는지(혹은 반대하는지) 편견을 버리고 검토할 필요가 있다.

이제 사례연구 자료분석에 사용될 수 있는 네 가지 분석전략에 대해 설명하고자 한다. 이 네 가지 분석전략을 숙지한 후에 다섯 가지의 구체적인 분석기법에 대해서 살펴보도록 하겠다. 이러한 전략과 기법은 서로 상호배타적인 것이 아니며, 필요에 따라 다양하게 조합하여 사용할 수 있다. 주지해야 할 점은, 연구자가 이러한 분석전략이나 분석기법에 대해서 자료수집 이전에 충분히 이해하고 있어야 나중에 수집된 자료를 효과적으로 분석할 수 있다는 것이다.

네 가지 분석전략

이론적 명제를 기반으로 하기. 첫 번째 전략은 연구의 이론적 명제를 따르라는 것이다. 연구의 원래 목적과 설계는 아마도 이론적 명제를 기반으로 하고 있을 것이며, 이러한 명제는 연구문제, 선행연구 조사 및 새로운 가설 등에 반영되어 있다고 보아야 한다.

결국 자료수집의 방향과 분석전략은 연구명제에 의해서 정해진다. 하나의 예를 들자면, 지방자치정부에 관한 한 연구에서 '연방정부의 기금은 화폐의 재분배 효과뿐만 아니라 지방조직에 새로운 변화를 창조한다'라는 명제를 설정하였다고 가정하자(Yin, 1980). 이 경우 지방자치계획에 의한 "관료" 제도의 변화, 시민단체의 활동, 그리고 지방 행정부 내부에 신설된 부서 등 모든 변화가 연방정부에서 실시한 프로그램에 의해서 유발되었다는 기본 명제를 바탕으로 사례연구가 수행되게 된다. 이 사례연구의 목적은 연방정부의 프로그램들이 실시된 후에 지방조직의 구성과 활동이 어떻게 변화했는가를 조사하는 것뿐만 아니라, 지방조직들이 정부기관이 아님에도 불구하고 연방정부 프로그램에 어떻게 순응하였는가를 보여주는 것이었다.

앞의 명제는 어떻게 이론이 사례연구의 분석 방향을 이끄는지 보여준다. 또한 명제는 설명뿐 아니라 관련되는 정황적인 조건에 대해서도 검토하여 전체적인 분석을 구성하는 데 도움을 준다(BOX 26에 몇 가지 예시 추가).

BOX 26
비교정치학에서 이론을 이용해 사례연구를 분석하기

Rogowski(2010)에서는 비교정치학에서 어떻게 사례연구방법을 기존의 이론으로 분석하는지 다루고 있다. Rogowski(2010)는 다섯 개의 전통적인 사례연구가 "단일, 또는 몇몇의 관찰만으로도 결과를 도출하기에 충분히 정확하게" 기존의 이론들로부터 어떻게 도움을 받았는지를 서술하였다(p. 95). 각각의 사례연구는 기존의 이론에 있어서 중요한 이례적 현상을 보이는 실증적 증거들을 제시하고 나서, "이러한 이례적 현상을 피할 수 있는 더욱 만족할만한 일반 이론에 대한 추측"으로 넘어갔다(p. 95). 다섯 가지 사례연구 중 세 가지는 단일사례연구(네델란드와 네델란드 국가의 종교, 사회적 분열; 2차 세계대전 이전 소규모 독일 지역에서 혼자 사는 사람들과 클럽, 종교집단과 같은 그들의 집단생활; 초창기 현대사회에서 중앙유럽피언의 개발로 동 지역이 강력한 주(state)가 되어가는 과정)이며, 나머지 둘은 다중사례연구(식민지 독립 이후 아프리카 국가들의 경제적 발전 과정; 소규모 유럽피언 주(state)의 국제적 시장에서의 성공)로 구성되어 있다.

자료를 "심층적(ground up)"으로 분석하기. 두 번째 전략은 첫 번째 전략과 대비되는 것으로, 이론적 명제보다는 자료 자체를 중시하고, 자료에서 보이는 특징에 초점을 맞추는 것이다. "자료를 조작화"하는 과정에서 나타난 결과이든, 처음 발견된 패턴이든 관계없이 자료가 어떻게 유용한 개념을 제시하는

BOX 27
자료 그룹화를 통한 사례연구의 유형 분류

Yin(2012)의 5장에서는 귀납적 전략을 사용하여 수행한 '지역 거주민으로 구성된 순찰대에 관한 연구'를 소개하고 있다. 이 연구에서는 이론적 명제가 아니라 자료 자체를 세밀하게 검토하며 주요 개념을 도출하였다. 연구의 목적은 어떤 유형의 순찰대가 가장 순찰 기능에 적합한지를 파악하는 데 있었다. 분석에 포함시킬 사례를 선택하는 가장 중요한 기준은 사설 기관의 대원이 아니라 실제 그 지역에 거주하는 주민으로 구성된 순찰대이어야 한다는 것이었다. 이러한 기준을 적용해 32개의 사례를 선택한 후 이를 다시 빌딩이나 복합 건물에 국한된 순찰대, 근린 지역의 거리를 감시하는 순찰대, 에스코트(escort)와 다른 공동체 서비스를 제공하는 순찰대로 구분하였다. 그 결과, 근린 지역의 순찰대가 다른 순찰대와 비교해 그 지역의 낯선 사람들과 구분이 어려워 순찰의 기능에 가장 적절한 유형인 것으로 확인되었다.

지 확인한다. 통찰은 분석의 시발점이 되어 연구자로 하여금 더욱 자료에 몰입하게 하고, 다른 관계를 제안한다(BOX 27을 보라).

이러한 귀납적 전략은 기초 이론연구에서 다시 입증된 많은 이점을 제공할 수 있다(Corbin & Strauss, 2007; Glaser & Strauss, 1967). 그 절차는 다양한 종류의 코드를 자료에 부여하는 것인데, 여기서 부여된 코드는 개념, 또는 관심 있는 이슈의 요약에 해당한다. 이러한 지침은 근거이론에 기반을 둔 연구뿐만 아니라 모든 사례연구에 적용할 수 있다.

정량적 자료를 수집하는 과정에서 귀납적 전략은 적어도 다음 두 가지 이상의 이점을 가진다. 첫째, 분석 자료가 행동과 사건에 대한 성과를 평가하는 사례연구라면 귀납적 전략은 "성과물"을 설명하는 데 유용하다. 둘째, 넓은 범위를 다루는 사례연구에 있어서 분석단위 내에 하위 분석단위가 삽입된 상황의 자료를 다루는 경우에도 이점을 가진다. 또한 정성적인 자료는 위의 두 상황 모두에서 사례연구의 주요 명제를 검증하거나 설명하는 데 중요한 역할을 할 수 있다.

예를 들어, 학교, 근린 지역, 회사조직, 공동체, 의료 행위에 대한 사례연구를 한다고 가정하자. 성과를 평가하는 사례연구에서 이러한 주제들의 성과물은 학생의 성취도(학교에 대한 사례연구), 주택 가격(근린 지역에 대한 사례연구), 고용인의 월급(회사 조직에 대한 사례연구), 범죄율(공동체에 대한 사례연구), 질병 발생(의료 행위와 관련된 사례연구) 등이 될 것이다. 만약 하위 분석단위와 관련이 있는 사례연구라면, 분석단위는 학생들(또는 교사들), 시장조사에서 사용되는 가장 작은 단위의 도시 크기(또는 1인 가구), 회사의 조직을 구성하는 고용인들, 체포된 가해자들, 환자들로 자료가 구성될 것이다.

그러나 어느 경우이든 정량적인 자료는 잘 정제되어 수집해야 하며, 주요 사례연구 질문은 상위의 개념(예를 들어, 학생이 아닌 학교, 가구가 아닌 근린 지역, 고용주라면 기업, 환자가 아닌 의료행위)에 대한 것이어야 한다. 이 경우 상위의 개념에서 사건을 설명 또는 기술하거나 탐색하기 위해 정량적인 자료가 수집될 것이다. 그럼에도 불구하고, 패턴에 대한 정량적 자료의 검토는 상위의 개념에서 사건을 묘사하거나 설명하기 위한 개념을 제안할 수 있다.

연습문제 5-1
사례연구에 정량적 자료를 사용하기

정량적 자료를 사용해 분석한 실증적 연구(사례연구는 제외)를 1개 선택한다(또는 이러한 연구를 선행연구에서 찾는다). 그 연구에서 정량적 자료가 어떻게 분석되었는지 서술해 보아라. 동일한 분석과 동일한 형태가 사례연구에서도 가능한지 토론하라. 사례연구에 있어서 정량적 자료는 정성적 자료보다 적절하지 않다고 생각하는가?

사례의 기술 방법 개발하기. 세 번째 전략은 사례를 기술(description)하기 위한 체계를 구성하는 것이다(BOX 28). 이 전략은 첫 번째나 두 번째 방법으

BOX 28
사례 기술 프레임워크(descriptive framework)를 통한 사례연구 구성

Nathan와 Lund, Gausset, Andersen (2007)의 단일사례연구에서는 탄자니아 지방의회의 천연자원에 대한 규제를 분석하였다. 이 정책은 산림에 대한 규제를 보다 효율적이고, 공평하고, 민주적으로 수행하도록 지원하는 것을 목적으로 하였다. 사례연구의 분석은 지방의회가 처한 상황을 (1) 지방의회와 정부와의 관계, (2) 지방의회와 다른 지방과의 관계, (3) 지방의회와 해당 지역주민과의 관계, (4) 지방의회 역량의 한계 등 네 가지 주제로 구성했다. 사례연구의 기술에 사용한 이 프레임워크는 정책 분야의 논리를 반영하고 있어 천연자원 관리의 문제를 해결하기 위해 지방으로 규제의 권한 이양에 어떻게, 그리고 왜 다양한 관련 주체들을 포함해야 하는지에 대한 연구의 주요 결론에 신빙성을 더했다.

로 접근하기 어려울 때 하나의 대안이 될 수 있다. 연구자가 초기 연구질문이나 명제를 구체적으로 설정하지 않은 상태에서 방대한 양의 자료를 수집했다고 가정하자(첫 번째 전략을 사용하는 것이 불가능해진 상황). 이러한 방식으로 시작할 경우 자료로부터 유용한 개념을 도출하기가 어려울 수 있다(귀납적 전략인 두 번째 전략을 따르기도 어려워지게 된 상황).

때로는 사례연구의 본래 목적 자체가 분명하게 기술적인 성격을 가지고 있는 경우가 있다. 예를 들면, 「Middletown」(Lynd & Lynd, 1929)의 연구목적은 사례를 기술하는 데 초점이 있었다. 이 연구는 미국 중서부의 한 도시를 대상으로 하였으며, 역사적인 사건들을 풍부하게 포함하고 있다. 또한 여러 사례를 효과적으로 기술하기 위하여 독특한 구성을 했다는 점이 흥미롭다. 이 연구의 구성은 다음과 같다.

- 1장: 직업 구하기
- 2장: 가정 꾸리기

- 3장: 자녀 교육하기
- 4장: 여가 생활하기
- 5장: 종교 활동하기
- 6장: 커뮤니티 활동하기

이러한 목차 구성은 20세기 초 미국 중류 도시의 공동체 사회와 관련된 주제들을 다루기 위하여 의도적으로 설정된 것이다. 처음에는 이 장의 이름이 다소 단조로워 보일 수 있지만 당신이 더 나은 세트(set)를 만들고 제목에 대한 통찰력을 가지는 것을 도울 것이다.

더 중요하게는 기술적 프레임워크가 어떻게 사례연구 분석을 구성하는지 이해하기 위해 개별 주제에 대한 자료수집은 이미 마쳤다고 가정하고 주목해 보라. 이러한 관점에서 볼 때, 연구자는 자료수집 방법을 설계하기 전에 미리 사례연구 기술을 위한 기술 프레임워크를 고려하는 것이 필요하다. 일반적으로 초기 문헌연구 단계에서 연구자는 연구주제에 대해 통찰을 얻거나 사례연구 수행에 대한 자극을 받는데, 문헌연구 단계에서 이러한 기술 프레임워크에 대한 아이디어가 도출되는 것이 바람직하다. 또 다른 방법(이 책의 BOX에 인용된 사례의 원문을 검토)은 기존 사례연구의 구조를 파악하는 것이다. 기존 연구의 목차를 살펴보는 것만으로도 다양한 사례연구 기술을 위한 접근방법의 이해에 도움이 된다.

한편, 사례연구의 목적 자체는 현상을 기술하는 데 있지는 않으나, 분석하고자 하는 현상의 인과관계를 규명하는 데 기술적인 접근방법이 효과적인 경우도 있다. 좋은 예로 캘리포니아 오클랜드 지역의 공공사업 프로그램 실행을 분석한 사례연구이다(Pressman & Wildavsky, 1973). 이 연구에서 연구자는 실행 과정에서 관찰되는 복잡한 현상이 프로그램의 성공을 위한 공무원들의 다양한 의사결정에 기인한다고 보았다. 연구자는 기술적인 방법에 의거하여 다양한 의사결정 현상을 숫자화하고 도표화함으로써 이를 정량화하는 데 성공하였다. 이러한 기술적 접근방법은 복잡한 패턴을 파악하고, 프로그램이 실패하게 된 원인을 "설명"하는 데 활용되었다. 이 사례연구는 정책의 실행과 관련한 초기의 연구 수준을 한 단계 높였다는 평가를 받았다(Yin, 1982b).

경쟁설명* 사용하기. 네 번째 분석전략은 경쟁설명(rival explanation)을 정의하고 검증하는 것인데, 일반적으로 이전에 소개된 세 가지 전략과 동시에 적용될 수 있다. 첫 번째 전략과 함께 적용할 경우 초기의 이론적 명제에 경쟁가설을 포함시키면 되고, 두 번째 귀납적 전략에 적용할 경우 자료를 철저하게 분석하여 경쟁적이고 귀납적인 프레임워크를 만들면 된다. 마지막으로 세 번째 전략은 사례에 대한 기술(또는 구성주의자의 표현으로 해석)에서 대안적인 사례를 포함해 함께 사용할 수 있다. 모든 경쟁설명이 아닌 설득력 있는 경쟁설명에 주목할 필요가 있다. 설득력의 정도를 결정하는 데는 어느 정도 자유가 있지만, 자신의 경쟁설명이 다른 사람에게 본인의 원래 논점과 비교해 가장 위협적으로 보일 수 있어야 한다.

예컨대 성과 평가와 관련한 전형적인 가설이 '관찰된 결과는 연방기금이나 공공기금에 의해서 영향을 받았을 것이다'이라면, 경쟁설명은 '관찰된 결과가 연방기금 이외의 다른 요인에 의해서도 영향을 받았을 것이다'가 될 수 있다. 경쟁설명을 염두에 둔다면, 연구자는 반대 증거("다른 영향 요인")를 수집

---

* 경쟁설명(rival explanation)은 번역에 적절한 용어가 확립되어 있지 않고, 경쟁가설(rival hypothesis)과 거의 유사한 개념이나 사례연구 특성을 감안하여 직역하였다. 사례연구에서는 가설보다는 정황과 인과관계, 결과와 연관성 등을 폭넓게 포함된 설명(explanation)이 연구의 목적이 될 수 있다. 경쟁설명은 다른 입장을 가진 관찰자, 또는 이해관계자를 고려하여 설정한 것으로, 증거를 다르게 해석할 가능성을 제시하며, 이러한 과정을 통해 연구의 타당성을 높인다. — 역자주

하고자 노력해야 할 것이다. 또한 연구자는 다른 영향 요인을 의도적으로 밝히고자 시도하는 등, 반대의 증거들을 성실히 수집하였음을 증명해야 한다(Patton, 2002, p. 553; P. R. Rosenbaum, 2002, pp. 8-10). 이러한 과정을 통하여 연구자가 그 반대 가설에 대한 충분한 증거들을 발견하지 못했다면, 원래의 가설이 지지되었다는 점을 확신할 수 있게 되는 것이다.

직접 경쟁설명(direct rival)이란 본래의 개입이 관찰된 결과의 원인이 아니라는 것으로, 여러 유형의 경쟁설명 중의 한 가지이다. 〈도표 5-1〉은 두 개의 범주를 구분해 여러 유형의 경쟁설명을 분류하고, 설명한 것이다(Yin, 2000b). 첫 번째 범주는 모든 사회과학 연구의 근간이 되는 세 개의 "craft" 경쟁을 상기시키고 있다. "craft" 경쟁은 교재에서 훨씬 더 많이 다뤄지고 있다. 두 번째 범주는 현실의 세계 또는 실질적인 경쟁자 유형을 포함한 '현실적 경쟁'에 대한 설명이다.

〈도표 5-1〉 경쟁설명과 그 유형에 대한 간단한 설명

경쟁의 유형	설명과 예시
"Craft" 경쟁	
1. 귀무가설	관찰은 단지 우연한 상황의 결과일 뿐이다.
2. 타당성을 위협하는 요소	예: 시간의 흐름에 따라 변화하는 양상, 변동성, 검증, 측정도구, 회귀분석, 선택과 지연의 상호작용
3. 연구자의 편견	예: "실험자의 효과", 현장조사 시의 응답자 반응성
현실적 경쟁	
4. 직접 경쟁	목표(관례나 정책) 개입보다 다른 개입으로 인해 결과가 발생하였다.
5. 복합적 경쟁	목표(관례나 정책) 개입과 다른 개입, 둘 다 결과에 책임이 있다.
6. 실행경쟁	실체적 개입이 아니라, 그 실행 과정이 결과에 영향을 미쳤다.
7. 경쟁이론	원래 이론보다 다른 이론이 그 결과를 더 잘 설명한다.
8. 우위경쟁	개입보다 더 큰 세력이 결과에 영향을 미쳤다.
9. 사회적 경쟁	특정 세력이나 개입이 아니라, 사회적 경향이 결과에 영향을 미쳤다.

출처: Yin(2000b).

놀랍게도, 현실적으로 경쟁설명은 주목을 별로 받지 못했다(또한 불행히도 대부분 교재는 경쟁설명이 주는 사고방식의 전환과 이점 혹은 경쟁설명의 사용 방법에 대해 거의 다루지 않고 있다). 이러한 현실적 경쟁설명은 연구자가 자료를 수집하기에 앞서서 먼저 신중하게 고려하고 결정해야 하는 것 중의 하나이다(기능적 경쟁설명을 무시하라는 말은 아니다). 현실적 경쟁설명 중 일부는 자료수집이 어느 정도 진행된 후에도 명확하게 드러나지 않을 수도 있다. 이 시점에서도 경쟁설명을 적용하여 반대의 증거들을 수집하고자 하는 활동이 가능하며, 또한 그렇게 하는 것이 더 바람직하다. 일반적으로 분석에 사용된 더 많은 경쟁설명이 기각될수록 연구의 발견은 보다 높은 신뢰성을 갖게 된다.

많은 사례연구에서 두 가지 경쟁설명 기법이 매우 중요하게 사용되었다는 점은 이미 앞의 BOX에서 언급한 바 있다(1장의 BOX 1과 2장의 BOX 11 참조). 이 사례연구의 저자들은 사례연구 분석에서 경쟁설명을 중심으로 하나의 사례연구와 여러 개의 사례연구 분석을 진행하고 있다. 또 다른 예시는 지역경제 발전과 포춘(Fortune) 50대 기업의 종말에 대한 사례연구이다(6장의 BOX 50 참조). 직접경쟁 가설을 비교하는 사례연구를 사용한 예시는 이 장의 후반 **응용** 7에서 다룬다(이 장 후반의 BOX 29에서도 **응용** 7 참조).

요약. 사례연구 분석을 수행하기 위한 최선의 준비는 일반적인 분석전략을 세우는 것이다. 분석전략의 목적은 사례연구에서 얻어진 자료를 관심 있게 연구하고자 하는 중요한 개념에 연결시킴으로써 자료분석의 방향을 설정 하도록 하는데 있다. 이때, 자신만의 분석전략을 세울 수도 있고, 앞서 설명한 네 가지 분석전략(이론적 명제에 기반하기, 자료를 중시하여 분석하기, 사례의 기술방법 개발하기, 경쟁설명 사용하기)을 사용하는 것 또한 고려해 볼 수 있다.

직접 개발한 전략을 포함하여 일반적인 분석전략을 확보하였다면, 이 후에서는 다섯 가지 분석기법을 다룰 수 있어야 한다. 이러한 분석기법들은 특히 2장에서 설명한 연구의 내적 타당성과 외적 타당성의 문제를 해결할 수 있는 좋은 방법으로 (1) 패턴 매칭, (2) 설명하기, (3) 시계열 분석, (4) 논리모델, (5) 사례통합으로 구성된다.

연습문제 5-2
일반적인 분석전략을 세우기

사례연구의 자료수집은 완료하였으나 아직 분석전략은 구체적으로 세우지 않은 상태라 가정하자. 사례연구를 어떻게 구성할 것인지 생각해 보라. 실질적인 제목을 사용하여 어떻게 보고서를 구성할 것인지도 생각해 보라. 예컨대 단순히 "서론"이 아니라 무엇에 관한 서론인지 보다 구체적인 제목을 설정하라는 것이다. 소제목의 순서가 바뀌면 연구분석 전략도 이에 따라 어떻게 바뀌어야 하는지 생각해 보라. 이제 일련의 소제목들을 결정하고 설계된 구성에 맞추어 자료를 배열하라. 사례연구 분석을 위해서 스스로의 방법을 개발해야 한다.

다섯 가지 분석기법

어떤 분석기법도 쉬운 것은 없다. 분석기법을 제대로 활용하기 위해서는 많은 연습이 필요하다. 분석의 출발 단계에서는 자만하지 않고 겸손한 자세로 시작하되, 철저하고 세밀한 노력이 필요하다. 경험이 쌓이고 시간이 경과하면 자신만의 분석기법과 노하우를 갖추게 된다. 이러한 노력의 결과는 설득력 있는 분석의 형태로 나타날 것이며, 궁극적으로 훌륭한 사례연구를 만들어 낼 것이다.

1. 패턴 매칭

패턴 매칭(pattern matching)의 논리는 사례연구의 가장 바람직한 분석기법 중 하나이다. 여기서 '논리'는 자료수집 전(혹은 몇 가지 대안적인 예측을 제시하기 전)에 예측했던 패턴과 실제 나타난 패턴(사례연구에서 발견된 결론)을 서로 비교하는 것을 의미한다(Trochim, 1989). 정치학 연구에서는 패턴 매칭과 유사한 기법을 일치 기법(congruence method)이라 한다(George & Bennett, 2004, 9장 참조). 만약 관찰된 패턴이 예측한 패턴과 유사하면 이 결과는 사례연구의 내적 타당성을 높이는 데 도움이 될 수 있다.

만약 사례연구가 설명적인(explanatory) 연구라면 주로 탐색되는 패턴들이 사례연구의 "방식"과 "이유"와 관련이 있을 것이다(예를 들어, 조직의 운영방식과 이유, 그리고 그것이 초래하는 결과와 이유). 사례연구가 기술적인(descriptive) 연구인 경우에도 자료수집 전에 특정 변수의 패턴을 미리 예측하였다면 패턴 매칭기법을 사용할 수 있다. 즉, 절차와 결과에 대한 패턴 매칭, 주어진 사례연구의 절차와 결과에 중점을 두는 것은 "방식"과 "이유"에 대한 패턴 매칭기법을 적용하는 것이다. 좀 더 구체적인 예로, 분산화된 컴퓨터 시스템의 효과에 대해 사례연구를 한다고 가정하자. 이 연구의 주요 명제는 '서버의 주변 장치들이 각각 독립적으로 작동하기 때문에 조직의 변화와 스트레스에 대한 어떤 패턴이 발생할 것이다'라는 것이다. 그렇다면 분산화에 대한 기존 이론들로부터 다음과 같은 명제들을 도출할 수 있을 것이다.

- 회사 직원들은 사무 컴퓨터 시스템을 위해서 새로운 응용 프로그램을 만들 것이며, 이러한 응용 프로그램들은 직원마다 서로 다를 것이다.
- 업무에 대한 관리적인 통제와 정보의 중앙 집중식 사용이 사라지면서 전통적인 감독 체계가 바뀔 것이다.
- 분산화된 단위들 간에 자원과 서비스를 조정해야 할 필요가 발생하기 때문에 조직적인 갈등은 증가할 것이다.
- 새로운 시스템의 사용으로 과거에 비해 생산성이 증가할 것이다.

이 예시에서 볼 수 있듯이, 각각의 네 가지 종속변수에 따라서 서로 다른 네 가지의 결과가 산출된다. 이러한 연구는 비등가 종속변수를 가진 연구라고 한다. 초기의 연구명제는 네 가지 종속변수를 모두 포괄하는 하나의 전체적인 패턴을 예측한 것이었다. 만약 결과가 예측한 대로 나타난다면 정보 시스템의 분권화 효과에 대해 아주 공고한 결론을 도출해 낼 수 있을 것이다. 그러나 만약 전체적인 패턴을 예측한 대로 증명하는 데 실패한다면, 즉 하나의 변수라도 예측한 대로 나타나지 않았다면, 연구의 초기 명제에 의문을 제기해 보아야 한다(또 다른 예시로 BOX 29를 참조하라).[1]

BOX 29
다수의 결과 각각에 패턴 매칭 사용하기

연구자와 정치가들은 미국 곳곳에 위치한 군사기지가 주택시장, 고용시장 등 지역경제에 큰 기여를 한다고 믿는다. 군사기지가 폐쇄되면 지역사회는 사회적, 경제적으로 비극적인 상황에 놓여 고통을 받을 것이라고 주장한다.

이 명제를 확인하기 위하여 Bradshaw (1999)는 군사기지가 폐쇄된 캘리포니아의 지역에 대한 사례연구를 수행하였다. 우선, 그는 경제에 비극적인 결과를 초래할 수 있는 분야들을 정의하였다(예: 주택 매매, 민간인 고용, 실업, 인구 회전율 및 안정성, 그리고 소매시장). 그 후, 군사기지 폐쇄 전과 후의 각 분야에 대한 자료를 수집하였다. 각 분야 및 다른 지역과의 결과를 사전-사후 패턴(pre-post pattern)으로 조사한 결과, 패턴 매칭 과정은 군사기지 폐쇄가 기대했던 것보다 지역경제에 심각한 영향을 끼치지 않는 것으로 드러났다. 폐쇄 이후에 하락하지 않은 분야도 있었다. Bradshaw는 결과의 패턴을 설명하기 위해 증거를 제시하였는데, 이는 그의 결론에 설득력 있는 논거로 작용하였다.

위와 동일한 예시를 조금 더 살펴보자. 분산화된 컴퓨터 시스템 사례는 집중화된 컴퓨터 시스템을 사용하는 조직을 대상으로 하는 반대 사례에 의해 더욱 뒷받침될 수 있다. 즉, 모든 워크스테이션의 절차와 작업이 하나의 서버에서 제어되는 것이다. 이제 위에서 열거된 동일한 네 개의 조건을 포함하는 대조 패턴을 예측할 수 있다. 만일 분산화된 시스템에 대한 연구결과가 예측한 대로 나오고(사례 B), 그 결과가 중앙 집중적 시스템에 적용한 결과와 다르다면(사례 B), 연구자는 분산화된 시스템의 효과에 대해 더 강력하게 주장할 수 있게 되는 것이다. 이러한 경우를 사례 간의 '이론적 반복연구'라 한다(이와 달리, 분산 시스템에 대한 두 가지 이상의 사례연구를 식별하고 개발하는 것을 '단순반복연구'라 한다).

경쟁적 독립변수 패턴. 마지막으로, 이러한 패턴 매칭기법을 사용하는 데에 있어서 논리의 타당성을 위협하는 요소들에 대해서 설명하고자 한다. 예를 들어, 사례 A에서 새로 부임한 한 임원이 분산 시스템의 효과가 새로 도입한 사무시스템 때문이 아니라 사실은 자신의 부임으로 인한 것이라고 생각하였다고 하자.

이 문제를 다루기 위해서는 먼저 원래의 종속변수에 대한 하위단위를 설정하고, 그 종속변수의 결과가 새로 부임한 임원과 관련이 없다는 것(사례 A)을 보여주어야 한다. 만약 단일사례연구를 수행한다면 이러한 절차는 더욱 필요하다. 왜냐하면 이러한 과정을 통하여 연구의 타당성을 위협하는 잠재적 문제에 미리 대처할 수 있기 때문이다. 만약 가정에서 두 번째 사례연구가 주어졌다면, 당신은 사례 B에서 발견되는 특정 부분의 패턴을 임원이 설명할 수 없다고 주장할 수 있다(이때 임원의 부재는 특정 반대 결과와 관련이 있어야 한다). 당신의 최종목표는 타당성을 위협하는 모든 실질적인 요인을 식별하고, 반복적 비교를 수행하여 이러한 위협이 가상의 사례연구에서 이중 패턴을 설명할 수 없다는 것을 보여주는 것이다.

관련 경쟁조건은 여러 가지 유형의 특성과 사건을 포함할 수 있고, 각각 다른 측정 및 도구로 평가될 수 있다. 그러나 사례연구의 분석이 전반적인 결과의 패턴과 경험적인 패턴이 예측값과 어느 정도까지 일치할지에 대해 관심을 둘 수 있다. 이러한 상황(BOX 30 참조)이라면 특정 유형의 결과가 이미 제시된 상태에서 당신의 사례연구는 "왜" 또는 "어떻게" 이러한 결과가 발생했는지에 대해 초점을 두게 된다.

이 분석방법은 먼저 이론적 경쟁명제를 개발하고, 이를 조작적 용어로 구체화하는 것이 필요하다. 바람직한 경쟁설명의 특징은 각각의 경쟁설명이 서로 배타적인 독립변수 패턴을 갖고 있어야 한다는 것이다. 즉, 한 설명이 타당하다면 다른 설명은 그렇지 않아야 한다는 것을 의미한다. 이는 원래의 설명

BOX 30
경쟁설명을 위한 패턴 매칭과 다중사례의 반복연구

사례연구에서 일반적으로 부딪히는 정책적인 문제는 어떻게 하면 연구의 결과가 사회에 유용하게 기여할 수 있는가를 이해하는 것이다. 이 주제를 다룬 다중사례연구가 있다(Yin, 2012, 3장). 이 연구에서 저자들은 지진으로 인한 인명 손실을 줄이는 방법부터 시작하여 하수처리 방안에 이르기까지 중요한 연구결과가 실생활에 적용되었다는 확실한 증거를 제시하였다.

이 연구에서 주요 연구질문은 "어떻게" 그리고 "왜" 그러한 결과가 발생했는가에 대한 것이었다. 저자들은 주요 문헌연구를 통해 세 가지 "경쟁이론"들을 비교하였다. 세 가지 이론은 다음과 같다. (a) 연구자가 자신의 연구주제를 먼저 선택하고, 그 연구의 결과를 현장에 성공적으로 전파한다("기술주도(technology push)" 이론), (b) 현장에서 발생한 문제점들을 먼저 인식하고, 이에 대해 연구자가 관심을 가져야 성공적인 문제 해결로 귀결된다("수요견인(demand pull)" 이론), (c) 연구자와 전문가들이 함께 작업하여야 문제 인식과 해결책 검증을 효과적으로 수행할 수 있다("사회적 상호작용(social interaction)" 이론). 각각의 이론은 서로 다른 시각에서 경쟁사건의 다양한 패턴을 예측했다. 예를 들어, "수요견인" 이론을 적용하기 위해서는 연구 프로젝트의 개시 전에 해결해야 할 문제가 존재해야 한다. 하지만 다른 두 이론에서는 문제가 미리 존재해야 할 필요가 없다.

연구에서 사용된 9개의 사례에 대해서, 사건들은 두 번째와 세 번째 이론이 결합된 경우에 가장 잘 매치되는 것으로 나타났다. 이 다중사례연구는 다양한 이론적 예측을 가진 각 사례연구의 사건들에 대해 패턴 매칭기법을 적용하였고, 여러 사례 간의 비교를 위해서는 반복연구논리를 사용하였다.

에 의해 예측된 독립변수의 존재는 경쟁설명에 의해 예측된 다른 독립변수가 존재하기 어려워야 한다는 뜻이다. 이러한 독립변수들은 서로 다른 측정도구에 의해서 측정된 사건이나 종속변수와 연관되었을 수도 있다. 그러나 사례연구 분석은 결과의 일반적인 패턴을 관찰하고, 그 패턴이 미리 예측된 패턴과 얼마나 맞는가를 분석하는 데 초점이 있다.

독립변수들의 패턴을 매칭하는 이러한 유형의 분석방법은, 단일사례연구와 다중사례연구 모두에 적용할 수 있다. 단일사례연구에 있어서 성공적인 매칭은, 본래의 설명이 다른 설명들에 비해 우수하다는 결론을 내리기 위한 증거로 사용된다. 같은 조건을 가진 다수의 사례를 반복해서 조사했을 때 동일한 결과가 나타났다면, 이는 단순반복연구를 수행한 것이다. 여러 개의 사례를 비교 분석한 후 결과를 도출하면 보다 확실한 주장을 펼 수 있다. 반면 서로 다른 조건을 가진 두 번째 사례집단에서는 첫 번째 사례집단과 동일한 결과가 발생하지 않았다면, 이는 이론적 반복연구를 수행한 것이다. 단일사례이든 다중사례이든 다양한 경쟁설명을 만들어 결과의 신뢰성을 낮출 수 있는 요소들을 파악하고, 이를 배제시켜 나가야 하는 것이다.

패턴 매칭의 정확성. 실제 패턴 매칭의 정확성을 비교할 수 있는 어떠한 계량적 방법이나 통계적 기법은 존재하지 않는다. 어떤 연구가 비등가 종속변수의 패턴을 예측한다거나, 경쟁설명을 기반으로 한 독립변수의 패턴을 예측하거나, 혹은 예측 패턴과 관찰 패턴 간의 기본적인 비교를 통해 단순한 패턴 매칭을 한다거나 하는 것은, 계량적 방법도 아닐 뿐더러 통계적인 범주도 아니기 때문이다(패턴 매칭에 통계적인 기법을 사용하는 것은 바람직하지 않은 것으로 여겨진다. 왜냐하면 패턴에서 보이는 어떠한 변수도 통계에서 요구하는 '분산'을 측정할 수 없기 때문이다). 가장 정확한 계량적 결과는 미리 어떤 벤치마크를 설정하고(예: 생산성이 10% 증가할 것이라는 기준), 실제 결과와 이

벤치마크를 서로 비교하는 방법이다.

그럼에도 불구하고, 다른 연구자들은 패턴 매칭 절차가 정량적 자료를 통해 수행되는 통계 검증과 비교해 정확하지 않다고 간주할 수 있다. 정확성이 낮을수록 사례연구 연구자가 자의적인 해석을 할 수 있다. 즉, 패턴이 위반되었음에도 지나치게 이를 제한적으로 해석하거나 패턴이 일치한다고 판단될 때 지나치게 이를 확대 해석할 수 있다. 연구자는 앞서 언급된 벤치마크를 사용하거나 보다 정확한 측정도구를 개발함으로써 자신의 연구를 설득력 있게 만들어야 한다. 만약 정확성을 주장할 수 있는 기준이 없을 경우 가장 주의해야 할 점은, 피상적인 패턴을 제시하지 않고 명확한 패턴을 규명하도록 시도해야 한다는 것이다.

2. 설명하기*

두 번째 분석기법은 사실 패턴 매칭의 특수한 유형으로 볼 수 있다. 그러나 설명(explanation)의 절차가 보다 어렵기 때문에 패턴 매칭과 구분해 줄 필요가 있다. 이 기법의 목적은 사례에 대한 설명을 만듦으로써 사례연구 자료

---

*과학적 설명을 이루는 경험적 규칙은 추상적인 언명 혹은 명제들로 구성되며, 이는 특정 조건에서 일반적 수준의 사건 변화를 다른 수준의 사건 변화와 연결시킨다. 일반적으로 과학적 설명은 사실과 예측이 경험적 일반화 혹은 법칙과 얼마나 논리적으로 일치하는지를 보여줌으로써 이루어진다. 과학적 설명은 경험적 일반화 혹은 법칙을 유도하기 위해서 이론을 도입하기도 하고, 경쟁이론을 테스트하기도 한다. 설명과 예측에 덧붙여, 과학적 법칙과 이론은 과학적 이해를 제공해야 한다. 경험적 일반화가 과학적 설명에 유용하나, 과학적 이해를 위해서는 사건들을 연결시키는 인과 과정이 제공되어야 한다. 즉, 과학적 이해의 핵심은 인과관계에 있는 것이다. 진정한 인과관계가 밝혀지지 않는 한, 경험적 일반화는 과학의 설명과 예측이라는 두 가지 요구사항을 해결할 수 없기 때문이다. 따라서 사회과학에서의 설명이라 함은, 일반적으로 인과관계에 대한 탐색으로 축약될 수 있다. — 역자주

를 분석하는 데 있다(정치학 연구에서는 이를 process tracing으로 표현한다(Beach & Pederson, 2013; Bennett, 2010; Bennett & Checkel, 2015; George & Bennett, 2005 참조).

이 장에서 다루는 절차는 설명적 사례연구와 관련된 것이다. 이런 유사한 과정은 탐색적 연구에 있어서 가설 도출 과정의 일부에 해당한다고 주장한다(Glaser & Strauss, 1967을 보라). 그러나 이 과정의 목적은 연구의 결론을 내리기 위한 것이 아니라 향후 연구를 위한 아이디어를 개발하는 데 있다.

설명의 요소. 현상을 "설명"하는 것은 그 현상에 대해서 예측하였던 인과적 순서가 실제로도 그러한가를 밝히거나, 무엇이 "어떻게" 그리고 "왜" 그러한 결과를 초래했는가를 밝히는 것이다. 대부분의 사례연구에서 설명의 구조가 서술적인 형태로 이루어지기 때문에 일반적으로 인과적 순서는 정확한 방법으로 측정하기 매우 어렵고 복잡하다(BOX 31 참조). 이를 요약하는 사례연구 예시는 이 장의 후반부에 나와 있는 **응용** 8을 참조하라.

BOX 31
대규모 공공 계획의 성공적인 구현 설명하기

인도네시아 정부는 2008년부터 2013년까지 지역사회 기반의 위생 프로그램을 실시했다. 18,000개 이상의 지방에 거주하는 약 1,750만 명의 지역주민이 개방된 곳에서 배변하는 대신 가정용 화장실을 사용하기 시작했다. 참여 규모와 공중 보건의 개선 수준은 정부의 초기 노력의 성과를 능가했다. 이전의 정책은 인프라만을 강조하는 반면, 새로운 정책은 가정과 개인의 행동을 변화시키려는 의식적인 노력도 포함하고 있다. Glavy와 Haas(2015)의 사례연구에서는 정책 변화가 어떻게 그리고 왜 발생했는지에 대한 자세한 설명을 다루고 있다. 정부의 새로운 계획 중에는 주요 자선단체 및 국제기구와 협력 관계를 맺고, 인근 국가에서 배운 기술을 모방하는 것에 주목했다. 지역 차원에서 눈에 띄는 것은 마을 단위의 캠페인이었는데, 보건소 직원들이 보다 건강한 지역사회로 나아가기 위한 노력에 힘을 쏟았다는 것이다.

서술의 부정확성을 감안할 때, 보다 많은 주목을 받는 사례연구는 이론적으로 중요한 제안을 설명하는 경우이다. 예를 들어, 인과적 순서는 공공정책 과정 또는 사회과학 이론에 대해 중요한 통찰력을 줄 수 있다. 공공정책의 제안이 정확하다면, 향후 정책 조치에 대한 예측이 가능할 수 있다(BOX 32 참조). 이때 사회과학 명제가 정확하다면, 이론 형성 과정에 큰 기여를 할 수 있다.

BOX 32
다중사례연구에서 '설명하기' 예시

다중사례연구를 수행할 때 중요한 목표 중의 한 가지는, 비록 개별적인 사례들의 세부적인 사항은 사례마다 다르겠지만 모든 사례에 공통적으로 적용할 수 있는 일반적인 설명을 도출하는 것이다. 다중사례연구에서 일반적인 인과관계를 밝히는 것의 목적은, 과학에서 여러 번의 실험을 통하여 인과적 관계를 밝히는 것과 동일하다.

Martha Derthick가 1972년에 발표한 저서 「New Town In-Town: Why a Federal Program Failed」는 존슨 대통령 재임 기간에 실시되었던 주택보급 프로그램에 관한 연구이다. 연방정부는 몇 개의 도시를 선정하고, 그 도시의 주택 보급을 위해서 잉여 토지를 지방자치정부에 넘겨주었다. 그러나 4년 후에 조사해 본 결과 San Antonio, New Bedford(Massachusetts), San Francisco, Washington, D.C., Atlanta, Louisville, 그리고 Clinton Township(Michigan)의 7개 지역에서는 주택보급에 아무런 개선도 이루어지지 않았음이 밝혀졌다. 결국 이 프로그램은 실패한 것으로 간주되었다.

Derthick은 이 프로젝트가 실패한 원인을 조사하기 위하여 먼저 각 7개 도시에서 발생한 사건들을 분석하였다. 처음에는 프로젝트의 실패 원인이 지방정부의 지원 부족에 있다고 생각했으나 이것만으로는 그 현상을 설명하는 것이 충분하지 않다는 것을 알게 되었다. 왜냐하면 도시마다 조건이 모두 동일한 것이 아니었기 때문이었다. Derthick의 분석에 의하면 지방정부의 지원 자체는 분명 존재하였지만, 이 프로젝트를 수행하였던 공무원들이 야심찬 프로젝트의 목적을 제대로 이해하지 못했으며, 이러한 요인이 프로젝트 실패에 영향을 미쳤다고 보았다(p. 91). 결과적으로 Derthick은 초기의 설명을 수정하고 다음과 같은 결론을 도출하였다. "잉여 토지 분배 프로그램은 결국 실패하였다. 왜냐하면 연방정부의 영향력이 지역 수준까지 미치는 데 부족하였고, 프로젝트 자체가 실현할 수 없을 정도로 너무 높은 목표를 가지고 있었기 때문이었다."(p. 93)

설명의 반복적 속성. '설명하기'의 절차가 구체적으로 정해진 것은 아니다. 그러나 궁극적으로 과학적인 '설명'이란 다음과 같은 일련의 반복을 통해 도출되는 결과이다.

- 정책이나 사회적 행동에 대해 초기의 잠정적 가설 또는 설명적 명제 등 이론적 진술을 제기한다.
- 최초의 사례 분석결과를 제기한 가설이나 명제와 비교한다.
- 이전의 가설이나 명제를 수정한다.
- 사례의 다른 세부사항들을 수정한 가설이나 명제와 비교한다.
- 다중사례연구를 수행할 때, 수정한 가설이나 명제를 두 번째, 세 번째 혹은 더 많은 사례와 비교한다.
- 다른 사례연구와 함께 이러한 과정을 필요한 만큼 반복한다.

Diane Vaughan(1992)은 "정교한 이론(theory elaboration)"이라는 개념을 통해 설명과 관련하여 반복적 과정이 가지는 한계를 지적하고 있다.이러한 의미에서 최종 설명은 처음 연구에서 제기하였던 주장과 완전히 달라질 수도 있다. 따라서 설명에 의한 분석기법은 패턴 매칭기법과는 차이가 있다. 오히려 설명은 사례연구의 증거를 조사하고, 설명적 명제를 수정하고, 새로운 관점에 의해서 다시 증거를 검토하는 일련의 반복적인 과정이다. 이를 요약한 사례연구 예시는 이 장의 후반부에 나와 있는 **응용** 8을 참조하라.

절차는 부분적으로 연역적이며(사례연구 초기의 진술 또는 명제에 근거함) 부분적으로 귀납적이다(사례연구의 데이터에 근거함). 만약 단일연구사례를 하는 경우라면, 확정적으로 절차를 마무리하기보다는 수정된 설명을 추가적으로 사례에 적용시켜 다중사례의 일부분으로 구성한다면 연구가 보다 설득력을 가지게 될 것이다.

설명을 점진적으로 유도하는 것은 일련의 아이디어를 정제하고 그 아이디어 중에서 중요한 부분을 다른 대안적 설명이나 경쟁설명과 비교하는 과정을 의미한다. 이러한 과정의 목적은 사례연구의 결과들이 대안적 설명이나 경쟁설명에 의해서는 왜 성립될 수 없는지를 보여주기 위한 것이다.

연습문제 5-3
설명하기

거주하고 있는 지역에 어떠한 변화가 발생하였는지 관찰해 보라. 이러한 변화에 대해서 설명하고 당신의 설명을 지지할 수 있는 증거를 수집하라. 당신의 주장을 뒷받침해 줄 수 있는 증거가 수집되었다면, 당신의 설명은 완벽한 것인가? 설득력이 있는가? 그러한 관찰과 결론이 다른 지역에도 적용할 수 있는 것인가?

3. 시계열 분석

세 번째 분석기법은 시계열 분석으로, 실험 및 유사실험에서 수행하는 시계열 분석과도 유사하다. 사례연구에서 시계열 분석기법을 사용하는 이유는 다양하고도 복잡한 패턴을 용이하게 분석할 수 있도록 하기 때문이다. 실험이나 임상심리학 분야의 교과서에는 이러한 복잡한 패턴에 관한 분석방법이 자세히 나와 있다. 이러한 분야에 흥미가 있는 독자들은 Kratochwill(1978)의 저서를 참고하기 바란다. 시계열 분석 역시 패턴이 복잡하면서 정확할수록 연구의 결론이 더욱 탄탄한 기반을 제공받을 수 있다.

단순시계열. 어떤 면에서 보면 패턴 매칭 분석기법에 비하여 시계열 분석이 훨씬 단순하다. 단순시계열에서는 시간이 지남에 따라 추적 가능한 하나의 대상을 측정한다. 이런 경우에는 데이터만 충분하다면 통계적인 검증도 가능할 수 있다(Kratochwill, 1978 참조).

그러나 단순시계열 분석에 있어서도 관계 변수의 패턴이 다소 복잡하게 나타날 수도 있다. 가령 일정한 시계열 기간에 하나의 변수만을 대상으로 한다고 하여도 그 변수가 시작하는 시점과 끝나는 시점이 명확하지 않을 수 있기 때문이다. 그러한 가능성은 광범위한 추세의 자료를 사용할 수 없는 경우에도 사례연구의 일부로 포함해 고려할 필요가 있다.

비록 이와 같은 경우라도 시간에 걸친 변화를 추적하는 능력은 사례연구의 가장 큰 장점이며, 이러한 동적인 분석방법은 횡단연구나 정태적 분석방법의 한계를 극복할 수 있게 한다. 장기간에 걸친 종단적인 사건들을 상세하고 정확하게 추적한다면, 사례연구가 다른 분석기법을 사용한다고 할지라도 시계열 분석은 언제나 수행할 수 있다(BOX 33 참조).

시계열 분석 설계에서 가장 중요한 논리는 관측된 (경험적) 자료의 추세를 다음과 같은 두 가지 추세와 비교하는 것이다. (a) 연구 초기에 설정한 이론적인 추세, (b) 경쟁추세. 가령, 동일한 단일사례연구 내에서도 두 개의 서로 다

BOX 33
단일사례연구에서 시계열 분석 사용하기

뉴욕 시 경찰 당국은 시에서 발생하는 범죄를 줄이기 위해 다양한 조치를 취했다. 그 조치에는 가벼운 법규 위반을 단속하는 것("질서 정리와 유지"), 컴퓨터 기반의 범죄 통제 기술을 사용하는 것, 그리고 경찰 당국 내에 범죄 통제를 담당하는 부서를 다시 부활시키는 것 등이 포함되었다.

Kelling과 Coles(1997)는 먼저 이러한 조치가 범죄 감소에 미칠 수 있는 영향에 대해 자세하게 설명하였다. 그 후 그들은 7년 동안 일어난 특정 범죄 종류의 연간 발생률을 시계열로 나타내었다. 자료에 따르면 이 기간 동안에 초기 몇 년 간은 범죄가 증가하였지만 그 후에는 감소하였다. 이 사례연구는 경찰 당국의 조치 시기가 범죄 추세와 어떻게 연결되는지 설명하고 있다. 저자들은 시계열에서 볼 수 있는 조치 결과의 타당성을 범죄율 감소를 통해 그들의 설명을 지지하는 증거로 제시하였다.

른 패턴이 설정될 수 있다. Campbell(1969)의 자동차 주행속도를 시속 55마일로 제한한 법률에 관한 유명한 연구가 그러하다. 예측된 시계열 패턴은 새로운 교통법(이는 시계열에서 일종의 "차단"이다)이 교통사고 사망률을 현저히 낮출 것이라는 연구명제를 기반으로 한다. 반면 다른 패턴은 새로운 교통법이 어떠한 효과도 유발시키지 않을 것이라는 명제를 기반으로 하고 있다. 이 연구에서는 교통법이 제정된 전후 1년 동안에 걸친 교통사고 사망자의 숫자를 조사하여 설정된 두 개의 시계열 패턴 중에서 어느 것이 실증적 증거와 보다 잘 매칭되는지를 결정하였다. 이렇게 동일한 사례 내에서 한 시점을 "차단된 시계열"과 비교하는 방법은 다양한 상황에서 사용할 수 있다.

위와 동일한 논리가 다중사례연구에도 적용될 수 있다. 가령 도시 경제발전에 관한 사례연구에서 '서비스 산업을 기반으로 한 도시가 제조업을 기반으로 한 도시보다 고용이 보다 활발하기 때문에 경제적으로 더 발전한다'라는 명제를 가진 연구가 있다고 가정하자. 결과를 산출하기 위해서 10년 혹은 일정 기간 동안의 연간 고용률을 조사할 것이다. 제조업을 기반으로 한 도시에서는 고용률이 감소하는 추세에 있을 것이고, 반면 서비스 산업을 기반으로 하는 도시에서는 고용률이 증가하는 추세에 있을 것이다. 이와 마찬가지로 각 도시의 일정 기간 동안 발생한 청소년 범죄율, 보건지표(예: 영아 사망률), 동료평가 추세 등 여러 가지 측정지표를 조사하고 패턴을 비교하는 과정을 통하여 위와 유사한 분석을 시도할 수 있다. 즉, 적합한 자료가 있다면 추세에 대한 분석은 통계적인 분석에 종속된다. 예를 들어, 연구자는 다양한 조건에서 발생하는 시간적 추세의 "기울기"를 계산할 수 있다(예: 다양한 종류의 교육 과정에 따른 학생 성과 추세 비교). 그 후, 그 차이가 통계적으로 유의미한지 결정하기 위해 기울기를 비교해야 한다(Yin, Schmidt, & Besag, 2006). 다른 접근 방식으로는 회귀불연속 분석을 사용하여 새로운 교통법 제정과 같은 주요 사건 전후 추세의 차이를 검토할 수 있다(D. T. Campbell, 1969 참조).

복잡한 시계열. 사례에 보다 복잡한 추세가 내재되어 있을 경우, 시계열 분석설계가 좀 더 복잡해진다. 예컨대 어떤 추세가 단순히 증가하거나 감소하는 것이 아니라, 같은 사례 내에서 어느 지점까지는 증가하다가 다시 감소하는(혹은 변화가 없는) 추세가 있는 경우이다. 이렇게 시점에 따라 혼합된 패턴이 존재하는 경우 더 복잡한 시계열 분석이 요구된다. 항상 강조하다시피 사례연구 전략의 강점은 이러한 유형의 시계열에 접근하는 방법 그 자체에 있는 것이 아니라, 산출된 복잡한 패턴의 결과를 효과적으로 비교하고 설명할 수 있다는 데 있다.

사례연구가 여러 개의 측정을 다루고, 각각의 측정이 시간이 경과함에 따라 서로 다른 패턴을 보일 것으로 예측된다면 복잡성이 더욱 커지게 된다. 이러한 조건은 특히 복합 분석단위를 갖는 사례연구에서 쉽게 찾아볼 수 있다. 하나의 사례를 다루는 단일사례연구라 하더라도 여기에 하위 분석단위가 포함되어 있다면 복잡한 시계열 분석이 적용될 수 있다(2장의 〈도표 2-4〉 참조). BOX 34는 이에 관한 두 가지 예시를 담고 있다. 첫 번째 예시(BOX 34A)는 학교 시스템에 관한 단일사례연구인데, 학생들의 성취도 자료를 상세하게 분석하기 위하여 위계적 선형모델을 사용하였다. 두 번째 예시(BOX 34B)는 몇몇 지역에서 시행되고 있는 지역사회 활성화 전략에 관한 연구이다. 저자들은 가계소비 금액의 시간 추세를 분석하기 위하여 통계적 회귀분석 모델을 사용하였고, 이를 통해 활성화 전략의 결과를 평가하였다.

시계열 분석이 복잡할수록 자료수집에 더 많은 문제가 발생할 가능성이 높아지겠지만, 복잡한 시계열 분석은 보다 정교한 추세를 예측할 수 있는 강력한 분석도구가 될 수 있다. 예측한 패턴과 관찰한 패턴이 모두 복잡한 경우, 연구의 이론적 명제를 증명하는 데 매우 강력한 증거를 제공할 수 있다.

BOX 34
복잡한 시계열 분석: 단일사례연구가 하위 분석단위를 가질 때 정량적 방법 사용하기

34A: 교육개혁에 대한 평가

Supovitz와 Taylor(2005)는 플로리다의 Duval County의 하나의 학교 지역에 대한 사례연구를 수행하였다. 그 지역의 학생들은 이 사례연구의 하위 분석단위이었다. 저자들은 4년 동안의 학생 성취도를 파악하기 위하여 위계적 선형모델을 사용하여 정량적 분석을 실시하였고, "다른 지역과 비교했을 때, 학생들의 학습에 미치는 지속적이고 전반적인 영향 요인이 거의 없음"을 보여주었다.

이 사례연구는 풍부한 현장관찰과 교장들을 대상으로 한 서베이를 포함함으로써 4년이라는 기간 동안 학교 전반에 걸친 새로운 변화를 실행하는 데 겪은 어려움을 추적하였다. 또한 저자들은 학교 전체에 걸친 교육 개혁과 그에 따른 성과 평가에 대해 상세하게 토의하였다. 즉, 그들은 교육 개혁과 같은 영향력 있는 개입이 학교의 자주성을 약화시키며, 개입에 대한 성과 평가는 학교 시스템의 운영뿐만 아니라 더욱 광범위한 제도적 환경까지 고려할 필요가 있다고 주장하였다.

34B. 지역사회 활성화 전략에 대한 평가

Galster, Tatian, 그리고 Accordino (2006)은 그들의 연구를 사례연구로 표현하지 않았다. 그럼에도 불구하고, 그들의 연구 목표는 버지니아의 리치몬드에서 단일 지역 활성화 전략(단일사례연구에서처럼)을 평가하는 것이었다. 이 연구에는 지역사회 활성화 전략의 근거와 전략 적용의 과정이 소개되어 있으며, 주요 결론 역시 활성화 전략에 관한 것이다. 그러나 하위 분석단위로 간주되는 가계소비 금액에 대한 분석적 초점은 독특하였다. 이 연구의 전반적인 평가 설계는 다양한 하위 사례분석에 적용해도 손색이 없다.

저자들은 지역사회 활성화 전략의 효과를 검토하기 위하여 선정된 지역의 주택 가격 추세를 회귀분석 모델을 사용하여 비교하였다(시계열 분석). 분석 결과, "비슷한 지역과 비교하였을 때 지역사회 활성화 전략이 적용된 지역의 가계가 훨씬 더 높은 시장 가치를 산출하였다."는 결론을 도출하였다.

연대기적 분석. 연대기적 분석은 시계열 분석의 독특한 형태로, 사례연구에서 매우 효과적으로 사용될 수 있다. 연대기적 분석은 독자들이 사건을 시간의 흐름에 따라 추적해 나갈 수 있다는 데 장점이 있다.

그러나 연대기적 방법을 단순히 시간의 흐름에 따라 사건들을 배열하는 기술적인 도구로만 생각해서는 안 된다. 시간의 흐름에 따라 사건을 기록하되, 그 과정에서 가정된 사건들의 인과관계를 조사해야 한다는 중요한 분석 목적을 가져야 한다. 왜냐하면 사건의 원인이 되는 것과 사건의 결과가 시간적인 전후 관계에 있기 때문이다. 또한 연대기적 방법에는 다양한 유형의 사건이 포함될 수 있다(예: 행동적 사건뿐만 아니라 참가자의 인식 시점). 이러한 의미에서, 연대기적 방법은 일반적인 시계열 분석기법에 비하여 보다 풍부하고 통찰력 있는 분석을 가능하게 하는 기법이 될 수 있다. 연대기적 기술의 분석적 목표는 설명과 이론에 의해서 미리 예측된 패턴과 연대기를 비교하는 것이다. 사례에 대한 인과분석이 가능하기 위해서는 적어도 다음과 같은 조건들 중 하나 이상의 조건을 만족하여야 한다.

- 어떤 사건은 항상 다른 사건보다 앞서 발생하여야 하며, 시간의 진행 순서가 바뀌는 것은 불가능하다.
- 어떤 사건은 일정 상황에서 항상 다른 사건에 뒤따라 발생해야 한다.
- 어떤 사건은 일정하게 예정된 시간의 경과 후 다른 사건을 뒤따를 수 있다.
- 한 사례연구의 일정한 기간은 그 기간에 발생한 일련의 사건들로 규정될 수 있고, 그 사건들은 연구의 다른 기간에 발생한 사건들과는 근본적으로 다르다.

만일 하나의 사례연구에서 관찰된 결과가 위에 제시한 하나 이상의 조건에 부합되고, 그 이외의 어떤 다른 조건들과 상충되지 않는다면 이러한 하나의 사례는 인과적 추론을 위한 최초의 기반이 될 수 있다. 여기에 내적 타당성을 위협하는 문제들은 없는지 분명하게 강조하고, 다른 사례들과 비교 분석을 할 수 있다면 더욱 강력한 추론이 가능해질 것이다.

시계열 분석의 요약. 어떠한 종류의 시계열 분석을 선택할지라도 사례연구의 중요한 목적은 단순히 사건의 추세를 관찰하는 것이 아니라 시간의 경과에 따른 사건들의 관계에 대해서 "어떻게"와 "왜"에 관한 질문에 적절한 답을 찾는 것이다. 시계열에서 '차단'이라 함은 잠재적 인과관계를 가정하는 데 필요한 특별한 사건을 의미한다.

모든 시계열 분석에 있어서 가장 중요한 것은, 자료를 수집하기 전에 무엇을 추적할 것인지에 대한 구체적인 지표를 정의하는 일이다. 뿐만 아니라 연구에서 다루게 될 시간적 기간을 설정하고, 여러 개의 사건 사이에 시간적으로 연결된 인과관계를 가정하는 일도 중요하다. 자료수집 단계에 들어가기 전에 미리 구체적으로 이러한 것들을 신중히 고려해야만 효과적이고 편견을 배제하여 자료를 수집할 수 있게 된다.

반면 연구의 목적이 인과적인 관계를 파악하는 것보다 시간적 추세를 분석하는 데에만 국한되어 있다면 사례연구는 적절치 않다. 시간의 경과에 따른 추세에만 관심이 있는 경우에는 소비자 가격의 추이에 관한 경제적 분석 등과 같은 연구전략이 보다 적절할 것이다.

주지할 바는, 가설이나 인과적 명제가 없다면 시계열 분석이나 연대기적 서술방법은 설명으로써의 가치가 없는 단지 사건에 대한 서술이 되고 말 것이라는 점이다.

연습문제 5-4
시계열 추세 분석하기

당신이 다니고 있는 대학의 지난 20년 간 입학생 숫자 등과 같이 간단한 시계열 분석을 해보라. 20년이라는 기간 내에서 특정 기간을 다른 기간과 비교하려면 어떻게 해야 할까? 이 기간 동안 대학의 행정정책에 변화가 발생한 적이 있었다면 그 효과를 어떻게 비교할 것인가?

4. 논리모델

네 번째 분석기법은 최근 들어 많이 사용되는 방법으로, 특히 성과를 평가하는 사례연구(Mulroy & Lauber, 2004)와 이론의 변화를 설명하는 데 유용하다(Funnel & Rogers, 2011). 논리모델은 프로그램의 실행과 같은 복잡한 활동이 어떻게 이루어지는지 보여주기 위해 오랜 기간 동안 연쇄적인 발생과 사건을 규정하고 조직화하는 분석기법이다. 사건들은 원인-결과-원인-결과의 패턴을 반복하는데, 이 과정에서 초기 단계에서는 종속변수(사건)가 다음 단계에서는 독립변수(원인이 되는 사건)가 되기도 한다(Peterson & Bickman, 1992; Rog & Hueber, 1992).

논리모델은 협력적으로 개발되었을 때 그 장점들이 극대화될 수 있다. 논리모델이 협력적으로 개발된다는 것은, 평가자와 프로그램을 적용하는 사람이 함께 평가 작업을 하여 프로그램의 논리모델을 규정한다는 것을 의미한다(Nesman, Batsche, & Hernandez, 2007 참조). 이 과정은 한 집단이 그들의 미션과 목표를 명확하게 규정하는 데 도움을 주고, 계획된 행동의 순서가 목표를 달성하는 데에 어떻게 근거가 되는 논리를 따르는지 설명할 것이다.

분석기법으로 논리모델을 사용하는 것은 경험적으로 관찰된 사건을 이론적으로 미리 예측된 사건에 매칭시키는 것을 의미한다. 개념적으로 보았을 때 논리모델은 패턴 매칭기법의 다른 형태라고 보아도 될 것이다. 그러나 논리모델의 복잡한 연쇄성 때문에 패턴 매칭과 구분하는 것이 바람직하다.

Joseph Wholey(1979)는 분석기법으로의 논리모델을 처음 개발한 사람이다. 그는 먼저 '프로그램 논리모델'이라는 아이디어를 제시하였는데, 이는 어떤 새로운 결과를 산출하기 위해 공공 프로그램이 실행된 시점부터 사건들을 추적하기 시작하는 것이다. 이때 프로그램의 시작을 '개입(intervention)'이라 보고, 프로그램의 시작과 함께 직접적인 결과를 산출하는 활동이 시작된다. 그 다음에는 이러한 직접적인 결과가 일종의 매개적인 결과를 산출하고, 이 매개적인 결과는 다시 최종 결과를 산출한다.

Wholey(1979)의 이론적 틀에 대하여 설명하기 위해, 학생들의 학습 성과를 증진시키기 위한 학교의 개입에 관해 살펴보기로 하자. 새로 시작하는 방과 후 활동을 개입이라 가정하자. 방과 후 활동은 학생들로 하여금 또래 친구들과 운동하면서 어울릴 수 있는 시간을 제공한다(즉시적 성과). 이러한 프로그램(개입)의 즉시적 성과는 학생, 부모, 그리고 교사가 서로의 입장을 보다 잘 이해하고 더 만족하게 되었다는 증거가 된다(매개적인 결과). 결국에는 이러한 활동을 통한 이해와 만족이 학생들로 하여금 주요 개념을 이해하는 학습능력을 향상시키게 하고, 좋은 성적으로 이어지게 된다(최종적인 결과).

이 예시는 학교의 개입이 학생들의 성과에 미치는 영향에 대해, 논리모델이 어떻게 일반적인 실험설계를 통한 방법 이상으로 분석할 수 있는지 보여주고 있다. 중간 단계를 건너뛰고 바로 첫 단계와 마지막 단계 사이의 관계를 검증한다. 즉, 학교의 개입이라는 사건과 높은 시험 점수 간 관계가 이에 해당한다. 일반적인 실험 설계는 개입이 어떻게 최종적인 결과를 생성하는지에 대한 설명이 불가능하여 "블랙박스(black box)"로 여겨진다(Rogers, 2000). 논리모델을 활용한 사례연구에서는 이러한 블랙박스를 "열어볼 수 있는 것"이다.

Wholey(1979)의 접근방법과 더불어 앞서 설명하였던 경쟁설명 전략을 병행하면 더욱 효과적인 분석이 될 수 있다. 이 과정에서 경쟁설명을 위해 필요한 경쟁 사건들을 함께 다루는 것 이외에도 외부의 다른 영향 요인, 즉 의사사건들(spurious external events)도 함께 고려하는 것이 중요하다. 앞의 예로 돌아가서, 만약 방과 후 활동의 역할이 획득된 자료에 의해 지지되고 경쟁설명에는 부합되지 않는다면, 이 분석의 결과는 교육 프로그램 실행과 학습효과, 즉 성적 사이의 인과관계를 가설 그대로 주장할 수 있는 것이다. 그러나 어떤 경우는 분석결과가 비논리적인 것으로 나타날 수도 있다. 예컨대 학기 중에 학생들의 성적이 평가되기 전에 학교의 개입이 이뤄지는 경우라면 설정한 논리모델에 증거들이 부합할 수 없다. 이러한 상황에서 논리모델은 비논리적인 결과를 설명하는 데 도움을 줄 수도 있다.

논리모델은 프로그램의 개입을 주제로 하는 사례연구가 아닌 조직의 변화(Burke, 2014) 또는 공동체와 경제발전(Phillips & Pittman, 2009)에 관한 연구 등 다양한 상황에서 사용될 수 있다. 논리모델의 가장 중요한 구성 요소는 원인-결과-효과의 연속적인 사건들이 모두 연결되어서 반복적으로 존재하고 있어야 한다는 것이다. 연구에서 다루어지는 사례의 개수에 따라 정성적 또는 정량적으로 연결고리들을 분석하게 될 것이다.

정성적인 사례연구 분석은 실제 관찰된 현상과 본래 연구에서 규정했던 연속적인 사건이 서로 일관성을 갖는지 비교하면서 초기의 내용을 확인(또는 기각, 수정)하는 과정을 거친다. 최종 분석에서는 추가적으로 정성적 자료를 제시하고, 왜 이러한 연속성이 기각 또는 수정되었는지를 설명한다. 정량적인 분석도 이와 동일한 전략을 따르지만 많은 수의 사례를 다룬다는 점에서 다르다. 다수의 사례를 가진 정량적 사례연구에서는 구조방정식 모델(structural equation model)과 같은 경로모델(path model)을 사용하여 본래의 연속적 사건과 실제 관찰된 현상을 비교한다(Bryk, Bebring, Kerbow, Rollow, & Easton, 1998). 본래의 연속적 사건에 대한 확인(또는 기각, 수정)을 거치고 나면, 구조방정식 모델이 확장될 것을 가정함으로써 왜 이러한 연속성이 기각, 또는 수정되는지를 설명한다.

이러한 정성적, 정량적 분석전략은 이후 설명할 논리모델의 세 가지 유형에 모두 적용할 수 있다. 이 세 가지 유형은 사례연구의 유형, 즉 분석단위가 개인, 조직, 프로그램인지에 따라 달라진다.

연구를 구체적으로 표현하는데 있어서 세 가지 모두의 그래픽(graphic)은 선형적 연속성이나 시간의 경과에 따른 과정을 묘사한다. 그래픽은 비록 보여주는 내용이 실제 발생한 사건에 비해 단순하더라도 사례연구에 있어서 많은 경우 유용하다. 만약 복잡한 형태의 그래픽에 대해 자세히 알고 싶다면 더 복잡하고 비선형적 논리모델을 묘사하고 있는 Tutorial 5-2를 참고하면 도움이 될 것이다. 그래픽보다 더 중요한 것은 보건(Anaf, Drummon, & Sheppard, 2007; Anderson, Crabtree, Steele, & McDaniel, 2005)과 경영(Dubois & Gadde, 2002) 분야의 연구들에서 보여지는 것과 같이, 사례연구를 사용해 비선형적인 상호의존(interdependence)과 연관성(interrelationship)을 설명하는 연구가 늘어나고 있다는 점이다. 그래픽의 복잡성에 대해 더 자세히 알고 싶다면 study.sagepub.com/yin6e 웹사이트에서 Tutorial 5-2를 참조하면 보다 복잡한 비선형 논리모델을 확인할 수 있다.

개인 수준의 논리모델. 첫 번째 유형의 논리모델은 사례연구가 개인을 대상으로 하는 경우를 전제로 한다. 〈도표 5-2〉는 청소년의 행동과 관련된 사건의 진행이 어떻게 연결되는가를 가상으로 보여주고 있다. 네모상자 안에 적혀있는 것은 하나의 사건을 의미하고, 각 사건의 연결은 왼쪽에서 오른쪽으로 향하고 있는 화살표로 표현되어 있다. 이 도표는 청소년이 폭력 집단의 구성원이 되면, 폭력이나 마약과 관련되고, 결국에는 범죄로 이어질 수 있다는 것을 보여주고 있다. 이 논리모델에서는 화살표에 11개의 숫자들이 명시되어 있는데, 각각의 숫자들은 청소년이 이러한 연속적인 과정으로 가는 것을 막기 위하여 계획된 개입의 유형(예: 커뮤니티, 혹은 공공 프로그램)을 나타낸다. 가령 1번의 커뮤니티 프로그램의 개발은 청소년이 폭력집단의 구성원이 될 수 있는 기회 자체를 차단하는 사회적·경제적 환경을 개선시킬 수 있는 방법이 될 수 있다.

〈도표 5-2〉 청소년 행동과 11가지 가능한 개입

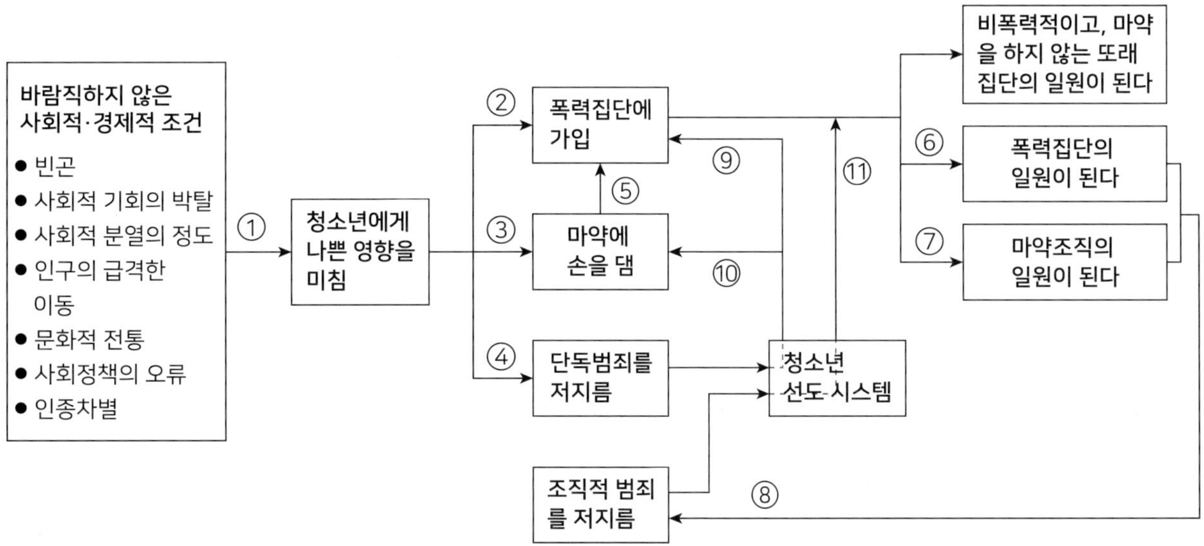

① = 공동체와 사회적 전략을 통해 이 경로를 차단시킴
②, ③, ④ = 예방전략을 통해 이 경로를 차단시킴
⑤ = 마약금지 전략을 통해 이 경로를 차단시킴
⑥, ⑦, ⑧ = 법적인 강제조치를 통해 이 경로를 차단시킴
⑨, ⑩ = 조기 개입, 청소년 선도 시스템을 통해 이 경로를 차단시킴
⑪ = 강력한 선도 시스템을 통해 이 경로를 차단시킴

수행하려는 연구가 프로그램에 의한 개입과는 상관없이 단순히 청소년의 행동을 추적하여 최종적으로 청소년이 폭력과 관련되기까지의 과정을 규정하는 사례연구일 수 있다. 이러한 연속성이 실제로는 정확하지 않을 수 있으며, 몇몇의 청소년을 대상으로(즉, 반복하여) 그들의 경로를 분석한 결과 사례연구가 본래 규정했던 것과 대조적인 순서를 보일 수도 있다. 만약 이 시도가 청소년의 발달과정에 대해 기존과 다른 시사점을 제공한다면, 연구목적이든 실무적 목적이든 새로운 지식의 생성에 기여하는 것이다.

반대로, 이 연구가 〈도표 5-2〉에서 보이는 11개의 개입(즉, 공공 프로그램)에 초점을 두는 사례연구일 수도 있다. 이 경우의 분석은, 분석대상이 되는 청소년을 만난 경위와 그들에게 어떠한 프로그램이 적용되었는지를 검토하여, 개입의 역할에 대한 원래의 결론을 확인하거나, 또는 새로운 결론을 도출하도록 하는 것을 말한다. 청소년 행동에 대한 연속적인 관계를 다루는 것이든, 개입을 중점적으로 다루는 것이든, 논리모델은 사례연구의 초기 이론을 나타내고, 자료에 대한 분석의 프레임워크를 제공하는 역할을 수행한다.

조직 수준의 논리모델. 두 번째 유형의 논리모델은 단일의 조직, 예컨대 제조업에 속하는 한 기업에서 발생한 사건들을 추적하는 경우에 적용할 수 있다. 〈도표 5-3〉은 항의를 받은 회사(〈도표 5-3〉의 네모 5와 6)가 어떻게 제조공정의 개선을 가져오는(네모 8) 변화를 이뤄내고, 궁극적으로 비즈니스의 성과를 향상시킬 수 있는지(네모 10과 11)를 보여주고 있다. 도표에서 네모 상자의 흐름은 초기의 조직변화가 외부 중개서비스와 기술적인 지원 서비스로 인해 발생한 결과라는 가설을 반영하고 있다(네모 2와 3). 이러한 가설 내 논리모델은 경쟁설명 또한 포함하고 있다(네모 12와 13). 이제, 사례연구의 자료분석은 이 조직에서 역사적으로 발생되었던 사건들을 세밀히 관찰하면서 시간의 경과에 따라 추적하는 활동이 될 것이다. 자료수집 과정 역시 네모 상자

〈도표 5-3〉 제조회사의 성과 변화

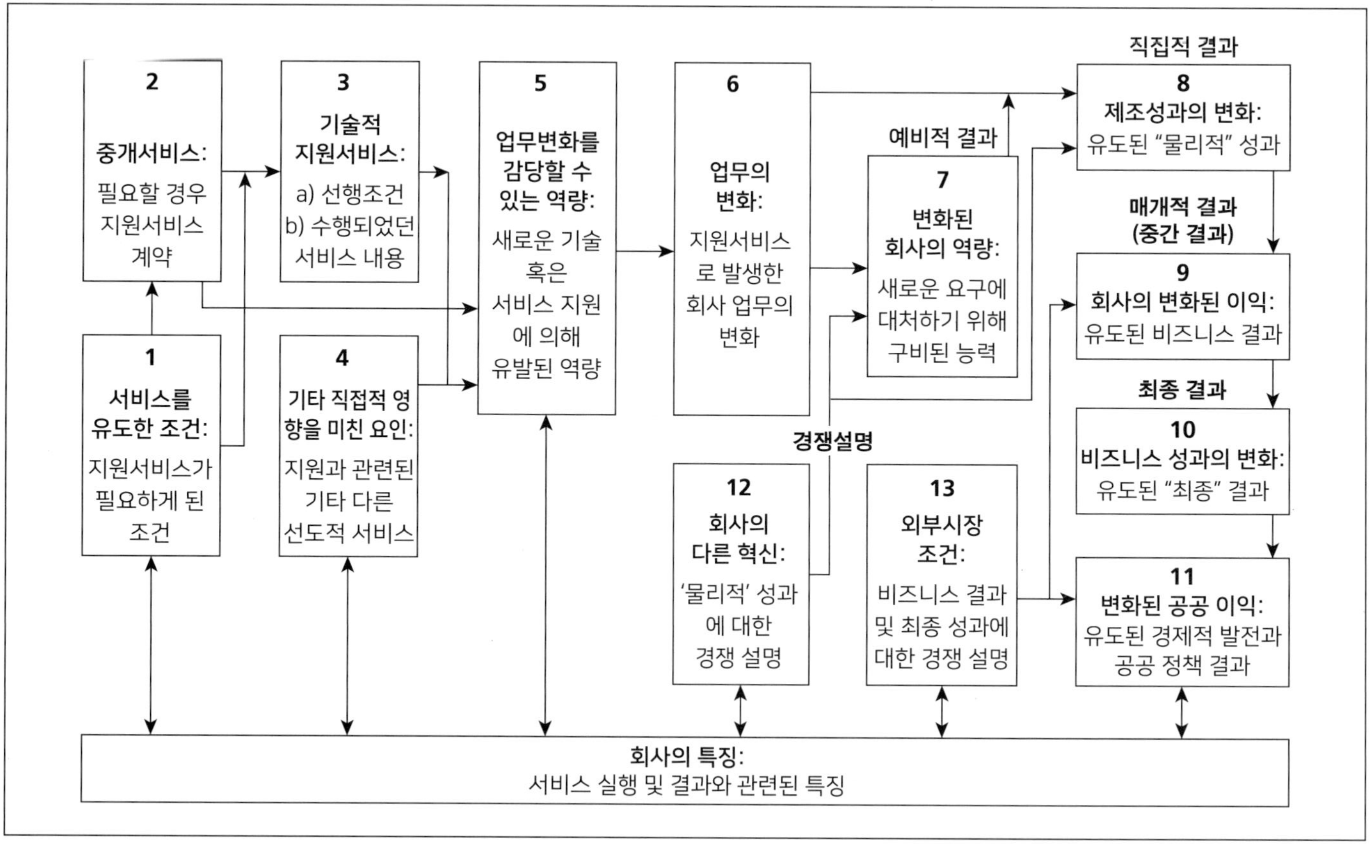

출처: Yin and Oldsman (1995).

안의 사건이 현실에서도 그대로 발생하였는지, 또한 화살표의 연결대로 사건이 진행되었는지를 확인하는 시도가 되어야 한다.

프로그램 수준의 논리모델. 〈도표 5-4〉는 논리모델의 세 번째 유형을 보여주고 있다. 이 모델은 후천성면역결핍증(HIV/AIDS)의 발생을 낮추는 것을 목적으로 하는 공공 프로그램에 대해 다루고 있다. 이 프로그램은 미국의 65개 주와 지역 전역에 걸쳐 각 지역의 보건부에 기술적 지원과 기금을 제공했다. 논리모델은 경쟁설명에 대한 자료수집을 포함해 8개의 사례로부터 자료를 분석하고 구성하는 데 사용되었다(전체 다중사례연구에 대해서는 Yin, 2012a의 15장 참조). 이와 같은 프로그램 수준의 논리모델은 다른 국가의 다른 프로그램을 연구하기 위한 연구방법으로 개발될 수 있다.

논리모델 다듬기. 지금까지 제시한 예를 보면, 논리모델은 새로운 연구의 설계라는 일반적인 역할을 넘어서서 분석적 도구로 사용되고 있다(논리모델과 관련된 책에서는 새로운 연구를 시작하는 단계에서의 역할에 대한 것만 강조하고 분석 단계에는 거의 관심을 두지 않는다)(Knowlton & Phillips, 2013). 〈도표 5-5〉와 〈도표 5-6〉에서 보이는 두 주제를 살펴보면, 논리모델을 상당한 정도까지 명확하게 활용하고 있음을 알 수 있을 것이다.

첫 번째 주제와 관련된 〈도표 5-5〉를 보자. 이 도표는 크게 두 부분으로 구성되는데, 위 부분에서는 논리모델을 통해 단지 발생한 사건만이 아닌 사건이 어떻게 전이되는지에 대한 과정(transition)을 나타낸다. 이 도표의 아래는 네모들 간의 "화살표"를 강조하여 사건이 어떻게 초기 단계에서 다음 단계로 넘어가게 되는지에 대한 설명이 왜 필요한지 보여주고 있다. 대부분의 사례연구가 자료를 단지 "네모"로만 보고 둘 간의 상관관계를 설명하고, 그 전이과정은 간과하고 있다.

〈**도표 5-4**〉 HIV/AIDS 방지를 위한 공동체 개선 계획

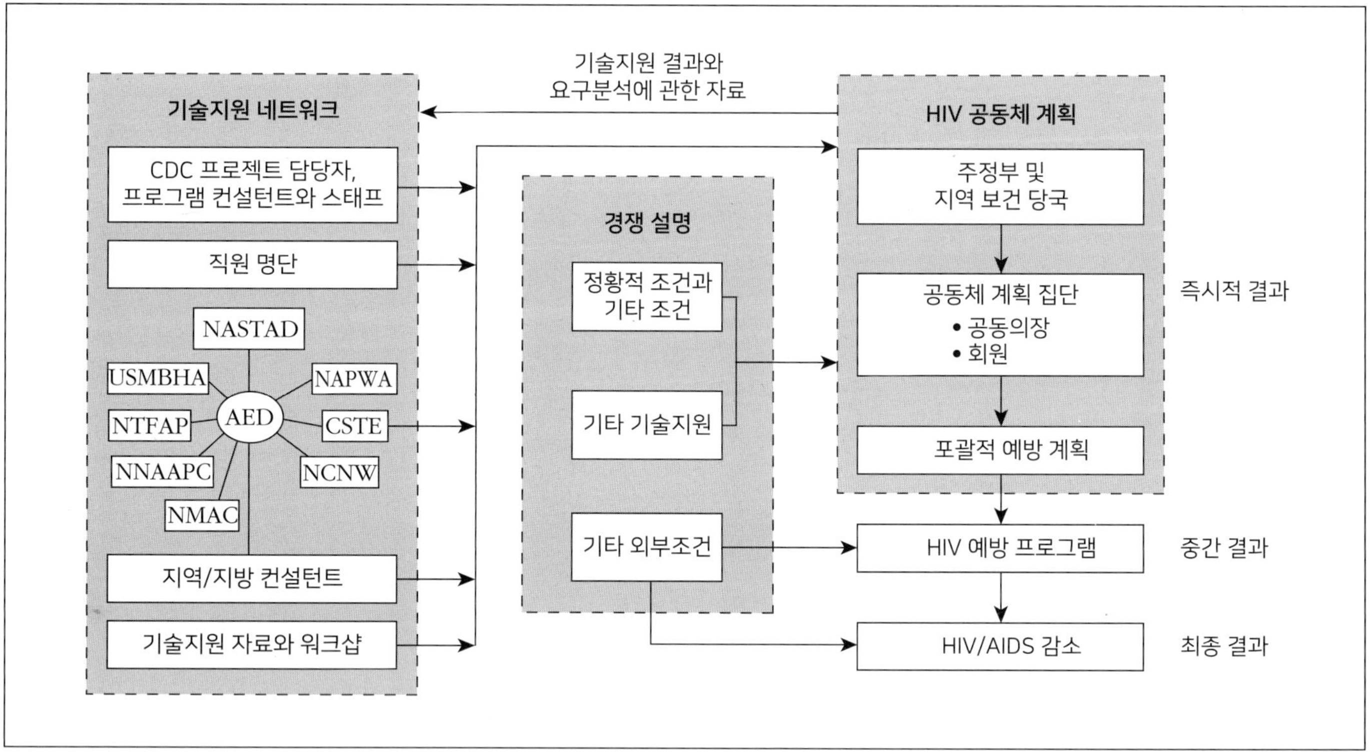

출처: Yin (2012a, chap. 15).

〈도표 5-5〉 단지 활동만이 아닌 전이과정에 대한 강조

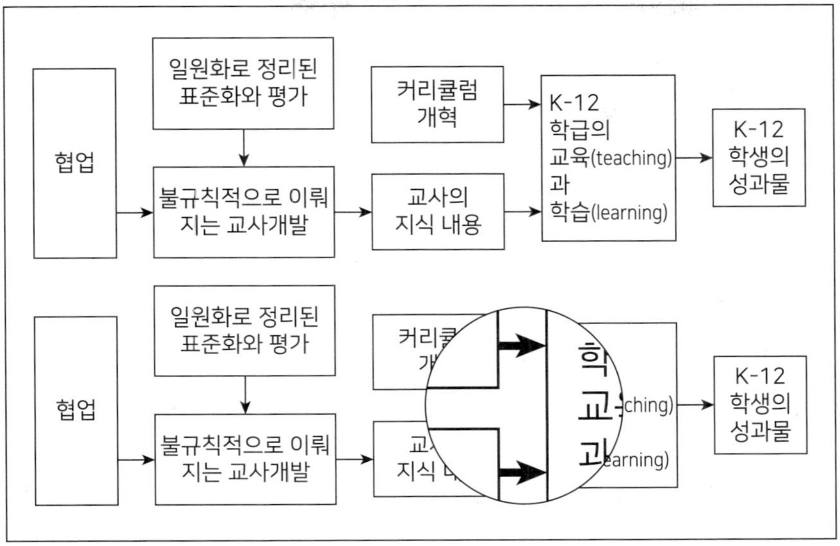

예를 들어, 정성적인 자료를 통해 사건의 연대기적 연속성을 다룬다고 하면, 이것은 본래의 논리모델 내에서 매칭되는 사건들의 연속성을 확인하는 것이 될 것이다. 반면 정량적인 자료라면 이와 유사하게 구조방정식을 통해 네모들 간의 연속성과 그 정도를 강조해 다루는 것이 될 것이다. 그러나 그 어느 것도 하나의 사건이 다음의 사건으로 '왜(why)' 그리고 '어떻게(how)' 넘어가는지 그 전이과정에 대한 설명은 하지 못한다. 이러한 설명은 논리 모델에 대한 보다 설득력 있고 강력한 검증을 수행하므로 사건(예: 네모)뿐만 아니라 전이(예: 화살표)에 대한 자료를 수집하고 제시해야 한다.[2]

두 번째 주제는 〈도표 5-6〉에 해당한다. 〈도표 5-6〉은 논리모델에 있어서 필수적인 부분인 정황적 조건(contextual condition)을 설명하고 있다. 많은 논리모델은 그저 일어난 사건들만을 제시할 뿐 사건의 정황적 조건에 관심을 두는 경우는 드물다. 그러나 정황적 조건은 모든 사례연구에서 중요한 부분이

〈도표 5-6〉 정황적 조건과 경쟁개입

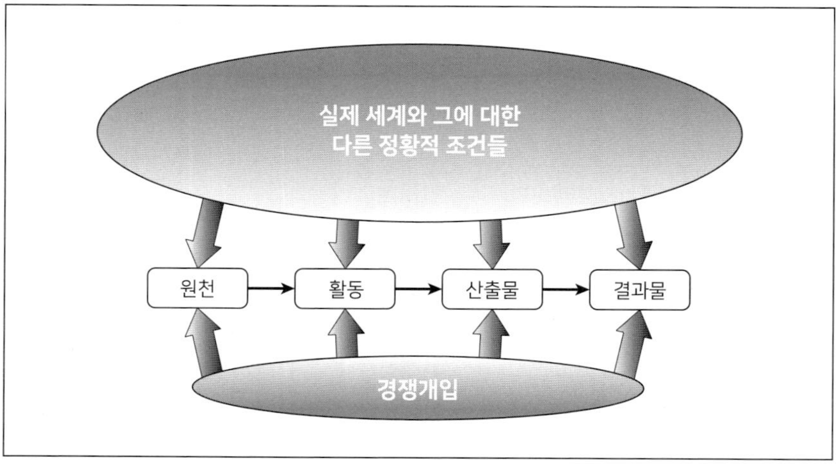

며, 어떠한 경우에는 "사례" 그 자체보다 더 중요할 수 있다. 따라서 이러한 조건에 대한 검토가 없다면, 사례에 대한 이해가 부족해 완전한 연구로 매듭지을 수 없게 될 수 있다.

예를 들어, 〈도표 5-6〉의 논리모델에서는 투자의 "원천"이 "결과"로 이어지는 일반적인 개입의 과정을 보여주고 있다. 이러한 개입은 사례연구에서 하나의 사례일 수 있다. 단, 〈도표 5-1〉과 〈도표 5-2〉에서 제시한 것처럼 논리모델이 비슷한 구조를 공유하는 경우는 예외가 된다. 〈도표 5-6〉의 논리모델은 경쟁개입(rival intervention)을 포함해 실제 세계와 다른 정황적 조건들 간의 관련성을 명시적으로 고려함으로써 연구의 범위를 확장시키고 있다. 이러한 정황적인 조건과 경쟁개입은 실제 개입으로 인한 결과에 강한 영향을 줄 수 있으며, 어떤 경우 개입에 의한 것보다 더 큰 영향을 줄 수 있다.

정황적인 배경을 구체화하고, 이를 모니터링해야 하는 필요성은 개별 사례에 따라 다양하게 나타날 것이다. 예를 들어, 개인에 대한 사례연구라면 정황적 조건은 가족과 친구, 공동체가 될 수 있으며, 이것들은 〈도표 5-2〉에서 보여주듯 청소년의 발달과정에 대한 가설을 이해하는 데 도움이 된다. 이와 유사하게 경영과 같이 조직에 관한 사례연구라면 〈도표 5-3〉에서 볼 수 없었던 경쟁자의 역할, 산업에 대한 조건, 규제 등이 정황이 될 것이다.

요약. 논리모델을 사용하는 것은 사례연구의 자료분석을 위한 네 번째 기법이다(예: 주변 활성화 절차에서 추정되는 일련의 사건). 분석은 정성적 또는 정량적 자료(또는 둘 다)를 사용할 수 있으며, 세 가지 유형의 모델에 대한 예시를 들어 설명했다. 각각은 연구대상이 되는 사례의 유형(개인, 조직, 프로그램)에 따라 다르다.

5. 사례통합(cross-case syntheses)

다섯 번째 분석기법은 다중사례연구에만 해당된다(앞서 설명한 4개의 분석기법은 단일사례연구나 다중사례연구에 모두 적용할 수 있다). 이 기법은 2장에서 언급한 바와 같이 한 사례연구 내에 적어도 두 개 이상의 사례를 포함하고 있는 경우에 사용할 수 있는 것이다(Ericksen & Dyer, 2004 참조). 다중사례연구는 하나의 사례를 취급할 때보다 분석이 용이하고, 연구결과가 보다 설득력을 갖게 된다는 장점이 있다. 예를 들어, BOX 35는 "두 가지 사례의" 사례연구를 통해 중요한 주제를 어떻게 다루었는지 보여준다. 다른 예로, BOX 36은 11개의 개별 사례에 대한 교차사례 통합을 설명하고 있다.

BOX 35
정책 관련 이론을 검증하기 위해서 두 개의 사례를 사용한 연구

1970년대와 1980년대의 세계 시장에서 가장 주목할 만한 이슈는 일본 경제의 비약적인 발전이었다. 일본 경제발전의 상당 부분은 당시 일본 정부의 행정적인 지원과 중앙집권화된 경제계획으로 인한 것이라는 평가가 지배적이었는데, 이러한 정부 주도의 지원은 당시 다른 국가와 비교했을 때 매우 차별화되는 경쟁우위를 가져다주는 것이었다. 반면 미국은 국가의 정책적인 지원을 구조적으로 받고 있지 못한 것으로 여겨졌다. Gregory Hook(1990)은 그의 사례연구에서 이에 대한 반례를 들어 사람들의 잘못된 인식을 꼬집었다. 즉, 방위산업 부문의 경우 산업 차원의 계획을 실행하는 데 있어서 미국 국방성이 어떠한 역할을 하였는지 보여줌으로써 미국의 정책적 지원이 전혀 없었던 것이 아니라는 것을 증명하였다.

Hook(1990)은 항공산업과 마이크로 전자산업(컴퓨터칩 시장과 개인의 컴퓨터 테크놀로지 등)이라는 두 가지 사례에서 정량적인 자료를 수집하였다. 항공산업은 전통적으로 연방정부의 지원에 영향을 받는 것으로 알려져 왔지만, 전자산업은 그렇지 않은 것으로 알려져 왔다. 두 개의 사례 모두에서 Hook이 수집한 증거들에 의하면, 미국의 국방성은 이 산업들의 초기 개발을 위하여 재정적인 지원, R&D 지원, 그리고 상품을 위한 초기 고객 기반까지지도 지원한 것으로 드러났다. 항공산업 하나만을 대상으로 한 것이 아니라, 두 개의 사례를 대상으로 하였기 때문에 저자의 전체적인 주장은 더욱 강력한 설득력을 가졌다.

BOX 36
11개의 프로그램 평가와 교차사례 통합

Dennis Rosenbaum(1986)은 11개의 프로그램 평가연구를 수집하여 한 권의 책으로 편집하였다. 11개의 평가연구는 각각 서로 다른 장(chapter)으로 구성되었다. 모든 평가연구는 서로 다른 연구자에 의해서 수행되었으며, 또한 서로 다른 연구방법을 사용하였다. 11개의 프로그램은 모두 공동체의 범죄 예방에 관한 것이었는데, 그중 일부는 방대한 양의 정량적 증거를 제시하거나 통계적 분석 기법을 사용한 것도 있었다. 이 평가연구들은 성공적으로 수행된 프로그램에 관한 것만 선택했기 때문에 11개 모두가 긍정적인 결과를 보이고 있다. Yin(1986)은 이 11개의 평가연구를 서로 분리된 사례로 간주하고, 사례통합연구를 수행하였다. 분석을 위하여 Yin은 먼저 11개의 평가연구로부터 제시된 증거들을 표의 형태로 분리하고, 재배열하였다. 그리고 반복연구논리(replication logic)에 의거하여 성공적인 공동체의 범죄 예방 프로그램에 대한 일반화를 도출하는 데에 성공하였다.

바람직한 교차사례 통합은 다른 연구 합성과 유사하게 일련의 개별 연구들을 모은 결과이다. 그러나 바람직한 교차사례 절차는 기존의 연구 통합

(Cooper, Hedges, & Valentine, 2009) 또는 메타 분석기법(Lipsey, 1992)과는 현저히 다르다.

교차사례 통합에 사례 기반 접근 사용하기. 전형적인 정량적 접근법은 내재적으로 환원주의적 방식에 의존한다. 즉, 주요변수를 식별하고, 각 변수에 대한 교차사례 자료를 집계하는 것이다. 당신이 (1) 설문을 수행하거나(설문에 대한 답을 집계하거나), (2) 실험을 수행하거나(실험 대상자에 대한 행동 반응을 집계하거나), (3) 이전에 수행한 많은 연구에 대한 메타분석을 수행할 때 비슷한 집계 절차가 수행된다. 세 가지 상황 모두 축소주의 접근법은 응답자, 실험 대상 또는 이전에 수행한 연구의 전체적인 관점을 무시한다. 교차사례 통합을 시도한다면 사례를 개별 변수로 분해하여 사례의 전체적인 특징이 반영되지 못하는 것을 피해야 한다. 더욱이 변수 수준에서 의미 있는 기록을 생성하기에 충분한 수의 사례연구가 없는 경우가 많다(많은 수의 사례를 가진 경우라면 study.sagepub.com/yin6e 웹사이트의 Tutorial 5-3에 제시된 변수 기반 접근법을 통해 결과를 종합하는 방법 참조)

바람직한 교차사례 통합은 "변수 기반" 접근이 아닌 "사례 기반" 접근과 유사해야 한다(Byrne, 2009; Ragin, 1992). 사례 기반 접근방식의 목표는 전체 사례의 무결성을 유지한 다음, 사례 전반에 걸쳐 사례 내 패턴을 비교하거나 통합하는 것이다. 이런 의미에서 교차사례 통합에 대한 바람직한 접근법은 변수에 관한 결론에 도달할 필요는 있지만, 반드시 사건에 관한 결론에 도달하는 것을 목표로 하는 전통적인 연구 합성에서의 자료 집계 접근법과는 다르다.

몇 가지 예시. 예를 들어, 7명의 독서 행동을 다루는 다중사례연구에서 부적절한 변수 기반 접근이 다음처럼 시작될 수 있다. (1) 개인의 연령, 성별, 인종의 차이가 사례 선택 절차에서 이미 통제되었고, (2) 점수 단위나 다른 주요변수가 독서에 어떠한 변화를 설명하는지에 대해 조사하는 경우다. 이러한 분석 순서는 변수의 교차사례 패턴을 확인하고, 중요한 사례 내 패턴(정성 또는 정량)을 대부분 무시한다. 동시에 적은 수의 사례연구는 통계적 검증이 덜 요구되는, 의미 있는 교차사례 집계에서 제외될 것이다.

반면 교차사례 통합은 개인의 독서 행동이 다른 독서전략을 따르는지 여부를 판단할 때 처음 사례에서 패턴을 식별한다. 이러한 사례 내 패턴에 대한 잠정적인 결론을 도출한 경우에만 다음의 사례에서 반복적(일반적 또는 이론적) 관계가 나타나는지 분석할 수 있다. 이러한 질문을 반복하면서 사례의 초기 질문인 각 개인이 선택한 독서전략의 참여방법과 이유를 분석에 포함하고, 후속의 교차사례 비교는 일반적 또는 이론적 반복 과정을 거쳐 추가로 확인한다.

여러 사례연구가 다양한 유형의 독서전략과 그 작동 방식에 대한 이론적 제안으로 시작된 경우라면 선행 예제 전체가 연역적 관점에서 더 큰 통찰력을 제공할 수 있다. 그러나 교차사례 통합은 귀납적 관점에서 수행될 수 있으므로 사례연구의 목표는 새로운 독서전략이나 방식을 밝히는 것이 된다.

한편 바람직한 교차사례 통합은 교차사례 패턴을 고차원의 개념으로 확장하는 것도 가능하다. 다음의 두 번째 예시인 7명의 집단사례가 이러한 경우를 보여준다.

이 다중사례연구는 각 집단이 특정조치를 취하는 것에 대한 합의에 도달할 수 있는지 여부와 그 방법을 결정하는 것에 대한 것이다(이 예시에서는 환자 집단의 한 구성원이 치료과정에 동의하고, 집단의 다른 구성원은 가족 및 의료 제공자이다). 이 자료는 집단의 상호작용을 관찰하고 각 집단의 구성원을 대상으로 한 인터뷰를 중심으로 이루어졌으며, 인터뷰에서는 각 집단의 합의-도모와 합의-저항에 대한 과정을 다루고 있다. 주요 결과는 각 집단이 합의를 달성했는지 여부와 결과, 방법 및 근거로 구성되어 있다.

교차사례 통합에서 집단의 모든 구성원이 행동 과정에 대한 합의뿐만 아니라 공동의 비전을 제시했을 때 합의가 있는 것으로 나타났다. 가장 중요하게, 비전은 광범위한 건강 관리 및 사회적 문제와 가치(단순 동의를 넘어선 내용)를 포함하고 있다. 이때 "공유 권한 부여"는 고차원의 개념 중 하나로 등장한다. 이 개념은 집단 구성원 간에 간단한 투표 절차만 의존하는 합의 과정보다 더 넓은 범위에서의 구성원 간 동의와 집단에서의 적용-을 의미한다. "공유 권한 부여"라는 개념이 등장하면서 이 연구는 선행연구의 범위를 확장하게 되었다. 이전 연구에서는 합의 구축을 강조했지만, 해당 연구에서는 "공유 권한 부여"를 연구(또는 운영)할 수 있는 정도를 결정하는 것까지 다루고 있다. 그럼으로써 7개의 집단에 대한 이 사례연구는 공중 보건 분야에서 집단 역학 이론 구축에 큰 기여를 할 수 있었다.

이 예시는 다음의 중요한 시사점을 제공한다. 교차사례 통합을 수행할 때는 개별 변수 수준으로 하향하는 것이 아니라 개념을 상향해 생각할 수 있도록 준비해야 한다는 것이다. 아마도 당신은 현상 또는 사건의 전체적인 특징을 파악하고, 실제 상황을 이해하고자 했기 때문에 사례연구방법을 선택했을 것이다. 바람직한 교차사례 통합은 변수 기반으로 접근하기보다는 전체적인 관점을 유지하기 위해 노력해야 한다.[3] BOX 37은 이러한 관점에서 10개의 사례연구에 대해 일반적 또는 이론적 반복을 기반으로 한 다중사례연구를 다루고 있다.

교차사례 통합에서 매우 중요한 것은 다중사례연구에서 개별 사례 간 차이를 축소할 수 있는 부분을 다룰 수 있는 능력이다. 두 사례가 완벽히 동일한 경우는 없다. 따라서 필수적이지는 않더라도 개별 사례가 중요한 측면(예:

BOX 37
일반화를 위한 반복 논리 및 프로그램 이론을 사용하는 교차사례 통합

Mookherji와 LaFond(2013)는 아프리카 3개국의 예방 접종 프로그램과 관련된 다중사례연구를 수행했다. 각 국가의 4개 지역에서 자료를 수집하고, 개별 지역에 대한 사례연구를 수행했다. 프로그램이 진행되면서 같은 기간 내 각 국가의 3개 지역은 예방 접종률이 높아졌지만 단 한 개의 지역만 접종률이 동일한 수준을 유지했다. 저자는 여섯 가지의 복잡한 제도적 동인을 설명할 수 있는 상세한 변화 이론을 다뤘다. 그들은 9개 지역의 개선된 비율을 설명하기 위한 가설을 세우며 다른 3개의 지역에서는 이 가설이 성립하지 않는다고 가정했다. 최종적으로 두 개의 직접적인 반복(9개 및 3개의 지역 내에서)과 이론적 반복의 세트(9개의 지역을 3개의 지역과 비교)로 사례분석의 결과를 통합했다.

이 사례연구의 결론은 전반적인 변화 이론과 그 동인을 뒷받침한다. 그 결과, 이 연구는 접종률을 높일 수 있는 예방 접종 프로그램의 구현 과정을 해당 사례에 국한하지 않고, 일반화하여 주장할 수 있었다. 또한, 연구결과는 3개의 국가 간 차이로 표명될 수 있는 관련 조건의 역할도 다루고 있다. (저자가 주장한 것은 아니지만) 제안된 결과는 예방 접종 프로그램뿐만 아니라 변화 이론에 근거해 다른 공중보건의 동인과도 관련 있을 수 있다.

문화적 또는 제도적 환경)에서 충분히 비교 가능한지가 설득력 있는 결과를 도출하는 데 도움이 된다.

마찬가지로 사례 간 차이가 결과에 미치는 영향이 중요하다면, 도출된 다중사례 결과의 신뢰성을 훼손하지 않도록 주의를 기울여야 한다. 판례법과 같은 분야는 개별 법률 사건이 불가피하게 특수한 경우(최소한 시간적으로나 위치적으로 차이가 발생하는 상황)가 발생할 수 있다. 이 경우 관련 사례의 물리적 특성이 가지는 유사성이 한 사례에서 다른 사례로의 법적 원칙이나 해석에 적용할 수 있어야 한다.

교차사례의 통합을 수행함에 있어 특히 주의할 점은 교차사례 패턴이 수치화된 집계가 아닌, 논점의 해석에 크게 의존한다는 것이다. 이 절차는 분석의 일반화 절차와 유사하다. 2장에서 이러한 접근방식이 여러 실험에서의 결과를 집계하는 것과 유사하다고 지적했다. 이 교훈은 적은 수의 사례만 통합에 사용할 수 있는 경우 수치화할 수 있는 특성이 없을 수 있다는 것을 보여준다.

따라서 교차사례 통합을 수행할 때 필요한 것은, 자료에서 지원하는 강력하고 설득력 있으며 타당한 주장을 개발하는 방법을 아는 것이다. 여기에는 설득력 있는 경쟁설명과 관련 있을 수 있는 사례들 사이의 유사성 또는 차이점을 민감히 다룰 수 있는 능력이 포함되어야 한다. 이 장의 앞부분에서 설명한 것처럼 모든 경쟁설명을 다룰 필요는 없다. 마찬가지로, 유사성이 없더라도 사례의 통합으로 도출된 결과의 신뢰성이 훼손되지 않도록 주의해야 한다.

다음에 제시하는 부분은 5장의 결론 부분으로써 교차사례 통합 또는 앞서 설명한 다른 분석기법의 선택 여부와 관계없이, 연구수행에 고려할만한 다양한 아이디어를 제공하고자 한다. 여기서 제시되는 아이디어들은 전체 사례연구의 분석 수준을 높일 수 있을 것이다.

양질의 분석결과 도출

어떤 분석전략이나 분석기법을 적용하든 간에 가장 중요한 것은, 최상의 분석결과를 도출하기 위하여 연구자가 최선을 다해야 한다는 점이다. 사회과학연구에서 좋은 분석이란 최소한 다음과 같은 네 가지 조건을 만족해야 한다(Lincoln & Guba, 1985; Yin, 2013, 2015a).

첫째, 연구자가 분석 과정에서 모든 증거를 세심하게 검토하였음이 나타나야 한다. 또한 경쟁가설의 개발을 포함한 모든 연구전략을 계획한 대로 철저하게 완수하였음이 증명되어야 한다. 이는 연구자가 가능한 모든 적절한 증거를 수집하고, 이러한 증거를 해석하는 데 최선을 다했음이 분석 과정에서 드러나야 한다는 것을 의미한다. 이러한 질적 수준을 충족하지 못할 경우, 연구자가 주의를 기울이지 않았던 증거로부터 대안적 설명이 가능하게 되며, 이에 의해서 전체의 연구 분석결과가 공격받을 수 있다.

둘째, 분석은 가능한 모든 대안적 해석 및 경쟁설명을 고려해야 한다. 즉, 연구의 결과에 대해서 대안적인 설명이 가능한 모든 상황을 경쟁가설이나 경쟁설명으로 설정하고 검토하여야 한다. 경쟁가설이나 경쟁설명에 부합하는 증거가 만약 존재한다면 어떻게 할 것인가? 연구결과는 어떻게 되는 것인가? 만약 경쟁가설을 지지하는 증거가 없다면 경쟁가설이나 경쟁설명은 향후 연구를 위해 해결되지 않은 상태로 남겨둘 것인가? 이러한 문제들에 대해 미리 주의를 기울이는 것이 바람직하다.

셋째, 분석할 수 있는 연구사례 또는 연구대상의 가장 중요한 현상, 즉 핵심 문제를 중심으로 연구가 수행되어야 한다. 단일사례연구이건 다중사례연구이건 간에 연구 초기에 설정한 가장 중요한 이슈에 분석의 초점이 제대로 맞추어졌다면, 일단 연구자가 분석에 최선을 다했음이 증명된 것이라고 봐도 무방하다. 중요하지 않은 문제에 치중하다 연구결과에 잠재적으로 상반된 결과가 나타난다면, 주요 이슈를 회피하였다는 공격을 받을 수도 있다.

넷째, 기존의 이론, 지식, 경험 등을 될 수 있는 대로 충실하게 이용해야 한다. 연구자가 사례연구의 주제에 대하여 최신 사상이나 이론을 숙지하고 있음을 증명하는 것이 바람직하다. 특히 연구자가 과거에 유사한 연구를 수행하였거나 같은 주제로 논문을 발표한 경험이 있어서 현재 당면한 연구주제에 대해 잘 알고 있다면, 연구가 더욱 신뢰를 받을 수 있을 것이다.

BOX 38에 있는 사례연구는 학문적으로 명성이 있고, 매우 풍부한 실전 경험을 가지고 있는 한 연구팀에 의해서 수행된 것이다. 저자들은 여러 단계의 분석 과정을 통해서 자신들이 연구의 실증적인 조사에 얼마나 세심한 주의를 기울였는지 증명하였다. 연구조사에 관한 이러한 정신은 모든 사례연구에서 본받을만한 가치가 있다고 생각된다. 이와 같이 연구자가 조사 과정에서 세심한 주의를 기울였다는 사실을 증명하는 일은, 연구방법론을 설명하는 부분에서 하는 것이 아니라 사례 자체에 대해서 기술하는 부분에서 이루어져야 한다. 지금까지 좋은 사례연구 분석을 위한 필요조건으로 네 가지 전략을 설명하였다. 이러한 전략을 사례연구에 적절히 응용한다면 분석의 결과가 더욱 설득력 있고, 객관적인 것으로 인정받을 수 있을 것이다.

BOX 38
국제무역경쟁에 관한 다중사례연구

좋은 사례연구 분석이란 어떠한 분석기법을 사용하였는가에 달린 것이 아니다. 물론 분석기법도 매우 중요하지만 연구자가 분석을 수행하는 데 얼마나 전문성을 가졌는지 증명하는 것도 매우 중요하다. Magaziner와 Patinkin(1989)의 책 「The Silent War: Inside the Global Business Battles Shaping America's Future」는 이러한 연구자의 전문성이 매우 잘 드러나고 있다.

저자들은 9개의 사례를 매우 뛰어난 기법으로 구성하였다. 반복연구논리를 사용하여 사례들을 비교함으로써 미국의 경쟁우위에 관한 주요 주제들을 다루었다. 각 사례를 조사하기 위해서 저자들은 많은 사람을 인터뷰하고, 다량의 문서들을 조사하였으며, 다양한 증거를 어떻게 수집하였는지에 대해 상세하게 기술하였다. 가령, 내러티브의 근거자료를 제시하기 위하여 다수의 자료들을 도표화하였으며, 주석과 보충자료를 자세히 제공하였다. 더불어, 저자들은 자신들이 개인적으로 국내 및 해외 무역기구 등을 방문한 경험이 많았기 때문에 연구주제에 대해 매우 정통하였다는 사실을 본문에서 제시하고 있다.

연구방법론적인 부분이 기술적으로 명확하게 설명되는 것도 중요하지만 자료수집과 분석의 과정에서 얼마나 연구자들이 주의깊고, 세심한 작업을 수행하였는가를 밝히는 것도 매우 중요하다. 왜냐하면 이러한 과정을 통하여 연구자들이 무엇을 하고자 노력하였는지를 독자들에게 설득력 있게 설명할 수 있기 때문이다(2장의 BOX 5 참조).

연습문제 5-5
분석 과정 설계하기

이 책의 BOX에 인용된 사례들 중 하나를 선택하라. 증거들이 제시되어 있는 부분을 사용하여 이러한 증거들이 어떻게 연결되어 있는지, 증거와 결론이 어떻게 연결되어 있는지를 설명하라. 주요 자료들이 표의 형식으로 제시되어 있는가? 아니면 다른 형태로 제시되어 있는가? 비교 분석은 어떻게 수행되었는가?

요약

이번 장에서는 사례연구의 분석방법에 대하여 살펴보았다. 첫째, 이론적 명제를 사용하거나, 자료를 심층적으로 분석하거나, 경쟁설명을 사용하거나, 사례를 기술하는 프레임워크 개발 등의 일반적인 분석전략을 사용함으로써 분석 과정에서 발생할 수 있는 문제점들을 감소시킬 수 있다. 이러한 전략이 없다면 무엇을 분석해야 하는지, 어떻게 분석해야 하는지에 대해 체계적인 계획을 세우지 못하고 자료와 씨름할 수도 있다.

둘째, 일반적인 분석전략을 선택한 다음에는 구체적인 분석기법을 선택해야 한다. 여기에는 다섯 가지의 분석기법이 있다. 패턴 매칭, 설명하기, 시계열 분석, 논리모델, 교차사례 통합(cross-case analysis) 등이 그것이다. 만약 다중사례연구를 수행하고자 한다면, 이 다섯 가지의 분석기법에 반복연구논리를 적용할 수 있다. 개별적인 사례 내부에서는 경쟁명제와의 비교, 내적 타당성을 위협하는 요인에 대한 검토 등이 필요하다.

이러한 분석기법 중에서 쉬운 방법은 없다. 어떠한 기법도 단순히 기계적으로 적용되어서는 안 되며, 요리책처럼 진행 절차를 따라 할 수도 없다. 사례연구를 수행할 때 분석의 단계가 가장 어렵다는 것은 말할 나위도 없으며, 초보 분석가일수록 어려움에 빠질 가능성이 높다. 다시 강조하지만, 초보 분석가라면 연구문제가 다소 단순하고 덜 혁신적이라 할지라도 처음 출발은 단순하고 쉬운 사례로부터 시작할 것을 권하고 싶다. 이러한 연구를 일단 완수하면, 다음 연구에서는 좀 더 어려운 주제를 해결할 수 있는 능력을 갖게 될 것이다.

미주

1. 이 책의 초판에서는 이 절차와 "비등가 종속변수 설계"로 분류된 유력한 유사실험 설계 사이의 유사점에 초점을 두었다(Cook & Campbell, 1979, p. 118). 이 설계에 따르면, 개입은 다양한 결과를 가져올 수 있다. 연구에서 처음 예측한 모든 결과를 발견하면, 개입의 효과에 대한 결론에 도달할 수 있다. 예를 들어, 공중 보건 연구에서 일부 결과는 영향을 받는 것으로 예측되었지만, 다른 결과는 영향을 받지 않을 것으로 예상할 수 있다(Rosenbaum, 2002, pp. 210-211). 경험적으로 결정된 패턴과 초기에 규정된 패턴과 비교할 수 있다. 유사실험 설계에서 패턴의 일치는 다음과 같은 방식으로 발생한다. 각 결과가 초기에 예측한 값으로 발견됨과 동시에 예측된 값(방법론적 인공물 또는 유효성의 "위협"에서 초래한 것을 포함)을 대체하는 패턴이 발견되지 않을 때, 인과 추론이 고려될 수 있다.
2. 이러한 전환에 대한 관심 부족은 논리 모델과 순서도 간의 그래픽을 혼동하면서 발생할 수 있다. 산업공학의 응용에 주로 사용되는 순서도는 조립 라인에 빗대어 하나의 상자 뒤에 다른 상자가 연결되는 방식을 사용한다. 반면 논리 모델에서 선은 단순한 순차 관계 이상의 것을 의미한다. 선은 또한 하나의 상자가 다음 상자를 만들어 내는 연쇄적인 절차를 보여주는 것을 나타낼 수도 있다. 이런 연쇄 작용이 발생하는 방식은 논리 모델을 사용할 때 전환에 대한 충분한 설명이 필요한 부분이다.
3. 이전에 정량적 연구가 익숙했던 연구자는 사례 기반 접근에 어려움을 겪을 것으로 생각할 수 있다. 그 이유는 연구자의 연구 방향에서 변수 기반의 사고가 잠재적으로 작용할 수 있기 때문이다. 그러나 이러한 추측은 편견일 수 있다. 저자가 다른 연구 집단과 상의를 해보면, 양적 연구에 익숙한 연구자(이후 다중사례연구를 수행하고자 하는 연구자)는 변수를 통해 분석의 모든 핵심 요소를 쉽게 판단했다. 이처럼 변수 기반의 사고는 이용가능한 사례의 수가 적을지라도 변수를 기반으로 분석을 원하는 방향으로 이끄는 것을 용이하게 한다.

응용 7 사례연구를 사용하여 경쟁가설 직접 비교하기
군사기지 폐쇄로 심각한 경제적 타격이 발생하였는가

실험연구에서 통제 집단을 사용하는 이유는 모든 경쟁요소를 배제하기 위해서인데, 이때 경쟁요소들을 지정하거나 조사해야 하는 것은 아니다. 실험연구와 동일하게 사례연구에 통제 집단을 사용해야 하는 것은 아니지만 설득력 있는 경쟁요소의 수가 적을 수 있고, 직접 조사하는 것도 한계가 있을 수 있다. 따라서 개별적인 경쟁가설에 중점을 두고 조사한다면, 사례연구의 타당성을 크게 높일 수 있다. **응용 7**은 사례연구에서 주요 가설과 경쟁가설을 어떻게 다룰 수 있는지 보여주며, 어떤 증거가 하나의 가설은 지지하지만 다른 가설은 지지하지 않는 상황을 보여주고 있다.

국가 전역에 위치한 군사기지는 중요한 안보기능을 수행할 뿐만 아니라 해당 지역의 민간인을 고용하고 지역 자원을 사용함으로써 지역경제에도 큰 기여를 한다. 특히 적은 규모의 관할지역에 위치한 군사기지는 관할구역의 경제에 실질적인 기여를 한다.

따라서 군사기지가 폐쇄되면 일반적으로 지역경제에 심각한 타격을 준다. Ted K. Bradshaw의 사례연구는 캘리포니아의 지역 카운티에 있던 공군기지의 폐쇄를 다루고 있다.*

가설 1. 초기가설은 다음과 같은 이유로 공군기지 폐쇄가 지역 카운티에 "재해" 수준만큼의 심각한 경제적 타격을 줄 것이라고 판단했다.

---

*Bradshaw, T. K. (1999). Communities not fazed: Why military base closures may not be catastrophic. Journal of American Planning Association, 65, 193-206. 저자는 Bradshaw(1999) 논문을 요약해 Yin의 The Case Study Anthology(2004)에 실었다. 6개의 모든 경제적 부문을 보고 싶다면 논문 원본을 참조하라. 지면상 제약으로 **응용** 7에서는 3개만 실었다.

해당 공군기지는 B-25 폭격기와 K-135 유조선 승무원을 위해 설립된 전략항공지휘시설이었다. 이곳은 카운티 내 최대 고용주로서 6,000명 이상(군사 5,000명 및 민간인 1,000명)의 인원을 고용하고 있었으며, 이는 카운티 노동인구의 10%를 차지하는 수치이다. 마찬가지로, 11,000명의 군인, 배우자 및 부양가족이 카운티 인구의 6%를 차지했다. 또한 카운티의 경제는 농업 및 관련 산업으로 이루어졌고, 공군기지말고는 1,000명의 민간직원이 고용될 수 있는 다른 대규모의 고용주나 연방정부시설은 해당 지역에 없었다.

공군기지 폐쇄 결정은 조정위원회(Base Realignment and Adjustment Commission)에서 권고한 내용이었다. 결과적으로 공군기지 운영과 관련해 고용된 인력의 대부분은 공식적인 기지 폐쇄 1년 전부터 오클라호마와 루이지애나에 있는 다른 군사 시설로 옮겨갔다.

당시 공식대책위원회의 보고서는 카운티에 발생할 수 있는 심각한 경제적 손실을 추정하고 있었다. 이 보고서는 카운티에 민간 일자리 3,700명과 인구 18,000명의 일자리가 사라지고, 소매판매 1억 1천 5백만 달러의 손실이 발생할 것이라고 밝혔다. 이미 14.4%로 높았던 카운티의 실업률은 21.7%로 상승할 것으로 추정되었다. 실업인구의 증가와 소매판매의 감소로 카운티 경제가 치명적인 타격을 입을 것이라 예상하였다.

가설 2. 초기가설에 대한 반대 가설을 뒷받침하기 위한 사례연구는 몇 년 전에 발생한 다른 군사기지 폐쇄에 대한 연구결과에서 출발하였다.

연구 중 하나는 전략공군명령시설(Strategic Air Command facility)과 유사한 3개의 군사기지 폐쇄에 대한 조사였다. 이 연구와 다른 연구들은 모두 군사기지 폐쇄가 장기뿐 아니라 단기적으로도 경제에 심각한 영향을 주지 않는다고 주장했다. 약간의 경제적 손실이 있을 수 있지만 그 영향은 예상만큼 심각하지 않다고 보았다. 또한, 장기적으로 버려진 군사기지 시설이 새로운 경제

발전 기회를 제공할 수 있다고 제시했다.

Bradshaw의 사례연구는 두 가지 경쟁가설을 모두 조사했다. 그는 소매점 판매, 현지장비 공급업체, 병원 및 건강관리 서비스, 고용 및 실업 상태, 주택, 인구 변화 등의 6개 주요 경제 부문에서 공군기지 폐쇄 전과 폐쇄 중, 그리고 폐쇄 이후의 경제적 상황을 판단할 수 있는 다양한 양적 자료를 수집했다. 한 가지 가설은 경제에 심각한 영향을 미칠 수 있는 것은 피할 수 있으며, 따라서 군사기지 폐쇄로 치명적인 경제적 손실은 발생하지 않는다는 것이 주요 결론이었다.

한편 이 연구에서 저자는 질적 자료가 어떻게 양적 자료를 보완할 수 있는지를 보여주면서 심각한 경제적 타격이 발생하지 않은 이유를 설명하고 있다. 이 설명은 Bradshaw의 주요지역 공무원, 지역사회 및 산업 담당자, 군 직원과의 인터뷰를 토대로 한다. 소매판매, 현지장비 공급업체, 고용 및 실업과 관련된 세부 내용은 다음에서 논의된다(원래 사례연구는 6개 부문 모두에 대해 자료를 제공하고 있다. **응용** 7 시작 페이지의 각주 참조).

세 가지 경제부문의 변화에 대한 설명. 소매판매 부문에서 판매량 감소와 손실, 지방세 수입이 감소할 것이란 우려는 지역소매점이 아닌, 공군기지의 위원회에서 처음 제기되었다. 그러나 이 문제는 실제로 발생하지 않았다. 공군기지 인근에 위치한 다수의 할인매장을 제외하고 카운티의 구매력은 지역경제를 구성하는 주된 요소가 아니었다. 또한, 공군기지가 이전된 이후에도 기지와 관련된 일정 규모의 인구(퇴직 군인)가 지역사회에 남아 있었다. 오히려 퇴직자들이 소매품 구매를 (폐쇄된) 커미셔너리(commissaries)에서 지역 할인매장으로 옮겨가면서 카운티의 소매판매량이 소폭 증가했다.

한편 공군기지는 주요 건설 프로젝트를 진행하여 공군의 현지장비 조달과 장비 서비스에 대한 수요가 있었다. 이러한 수요는 공군기지가 폐쇄하면서 중단되었지만 완벽한 중단은 아니었다. 왜냐하면 공군기지 폐쇄로 남겨진 유독성 폐기물을 정화하기 위해 새로운 프로그램을 시작해야 했기 때문이다. 기존의 공급업체가 이 프로그램에 참여하지 않을 수도 있지만 현지장비 공급업체에 대한 전반적인 영향은 예상보다 나쁘지 않았다.

카운티의 고용과 실업 변화를 파악하기 위해 저자는 공군기지 폐쇄 후 5년 동안 관련 자료를 수집했다. 구체적으로, 계절성이 있는 고용과 실업의 특징을 반영해 월을 기준으로 연 단위 비교를 했다. 그 결과, 실제 공군기지가 폐쇄된 4월은 폐쇄 전부터 폐쇄 시점까지 실업률이 약간 증가했으나 이후 2년은 감소한 것으로 나타났다. 10월과 1월에서도 비슷한 결과를 보였다.

공군기지 폐쇄가 고용과 실업에 미친 영향을 파악하는 데 있어 가장 어려웠던 점은 해당 카운티가 경제적으로 성장하는 지역에 위치하고 있다는 점이었다. 따라서 고용과 실업의 상황이 공군기지가 폐쇄되지 않았다면 더 나았을 것이라는 주장을 제기할 수 있다. 이러한 가능성을 다루기 위해 Bradshaw는 주변 카운티의 자료를 조사했다. 분석결과, 공군기지 폐쇄 후 고용과 실업은 개선되었지만 그 차이는 극적인 것이 아니었으며, 이는 공군기지 폐쇄로 경제적 타격이 심각할 것이라는 가설을 반박하는 결과였다.

결론. 저자는 공군기지 폐쇄가 카운티의 경제에 치명적인 영향을 주지 않았지만 다른 영향을 고려하면 기지 폐쇄가 미치는 부정적 영향이 여전히 클 수 있다고 결론 내렸다. 예를 들어, 군사기지가 대규모 제조 및 연구개발과 관련된 많은 민간 노동자를 고용하고 있었다면 결과가 달라질 수 있다고 지적했다. 해당 사례에서는 그러한 상황이 아니었으며, 이 사례연구는 가설 1이 왜 성립하지 않았는지에 대해 적절한 근거를 통해 설명하고 있다.

토론 및 과제

후속연구 생각해 보기

일반적으로 단일사례연구(또는 동일 문제에 대한 다른 유형의 사례연구)가 더 이상의 추가적 질문이 나올 수 없는, 완벽한 결과와 결론을 제시하지는 않는다. 따라서 초기 연구를 보완하고, 보강하기 위해서는 항상 후속연구를 염두에 두어야 한다. 예를 들어, 자신의 연구방향은 유지하되 다른 연구방법을 수행하는 것도 생각해야 한다(예: 원래 결과를 복제, 강화하거나 새로운 문제 또는 상황까지 확대).

응용 7은 주요 결론을 뒷받침할 수 있는 설득력 높은 결과가 도출된 경우이다. 특히 주목할 부분은 이 연구가 광범위하게 정량적 자료를 사용했고, 관련 지역의 공무원, 지역사회 대표자 및 군 직원(지면상 이유로 원본의 상당 부분 내용은 생략)과의 인터뷰 등 정성적 자료도 보완적으로 사용했다는 점이다. 또한 이 연구는 몇 년 전에 발생한 다른 군사기지 폐쇄를 다룬 연구를 참고해 자신의 연구결과를 뒷받침할 수 있는 보완적인 결과를 제시했다.

증거의 범위를 확대하는 것이 아닌 후속연구를 수행하고, 기존의 연구설계를 확장하는 방법에 대해 토론하라. 한 가지 방법은 대상이 되는 지역을 벗어나 유사한 군사기지 폐쇄가 발생한 지역을 대상으로 새로운 사례연구를 수행하는 것이다. 또 다른 방법은 원래 대상이 된 지역의 최근 자료를 수집하는 것이다. 예를 들어, 여전히 지역에 거주하고 있는 주민들을 대상으로 설문조사해 현재의 생활 및 고용 상황을 파악하고, 기지 폐쇄가 발표된 후 폐쇄의 진행 과정에 대해 질문할 수 있다. 또 다른 방법으로 무엇이 가능할까?

응용 8 설명적 사례연구의 예시: 연방에서 수여한 보조금이 대학 컴퓨터 학과에 미치는 영향

응용 8은 원래 사례연구가 아닌 보조금 책임 조사관이 제출한 최종 보조금 보고서의 초록에 관한 것이다.* 아래에서는 기존의 초록과 함께 저자가 작성한 주석과 형태[**굵은 글자와 각괄호**]를 추가했다. 초록을 작성한 최초 저자는 대학교 컴퓨터 학과의 중요한 조직 변화가 연방 보조금 지원과 관련이 있다고 주장했다. 초록은 길이가 제한(2쪽, 단일 간격)되기 때문에 자료나 증거를 제시하지 않았지만 이 글은 설명적 사례연구를 구성하는 방법에 대한 좋은 예시가 될 수 있다.

지난 7년 동안 코넬 대학교의 컴퓨터 학과는 이론 중심의 연구에서 높은 수준의 컴퓨팅 실험연구를 하는 학과로 발전했다. 학과의 컴퓨팅 시설은 VAX/780과 PDP11/60에서 100개의 워크스테이션과 UNIX 메인 프레임[**보조금에 의한**]으로 교체됐다. 모든 교직원과 대학원생은 매일 이 컴퓨터를 사용하고[**아래에 자세히 설명**], 그 이전에는 컴퓨팅의 한계로 불가능했던 많은 연구를 진행하고 있다[**아래에 자세히 설명**]. 이러한 변화는 컴퓨터 과학의 발전[**잠재적 경쟁설명, 더 많은 공간이 있었으면 조사해야 하는 부분**]과 교수진의 관심 변화[**또 다른 경쟁설명**], 하드웨어 및 소프트웨어의 발전으로 저렴한 가격에 유연한 컴퓨팅 환경의 구현이 가능하게 된 점에 기인한다. 그러나 학과에 국립과학재단(National Science Foundation)의 지난 5년 동안 지급된 보조금이 없었다면 이러한 변화는 불가능했을 것이다[**주요가설 설명**]. 연방 보조금은 컴퓨터 장비 구입과 유지 보수를 제공하고, 새로운 장비를 제공하는 공급업체를 연결하고, 교직원에게 자금을 지원했다[**보조금이 어떠한**

*Yin의 Applications of Case Study Research(2012a) 7장에 나오는 내용이다.

역할을 하고, 결과를 가져왔는지에 대한 방법과 근거 제시].

보조금이 해당 학과에 미친 영향은 학과에서 진행된 몇 가지 중요한 프로젝트를 통해 파악할 수 있었다. 튜링 대회의 수상자인 John Hopcroft는 알고리즘과 계산 복잡성 이론에서 로봇 공학에 이르기까지 자신의 관심 분야를 확대했고[**보조금이 어떻게, 그리고 왜 이런 변화를 불러왔는지에 대한 설명은 지면상 이유로 생략**], 이제 로봇 공학과 모델링[**실행 결과**] 실험 분야에서 선구자가 되었다. 이론가였던 Robert Constable과 그의 연구팀은 "기계화" 수학 시스템을 개발하고 있다. 이 시스템은 실험적 발전뿐만 아니라 많은 이론적 영감을 주었고, 이들은 수학적 증거로부터 프로그램을 추출하는 방법을 개발했다. 이들의 실험과 연구는 지난 20년 간의 전문 프로그래밍의 발전 과정이기도 하다[**두 번째 실행 결과**]. Tim Teitelbaum과 그의 연구팀은 프로그램 언어를 이용해 프로그래밍 환경을 구현하는 Program Synthesizer를 대중화시키는 데 기여했다. 이들의 연구로 Synthesizer Generator는 전 세계 120개 이상의 사이트에 공개되었다[**세 번째 실행 결과**]. Ken Birman의 연구팀은 fault tolerance를 다루는 분산운영체제를 개발하고 있다[**네 번째 실행 결과**]. Paul Pritchard는 19개의 소수(prime number)에 대한 최초의 산술을 밝혀낸 그의 연구에 학과의 컴퓨팅 시설을 이용했다[**다섯 번째 실행 결과**].

5년간 지급된 연방 보조금은 노후한 컴퓨터 시설을 이용하는 젊은 교수들이 코넬 학교로 불러들이는 유인이 되었다[**보조금이 학과 전체에 미치는 영향에 대한 포괄적인 설명의 시작**]. 결과적으로 코넬 대학의 컴퓨터 학과는 병렬 아키텍처 및 코드 최적화, 기능적 프로그래밍 및 인공지능과 같은 새로운 영역으로 연구 분야를 확대해 나갈 수 있었다[**추가 설명**]. 보조금은 주어진 임무를 수행한 것이다. 즉, 연방 보조금은 대학의 연구활동을 지원하고, 보다 실험적이고 컴퓨팅을 활용한 연구환경을 제공하는 동시에 컴퓨터 과학의 이론적 기반도 유지하는 데 기여했다[**요약 설명**].

토론 및 과제

자체 보고서에 의존하기

응용 8에서 인용한 보고서는 한 가지 유형의 "자체 보고서(self-report)" 형태로 볼 수 있다. 이 문서의 저자는 특정 사건과 그에 대한 자신의 생각을 논리적으로 제시하고 있다. 주장의 근거를 뒷받침할 수 있는 다른 출처를 참조하지 않았기 때문에 이 문서는 자체 보고서의 형식을 가진다. 다른 유형의 자체 보고서로는 정보를 확증하지 않고, 한 사람을 인터뷰하고 그에 대한 자신의 생각을 표현하는 형태이다.

그러나 때때로 문서나 인터뷰는 현실 그 자체이기도 하다. 즉, 문서의 작성자 또는 인터뷰 대상자는 외부 현실과 관계없이 자신의 관점, 의견 또는 태도를 표현한다. 사례연구를 이러한 형태로 구성한다면 특정 관점에 초점을 두고 검토하는 데 집중할 수 있다. 예를 들어, 사회 정의(social justice)를 대상으로 하는 사례연구일 경우 특히 그러하다. 이러한 상황에서 "자체 보고서(self-report)"는 어떠한 확증적인 사실도 정의되지 않는 현상에 대해 매우 중요한 통찰력을 제공할 수 있다.

자신이 수행한 연구 중 일부를 인용해 자체 보고서의 확증이 중요한 경우와 그럴 필요가 없는 경우를 비교해 어떠한 상황에서 보고서의 사실을 확증하는 것이 중요한지 명확히 하고, 토론해 보라.

응용 9 설명적 사례연구:
전략적 계획을 통한 비즈니스 기업 혁신하기

설명적 사례연구는 기업의 혁신과 같은 복잡한 현상과 사건을 다룰 수 있다. **응용 9**는 한 제조회사에 대한 설명적 사례연구이다. 이 사례연구는 혁신에 따른 변화의 정도를 정의하고, 전략적 계획이 혁신에 어떻게 중요한 영향을 주는지 다루고 있다.

응용 9에서 소개하는 Bolt, Inc.는 텍사스의 그랜드프레리(Grand Prairie) 지역에 위치한 가족이 운영하는 기계공장 및 부품 제조업체이다.* 이 회사는 주요 고객에 의해 기존 생산시스템을 개선하지 않으면 추가 주문을 받지 못할 위기에 처했다. 초기 생산문제는 생산방식을 셀 제조 방식으로 바꿔 해결하였고, 이를 통해 기존보다 생산 가용량을 300% 끌어올렸다. 또한 직원의 기술력과 문제해결 능력을 향상시켰다. 그러나 제조공정의 개선 외에도 회사의 관리팀은 증가한 생산 가용량을 기반으로 조직의 혁신적인 변화를 이끌어 냈다. 구체적으로 마케팅, 정보 시스템, 제조 및 인적 자원관리에 대해 중요하고, 장기적인 목표를 제시한 전략적 계획 절차를 세웠다.

본 사례연구에서는 이 회사가 이뤄낸 변화들을 기록하고 있다. 단순히 제조의 생산방식 개선을 넘어 회사 전체와 조직문화를 어떻게 혁신하고, 어떠한 복합적 변화를 이뤄냈는지 다루고 있다. 해당 사례연구는 이러한 과정을 설명하는 것 외에도 회사가 어떻게 수익을 성공적으로 증가시켰는지에 대해서도

---

*Yin의 Applications of Case Study Research(2012a) 9장에서 발췌한 내용으로, 여기서는 Jan Youtie의 전체 사례연구를 요약하고 편집해 구성했다. 그녀는 원래의 다중사례연구를 설계한 현재 저자의 지시에 따랐다. 지면상의 이유로 원래 사례연구의 여러 전시회와 수많은 각주(특정 인터뷰 및 다큐멘터리 출처 인용)는 생략했다.

설명하고 있다.

방위산업 통합, 경영진의 교체, 증가한 생산량은 변화를 촉진하였다.
1990년대 초 Bolt사의 내외부 경영환경에는 큰 변화가 있었다. 먼저 창립자이자 사장은 회사를 아들 John Wilson에게 승계했다. 또한, Bolt사의 주요 고객인 Air Turbine, Inc.가 공급망을 대규모로 통합하면서 2년 동안 공급업체 수가 약 1,600에서 400개로 줄었다.

Bolt사는 수천 개의 부품 주문을 받았지만 신규 주문으로 Bolt사의 생산시스템은 품질과 관계없이 긴 생산 가동, 긴 셋업 시간, 재고의 제조 및 부품 운송 등으로 마비되는 상황에 처했다. 인터뷰에 따르면 Wilson은 "회사가 연중무휴로 근무했다"고 말했다. Wilson에 따르면, 주문을 배정하고 서류작업을 보관할 캐비닛조차 충분하지 않았다. 진행 중인 작업량이 너무 많아서 시설 내부를 돌아보는 것조차 어려웠다. 때로는 Bolt사의 품질 등급이 Air Turbine사의 공급기준 이하로 떨어지기도 했다. Wilson이 내린 초기 해결책(선반과 캐비닛 추가 구입)은 오히려 혼란을 가중했다. 그는 매일 아침 25명의 공급 담당팀을 구성해 하루가 끝나기 전에 완료해야 할 작업을 정했다.

문제를 해결하기 위한 변화는 생산시스템의 변화에서 시작되었다. Wilson은 "일하는 것이 재미있지 않다."고 말했다. 그는 변화의 필요성은 인식했지만 이에 대한 구체적인 계획이 없었다. 그 대신 즉각적인 문제를 해결하기 위한 조치를 취했는데 이것이 결과적으로 커다란 변화를 가져왔다. 문제해결을 위한 그의 아이디어를 검증하기 위해 Wilson은 외부 자문을 받았다. Air Turbine사는 몇 가지 도움(세미나 및 핫라인)을 주었지만 제조 과정에 대해서는 그렇지 못했다.

그 당시 Wilson과 그의 경영진은 연방정부가 지원하는 지역 제조 지원센터가 후원하는 아침 식사 워크숍에 참석했다. 이 워크숍은 사내 평가를 위한 자원봉사자들의 요청으로 해당 센터에서 진행되었다. 워크숍에서는 비전을 만들고 사내 문화를 변화시키며 인적 자원 문제를 처리한 후 기술을 개선하는 순서를 강조했다. Wilson은 Bolt사가 이 평가를 받을 수 있도록 신청했다.

제조 지원센터의 전문가는 Bolt사를 방문해 평가를 수행했다. 평가의 일환으로 전문가는 Wilson이 프로세스 개선팀을 구성하는 데 도움을 주었다. 프로세스 개선팀은 먼저 서류작업과 주문 정보를 찾는 기능이 필요하다고 보았다. 그 과정에 서류작업에서의 문제가 생산 현장 문제에서 기인한다는 것을 발견했다.

그 후 Wilson은 다른 소규모 제조업체를 방문할 기회가 생겼다. 그곳도 비슷한 문제를 겪고 있었는데, 셀 제조 방식으로 문제를 해결했다. Wilson은 셀 제조 방식이 그들에게 필요하다고 판단했다. 셀 제조는 소규모 생산 운영, 다양한 장비와 기계의 그룹화, 작업자와 가까운 곳에서 제조를 하는 방식이었다. 이러한 특징은 Bolt사의 생산시스템을 크게 바꾸었다. Wilson은 금속 압출 영역에 3인 프로토타입(prototype) 셀 제조 방식을 도입하기로 결정했다. 셀 제조 방식은 2주 만에 제품 생산량을 200% 증가시켰다.

이러한 성공으로 Bolt사의 다른 직원들도 셀 제조 방식 도입을 요청해 Wallace는 다음 해 동안 시설 전체에 셀 제조 방식을 설치했다. Bolt사의 직원은 새로운 시설을 설치하기 위해 설계에 2개월 정도 투입되었다. 2개월의 준비기간 동안 Bolt사는 재정 손실과 생산 중단 기간을 최소화하기 위해 셀을 신속하게 설치했다. 직원들은 밤새 낡은 작업장을 뜯어내고 일주일 내에 새로운 셀을 도입했다. 그들은 5개의 제조 셀, 1개의 조립 팀 및 2개의 도금 팀을 구성했다. 이들은 일정, 품질, 인적 자원, 유지 보수 및 공급을 담당하는 5개의 기능 팀(functional teams)의 지원을 받았다.

또한, 교육 관리자와 생산 근로자가 셀 제조에 참여해 각 부분을 책임지도록 하여 생산 과정에 발생하는 문제를 해결하도록 했다. 이러한 책임을 지기 위해서는 팀 구성원에게 여러 유형의 기계를 작동하고, 다른 프로세스를 관리할 수 있도록 별도의 교육이 필요했다. Wilson은 각 셀의 장비에 대해 두 명의 운영자를 배치하는 것을 목표로 하고, 현장 교차 교육(on-the-job cross-training)을 장려했다. 자율적 방식으로 팀을 운영함에 따라 별도의 감독 기능이 필요 없게 되었고, 결과적으로 Bolt사를 평등한 조직으로 변화시켰다.

Bolt사의 생산시스템이 셀 제조 방식으로 전환한 후 1년 만에 제조공정이 크게 개선되었다. 셀 제조 방식은 공정 작업을 65%, 자재 운송을 35%, 리드타임을 87% 단축했다. 첫해의 생산량(First-run yields)은 77% 향상되었다. 화상회의 부품 제품의 생산주기는 120일에서 3일로 줄어들었으으며, 추가적인 장비나 인력을 투입하지 않아도 생산 가용량(capacity)이 300% 증가했다. 이러한 개선으로 재고량이 줄어 5,000 평방 피트의 추가 공간이 확보되었다.

생산성 향상으로 작업자의 필요성도 줄어들어 Bolt사는 36명의 근로자를 해고했다. 이러한 변화를 받아들일 수 없는 직원은 스스로 회사를 떠났다. 작업장에 남은 직원은 성과, 기술 및 팀원의 능력이 필요하다는 사실을 받아들였다.

전략적 계획을 통해 비즈니스 혁신하기. 제조공정 과정은 개선되었지만 Bolt사의 관리팀은 증가한 회사의 생산 가용량을 어떻게 활용할지에 대한 비전을 직원들과 제대로 공유하지 않았다. 과거 Bolt사의 창립자는 회사의 자원을 어떻게 할당하고, 배치할지에 대한 모든 결정을 내렸다. 하지만 Wilson은 셀 제조 방식과 자체적 감독 시스템 도입에서 보듯 회사의 경영 의사결정에 다른 직원들을 참여시켰다. 경영진들은 회사가 어떠한 방향으로 나아가고, 자원을 어디에 투입해야 할지에 대해 다양한 의견을 제시했다. 영업 관리자는 고객과의 대화를 통해 새로운 장비의 투자가 필요하다고 제안했다. 셀 제조 방식의 도입은 인력의 교육과 품질 인증을 위해 필수적인 지출이 필요하다는 것을 알려주었다. 그는 "우리가 합의를 이루지 못하고 집중하지 못했기 때문에 관리가 산발적으로 진행되고 있었다"고 말했다.

Wilson은 일상적으로 발생하는 생산문제 해결에 더 적은 시간을 할애할 수 있게 되면서 전략적 계획에 관심을 가질 수 있게 되었다. 그는 회사에 전략적 계획 절차를 도입할 수 있도록 제조 지원센터의 도움을 요청했다. 이러한 계획 절차에는 목표 설명, 외부적 요인의 강점 및 약점(고객 프로파일 포함) 평가, 내부적 요인의 강점 및 약점 평가, 전략적 목표 설정, 목표 실현에 방해가 되는 요인 식별, 장애를 극복하기 위한 방안 등이 포함되었다. 인적 자원, 재무, 운영, 고객서비스 및 품질 관리를 담당하는 관리팀 구성원이 매주 이를 문서화했다.

전략적 계획 절차는 단순히 계획을 나타낸 문서가 아니었다. 관리팀은 전략적 계획 절차의 도입을 통해 사내 의사소통이 개선되었다고 말했다. 또한, 팀원들이 회사의 방향과 회사의 자원을 분배하는 문제에 대해 합의할 수 있도록 했다. Wallace는 "우리는 이제 같은 선상에 서게 되었다"고 말했다. 고객서비스 관리자는 계획 절차가 "모든 것을 명확하게 해주었다"고 말했다.

또한, 관리팀은 과거의 생산 중심 전략에서 고객 맞춤형 전략으로 회사의 방침을 바꾸기로 결정했다. 고객과 제품별 비용과 수익 분석을 통해 Bolt사의 수익성이 가장 높은 고객의 필요가 무엇인지 파악했다. 고객의 요구사항은 빠른 처리, 복잡한 표면 부품을 위한 5축 기계 기술과 같은 고급 기능, 전체 부분 조립품 제공, 기계 공장, 도장 및 도금에 대한 부분은 구매사가 직접 처리할 수 있도록 하는 것이었다.

이러한 고객 중심의 전략으로 Bolt사는 다른 기계공장과 차별화되었다. Bolt사는 셀 제조 방식 외에도 전략적 계획을 도입해 마케팅, 제조, 인적 자원,

정보 시스템 및 커뮤니티 참여의 혁신을 이끌어 냄으로써 회사 전체가 긍정적 방향으로 변화할 수 있도록 만들었다.

마케팅: 중요한 고객 타깃팅(targeting). 마케팅과 전략적 계획 도입 이전에 방위 산업의 쇠락과 주요 고객과의 단기적인 관계로 회사는 "고정적이고, 예측 불가능하게 변화하는 고객의 요구에 신속하게 대응"해야 한다고 생각했다. Bolt사는 셀 제조 방식을 도입하면서 보다 유연한 생산이 가능해졌다. 회계 관리자는 "수량만 충분히 많으면 견적을 얼마든지 낼 수 있었다."고 말했다. 그러나 이를 위해서는 모든 직원이 견적을 다룰 수 있고, 제공할 수 있어야 했다. 또한, 다양한 고객을 관리하는 것은 어렵고, 시간이 많이 걸렸다. Wilson은 60~70명 고객의 회계 관리와 배송 처리에 너무 많은 노력이 들어 그가 회사의 경영이 아닌, 회계 관리에 시간을 더 쏟게 만들었다.

이러한 문제를 해결하기 위해 Bolt사의 고객서비스 부서는 핵심 고객에 중점을 두기로 전략적 계획을 세웠다. Bolt사는 수는 적지만 수익성이 높은 고객을 확보하고 있었다. 전략적 계획에 따라 고객서비스 관리자는 핵심 고객에 집중해 보다 정확한 견적을 작성하고, 주요 고객의 현재 및 미래의 수요가 무엇인지 더 깊이 이해할 수 있게 되었다. 예를 들어, Air Turbine사는 특정 제품군의 하청이 필요한 수량 정보를 Bolt사의 회계 담당자와 공유했다. Bolt사는 많은 부품을 Air Turbine사에 공급하는 유일한 공급업체가 되었으며, 더 많은 양의 제품을 더 높은 마진으로 판매할 수 있게 되었다. Bolt사의 주요 고객 월 매출은 20,000달러에서 60,000달러로 세 배가 되었다. 이에 따라 Bolt사의 판매수익에 대한 불확실성이 효과적으로 줄어들었다. 또한, 핵심 고객에 초점을 맞춘 Wilson의 방식은 사소한 회계 관리에 더 적은 시간을 투자하고, 보다 중요한 전략적 문제에 많은 시간을 할애할 수 있게 했다.

또한 전략적 계획의 일환으로 Bolt사는 상업적인 항공 우주산업으로 공급시장을 확대하기로 결정했다. Wilson은 상업적인 항공 우주산업이 기존의 Bolt사가 하던 방위사업과도 관련이 높다고 판단했다. 이러한 전략적 계획은 Bolt사가 항공 우주산업으로 진출하는 데 필요한 조건이 무엇인지 파악할 수 있도록 했다. 그 후 Bolt사는 새로운 고객을 대상으로 한 마케팅과 품질 개선을 목표로 삼았다.

제조: 고객의 요구를 만족시키기. 과거 Bolt사의 제조시스템은 대량의 부품을 생산할 수 있는 기계에 투자하는 것이었다. 그러나 셀 제조 방식의 도입으로 회사의 생산 가용량이 커지고, 공간을 추가 확보할 수 있게 되었지만 이를 어떻게 활용할지가 명확하지 않는 문제가 있었다.

전략적 계획은 회사의 증가한 생산 가용력을 어떻게 활용할지를 결정하는 데 중요한 역할을 했다. 예를 들어, 주요 고객의 도금 요구사항에 따라 Bolt사는 새로운 도금 장비를 구매했다. 또 다른 예로 Bolt사는 균열, 누출 경로 및 기타 구조적 결함에 대한 비파괴 테스트를 할 수 있는 새로운 "침투 검사(penetrant inspection)" 셀을 도입했다. Wilson은 셀 제조 방식 도입으로 추가 확보된 공간을 침투 탐상 시험실(penetrant inspection room) 구축에 사용했다. 이 두 예는 새로운 판매 및 수익원을 바탕으로 공장의 배치와 투자에 관한 Bolt사의 의사결정을 보여준다.

한편, 상업적 항공 우주산업으로 공급시장을 다각화하기 위해 Bolt사의 품질관리자는 Boeing D1-9000 인증을 받고자 했다. Wilson은 프로세스 변경 및 전략적 계획에 앞서 "인증을 받을 수 있는 충분한 확신이 없었다"라고 말했다. Bolt사는 Air Turbine사의 품질 요구사항과 다른, 주요 방위 고객의 요구사항을 충족했다. Bolt사는 올해의 하도급 업체 상(회사가 셀 제조 방식으로 전환했음에도 불구하고)과 미국 중소기업청의 우수상을 비롯한 다양한 품질 관련 상을 수상했다. 그럼에도 Bolt사는 표준 인증을 받아본 적이 없었다. Bolt사의 품질관리자는 Boeing D1-9000 인증이 없다면 전략적 계획의 하나인 공급시장 다각화 목표를 달성할 수 없을 것이라 판단했다. 이에 따라 품질관리팀은 매뉴얼 평가, 교육 및 감사를 수행하고, 제조 지원센터의 품질관리자와 협력해 Boeing D1-9000 인증을 획득했다.

고객의 요구사항에 따라 Boeing D1-9000 인증을 획득하고, 시설투자 결정을 내리는 것은 생산시스템과 Bolt사의 전략적 계획 간 조화를 보여준다. 셀 제조 방식의 구현으로 Bolt사의 생산능력 문제가 해결되었지만 Bolt사의 표준 인증이 완료된 후에서야 회사의 전략과 시장의 요구가 일치하게 되었다.

인적 자원에 투자하기. 인적 자원 분야에 관한 전략적 계획은 채용과 관련한 것이다. 셀 제조 방식의 도입으로 Bolt사의 인적 자원 관리 방식이 변화했지만 회사가 기계 및 장비에 대한 투자를 강조하면서 현재 채용된 인원으로는 전략적 목표를 달성하기 어려워 보였다. 이를 해결하기 위해 인력 담당자는 신규사업에 필요한 기술을 고려해 인적 자원을 배치하기로 결정했다. 예를 들어, Bolt사는 침투 탐상 시험서비스를 제공하려고 했지만 사내 전문지식이 부족했다. Bolt사는 작업 현장에 침투 탐상 시험 셀을 설계하고, 교육할 수 있는 전문가를 고용했다.

또한, Bolt사는 일상적인 제조 과정을 관리하는 총괄 관리자를 고용했다. 이것은 수평적 관계를 추구하는 Wilson의 뜻과는 상충되지만, 관리팀은 작업 현장에서 총괄 관리자가 필요하다는 사실을 전략적 계획에 넣어 팀원들 간 합의를 이끌어 냈다. 총괄 관리자는 Wilson이 진행 중인 현장에서 발생하는 문제들을 신속하게 해결했다.

정보 시스템: 고객서비스 개선하기. 정보 시스템에 관한 전략적 계획은 Bolt사의 기존 제조자원계획(Manufacturing Resource Planning, MRP) 시스템

문제를 해결하기 위한 것이다. 이 시스템은 다른 시스템과 통합되지 않았으며, 정기적으로 사용되지 않았다. 결과적으로 구매 부서에서 자재 주문에 오류가 발생하는 문제가 생겼다. 예를 들어, 최종 배송날짜 이후까지 주문이 이루어지지 않는 경우도 있었으며, 구매 부서에서 이미 재고가 있는 자재를 주문하기도 했다. 따라서 전략적 계획에 통합정보 시스템이 포함될 필요가 있다는 것을 깨달았다.

Bolt사는 전략적 계획에 따라 제조 및 회계 시스템을 통합한, 새로운 MRP 시스템을 구축했다. 새로운 시스템은 구매기능을 크게 향상시켰다. 구매 담당자는 이제 일정에 맞춰 또는 일정보다 앞서 자재를 주문 및 수신하여 부품을 고객에게 정시 납품할 수 있게 되었다. 이러한 개선으로 Bolt사는 신속한 처리가 가능해졌고, 100% 정시배송이라는 목표를 달성할 수 있게 되었다. Wilson은 새로운 MRP 시스템을 통해 월말까지 기다리지 않고 매주 회사의 재무 상황을 평가할 수 있게 되었다.

지역사회 참여 강화하기. 전략적 계획의 주요 목표 중 하나는 Bolt사가 "우리 지역사회에 적극적으로 참여"하는 것이었다. 여기서 지역사회 참여란 환경, 건강 및 안전 준수와 지역사회 프로그램 참여도 포함된다. Bolt사는 안전보건 성과 인식 프로그램에 참여하고, 미국 노동부의 산업안전보건국(Occupational Safety and Health Administration, OSHA)으로부터 인증서를 받았으며, 첫 번째로 OSHA 검사를 면제받았다. Wilson은 지역 학군의 견습 프로그램을 후원하기 위해 15개의 다른 소규모 제조업체와 합류했으며, Bolt사는 처음 2개의 졸업반에서 3명의 졸업생을 고용했다.

결과: 취약한 노동시장에서 공급업체 통합과 판매 및 임금 증가. 6년 동안 셀 제조 방식과 전략적 계획으로 Bolt사의 총수익은 350만 달러에서 540

〈도표 APP9-1〉 Bolt사의 판매와 직원의 임금

연도	판매/직원	평균 임금
전략적 계획이 시작된 해	$38,568	$22,251
전략적 계획이 실행된 첫 번째 해	$52,841	$23,670
두 번째 해	$53,022	$25,601
세 번째 해	$66,357	$26,540
네 번째 해	$66,396	$27,379
다섯 번째 해	$73,277	$28,347

만 달러로 56% 증가했다. 직원당 매출은 동일 기간 내 90% 개선되었다(도표 APP9-1 참조).

Bolt사와 기타 고부가가치 부품 및 하위 조립 공급업체는 Air Turbine사가 공급망을 통합하면서 판매량을 증가할 수 있는 기회를 얻었다. 그럼에도 불구하고 Air Turbine사가 공급업체를 관리하는 관행은 Bolt사의 수익 증가를 전부 설명할 수 없었다. 이러한 변화가 없었다면 Bolt사는 공급망 통합 과정에서 Air Turbine사의 공급업체로 살아남지 못했을 것이다. 또한 회계 관리 부문에서 Bolt사의 전략적 계획이 없었다면 Air Turbine사의 추가적인 요구사항을 반영할 수 없었을 것이다. 전반적으로 마케팅 및 기타 분야에서 기존의 생산 중심에서 고객 중심 전략으로 전환하면서 Bolt사의 판매량이 크게 증가했다.

Bolt사는 판매량이 지속적으로 증가하면서 직원을 추가로 고용할 수 있게 되었다. 직원 수는 67명에서 85명으로 증가해 해고 이전 수준인 94명에 근접하게 되었다. 그럼에도 불구하고, Bolt사는 생산성 향상을 반영해 판매수익 대비 급여(비용) 비율을 58%에서 40% 미만으로 줄여 직원들의 임금을 인상했다.

결론: 여러 변화를 가져오고 Bolt사를 혁신한 전략적 계획. Bolt사는 회사의 주요 시스템을 비롯해 여러 가지 혁신을 동시에 수행했기 때문에 회사 전체가 변화할 수 있었다. 회사는 혁신 이전에도 제대로 운영되었으며, Air Turbine사의 대규모 공급업체 통합에서도 살아남을 수 있었다. 또한, Bolt사는 셀 제조 방식으로 전환하기 전과 전략적 계획 절차의 도입 이전에도 높은 품질로 상을 받았다.

그럼에도 불구하고, Bolt사는 고객과의 관계를 위협하고, 경영을 불확실하게 하는 근본적인 문제가 있었다. 이를 해결하기 위해 셀 제조 방식을 도입했으며, 이는 초기 생산문제를 효과적으로 해결했다. 그러나 보다 크게는 전략적 계획의 도입으로 회사 운영 전반에 상호적인 여러 변화가 일어났다. 예를 들어, 시장의 요구와 사업 전략을 지원하는 회사 시스템의 변화를 통해 근본적인 문제가 해결되었다.

이러한 전반적인 변화가 Bolt사의 재무성과를 크게 향상시켰다. Air Turbine사의 공급망 통합으로 새로운 기회가 열렸지만 Bolt사의 전략적 계획이 없었다면 오히려 수익성을 크게 떨어뜨릴 수도 있었다. Bolt사는 회사 시스템을 조정하여 기존의 생산 중심에서 고객 중심의 우수한 공급업체로 변화할 수 있었다.

토론 및 과제

사례연구 설명 구성하기

응용 9에서는 일반적인 서술 형태로 주장을 가정하는 방식으로 사례연구를 설명하고 있다. 이러한 정성적 설명은 사례연구가 아닌 연구방법을 사용해 정량적으로 설명하는 것과 다르지 않다. 정량적 설명은 다변량 모델을 사용하는 경우에도 높은 상관관계를 보여준다. 그러나 상관관계를 뛰어넘어 실질적인 설명력을 가지기 위해서는 상관관계가 논쟁적인(argumentative) 형태로 해석될 수 있어야 한다. 따라서 어떠한 연구방법을 사용하는지와 관계없이 실제 세계가 어떻게 작동하는지를 설명하는 연구 결론은 그것을 도출하기까지 매우 어렵다. 설득력이 부족한 설명을 어떻게 강화할 수 있는지 — 특히 **응용** 9가 어떻게 이를 다루고 있는지 — 설득력 있는 사례연구의 설명 방법은 무엇인지 토론하라. 추가적인 증거가 있어 **응용** 9의 내용을 보강할 수 있다면 이러한 증거가 과연 도움이 될 것인가? [힌트: 경쟁설명(Air Turbine사의 역할)에 대해 더 많은 데이터와 정보를 제공하면 어떨까?]

제6장

보고서 작성하기

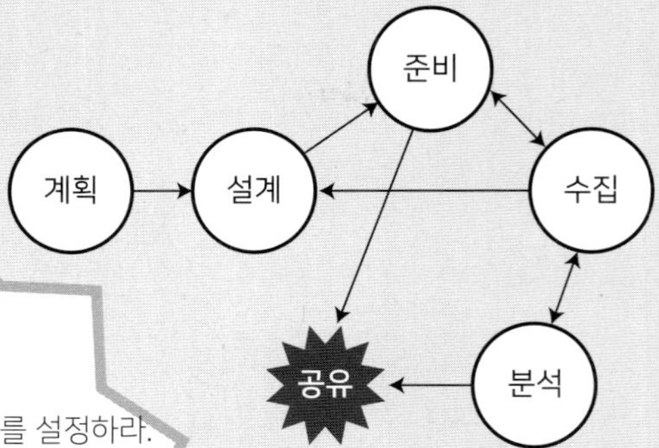

6장
공유

- 서술이든 구술이든 주요 독자를 설정하라.
- 텍스트와 시각화 자료의 구성을 빨리 시작하라.
- 독자가 각자의 결론을 내릴 수 있도록 증거를 충분히 제시하라.
- 보고서를 완성하기 전까지 퇴고와 검토를 계속하라.

사례연구의 결론을 공유한다는 것은 그 형태가 서술이든 구술이든 간에 연구에서 발견된 사실과 그 결과를 공식적으로 발표한다는 것을 의미한다. 결과를 공유하는 과정은 먼저 주요 독자층을 누구로 할 것인지를 정하고, 보고서의 구성 체계 및 전개방법을 결정한 뒤 이에 따라 보고서 초안을 작성하고, 타인에게 이를 검토하도록 하는 것으로 구성된다. 6장에서는 이같은 보고서 작성과 관련된 전형적인 절차뿐만 아니라, 사례연구를 수행하면서 당면하는 문제들과 연구자의 선택에 대해서도 다룬다.

사례연구 보고서의 전개에 사용되는 구조는 크게 여섯 가지가 있다. 선형분석 구조(linear-analytic), 비교구조(comparative), 연대기적 구조(chronological), 이론구축 구조(theory building), 긴장구조(suspense), 불연속적 구조(unsequenced)가 그것이다. 각 구조는 전체적으로 하나의 완결된 구성을 형성할 수 있다. 여섯 가지 구조와는 별도로 사례연구방법론을 설명해야 한다. 모든 사례연구의 공통적인 상황, 즉 사례연구뿐만 아니라 연구방법으로서의 사례연구에 익숙하지 않은 대상과 의사소통하는 상황에 대한 기술이 필요하다. 사례연구를 수행하는 마지막 단계는 보고서 작성을 시작하는 방법과 시기, 사례연구에서 사례의 공개성과 익명성에 대한 선택, 그리고 검증 절차로써 초안에 대한 검토를 포함한다.

사례연구를 구성하는 것은 사례연구에서 가장 보람 있는 과정이다. "중요하고", "완전한" 사례와 대안적 관점(경쟁설명 포함)을 고려하고 충분한 증거를 제시하며 매력적인 방식으로 구성하는 등 모범적인 사례연구를 목표로 한다. 당신의 목표는 독자의 이목을 끌어 사례연구에서 문장에서 문장으로, 문장에서 단락으로, 페이지에서 페이지로 이동하는 속도가 빨라지도록 하는 것이다.

6

보고서 작성하기

무엇을 어떻게 작성할 것인가

보고서 작성 능력

일반적으로, 사례연구 보고서 작성 단계에서 연구자들은 어려움을 겪곤 한다. 사례연구 보고서는 심리학 분야의 학술논문처럼 일률적으로 따라야 하는 공통된 양식이 특별히 존재하지 않는다. 정형화된 양식이 없다는 점 때문에, 글쓰기를 좋아하지 않았던 연구자들의 경우 사례연구에 대한 흥미를 초반에 잃어버리기도 한다. 그러나 대부분의 유명한 사례연구 학자는 원래 글쓰기를 좋아하며, 실제로 훌륭한 작문 실력이 있거나 구술로 잘 설명하는 사람들이었다.

물론, 보고서 작성의 경험이 부족하다는 점이 사례연구 자체에 방해가 되어서는 안 될 것이다. 대부분의 연구자는 보고서 작성법을 쉽게 배울 수 있고, 결국은 잘 쓰게 된다. 그러나 실전을 통한 많은 경험과 실습이 중요한 것만은 사실이다. 보고서를 작성하는 데 가장 중요한 것은 연구자가 연구결과들을 단순히 하나로 취합하는 것이 아니라, 그것들을 논리적으로 잘 구성해야 한다는 것이다. 보고서 작성 단계에서 연구자 자신이 이를 성공적으로 수행할 수 있을지 미리 예측할 수 있는 방법은 고등학교 때나 대학교 때 학기말 리포트를 작성했던 경험을 떠올려 보는 것이다. 과거에 리포트 작성이 어려웠다고 기억하는 사람일수록 사례연구 보고서 작성이 더 어려워질 가능성이 높다. 또 다른 방법은 연구자 자신이 보고서 작성을 귀찮은 부담으로 인식하는지 아니면 기회로 인식하는지 생각해 보는 것이다. 좋은 연구자라면 보고서 작성 단계를 부담스러운 과정으로 인식하기보다는 새로운 지식에 중요한 공헌을 하고, 이를 다른 사람들과 공유할 수 있는 기회로 인식한다.

보고서 작성 시 검토할 것들

사례연구는 문자 및 비문자적 형식과 구두 발표를 포함할 수 있기 때문에, 이 장에서는 단순한 "글쓰기"뿐만 아니라, 보고서를 어떻게 "작성"할 것인가에 대해 다룬다. 비문자적 형태의 흔한 예로는 표와 그림, 그래프 등이 있다. 다른 사례연구 발표에서는 시청각적 요소가 있을 수 있지만 시청각 제품을 처음 출시하는 것과 같이 첫 번째 사례연구에 시청각 요소를 포함하려는 것은 큰 위험을 감수하는 것일 수 있다.

보고서 작성의 이전 단계는 의식적인 행위, 즉 '생각'을 하는 것이다. 아이디어가 없는 상태에서 보고서 작성을 하고자 하면 어려움을 겪을 수 있다. 만약 아이디어가 없는데 최종 마감일 때문에 보고서 작성을 시작하려다 보면 좌절을 경험하게 된다. 따라서 작성 전에 먼저 어떻게 구성할 것인지 생각부터 시작해야 하는데, 이를 위해서는 수행한 사례연구와 관련된 주요 연구들을 검토해 보는 것이 도움이 된다. 또한 그동안 사례연구를 수행하며 작성한 노트를 다시 살펴보는 것도 다른 한 가지 방법이 될 수 있다. 그리고 연구에 대해 동료와 이야기해 볼 수도 있다. 잘 훈련된 연구자라면 보고서 작성 전에 아이디어를 찾아내는 나름의 방법론을 갖고 있어야 한다.

사례연구 보고서의 작성과 관련하여 조금 더 살펴보자. 비록 이 장에서 창의적인 글쓰기를 강조한다 하더라도, 사례연구 보고서 작성을 소설 쓰는 것과 같이 생각해서는 안 된다. "스토리텔링(storytelling)"이나 "드라마적 구성(dramatizing)" 등 소설을 쓸 때의 중요한 속성들만 너무 참고하고, 연구와 해석의 타당성이 부족하다면 독자들은 연구의 견고성에 의구심을 가질 것이다.

다른 종류의 사례연구는 종종 연구 세계의 영역 밖에서 나타난다. 그들의 이야기가 설득력이 있더라도 이러한 사례연구가 반드시 명시적인 연구방법을 따르고 있는 것은 아니다. 연구방법으로서의 사례연구와 비연구방법으로서의 사례연구 사이의 연결을 강화할 필요는 없다. 이러한 상황을 피하려면 그 대안으로써 논픽션(nonfiction) 글쓰기를 생각해 보는 것이 좋다. 창의적이고 효과적인 논픽션 글쓰기에 대한 방법이 이미 많이 나와 있으므로(Caulley, 2008 참조), 보고서 작성과 관련한 추가적인 지침은 이러한 자료들에서 얻을

TIP: 최소의 시간 안에 효과적으로 사례연구 보고서를 완성하는 가장 좋은 방법은 무엇일까?

모든 연구자가 처한 상황이 다르기 때문에 각자 자신만의 방식과 선호를 개발해야 한다. 사례연구 보고서를 작성하는 경험이 쌓일수록 보고서 작성 능력은 향상될 것이다. 따라서 처음 보고서를 작성하면서 생각했던 것보다 어렵더라도 놀랄 필요는 없다. 보고서 작성을 위한 두 가지 전략으로는 "inside-out"과 "backwards"가 있다. "Inside-out" 전략이란 최종 결과물(구술이든 서술이든)을 만들기 위해 보고서에 들어갈 표, 그림, 일화, 또는 인용구를 먼저 제시하는 방식으로 시작하는 것이다. 즉, 보고서에 포함되어야 할 방대한 양의 표, 그림, 일화, 또는 인용구 등 모두를 순서대로 정렬하고 나서 그 이후에 텍스트를 작성하는 방법이다. "Backwards" 전략이란 사례연구의 최종 결론 부분을 설명하는 내러티브를 먼저 작성하고, 그 다음 왜 그 결론에 이르렀는지 구체적으로 분석적 내러티브를 구성하는 방법이다.

이전까지 제시되었던 사례연구방법을 모두 잘 따라 했다면, 사례연구 보고서 작성 단계는 문제없이 수행될 수 있을까? 아니면 보고서를 보다 잘 작성하기 위하여 추가적인 수정이 필요할까?

수 있을 것이다.

또한 일반적인 사회과학 분야에서 사용되는 연구보고서 작성에 관한 교재를 참고한다면 보다 수월하게 느껴질 것이다(Barzun & Graff, 1985, Becker, 1986; Wolcott, 2009). 이러한 책들로부터 노트하는 방법, 보고서의 윤곽을 잡는 방법, 명확한 문장을 작성하는 법, 보고서 작성 스케줄, 게으름과의 대처방법 등에 관하여 기초적이고 중요한 사항들을 참고할 수 있다. 이러한 과정은 보고서 작성 능력을 향상시키는 데 도움이 될 것이다. 이런 다른 글들이 보고서 작성을 개선하고, 연구자의 어려움을 줄이는 데 도움이 되기를 바란다. 하지만 이 글들은 연구보고서만을 대상으로 하는 것이 아님을 명심해야 한다.

마지막으로 이 장의 목적은 모든 연구에서 일반적으로 사용되는 보고서 작성 방법을 되풀이하여 설명하는 것이 아니다. 사례연구를 포함하여 모든 형태의 연구 구성에 적용될 수 있다. 일반적인 방법론은 보고서를 작성할 때 "언제"와 "어디서"를 강조하는 경향이 있다. 그리고 특별히 사례연구 보고서를 작성할 때 "무엇"을 고려하여야 하는지에 대한 아이디어를 제공하지는 않는 경향이 있다. 이를 보완하기 위하여 이 장에서는 다음의 내용들을 중점적으로 다룬다.

- 사례연구 보고서의 주요 독자층 파악
- 다양한 사례연구 보고서의 구성
- 사례연구 보고서 작성 절차와 그 결론
- 좋은 사례연구의 특징 고찰

사례연구 보고서가 단순히 증거를 기록하고 보관하는 것이 아니라는 점은 4장에서 이미 강조한 바 있다. 증거를 기록하고, 보관하기 위해서는 사례연구 데이터베이스를 활용해야 한다(4장, 자료수집의 두 번째 원칙 참조). 여기에서 설명하는 자료의 구성에 관한 논의는 문서화나 기록에 관한 것이라기보다는 주로 보고서 작성에 초점이 맞추어져 있다.

연습문제 6-1
보고서 작성의 실패 요인 파악하기

모든 사람은 그것이 사례연구이건 아니건 보고서 작성에 항상 어려움을 겪는다. 성공적으로 보고서를 작성하기 위하여 연구자는 실패를 유발할 수 있는 요인들을 사전에 줄이기 위해 노력해야 한다. 보고서 작성의 초기 단계에서 취해야 할 다섯 가지 단계는 무엇인가?

사례연구방법의 독자

잠재적 독자층

잠재적으로 가능성이 높거나 선호하는 독자층을 고려하는 것은 사례연구 수행에 좋은 출발점이 될 수 있다. 이 단계를 구체화하는 것과 잠재적인 독자층을 고려하는 것은 사례연구의 과정에서 개념에 대해 고민하고 장애물에 부딪힐 때 이를 극복하거나 필요 없는 것을 무시할 수 있도록 도와준다.

대부분의 경우 사례연구는 다른 연구유형에 비하여 다양한 잠재적 독자층을 가진다. 사례연구의 잠재적인 독자는 (1) 학문적 분야에 종사하는 연구자, (2) 정책 결정자, 업계의 실무자, 공동체의 리더와 같이 사례연구나 사회과학에 비전문적인 사람들, (3) 학위논문 심사위원회, (4) 동료심사위원회로 구성된 학술적인 동료로부터 사립재단의 이사회를 운영하는 사기업 또는 비영리회사 임원에 이르기까지 다양한 연구비 지원자 또는 연구 후원자[1]가 대상이 될 수 있다.

일반적으로, 실험과 같은 연구방법을 기반으로 한 연구의 결과들은 두 번째 독자층과는 관련이 적은데, 이는 실험을 통해 얻은 결과에 관심을 갖는 비전문적인 사람들이 거의 없기 때문이다. 그러나 사례연구와 이로부터 도출되는 실질적인 결과는 두 번째 독자층, 즉 정책 결정자, 업계의 실무자, 공동체의 리더 등을 대상으로 하는 경우가 많다. 이와 유사하게 네 번째 독자층은 사례연구에 필요한 다양한 금전적 지원을 통해 사례연구를 자주 이용하는 수요자이기도 하다.

이렇게 사례연구는 다른 연구보다 매우 다양한 독자를 갖고 있기 때문에, 연구를 설계할 때부터 어떤 독자들을 대상으로 할 것인가를 먼저 결정하는 것이 중요하다. 독자들마다 요구하는 것이 달라 한 가지 보고서로 모든 독자를 동시에 만족시킬 수는 없기 때문이다.

가령, 사례연구 보고서가 학문적 분야의 연구자들을 대상으로 한다면 사례연구에 관한 기존 연구와 이론의 검토, 이론의 전제, 발견사항 등이 어떻게 연결하는지는 가장 중요한 관건이 될 것이다(BOX 39). 반면 비전문가들이 주 독자층인 경우에는 사례연구와 관련하여 실제 일어난 상황을 전달하고, 실무에서 취할 수 있는 조치 및 정보를 제공하는 것이 중요할 것이다. 논문심사위원회는 연구의 목적에 맞는 방법론을 사용하였는지, 혹은 이론적 이슈가 무엇인지에 주된 관심이 있을 것이다. 마지막으로, 연구 후원자들을 주 독자층으로 한다면 연구방법에 대한 기술보다 사례연구 결과의 중요성을 강조하는 것이 좋을 것이다. 경우에 따라서 보고서의 내용이나 전개방법이 학문적인 면을 중심으로 할 수도 있고, 실무적인 면을 강조할 수도 있는데, 연구자는 가급적 독자의 요구들을 고려해 보고서를 작성해야 할 것이다(BOX 40 참조).

BOX 39
유명한 사례연구 보고서

Philip Selznick(1949/1980)의 연구 「TVA and Grass Roots」는 공공기관에 관한 연구의 고전으로 오랫동안 인정받아 왔다. 이 연구의 결과는 정부기관, 정치적 행동, 조직의 분권화 등에 관한 분야에서 꾸준히 인용되어 왔다.

최초의 출판으로부터 30년이 지난 이 사례연구는 1980년에 캘리포니아 대학 출판부에서 Library Reprint Series의 일부로 재인쇄되었다. 이러한 유형의 재발행으로 수많은 다른 연구자들이 이 유명한 사례연구에 접근할 수 있게 되었으며 해당 분야에 대한 실질적인 기여를 반영했다.

BOX 40
두 가지 버전의 사례연구 보고서

플로리다주 브로워드 카운티의 도시설계 관리국은 1982년부터 사무실 자동화 시스템을 구현했다("The Politics of Automating a Planning Office", Standerfer & Rider, 1983). 이 시스템의 구현 전략은 매우 혁신적이고 중요한 의미를 지닌 것이었다. 특히 사무자동화 시스템의 도입으로 인하여 행정 당국의 전산부서와 긴장관계를 유발시키기도 하였다. 이 프로젝트에 관한 사례연구는 실무자들을 대상으로 하였기 때문에 흥미 있으면서도 풍부한 정보를 제공하고 있으며 읽기에도 편하게 작성되었다.

또한 이 시스템의 구현은 복잡한 기술적 이슈들을 다루고 있기 때문에 저자들은 이러한 기술적 요인에 관심이 있는 독자를 위하여 보충적인 정보를 담은 버전도 동시에 작성하였다. 두 번째 버전의 사례연구에는 시스템의 기술적 부분과 관련된 업체의 회사명, 주소, 전화번호를 기재하여서 관심 있는 독자들이 추가적인 정보를 제공받을 수 있도록 하였다. 이와 같이 두 가지 유형으로 사례연구 보고서를 작성하는 것은 서로 다른 독자층과 효과적으로 커뮤니케이션을 할 수 있기 위한 방안으로 사용되었다.

연습문제 6-2
보고서 주 독자층 정의하기

작성하고자 하는 사례연구 보고서의 독자층을 정의하라. 독자층에 따라서 사례연구 보고서에 어떤 부분을 강조해야 할지 생각해 보라. 동일한 보고서 양식으로 모든 독자층을 만족시킬 수 있을까?

사례연구 보고서를 독자 요구에 맞추기

사례연구 보고서는 독자가 누구인가를 파악하고, 그 독자의 선호에 부합하는 형태의 보고서를 작성해야 한다. 연구 절차와 방법론은 1장에서 5장에 걸친 지침들을 따라야 하겠지만, 최종 보고서 자체의 구성 형태나 문체, 혹은 보고서의 길이까지도 주 독자층의 요구나 목적에 부합하도록 하여야 한다. 사례연구의 독자층을 선정하고, 그 독자층에 적절한 보고서를 작성하는 것이 너무나 중요하기 때문에 연구자가 선정한 독자층을 대상으로 그들이 원하는 것이 무엇이며, 선호하는 커뮤니케이션의 유형이 무엇인지에 대해 공식적인 자료를 수집하는 경우도 있다(Morris, Fiz-Gibbon, & Freeman, 1987, p. 13). 이와 같은 맥락에서, 저자는 사례연구로 학위논문을 준비하는 학생들에게 학위논문의 독자는 오로지 심사위원들이라는 사실을 항상 주지시키곤 했다. 학위논문을 위한 사례연구는 심사위원들과 직접 커뮤니케이션하는 것이 매우 중요하다. 이때 바람직한 전술로는 심사위원들이 기존에 해왔던 연구들을 논문에 포함시켜서 개념적(그리고 방법론적)인 부분들을 중복되게 하는 것이다. 이 경우 심사위원들과 잠재적인 의사소통이 보다 원활하게 이뤄질 가능성이 높아지게 될 것이다.

어느 독자를 불문하고 연구자가 가장 주의해야 할 점은 연구보고서가 자기중심적으로 흐르지 않도록 해야 한다는 것이다. 만일 사전에 적절한 주요 독자를 결정하지 않았거나 독자들이 요구하는 것이 무엇인지를 제대로 이해하지 못한 상태에서 보고서를 작성하게 될 경우 자기중심적인 오류를 범하기 쉽다. 이러한 오류를 범하지 않기 위해서는 앞서 강조한 바와 같이 주요 독자를 먼저 파악해야 한다. 두 번째는 설정한 독자들과 동일한 대상으로 수행된 기존의 사례연구가 어떠한 방식으로 커뮤니케이션하였는지를 조사해 보는 것이다. 이와 같이 동일한 독자들을 대상으로 한 기존의 연구를 검토하는 것은 새로운 보고서를 작성하는 데 유용한 단서를 제공할 것이다. 학위논문을 준비하는 학생들은 이미 성공적으로 논문 심사에 통과된 기존의 연구들을 참고하는 것이 바람직하다. 그렇게 함으로써 분야별로 정해진 규범이나 저자들이 선호하는 부분을 논문 설계에 반영할 수 있기 때문이다.

사례연구 보고서의 의사소통 기능

사례연구와 다른 연구와의 차이점 중 하나는 사례연구의 보고서가 그 자체로 중요한 의사소통의 수단이 될 수 있다는 점이다. 설득력 있고 강렬한 사례연구는 비전문가들로 하여금 관련 주제를 인지하도록 하고, 통찰력을 제공하며, 주어진 상황에 대한 해결책을 제시하기도 한다. 이러한 사례연구들은 삽화나 도표, 그래프 등 간단하면서도 설득력 있는 비문자적 요소들에 의해서 더욱 강화되기도 한다. 이러한 정보들은 복잡한 통계로 설명하기 어려운 상황에서도 독자들이 현상을 보다 잘 이해할 수 있도록 도와준다.

이와 비슷한 상황이 국회에서의 증언 시에 종종 발생하곤 한다. 예컨대 한 노인이 의료서비스에 대해서 증언을 한다고 가정해 보자. 국회위원들은 이 "사례"를 듣고 나서 자신이 노인에 대한 의료서비스에 대해서 좀 더 이해했다고 느낄 것이다. 그리고 이와 유사한 사례와 관련하여 보다 광범위한 분야의 통계 등을 조사하고자 할 것이다. 조사 결과에 따라 위원회에서는 의료서비스에 대한 새로운 법안을 상정하게 되는 것이다. 물론, 법안을 상정하기 전에 처음 들었던 사례에 대해 더 자세히 조사할 수도 있겠지만 이 모든 과정을 통해서 처음의 "사례"는 의료서비스 이슈에 관하여 사람들의 주의를 집중시키는 데 가장 핵심적인 동력으로 작용한 것만은 틀림없다.

이와 같이 사례연구는 다양한 방법을 통해서 현상에 관한 연구에 기반한 정보를 비전문가에게 전달하는 역할을 할 수 있다. 사례연구는 학자들만을 주요 독자층으로 하는 전형적인 연구보고서 이상의 역할을 수행한다. 분명한 것은 설명적 사례연구뿐만 아니라 기술적 사례연구 역시 이러한 역할을 수행하는 데 중요하다는 사실이다. 따라서 연구자는 기술적 사례연구의 영향력에 대해서 가볍게 여겨서는 안 될 것이다(BOX 41 참조).

BOX 41
은유 사용하기

Carne Brinton(1938)은 「The Anatomy of a Revolution」이라는 유명한 역사연구에서 미국, 구소련, 잉글랜드, 프랑스 "4개의 국가"가 정치적 혁명 기간 동안 비슷한 사건들을 경험하였는지를 조사하였다. 저자의 목적은 각 국가의 혁명에 대해 설명하는 것이 아니라, 4개 국가가 유사한 경로를 통해 혁명을 경험하였는지를 알아보는데 있었다. 따라서 각 국가의 혁명 기간에 발생한 사건들이 기술적인 방법으로 추적·분석되었다(BOX 44B 참조).

저자는 4개의 사례를 서로 "비교" 분석한 결과 중요한 유사점을 발견하였다. 혁명이 발생한 사회는 과거보다 경제적으로 향상되었고, 사회계층 간에 심한 반목이 있었으며, 지식인들은 정부에 등을 돌렸고, 정치기구는 비효율적이었으며, 사회 지도층은 부도덕하고, 방탕하고, 부당한 행위를 일삼고 있었다. 저자는 이러한 "현상(factors)"을 단순히 기술하기보다는 시간의 경과에 따라 그 패턴이 어떻게 변화하는지를 보여주기 위해서 고열로 고통받는 인간의 신체에 비유하여 사회를 설명하였다. 저자는 고열과 오한이 임계점까지 지속되다가 일시적인 평안 상태가 오고 다시 고열과 오한이 반복되는 현상을 효과적으로 사용함으로써 4개의 혁명에서 발생하였던 여러 사건이 어떻게 진행되고 소멸되었는지를 잘 묘사하였다.

다양한 사례연구의 구성

사례연구 보고서의 작성 형태는 다양하다. 보고서 중에는 다른 연구방법에서 사용되는 형태와 비슷한 것도 있다. 그러나 사례연구 보고서를 작성하고자 하면, 사례연구에 보다 적합한 구성방식을 선택하는 것이 좋다. 아래에서는 이를 다음과 같은 카테고리별로 분류하여 설명할 것이다. (1) 보고서의 형식, (2) 사례연구 보고서의 전반적인 구성, (3) 사례연구에서의 방법론과 선행연구 서술, (4) 복합 연구방법의 일부로써 사용되는 사례연구의 보고서.

보고서의 형식

사례연구 보고서의 형식은 크게 네 가지로 구분할 수 있다.

1. 단일사례연구. 첫 번째는 전통적인 단일사례연구이다. 전통적인 단일사례연구에서는 사례를 기술하고 분석하기 위해 하나의 내러티브가 사용된다. 여기에 도표나 그래프, 그림, 혹은 사진이 추가되어도 좋다. 사례연구의 깊이에 따라 달라지겠지만, 전통적인 단일사례연구는 때때로 그 분량이 상당히 길어 출판 시 선택의 어려움을 겪는 경우도 발생한다. 이와 동시에, 요즘에는 해당 분야의 최고 학술지를 포함한 많은 학술지에서 상당히 긴 분량의 사례연구의 게재를 허용하고 출판하는 추세이다. 따라서 사례연구를 수행할 때에는 단행본의 형태로 출판하는 것이 유일한 대안이 아닌 만큼 해당 연구분야의 학술지에서의 출판 가능성을 확인해 볼 필요가 있다.

전술한 바와 같이, 단일사례연구는 하위의 분석단위가 삽입된 연구설계 하에 수행할 수도 있다(2장의 〈도표 2-4〉 참조). 이렇게 설계할 경우 다른 방법(예를 들어, 서베이나 정량적인 분석 등)을 사용해 하위 분석단위의 분석에 필요한 자료를 수집해야 할 것이다. 이러한 상황이라면, 최종 사례연구 보고서에는 다른 연구방법으로 구한 자료가 포함되어야 할 것이다(4장의 BOX 19 참조).

2. 다중사례연구. 두 번째 유형의 보고서는 전통적인 단일사례연구가 여러 개 합쳐져 있는 다중사례연구이다. 이러한 유형의 다중사례연구 보고서는 개별적인 단일사례연구를 서로 다른 장(chapter)으로 구분하는 것이 특징이다. 여기에는 단일사례연구에 관한 부분과 별도로 단일사례연구들을 종합적으로 비교 분석해 놓은 장(chapter)이 포함된다. 경우에 따라서는 종합적인 분석이 보고서의 주된 내용이 되고(특히 학술지 논문의 분량으로 적합할 경우), 개별 사례들은 부록으로 남긴다(여러 사례연구로 구성된 학술논문의 분량이라면 이를 별도로 이용할 수 있도록 만들 수 있다). 좀 더 확장된 형태로는, 비교연구 부분이 여러 개의 장이나 섹션으로 구성되어 개별 단일사례연구와 별도의 권(volume)으로 만드는 것이다(BOX 42 참조). 흔히 비교연구 부분이 가장 양이 많은 1권이 되고, 개별 사례들은 한 권의 부록처럼 별도의 두 번째 권으로 분리시키는 경우가 많다.

BOX 42
세 권의 다중사례연구

다중사례연구는 개별적인 사례연구와 이들 간의 비교 분석에 관한 내용을 모두 포괄하는 경우가 많다. 이와 같이 개별적인 사례연구 부분과 사례 간의 비교 분석 부분을 구분하여 작성하는 방법은 많은 연구자가 사용하고 있는 사례연구 구성방법이다.

Raizen과 Britton(1997)은 수학과 과학 교육의 여덟 가지 혁신에 관한 연구에서 이러한 구성방법을 사용하였다. 「Bold Venture」라는 제목의 이 사례연구는 세 권으로 구분되었는데 그 분량이 각각 250페이지, 350페이지, 650페이지에 달했다. 1권에서는 모든 사례를 비교 분석한 결과에 대해 7개의 분리된 장을 통해 서술하였다. 2권과 3권에는 개별적인 사례를 다루고 있다. 이와 같이 많은 저자가 별도의 연구들을 통합하고 조정하는 다중사례연구 보고서를 작성할 때 개별적인 사례에 관한 부분과 사례들을 종합적으로 다룬 부분을 별도로 분리하여 구성하는 방법을 사용하고 있다.

3. 단일사례연구와 다중사례연구 중 선택. 세 번째 유형의 보고서는 단일사례연구와 다중사례연구 중 하나의 형태를 가지지만 전통적인 서술형 설명은 아니다. 대신, 질문-답변의 형식으로 구성되는 형식을 갖는 경우이다. 이때의 질문-답변은 사례연구 데이터베이스에 있는 질문과 답변을 근거로 작성되어야 한다. 결국 사례연구 데이터베이스의 내용을 짧게 요약하고 읽기 쉽게 편집하는 형식이라고 볼 수 있다. 비유하자면 질문-답변 형식의 보고서는 일종의 종합시험에, 전통적인 서술형식의 보고서는 기말 리포트에 비유할 수 있다. 질문-답변으로 구성된 보고서는 연구자의 독창적인 능력이나 통찰력을 충분히 반영하기 어렵다는 면도 있지만 질문에 대한 답변만을 단편적으로 해결하면 되기 때문에 전체적인 이야기를 풀어나가는 것보다 연구자의 고통이 줄어들 수도 있다(종합시험과 기말 리포트를 비교하는 것이 도움이 될 것이다).

다중사례연구에 이러한 질문-답변 형식을 사용한다면 장점이 더욱 극대화될 수 있다. 각각의 사례에 대해서 같은 질문에 대한 답변들이 어떠한지 살펴봄으로써 독자는 사례들을 비교 분석할 수 있다. 독자마다 서로 다른 부분에 관심을 가질 수 있기 때문에 질문-답변 형식의 보고서는 특정 부분에 관심을 갖는 독자가 스스로 비교 분석을 가능하게 할 수 있다는 장점을 갖는다(BOX 43 참조).

BOX 43
질문–답변 형식의 사례연구 보고서: 전통적인 서술이 없는 사례연구

사례연구 보고서는 반드시 전통적인 서술형식으로 작성되어야 하는 것은 아니다. 같은 연구내용과 증거들을 질문-답변의 형식으로 표현할 수도 있다. 보고서에는 먼저 일련의 질문들이 제기되고 각각의 질문에 대해서 3~4개의 단락 정도 분량의 답변이 서술되는 방식이다. 이때 제시되는 답변 안에는 관련된 모든 증거가 포함되어야 하고, 필요하다면 도표나 인용 등이 추가될 수 있다.

미국 NCN(National Commission on

Neighborhoods)에서 1979년에 발표한 「People, Building Neighborhoods」라는 제목의 사례연구도 이와 같은 방식을 사용하였다. 이 연구는 공동체 조직에 관한 40개의 사례를 포함하고 있으며, 각각의 사례에 대해서 질문-답변의 형식을 사용하였다. 독자들은 같은 질문을 사례 전반에 적용함으로써 독자 스스로 개별 사례들을 종합적으로 비교 분석할 수 있다. 이러한 형식의 보고서는 사례연구 결과의 중요한 부분만 빨리 파악하고 싶어 하는 독자에게 유리하다. 전통적인 서술형 보고서에 익숙해서 이러한 질문-답변 형식에 거부감을 갖는 독자를 위해서 몇 페이지 내외 분량으로 서술형식의 요약을 추가하는 것도 바람직하다. 이 장의 후반부 **응용 10**에서 이러한 사례연구의 예시가 자세히 나와있다.

4. 다중사례연구에만 적용되는 형식. 네 번째 유형의 보고서는 다중사례연구에만 적용된다. 이 유형이 두 번째 유형의 보고서와 다른 점은 개별적인 사례연구를 다루는 별도의 장(chapter)이나 섹션이 없다는 것이다. 그 대신 보고서 전체가 사례들에 대한 종합적인 비교 분석으로만 구성하여 서술적이거나 설명적인 주제를 다룬다. 각각의 장(chapter)은 비교 분석의 이슈들을 다루고 있으며 개별적인 사례들에 관한 정보는 보고서 전반에 분산되어 제공된다. 개별적인 사례들에 관한 정보를 완전히 무시할 것이 아니라면(1장의 BOX 3B와 BOX 44 참조) 간단한 요약정보를 추가하는 것도 하나의 방법이다. 특히 다중사례연구를 구술로 전달하는 경우라면 발표 자료에 이러한 요약정보를 삽입하면 효과가 좋다. 개별사례연구에 대한 제시가 없는 다중사례연구에 대한 예시는 5장의 **응용** 7을 참조하라.

지금까지 사례연구 보고서의 네 가지 유형에 대해서 살펴보았다. 이 중 어떠한 구성으로 보고서를 작성할 것인지 선택하는 문제는 연구설계의 단계에서 미리 고려하여야 한다. 물론 연구설계 단계에서 선택한 보고서 형태가 연구과정에서 발생한 예기치 않은 조건 때문에 다른 보고서 형태로 바뀔 수도 있다. 그러나 가능한 한 연구 초기 단계에서 보고서 형태를 미리 고려하는 것이 연구설계 자체나 연구를 진행하는 데 도움이 된다. 연구설계 단계에서 선

BOX 44
다중사례연구 보고서 작성

다중사례연구 보고서를 작성할 때 개별 사례에 관한 연구결과를 별도로 작성해야 하는 것은 아니다. 개별적인 단일사례연구를 따로 언급하지 않고, 전체 연구결과의 증거만을 기반으로 하여 이를 보고서에 제시하는 방법도 있다. 이때 단일사례연구는 단지 사례 간의 비교 분석을 위해서 필요할 뿐이지 보고서에 직접 포함되는 것은 아니다(1장의 BOX 3B 참조).

44A. 개별 사례가 최종 보고서에 포함되지 않은 경우

Herbert Kaufman이 1981년에 발표한 「The Administrative Behavior of Federal Bureau Chiefs」라는 제목의 사례연구는 이러한 접근방법을 사용하였다. 이 책은 6명의 연방정부 부서의 책임자에 관한 연구로, 저자 Kaufman은 그들의 일상생활을 이해하기 위하여 많은 시간을 그들과 함께 하였다. 저자는 6명의 부서장(chief)을 인터뷰하고 전화 내용을 듣고, 회의에 함께 참석하는 방법을 통하여 연구자료를 수집하였다.

이 책의 목적은 6명의 부서장에 관한 개별적인 연구결과를 제시하는 데에 있는 것이 아니라 이들을 전체적으로 종합 분석한 결과, 책임자들이 어떻게 의사결정을 하고, 정보를 획득하며, 분석하는지에 대한 교훈을 제시하기 위한 것이었다. 이러한 주제를 다루기 위하여 6명의 사람이 예시로 사용되기는 하였으나 이들 각각에 대한 단일사례연구 결과는 책에 기술되지 않았던 것이다.

44B. 개별 사례가 최종 보고서에 포함되지 않은 또 다른 경우

Carne Brinton은 1938년에 발표한 「The Anatomy of a Revolution」이라는 유명한 사례연구에서 Kaufman과 유사한 보고서 양식을 사용하였다(BOX 41 참조). 이 책은 영국, 미국, 프랑스, 구소련에서 발생한 4개의 역사적인 혁명을 다루고 있다. 저자는 이 4개의 "사례"에서 발생한 독특한 예시를 사용함으로써 혁명에 관한 분석과 이론을 제시하였다. 그러나 Kaufman의 책과 마찬가지로, 이 연구는 개별적인 단일사례로써의 각국 혁명에 관한 내용에 초점이 있는 것이 아니라, 4개의 혁명을 종합적으로 비교 분석하여 결론을 도출하는 것이 관건이었다.

택된 보고서 구성은 나중에 최종 구성 형태가 변질되거나 필요사항 등이 바뀌지 않도록 사례연구 프로토콜의 일부로 규정해 놓는 것이 바람직하다.

사례연구 보고서의 핵심에 대한 예시적 구조

보고서의 네 가지 유형을 넘어, 장, 절, 소제목 등을 어떻게 구성할 것인지에 관한 결정이 필요하다. 보고서 작성의 구성 체계를 결정하는 일은 다른 연구방법에서도 매우 중요한 이슈였다. Kidder와 Judd(1986, pp. 430-431)는 정량적 연구의 보고서 작성에 관한 기초적인 틀을 만들기 위해 광범위하게 시작하여 증거와 분석에 집중적으로 파고든 후 다시 포괄적인 결론에 도달하는 방식으로 구성해 「Hourglass」라는 저서를 출판하였다. John Van Maanen(1988)은 민속학적 연구에서 현장조사 결과를 보고하기 위해 '화법'의 유형을 다음과 같이 분류하였다. 현실적 화법, 자기회고적 화법, 인상주의적 화법, 비판적 화법, 공식적 화법, 문학적 화법, 공동화법 등이 그것이다. 보고서 작성 시 하나의 보고서 내에서 이러한 유형의 서술방식을 다양하게 결합하여 사용할 수 있다.

마찬가지로 사례연구 보고서에서도 내용을 전개해 나가는 구조적인 체계가 존재한다. 여기서는 사례연구 보고서 작성의 여섯 가지 구성 체계를 제시하고 이에 대하여 살펴볼 것이다(〈도표 6-1〉 참조). 이 여섯 가지의 구성 체계는 사례연구의 단일사례연구와 다중사례연구 모두에 적용될 수 있지만 이해를 돕기 위하여 단일사례연구를 중심으로 예를 들어 설명할 것이다. 〈도표 6-1〉에서 볼 수 있듯이 처음의 세 가지는 기술적 사례연구, 탐색적 사례연구, 설명적 사례연구 모두에 적용할 수 있지만 네 번째는 주로 탐색적 사례연구와 설명적 사례연구에서, 다섯 번째는 설명적 사례연구에서, 그리고 여섯 번째는 기술적 사례연구에 해당된다.

선형분석 구조. 선형분석 구조는 보고서 작성에 있어서 가장 표준화된 접근방법이라고 볼 수 있다. 연구의 주제가 여러 개의 소주제로 나뉘고, 각각의

〈도표 6-1〉 여섯 가지 유형의 보고서 구성 체계와 사례연구 목적에 따른 적용 범위

	사례연구 목적		
구조유형	탐색적 사례연구	기술적 사례연구	설명적 사례연구
1. 선형분석 구조	×	×	×
2. 비교 구조	×	×	×
3. 연대기적 구조	×	×	×
4. 이론구축 구조	×		×
5. 긴장 구조	×		
6. 불연속적 구조		×	

소주제는 연구이슈나 연구문제, 그리고 관련된 선행연구로 시작한다. 다음으로 각각의 소주제들은 사용된 방법론과 자료수집, 자료분석, 결과, 결론, 조사하고자 했던 초기의 이슈나 문제에 대한 시사점을 다룬다.

대부분의 학술논문이 이러한 구성 체계를 갖는 것이 보편적이다. 이러한 선형분석 구조는 많은 연구자에게 매우 익숙하기 때문에 사례연구 보고서의 주 독자층이 학계의 연구자들이거나 논문 심사위원일 경우 가장 적합한 구조이다. 선형분석 구조는 〈도표 6-1〉에서 볼 수 있듯이 설명적 사례연구, 기술적 사례연구, 탐색적 사례연구 모두에 적용할 수 있다. 가령, 탐색적 사례연구의 경우 탐색하고자 하는 연구이슈나 문제가 먼저 제시되고, 탐색을 위해 사용된 연구방법, 탐색을 통해 도출된 발견, 그리고 연구의 결론과 향후 연구방향 등의 순서로 구성하면 되는 것이다.

비교 구조. 비교 구조는 사례연구 결과를 미리 설정한 경쟁설명이나 대안적 기술 유형과 반복하여 비교하는 방법이다. 이 구조의 장점은 실재론적(realist) 인식론과 상대론적(relativist) 인식론에 기반을 두고 있는 사례연구 둘 다에

적용할 수 있다는 것이다.

Graham Allison(1971)이 수행한 쿠바의 미사일 위기에 관한 사례연구(1장 BOX 1 참조)는 실재론적 인식론에서 출발하는 대표적인 사례연구이다. 이 책의 저자는 사례연구의 "사실(facts)"을 단일의 묶음으로 하여 세 차례 반복 수행을 하였다. 각 묶음은 서로 다른 개념적 모형과 관련되어 있으며, 반복을 통해 동일한 사실들이 얼마나 각 모형과 잘 맞아 떨어지는지 그 강도를 보여주는 것이 목적이었다. 이러한 반복과 이들에 대한 해석은 별도로 책의 장에서 패턴 매칭기법을 통해 제시하였다.

그러나 상대론적 인식론에서는 유사한 에피소드를 하나의 세트(set)로 하여 사례연구를 반복하되 서로 다른 참여자들의 다양한 관점을 수용한다. Frederick Wertz 등의 연구(Wertz et al., 2011)에서는 각기 다른 장(chapter)을 사용해 하나의 인터뷰에 대한 5개의 서로 다른 정성적 해석들을 보여주고 있다. 인터뷰에서는 한 젊은 여성이 자신이 직접 겪은 극심한 병에 대해 말하고, 이를 어떻게 극복했는지 다루고 있다. 각 해석은 이후에 의도적으로 선택된 정성적 연구의 변형방식을 따르고, 동일한 인터뷰 자료를 분석하는 또 다른 방법을 보여준다.

실재론적 인식론과 상대론적 인식론을 기반으로 한 목표 모두 설명적 사례연구뿐만 아니라 기술적 사례연구에도 적용할 수 있다. 예를 들어, 서로 다른 관점 또는 모형으로 동일한 사례에 대해 반복적으로 서술하다 보면 하나의 해석을 목적으로 하든 그 이상의 해석을 위한 것이든 관계없이 동일한 사례를 어떻게 다양한 방식으로 카테고리화 할 수 있는지 이해할 수 있게 된다. 이러한 비교 구조는 하나의 사례(또는 그 해석)를 두 번 또는 그 이상 반복하는 것이 주된 특징이다.

연대기적 구조. 연대기적(chronological) 구조는 일정한 시간적 순서에 따라 연구사례의 진행 과정을 기술 또는 설명하는 방법이다. 이러한 접근방법은 사건의 인과적 관계가 시간의 순서에 따라 발생하기 때문에 주로 설명적 사례연구에 적용된다. 만약 미리 가정하였던 인과관계를 실제로 관찰한 결과, 시간의 선후 관계가 바뀌어서 나타난다면 초기에 설정한 인과관계에 의문을 가져야 할 것이다.

사례연구의 목적이 탐색적이건 기술적이건 간에, 연대기적 접근방법을 사용할 때 주의해야 할 점이 있다. 연구자가 먼저 발생한 사건과 나중에 발생한 사건 모두에 균형적인 관심을 기울여야 한다는 것이다. 일반적으로 연구자는 초기에 발생한 사건에 더 많은 관심을 집중하고 나중에 발생한 사건에는 충분한 관심을 가지지 않는 경향이 있기 때문이다. 보고서를 작성할 때에도 대부분의 연구자가 연구의 배경이나 과거의 사건 등 연구의 도입부에 너무 많은 노력을 기울인 나머지 사례의 현재 상태에 관해서는 많은 시간적 여유를 남기지 못하는 경우가 많다. 하지만 사례연구 수행 시 많은 연구자는 최근에 일어난 사건에 관심을 가진다. 따라서 한 가지 추천하는 방법은 연대기적 구조를 사용할 때 시간적 순서를 거꾸로 하여 보고서 초안을 설계하는 것이다. 즉, 보고서 초안을 작성할 때 사례의 최근 현상에 관한 부분을 먼저 서술하고, 사례연구의 배경이나 과거 사건은 나중에 서술하는 방법이다. 이러한 방식으로 보고서 초안을 완성한 다음에 보고서의 최종 본에는 일반적인 연대기 순서로 사건의 순서를 바로 잡으면 된다.

이론구축 구조. 이론구축(theory-building) 구조는 보고서의 순서가 이론구축의 논리를 따르는 방법이다. 이 구성은 특정한 주제나 이론에 따라 달라질 수 있겠지만 각 장이나 절에 새로운 이론적 주장이 제기되어야 한다. 이론구축이 잘 이루어진다면, 인상적이고 설득력 있는 사례연구를 펼칠 수 있는 효과적인 방법이다.

이론구축 구조는 이론구축과 관련된 탐색적 사례연구와 설명적 사례연구 모두에 적용할 수 있다. 탐색적 사례연구는 인과적 관계를 규명하는 다양한 현상을 조사하기 위해서, 탐색적 사례연구에서는 향후 연구를 위한 가치 있는 가설과 명제를 확립하기 위해서 이러한 이론구축 구조는 매우 적절하게 사용될 수 있다.

긴장 구조. 긴장(suspense) 구조는 앞서 설명한 선형분석 구조를 뒤집어 놓은 것과 같다. 사례연구의 주요 결과와 그 실질적인 중요성이 보고서의 맨 처음 부분에 제시된다. 이 부분이 사례연구 보고서의 긴장을 가장 유발시키는 부분이다. 이러한 유형의 접근방법은 주로 설명적 사례연구에서 사용하는 것이 적절하다. 왜냐하면 기술적 사례연구는 특별히 중요한 산출 결과가 없기 때문이다. 이러한 긴장구조도 잘 사용하면 매우 매력 있는 보고서 작성 체계가 될 수 있다.

불연속적 구조. 불연속적(unsequenced) 구조는 보고서의 순서가 중요한 의미를 갖지 않는다. 이 구조는 주로 기술적 사례연구에서 많이 쓰이는데, 「Middletown」(Lynd & Lynd, 1929)의 연구가 그 대표적인 예이다. 5장의 초반(사례연구 설명하기)에서 언급한 대로 여기서는 설령 목차의 순서를 바꾼다 해도 내용을 이해하는 데 전혀 문제가 되지 않는다.

조직에 관한 기술적 사례연구는 비슷한 특징을 보이는 경우가 많다. 예컨대 조직의 창립과 연혁, 소유권과 종업원, 생산 라인, 재정 상태 등이 서로 다른 장이나 절로 구성되어 있지만 여기서 순서는 특별히 중요한 의미를 가지지 않는다. 이러한 접근방법을 불연속적 구조라 할 수 있다(BOX 45 참조).

불연속적 구조를 사용할 때에는 완전성에 관한 문제에 특별히 주의를 기울일 필요가 있다. 목차의 순서가 중요한 것은 아니지만 전체적인 보고서 내

BOX 45
불연속적 구조의 사례연구

Peter와 Waterman의 「In search of Excellence」(2004)라는 책은 학계뿐만 아니라 대중적으로도 인기 있는 베스트셀러이다. 이 책은 미국에서 규모가 큰 60개의 회사를 대상으로 수행한 사례연구의 결과를 보여준다. 책에는 개별적인 사례에 대한 언급을 하지 않으며 단지 비교 분석 결과만 제시되어 있다. 각각의 장(chapter)에는 성공적인 조직의 일반적인 특징들이 매우 통찰력 있게 서술되어 있지만, 목차의 순서가 특별한 의미를 갖지는 않는다. 즉, 책의 목차가 바뀌어도 책의 내용이나 가치에는 변화가 없을 것이란 의미이다.

용이 완전하게 마무리가 되었는지를 주의 깊게 살펴야 한다. 만약 주요 주제 중에서 한 가지라도 다루어지지 않는다면 전체적인 연구결과는 불완전한 것이 되어 버린다. 따라서 연구자는 다루고자 하는 주요 주제 중에서 빠진 것은 없는지, 참조해야 되는 관련 모형이 모두 포함되어 있는지를 점검해야 한다. 이와 같이 기술적인 사례연구라 하더라도 아무런 언급 없이 일부 누락이 있게 되면 연구가 불완전하다거나 연구자의 편견이 개입되었다는 비난을 받기에 충분하다.

방법론과 문헌연구

모든 사례연구 보고서는 일반적인 형태이든 비공식적인 형태이든 관계없이 연구에 사용된 방법론과 주제와 관련된 문헌연구가 포함되어야 한다. 사례연구 보고서라고 해서 특별한 스타일이나 형태를 요구하는 것은 아니기 때문에, 방법론과 문헌연구 부분은 일반적인 연구에 적용되는 지침들을 참고할 수 있다. 그러나 다른 연구와 달리 사례연구만이 가지는 몇 가지 부가적인 이슈가 있는데 이에 관해서는 다음 부분에서 설명할 것이다.[2]

방법론에 대한 기술. 대다수의 독자는 연구에서 사용된 특정 방법론에 대해서 상세히 알지 못한다. 사례연구에만 해당되는 것은 아니지만, 일부 독자는 일반적인 사례연구방법론에 익숙하지 않을 수 있다. 후자의 이유로, 방법론에 대한 설명은 방법론의 질적인 측면과 정밀함에 대해 독자를 설득하는 과정에 중요한 역할을 한다. 방법론에 대한 설명은 연구에 사용된 방법론의 수준에 대해 독자들을 확신시키는 기능을 하므로 쉬운 어조로, 신중하고 균형감 있으며, 분명하게 설명하여야 한다. 사례연구의 한계를 최소화하고, 결과의 수준을 높이기 위해 연구자가 특히 무엇에 신경을 썼는지, 사용한 방법론이 무엇인지를 독자의 입장에서 잘 이해할 수 있도록 서술한다.

보고서의 길이는 독자층의 선호에 따라 길어질 수도 있고 짧아질 수도 있다. 앞서 언급했듯이 어떤 독자는 결과에만 관심이 있고, 방법론에 관한 정보는 필요로 하지 않을 수 있다. 이 경우 방법론에 대한 부분은 부속 문서를 통해 제공하도록 구성할 수 있다. 잘 만들어진 부속 문서는 추가적인 발간물이 될 수도 있다. 그러한 발간물이 어떻게 만들어지는지에 대한 예시는 study.sagepub.com/yin6e 웹사이트의 Tutorial 6-1을 참조하라.

글의 길이와는 상관없이, 방법론을 설명하는 부분에서는 다음과 같은 몇 가지 소주제를 다루어야 한다(〈도표 6-2〉 참조). 특히 사례연구와 관련된 주요 이슈가 강조되어야 하는데, 이는 다음과 같다.

(a) 다른 연구방법이 아니라 사례연구의 수행 필요를 논리적으로 보여주는 연구질문들(〈도표 6-2〉의 항목 2)
(b) 사례의 정의와 사례 선택의 기준(〈도표 6-2〉의 항목 3)
(c) 사례에 대한 정보를 아주 가까이 그리고 깊게 접근하여 설득력 있게 보여주는 자료수집 명세(〈도표 6-2〉의 5)
(d) 명시적이고 분명한 분석전략(〈도표 6-2〉의 항목 6)

〈도표 6-2〉 사례연구 보고서의 방법론 부분 개요

주제	내용
1. 전체적인 어조	• 신중하고 균형감 있으며, 분명하게 작성하되 체계적이고 흥미로워야 한다.
2. 연구질문	• "어떻게(how)"와 "왜(why)"를 강조하는 등 사례연구에 적합한 질문이어야 한다.
3. 설계	• 사례의 정의와 사례를 선택한 기준에 대해 설명한다. • 연구질문과 수집된 자료 간의 (논리적인) 연결을 제시한다. • 고려하고 있는 경쟁설명을 보여준다.
4. 나머지 방법론 부분에 대한 개요	• 자료 수집과 분석 방법을 간략하게 요약한다(나머지 방법론 부분에 대한 내용은 독자가 원할 경우 이 부분을 읽지 않아도 될 수 있도록 구성한다).
5. 수집된 자료	• 수집된 자료가 어떻게 사례를 "깊고 밀접하게" 포괄하는지를 강조해서 설명한다. • 사례연구의 프로토콜과 그것이 어떻게 사용되는지 보여준다. • 중요도 순서에 따라 자료원을 기술한다. 또한 개별 자료원의 구체적 항목에 대해 상세히 서술한다(표의 형태로 작성된 인터뷰 대상자의 수치 정보 또는 검토된 문서의 목록). • 어떻게 자료가 입증될 수 있는지 나타낸다(예를 들어, 다원화 방법). • 자료수집 과정에 예상치 못했던 어려움이 무엇이고, 이것이 자료수집에 어떠한 영향을 미쳤는지 설명한다.
6. 분석방법	• 패턴 매칭이나 설명하기 등 사례연구에 사용된 분석적 일반화 기법을 제시한다. • 특정 CAQDAS 소프트웨어의 제시와 어떻게 분석에 사용되었는지 설명한다.
7. 연구의 한계	• 연구설계와 분석의 한계 및 이것이 결과에 어떠한 영향을 미칠 수 있는지 설명한다.

보고서 작성 시 방법론의 설명 부분은 보고서의 가장 중요한 부분에 해당한다고 생각하고, 높은 기준을 적용해 작성하여야 한다. 가독성, 신뢰성 및 확증에 대한 관심 등 모든 면이 중요하다. 진행한 사례연구에 맞추어 특징적인 내용 중심으로 서술하도록 노력하여야 한다.

예를 들어, 당신의 사례연구가 삽화나 일화들을 포함하고 있을 경우, 방법론 부분에서 이들 자료에 대해 상세히 서술하지는 않는다(예를 들면, Bachor, 2002). 또한 사례연구의 주목할만한 경쟁설명에 대한 요약의 척도를 제공하여 특성을 분석할 수 있다. 예를 들어, '0=경쟁설명에 대한 내용 없음', '1=경쟁설명의 논리에 대한 언급은 있지만 실제 경쟁설명은 없음', '2=덜 강력한 경쟁설명 제시(예: 서로 다른 참가자의 인터뷰와 같은 일부 자료수집이 사례연구 결과에 영향을 줄 수 있다는 가정)', '3=더 강력한 경쟁설명 제시(예: 주요 결과와 상반되는 결과를 뒷받침하는 증거 분석 및 해석)'와 같이 척도를 만들 수 있다.

비슷한 맥락에서, 독자들이 원할 경우 상세한 사항들을 무시할 수 있도록 사례연구를 쉽게 이해하게 구성한 당신의 노력에 고마워할 것이다(〈도표 6-2〉의 항목 4 참조). 이를 위해 사례연구에 나오는 두문자어, 축약어, 특수어 등에 대한 용어사전을 만드는 것이 하나의 방법이 될 수 있다.

문헌연구의 범위. 문헌연구를 기술하는 목적은 크게 두 가지이다. 첫째, 연구자가 연구주제에 대해 얼마나 잘 알고 있는지를 보여줄 수 있고, 둘째, 수행할 사례연구와 연구질문의 중요성을 강조하는 데 사용할 수 있다. 문헌연구에 대한 분량은 어느 정도로 할지 공식적으로 정해진 기준은 별도로 없으며 독자층에 따라 다양하게 결정되다.

문헌연구를 어떻게 서술할지에 관해 다른 분야의 연구들을 살펴보면 크게 두 가지 지침을 얻을 수 있을 것이다. 먼저, 지나치게 많은 수의 인용이나 구할 수 있는 모든 연구를 다루는 것이 이 주제에 대해 전문성이 있다는 것을 의미하지 않는다는 점이다. 그보다는 정말 중요한 문헌을 선택하여 이를 적절하게 인용하는 것이 중요하다. 다음으로는 본 사례연구의 내용을 지지할 수 있는 문헌을 택하고, 동일 주제에 대해 다른 방법을 사용하여 분석한 연구를 포함시키는 것에 대해 망설이지 않아야 한다는 점이다. 다른 연구방법의 가치에 대해서도 논하되 사례연구방법이 기존 방법이 설명할 수 없었던 결과들을 어떻게 잘 설명할 수 있는지 보여주는 것이 좋다.

복합 연구방법의 일부로 사용된 사례연구 보고서

수행할 사례연구가 의도적으로 복합연구의 일부로 사용된 경우라면 완전히 새로운 상황이 발생한다(이 책의 2장 및 Yin, 2006b의 "mixed-methods designs" 참조). 이 경우는 큰 범위의 연구에 사례연구가 포함되는 것이다. 복합적인 연구는 사례연구의 결과도 포함하지만 다른 방법론으로 수행한 결과도 별도로 작성하여야 한다. 그러므로 복합연구의 전체적인 보고서는 사례연구와 여타 방법론에서 얻어진 증거들에 기반을 두고 작성하게 된다.

복합연구의 일부로 사용되는 사례연구의 경우 독자적으로 사례연구를 수행할 때와 크게 다를 것은 없지만 이 상황에서의 사례연구의 의미를 잘 이해하기 위해서는 좀 더 주의를 기울일 필요가 있다. 복합 연구방법을 사용하는 데에는 크게 세 가지 이유가 있다.

첫째, 서로 다른 연구방법을 사용하더라도 증거가 하나의 결과로 수렴하는지를 검증하고자 할 때 사용된다(증거의 다원화). 이러한 경우, 사례연구는 다른 연구방법과 동일한 연구문제를 다룬다. 그러나 사례연구 자체는 단독으로 수행되며 수집한 자료의 분석과 보고도 독자적으로 이루어진다. 그 후에 전체적인 연구결과는 다른 연구방법의 결과와 함께 비교되고 종합적으로 분석된다.

둘째, 복합 연구방법은 주로 서베이나 기록정보에 대한 정량적 분석방법을 기반으로 한다. 가령, '복지개혁 후 가정의 경제 사정이 어떻게 변화하였는가'와 같은 주제를 다룬다고 가정하자. 이를 조사하기 위하여 먼저 서베이나 기록정보 분석 등의 방법을 연구조사의 기반으로 하고, 사례연구는 개별 가정의 경험 등을 깊이 있게 다루기 위하여 사용할 수 있을 것이다. 이 경우에는 서베이나 기록정보 분석이 끝난 후에 사례연구의 연구질문이 결정될 수 있다. 또한 어떠한 사례를 선택할 것인가를 결정하는 것도 서베이나 기록정보 분석에서 다루었던 대상 중에서 이루어질 것이다. 이때 사례연구는 다른 연구방법의 진행 과정이나 발견에 의해서 연구방향이 정해진다는 것이 특징이다.

세 번째는 기본적인 인과관계를 밝히기 위해서 사례연구를 사용하고, 그러한 현상의 정도나 빈도를 알아보기 위해서 서베이와 같은 연구방법을 사용하는 경우이다. 이 경우에는 증거의 수렴이라기보다는 상호보완성이라는 측면에서 사례연구의 질문과 다른 연구방법의 질문이 서로 조정되는 것이다. 따라서 상호보완적인 조사가 동시에 이루어질 수도 있고, 연속해서 이루어질 수도 있다. 그러나 초기의 분석이 먼저 독립적으로 이루어지고 나서 두 가지 방법에 의한 결과가 최종적으로 결합되고 분석된다. BOX 46는 세 번째 방법에

BOX 46
사례연구와 서베이의 결합: 연구결과의 상호보완성

복합 연구방법을 사용할 경우 상이한 연구방법 간에 상호보완적인 연구질문을 적용할 수 있다. 일반적으로 사례연구는 인과관계에 대한 통찰을 얻기 위해서 사용되는 반면, 서베이는 그러한 현상의 정도를 측정하기 위해서 사용된다. 다음에 제시되는 2개의 연구가 이러한 결합방법을 사용한 예가 될 수 있겠다.

첫 번째 예는 미국 교육부에 의해서 지원된 교육프로젝트에 관련한 연구이다(Berman & McLaughlin, 1974-1978). 이 연구는 29개의 프로젝트에 대한 사례연구와 193개의 프로젝트를 대상으로 한 서베이를 결합하였다. 사례연구와 서베이를 결합함으로써 이 연구는 프로젝트 실행 과정과 결과에 관한 값진 정보를 획득하는 데 성공하였다. 두 번째 예는 19개의 현장을 대상으로 한 사례연구와 90개의 현장을 대상으로 한 서베이를 결합한 연구이다(Yin, 1981c). 이 연구의 결과는 지역공공서비스에 있어서 기술혁신의 생애주기가 어떠한 영향을 미치는지를 이해하는 데 많은 공헌을 한 것으로 평가받고 있다.

의해서 수행된 복합연구의 예시이다.

이상으로 사례연구가 다른 연구방법과 함께 사용되는 복합연구의 세 가지 상황을 설명하였다. 독립적으로 수행되는 사례연구가 아닌 경우에 주의해야 할 점은 다른 연구방법과 연구수행 기간과 연구방향을 조정해야 하고, 진행 과정이 처음 예상한 것과 다른 방향으로 갈 수 있다는 점을 이해하는 것이 중요하다. 또한 연구자 자신은 큰 연구팀의 일원으로서 자신이 얼마나 의지와 능력을 갖추고 있는지 확인해 볼 필요가 있다.

사례연구 구성 절차

사회과학 분야의 연구자들은 수집된 자료를 분석하고 연구보고서를 작성하기 위해서 잘 개발된 자신만의 절차를 갖고 있어야 한다. 많은 관련 교재는 연구자 스스로가 자신에게 적합한 절차를 개발할 수 있도록 다양한 방법을 제시하고 있다. 글을 잘 쓰기 위해서는 반복해서 고치고 다시 쓰는 것이 필요한데, 보통 학생시절에 잘 훈련되지 않기 때문에 초보 연구자들은 이를 평가절하하는 경향이 있다(Becker, 2007). 글을 여러 번 검토하고 수정하면 할수록 더 좋은 보고서가 나오기 마련이다. 이러한 관점에서 볼 때 사례연구 보고서는 다른 연구보고서와 별반 다른 점이 없다.

그러나 사례연구 보고서는 다음의 세 가지와 같이 중요하고 특별한 절차를 필요로 한다. 첫째는 보고서 작성을 시작하는 구체적 방법이고, 둘째는 사례의 실명을 공개할지 여부와 관련된 것이다. 마지막으로는 사례연구의 구성타당성을 확보하기 위한 보고서 검토 절차에 관한 것이다.

언제, 어떻게 시작할 것인가

첫 번째 절차로는 보고서 작성 시점과 관련된 것으로, 사례연구 수행 초기에 작성을 시작하라는 것이다. 이는 다른 사회과학 분야의 보고서 작성 시에도 도움이 되겠지만 특별히 사례연구 보고서를 작성할 때 큰 도움이 될 것이다. 사례연구 보고서의 구성은 미리 정해진 패턴을 따르지 않는데, 이러한 자유로움은 오히려 작성하는 도중에 큰 장벽을 만나게 되는 위험을 제공하기도 한다. "보고서 작성은 아무리 일찍 시작해도 빠른 것이 아니다"라는 말(Wolcott, 1990, p. 20)의 의미를 떠올리며 사례연구를 수행하는 것이 좋다.

연구자는 이러한 조언을 참고하여 자료수집과 분석이 끝나기 전에 보고서의 초안이 어느 정도 만드는 것을 목표로 해야 한다. 불완전한 상태로 남겨둘지라도 초안은 그 자체로 중요한 작업이므로 반드시 작성을 시작해야 한다.

언제, 그리고 어디서 시작하는 것이 좋을지 예시를 통해 살펴보자. 예를 들어, 연구 초기의 활동으로는 문헌연구와 연구설계를 포함할 수 있다. 이러한 활동이 끝났다면 연구자는 이미 참고문헌이나 방법론, 선행연구 검토, 초기 사례의 기술 등과 같은 부분에 대한 작성을 시작할 수 있다.

새로운 인용이 등장하면 초기 참고문헌의 목록에 추가될 수 있지만, 연구의 주요 참고문헌들은 선행연구의 검토 시 일단 결정되기 마련이다. 따라서 이 시기에는 참조를 어떠한 형식으로 할 것인지 결정하고 참고문헌 목록의 초안을 작성해야 한다. 설령 참고문헌이나 인용이 빠진 불완전한 상태라도 사례연구가 진행되는 동안에 추가적으로 완성시킬 수 있다. 일반적으로는 연구자들이 참고문헌을 가장 마지막 단계에서 정리하기 때문에 보고서를 검토하고, 수정하고, 편집하는 일과 같이 더 중요한 부분에 필요한 시간을 너무 많이 빼앗기는 경향이 있다. 따라서 연구의 초기 단계부터 보고서 작성을 염두에 두면 이러한 문제를 해결할 수 있다.

자료수집과 분석의 주요 절차들이 연구설계 부분에서 결정되기 때문에 연구설계가 완성되는 시기에는 보고서의 연구방법론 부분 역시 초안을 작성할 수 있다. 물론 연구가 진행되는 마지막 시기가 되기 전에는 작성을 완벽하게 할 수 없을 수도 있다. 그러나 초기에 초안을 시작함으로써 일부 연구설계와 자료수집 절차를 보다 정확하게 기억할 수 있다는 장점이 있다. 가령 기관생명윤리위원회(3장의 IRB)의 검토와 승인을 받았던 경험이 있다면 실제적으로는 나중에 기관생명윤리위원회의 승인을 받게 되더라도 이전 경험으로 방법론에 대한 초안 작성을 미리 시작할 수 있다. 나중에 보면, 처음에 의도하고 적용하고자 하였던 방법론의 세부 내용에 대해 상세한 부분까지 기억하게 되어 스스로 놀라게 될 것이다.

세 번째로 초기에 작성할 수 있는 부분은 문헌연구이며, 여기에서는 선행연구가 어떻게 사례연구의 연구질문이나 명제를 이끌었는지, 또는 보완해 주는지를 서술해야 한다. 이미 프로토콜 개발과 자료수집의 기반이 되는 연구질문과 연구명제가 정해졌기 때문에 선행연구와의 연관성이 더욱 많이 드러나게 된다. 비록 연구자는 자료수집과 분석을 마친 후 초기의 연구질문과 연구명제를 재점검해야 하지만, 처음 연구질문과 연구명제를 이끌었던 문헌연구는 많이 바뀌지 않는 것이 일반적이다.

네 번째로 연구를 위해 수집은 이루어졌으나 분석 전 자료에 대해 작성할 수 있는 부분은 기술하는 것이다. 방법론에 사례를 선택하는 기준과 관련된 이슈들이 포함되겠지만, 자료에 대한 실질적인 기술에서 개별 사례에 대한 설명 혹은 개요가 작성되어야 한다. 사례연구 형태의 유형에 대한 최종적인 아이디어나 보고서의 구성 체계가 아직 결정되지 않았을 수 있다. 그러나 자료에 대한 실질적인 기술, 또는 개요는 구조나 유형과 무관하게 유용할 것이다. 또한 초기 사례에 대한 기술 초안은 미완성일지라도 전반적인 구조와 유형에 관한 아이디어를 내도록 자극시켜 줄 것이다.

분석이 끝나기 전에 위에서 언급한 네 가지 부분에 대한 초안이 있다면 크게 도움이 될 것이다. 이 부분들은 상당량의 문서를 필요로 할 것이고, 이러한 문서들은 적당한 시간에 발표 자료 형태로 변환될 수도 있다. 또한 자료수집을 하는 동안이라면 인용이나 참고문헌, 사례연구와 관련된 조직이나 사람들의 이름에 대한 상세하고 정확한 기록을 가지게 된다는 장점도 있다(Wolcott, 2009, pp. 52-53).

동일한 단계, 즉 분석이 완료되기 전 단계에서 연구자는 방법론에 대한 초기의 초안에 추가적인 정보를 삽입할 수 있다. 실제 자료수집을 하는 과정에서 보다 자세한 내용들을 파악하게 되었을 것이고, 계획하고 있는 분석전략에 대해 더 많이 알게 될 것이다. 이러한 추가적인 정보들은 초기에 작성한 방법론에 대한 부분을 강화시킬 것이다.

연구 초기에 초안을 작성하기 시작해 사례연구의 진행에 따라 지속적으로 추가 작성을 해 나간다면, 잠정적인 결과나 결론뿐 아니라 분석 자체에 대해 자신의 생각이 좀 더 명확하게 집중되고 있음을 발견하게 될 것이다. 다시 말해, 자신이 어디에 있는지를 알고 있다는 사실이, 내가 어디로 가야 할지에 대해 보다 명확하게 알 수 있도록 도와준다는 것이다. 또한 연구 초기에 보고서 작성을 시작하는 것은 연구자의 심리적 부분에도 많은 도움을 줄 수 있다. 즉, 연구자의 입장에서는 보고서 작성에 익숙해지기 위해서 어려운 작업을 미리 한번 연습해 본다는 의미도 갖기 때문에 심리적으로 안정감을 가질 수 있다. 따라서 이 세 가지 부분 이외에도 연구 초기에 초안을 작성할 수 있는 부분이 있다면 미리 시작을 하는 것이 바람직하다.

사례의 정체성: 실명 vs. 익명

대부분의 사례연구자는 사례의 익명성에 대한 고민을 하게 된다. 사례와 정보원의 실명을 밝힐 것인가? 아니면 사례를 비롯한 모든 조사 대상자를 익명으로 할 것인가? 이와 같은 익명성에 관한 이슈는 전체 사례(들)와 관련된 경우와 사례(들) 내부의 개인들과 관련된 경우 두 가지가 있을 수 있다.

가장 바람직한 경우는 3장에서 논의되었던 바와 같이 연구대상자의 정보 보호 및 연구윤리 규정을 준수하면서, 사례와 개인에 대한 신원을 모두 밝히는 것이다. 사례와 개인에 대한 신원을 공개하면 두 가지 측면에서 이점이 있다.

첫째, 독자들이 과거에 읽었던 사례연구 보고서의 동일한 사례에 관한 정보를 떠올리고 비교할 수가 있다. 과거의 연구결과와 새로운 사례연구 결과를 비교 통합할 수 있다는 것은 매우 중요한 경험이 될 수 있다. 둘째, 독자들이 사례를 쉽게 검토할 수 있기 때문에 사례연구의 주석과 인용을 확인하는 것이 용이해진다. 그 결과 사례연구에 대한 외부의 의견을 들을 수 있다. 그러나 이러한 이점에도 불구하고, 사례와 개인을 익명으로 해야 하는 경우도 있다. 가장 흔한 경우는 사례연구가 논쟁을 불러일으킬 수 있는 주제를 다루고 있는 경우이다. 이 경우에는 사례를 익명으로 함으로써 그 사례나 관련된 개인들을 보호할 수 있다.

두 번째는 사례연구의 결과가 그 사례의 향후 조치나 행동에 영향을 미치게 되는 경우이다. Whyte(1943/1993)의 연구 「Street Corner Society」(익명의 도시 "Cornerville"을 대상으로 하였다)가 이에 해당한다. 세 번째는 사례연구의 목적이 "이상적인 상태"를 묘사하는 경우에 해당된다. 이러한 경우에는 사례의 정확한 신원을 일부러 드러낼 필요가 없기 때문이다. Lynd와 Lynd(1929)의 연구 「Middletown」에서 연구대상이 되었던 소도시, 거주민, 그리고 회사

이름 등이 가명으로 사용되었던 것도 이러한 이유에서였다(비록 시간이 지난 후에 밝혀졌다 하더라도).

이와 같이 익명성이 정당화되는 상황이라 할지라도 약간의 응용이 가능할 수도 있다. 첫째, 개인들의 이름만을 익명으로 하고 사례 자체는 실명을 공개해도 되는 경우가 있다. 둘째, 개인의 실명은 공개하되 각각의 개인에 대한 특징이나 견해를 언급하지 않는 것이다. 그러나 누구인지 정확히 모르게 한다고 해서 문제가 다 해결되는 것은 아니다. 연구자는 정보원이 누구인지 알아채지 못하도록 말을 할 때 위장해야 하는 경우가 생긴다.

셋째, 다중사례연구에서 어떠한 단일사례연구에서는 공개하지 않고, 사례 통합분석에서만 공개하는 것이다. 이는 서베이에서 행해지는 방법과 유사한 방법이다. 서베이에서는 설문의 응답자에 대한 개인정보는 공개하지 않지만 응답자 전체에 관한 종합적인 정보는 최종 보고서에 공개한다. 따라서 세 번째 경우는 단일사례에는 해당되지 않고 다중사례연구 보고서 작성 시에만 적용할 수 있다.

위에서 언급한 세 가지의 경우처럼 완전한 비공개를 피해가는 방법조차도 불가능할 경우에는 모든 사례와 정보원을 익명으로 할 수밖에 없을 것이다. 그러나 완전한 비공개는 사례연구에서 그리 바람직한 것은 아니다. 사례와 정보원을 완전히 익명으로 하게 되면 사례의 중요한 배경정보 중 일부가 누락되는 것뿐만 아니라 사례연구 보고서 작성도 어려워지게 된다. 왜냐하면 사례와 그 정보원들 및 구성 요소들을 실명에서 가명으로 모두 전환해야 하는데, 이 경우 연구자가 모든 과정에서 오류 없이 전환되었는지를 확인하는 데에도 많은 노력이 필요하기 때문이다. 이러한 절차는 의외로 많은 시간과 노력을 요구하기 때문에 단순히 취급하여서는 안 된다.

연습문제 6-3
사례의 익명성에 대한 고찰

"사례"의 이름이 익명이나 가명으로 처리된 사례연구를 조사해 보라. 이와 같이 사례의 신원을 비공개로 하여 익명성을 보장하는 것이 갖는 장점과 단점은 무엇인가? 당신의 사례연구에서는 사례의 실명을 공개할 것인가? 그렇다면 왜 공개할 것인가?

보고서 검토하기

사례연구 보고서 작성의 세 번째 절차는 사례연구의 전반적인 질을 결정하는 중요한 요소이다. 작성된 보고서의 초안을 검토하는 과정은 동료뿐만 아니라 (다른 연구보고서에서 이루어지는 방식) 사례의 정보원이나 관찰대상자들에게 검토를 의뢰하는 것이 중요하다. 이들로부터 나온 의견이 연구에 매우 도움이 되는 경우에는 최종 사례연구 보고서에 이를 포함시킬 수도 있다(BOX 47 참조).

보고서를 검토하는 작업은 의례적으로 행해지는 과정 이상의 중요한 의미를 갖는다. 이 과정은 보고서에 제시된 증거와 핵심적인 사실을 재확인하는 절차임에도 불구하고 정확하게 수행되는 경우는 매우 드물다(Schatzman & Strauss, 1973, p. 134). 검토 과정에서 정보원과 관찰대상자들이 사례의 실제 내용에는 동의하지만 연구의 결론이나 해석에는 이의를 제기할 수도 있다. 이와 같이 보고서 검토 과정에서 이견이 발생할 때에는 기존의 자료를 다시 검토하거나 추가적인 증거를 찾아서 이러한 의견의 불일치를 해결해야 한다. 간혹 정보원이나 관찰대상자가 초기의 자료수집 과정에서 잊고 있었던 새로운 증거를 제시하는 경우도 있다.

사례 전체 혹은 그 일부 요소를 익명으로 하는 경우에도 이러한 방식의 보고서 검토 과정이 필요하다. 사례나 개인의 익명이 보장되어야 하는 경우라

BOX 47
보고서 검토 의견 수집하기

사례연구 보고서의 수준을 좀 더 향상시키고 구성 타당성을 높이기 위한 한 가지 방법은 보고서 초안을 연구대상이었던 사람들어게 검토하도록 하는 것이다. Alkin과 Daillak, White(1979)도 이러한 절차를 통해서 5개의 사례로 구성된 다중사례연구의 보고서 초안을 검토하였다.

이 연구는 5개의 학군을 대상으로 학생 평가기준을 어떻게 사용하는가를 조사한 것이었다. 저자는 연구보고서의 초안이 작성된 후 각각의 사례에 관한 내용을 해당되는 학군에 속한 정보원들에게 검토를 의뢰하고 검토의견을 요청하였다. 정보원들의 검토의견은 개방형식으로 미리 구성된 설문지를 통해서 수거되었다. 수거된 의견 중에는 매우 유용하고 통찰력이 있는 내용이 포함되어 있었기 때문에 저자는 원래의 보고서를 수정하면서 이 의견을 반영하였을 뿐만 아니라 최종 보고서의 본문 안에 그 내용을 포함시키기까지 하였다.

전통적인 사례연구에서는 관찰대상자의 검토의견을 보고서에 반영하는 경우가 거의 드물었다. 그러나 이와 같이 검토 과정을 통해서 추가적인 증거나 의견을 보고서에 포함시킴으로써 독자들에게는 사례에 대해서 더 정확한 정보를 제공하고, 독자 나름대로의 결론에 도달할 수 있도록 도움을 줄 수 있다는 이점을 가질 수 있는 것이다.

면, 보고서 검토 시에만 사례나 개인에 관해 식별할 수 있는 정보를 검토자들에게 공개하고 검토가 끝난 후 최종 보고서에는 사례나 개인에 관한 정보를 감추는 작업을 다시 해야 한다. Whyte(1943/1993)가 「Street Corner Society」의 초고를 처음 완성했을 때 이러한 절차를 통해서 보고서를 검토하였다. 그는 그의 주요 정보원을 "Doc"이라 지칭하였는데 정보원과 보고서를 검토하는 과정에 대하여 다음과 같이 언급하고 있다.

> 나는 보고서의 여러 부분을 Doc에게 보여주고, 아주 상세한 부분까지 그와 의논하였다. 보고서를 검토한 후 Doc의 조언과 비평은 보고서 수정작업에 매우 귀중한 도움이 되었다(p. 341).

연구방법론적인 관점에서 보았을 때, 이러한 과정을 통해서 수정작업을 거치는 것은 사례연구의 정확성을 증가시켜 연구의 구성 타당성을 확보하는 수단이 될 수 있다. 이를 통하여 사건이 왜곡되거나 잘못 보고되는 가능성이 줄어들기 때문이다. 또한 관찰대상자들마다 동일한 사건에 대한 의견이 제각기 달라서 객관적인 진실이 무엇인지 알 수 없을 때 이러한 절차를 통해서 다양한 관점을 보고서에 반영할 수도 있다. 그러나 모든 검토 의견에 주의를 기울일 필요가 있는 것은 아니다. 가령, 연구자가 증거의 해석에 대해서 확신을 가지고 있는 부분마저도 검토 의견 때문에 수정되어야 하는 것을 의미하는 것은 아니다. 이러한 관점에서 보았을 때, 연구자의 재량권은 학술지 심사의견에 대응하는 것과 크게 다르지 않다.

사례연구의 정보원에게 보고서 검토를 의뢰하는 경우, 의견을 듣고 보고서를 수정하는 데에 상당한 시간을 소요하게 된다. 정보원들은 논문심사위원들이 아니라서 보고서에 대한 검토의견이 아니라 사례에 관해 새로운 이야기를 하는 사람도 있을 것이다. 그렇기 때문에 보고서의 검토 기간이 예상외로 지연될 수도 있다. 따라서 연구자는 이러한 상황을 미리 대비하고 시간을 충분히 확보해 두어야 한다. 이러한 검토 절차가 세심하고, 주의 깊게 이루어진다면 확실히 사례연구 보고서의 수준을 높이기 위한 효과적인 방법이 될 수 있을 것이다(BOX 48 참조).

BOX 48
공식적인 보고서 검토

보고서를 검토하는 과정은 보고서의 최종 산출 결과의 품질을 결정하는 데에 매우 중요한 역할을 한다. 사례연구에 있어서도 이러한 보고서 검토 과정이 반드시 수반되어야 한다.

보고서의 검토 절차를 매우 잘 지킨 연

구가 있어서 소개하고자 한다. 이 연구는 미국 기술평가국(U.S. Technology Assessment Office)의 지원을 받은 것으로써(1980~1981) 17개의 사례를 대상으로 하고 있다. 이 17개의 사례들은 모두 의료기술에 관한 것으로 연구보고서가 작성된 후에 "최소 20명에서 40명에 이르는 외부 사람들에게 보고서 검토를 의뢰하였다." 이들은 정부 관료와 소비자, 이익집단, 의료업계 종사자, 의학 분야의 학자, 그리고 경제학과 사회과학 분야의 학자 등 매우 다양한 부류의 사람들로 구성되었다.

검토된 의견 중의 일부는 출판된 사례연구 최종 보고서에 포함되었다. 이러한 비판이나 이견들에 대해서는 저자의 해명이 덧붙여 설명되었다. 이와 같이 공개적으로 검토자들과 의견을 교환함으로써 이를 읽는 독자들은 사례연구의 결론을 독자적으로 해석할 수 있다는 이점을 가질 수 있다. 따라서 이러한 검토 방식을 통하여 사례연구 증거의 전반적인 신뢰성을 확보할 수 있는 것이다.

연습문제 6-4
보고서 검토 과정

사례연구 보고서는 실제 사례연구에 매우 깊게 참여한 정보원의 검토에 의해서 개선될 수 있다. 이러한 검토가 갖는 장점과 단점에 대해서 생각해 보라. 연구의 질을 관리한다는 차원에서 장점은 무엇인가? 단점은 무엇인가? 장점과 단점을 모두 고려할 때 여전히 충분한 가치를 지니는가?

좋은 사례연구의 조건

좋은 사례연구란 무엇인가를 정의하는 문제는 사례연구를 수행하는 데 있어서 매우 어려운 부분 중의 하나이다. 직접적으로 어떤 증거를 제시하는 것은 불가능하다 할지라도 좋은 사례연구가 되기 위한 몇 가지 조건들을 살펴봄으로써 이 책의 결론을 맺도록 하겠다.[3]

좋은 사례연구는 단지 연구방법론적인 절차를 잘 수행했다는 의미 이상을 갖는다. 만약 연구자가 이 책에서 설명한 대로 사례연구 프로토콜을 개발하고, 증거사슬을 만들고, 사례연구 데이터베이스를 구축하였다 하더라도 이것만 가지고 좋은 사례연구라고 말할 수는 없다. 기술적인 연구방법을 습득하였다고 해서 그 사람이 반드시 훌륭한 과학자라고 말할 수 없는 것과 마찬가지이다. 다시 말해, 이러한 차이는 연대기 기록자(chronicler)와 역사연구자의 차이에 비유할 수 있다. 연대기 기록자는 과거의 사건을 기술적으로 정확하게 기록해야 하지만 인간이나 사회에 대한 통찰력을 필요로 하지는 않는다. 반면 역사연구자는 과거의 사건뿐만 아니라 인간과 사회에 대한 깊은 통찰력을 필요로 한다는 점에서 차이가 있다.

이제 이러한 측면에서 좋은 사례연구가 갖추어야 하는 다섯 가지 특징을 살펴볼 것이다.

연습문제 6-5
좋은 사례연구란 무엇인가?

좋은 사례연구라고 생각하는 사례연구를 선택하라(이 책의 BOX에서 인용된 사례 중에서 선택해도 된다). 선택한 사례연구가 좋은 사례연구라고 생각한 이유는 무엇인가? 다른 사례연구에서는 좀처럼 발견할 수 없었던 특징을 발견할 수 있었는가? 사례연구가 좋은 연구가 되기 위해서 어떠한 점을 본받아야 한다고 생각하는가?

연구의 의의가 분명해야 한다

좋은 사례연구의 첫 번째 특징은 연구자 자신이 통제할 수 없는 부분일지도 모른다. 만약 연구자가 접근할 수 있는 "사례"나 자원이 매우 제한되어 있다면 사례연구 자체가 갖는 의미도 매우 제한적일 수밖에 없을 것이다. 이러한 상황에서는 좋은 사례연구를 산출해 내기 어렵다. 그러나 선택할 수 있는 사례나 자원이 충분한 경우라면 다음과 같은 경우의 하나를 따르는 것이 바람직하다.

- 사례가 매우 독특하거나 대중적으로 흥미를 유발시킨다.
- 사례에서 다루고자 하는 이슈가 국가적으로 중요하거나 이론적인 의의를 갖거나 정치적, 실무적으로 중요한 의미를 갖는다(BOX 49 참조).
- 위의 두 조건을 모두 만족한다.

BOX 49
주요 세계적인 사건에 대한 검토

소비에트 연방(Soviet Union)의 해체와 함께 일어난 1986년 동유럽의 혁명은 패권국가의 변화를 가져온 세계적인 사건이었다. 소비에트 연방이 왜 혁명에 대한 군사적 개입을 하지 않았는지에 대한 설명은 매우 중요한 연구질문이었다. 이에 대한 대표적인 연구로 Andrew Bennett(2010)은 최근 아프가니스탄에서 소비에트 연방의 군사적 지원 실패(military losses)를 포함해 동 지역의 경제성장률 하락과 연립정부의 지배력 붕괴로 인한 국내 정치를 그 이유로 설명하였다. Bennett의 보고서는 공식적 형태로 구성된 사례연구는 아니었지만 어떻게 사례연구방법이 이러한 중요한 세계적 사건을 다룰 수 있는지 보여주고 있다.

가령, 과거에는 사회과학자들이 연구할 수 없었던 현상을 밝힐 수 있는 사례가 있어서 이를 연구대상으로 선택하였다고 하자. 이러한 사례는 그 자체로도 새로운 발견을 기대할 수 있기 때문에 좋은 사례연구를 수행할 수 있는 기회를 제공한다. 또 다른 예로, 두 개의 경쟁명제를 비교할 수 있는 사례를 선택하였다고 하자. 연구명제가 매우 잘 알려진 문헌 속 논쟁의 핵심이 되는 부분이거나 잘 알려진 이론을 반박하는 것이라면 이 또한 사례연구로써 중요한 의미 모두를 가질 수 있다. 마지막으로, 하나의 사례연구가 발견적인 의미와 이론적인 의의 두 가지를 모두 갖추는 경우를 상상해 보라. 예컨대, 다중사례연구에서 개별적인 단일사례연구들은 발견적인 성격을 지니고, 그 단일사례들이 비교 분석되는 과정에서 이론적인 의미를 추가적으로 반영할 수 있다면 그러한 상황이 가능할 것이다. 이러한 사례연구야말로 진정으로 좋은 사례연구라 할 수 있다.

그러나 많은 학생은 특징 없는 사례들을 연구대상으로 선택하고 진부한 이론적 이슈를 주제로 삼는 경우가 많다. 학생들은 사례연구를 시작하기 전에 자신의 연구가 갖는 의의가 무엇인지, 선택한 사례를 통해서 무엇을 밝힐 수 있는지 먼저 상세하게 기술해 보라. 이에 대해 명확하고 만족스러운 대답을 찾을 수 없는 학생이라면 지금 수행하는 사례연구를 다시 한 번 생각해 보아야 한다.

사례연구는 "완전"해야 한다

좋은 사례연구의 두 번째 특징은 정확히 설명하기 어렵다. 여기서 말하고자 하는 것은 실험실에서 행해지는 실험이 완전성을 요구하듯이 사례연구도 그 완전성이 매우 중요하다는 것이다. 완전성에 대하여 그 범위를 정확하게 정의하는 것은 어렵지만 몇 개의 기준을 제시하는 것은 가능하다.

사례연구에 있어서 완전성이란 최소한 다음 세 가지 측면에서 살펴볼 수 있다. 첫째, 사례의 경계가 분명해야 한다는 점이다. 여기서 사례의 경계란 연구하고자 하는 현상과 정황을 분명하게 부각시킬 수 있는 연구의 범위를 말한다.

이러한 사례의 경계에 해당하는 예로는 사례에서 정하고 있는 시간이나 지리적(또는 조직적인) 한계, 사례에 포함되는 활동들, 그리고 사례 바깥에 존재하지만 명시적으로 표현된 정황적인 조건 등을 들 수 있다(Boxter & Jack,

2008). 사례의 경계를 기계적으로 해석하여 다른 사람들도 사례연구의 참여자로 포함시켜야 함에도 불구하고 그 당시 가능한 특정 소수만 사례연구에 참여시켰다면 문제가 있는 결과가 나오게 될 것이다. 가장 좋은 방법은 사례의 범위에서 벗어난 정보일수록 사례연구와 직접적인 관련성이 적어진다는 사실을 논리적인 주장, 혹은 증거의 제시를 통해서 보여주는 것이다. 사례의 범위가 올바르게 설정되었는지 검증하는 과정은 사례연구의 분석 단계와 보고서 작성 단계에서 이루어질 수 있다.

완전한 사례연구가 되기 위한 두 번째 방법은 증거수집과 관련이 있다. 완전한 사례연구는 연구자가 관련된 증거를 수집하기 위하여 가능한 모든 노력을 기울였다는 사실이 설득력 있게 나타나 있어야 한다. 그러나 자료수집에 기울인 연구자의 노력을 보고서 본문에서 주장하고자 한다면 오히려 연구보고서의 내용을 산만하게 만들 수 있다. 그러한 증거는 상세한 주석이나 첨부한 자료를 통해서 이루어져야 한다. 이를 통해서 사례연구의 범위 안에 존재하는 관련된 모든 증거가 연구에서 다루어졌다는 것을 독자들에게 증명할 수 있는 것이다. 사실 모든 증거를 수집한다는 것은 불가능한 일이다. 이는 연구자가 말 그대로 '모든' 증거를 수집하였다는 의미가 아니라 연구의 중요한 부분들에 '완전한' 주의를 기울였다는 것을 의미한다. 가령, 경쟁명제 등이 빠지지 않고 연구에서 다루어졌는지에 대한 것도 이러한 부분 중의 한 가지가 될 수 있다.

완전한 사례연구가 되기 위한 세 번째 방법은 연구의 인위적인 조건과 관련된다. 즉, 사례연구는 인위적인 조건에 의해서 연구가 종료되어서는 안 된다는 것이다. 가령, 자원이 고갈되어서, 연구자가 시간이 모자라서(학기가 끝났다든지), 혹은 연구 이외의 다른 문제들로 인해서 연구를 서둘러 종료한다면 완전한 연구가 될 수 없다는 것이다. 연구자는 처음부터 자신이 가지고 있는 경제적, 시간적 자원의 범위 내에서 연구를 마칠 수 있도록 연구를 설계해야 한다. 자신이 보유하고 있는 범위를 초과하지 않는 연구설계를 위해서는 많은 경험이 요구되며 때로는 운도 따라야 한다. 만약 연구과정에서 예기치 않게 시간이나 자원의 제약을 갑자기 받게 되면 좋은 사례연구가 될 가능성이 매우 희박해진다는 사실을 주지할 필요가 있다.

사례연구는 대안적 관점을 고려해야 한다

설명적 사례연구의 경우, 좋은 접근방법 중의 하나는 경쟁명제를 사용하고, 그 경쟁명제의 관점에서도 증거를 분석하는 것이다(5장 참조). 경쟁가설이나 대안적 관점을 인용하는 것은 연구개요 부분에 포함되어야 한다(Kelly & Yin, 2007). 탐색적 사례연구, 기술적 사례연구, 또는 설명적 사례연구를 하는 경우에도 다른 관점에서 수집한 증거들을 조사하는 것은 좋은 사례연구가 될 수 있는 가능성을 높일 수 있다.

가령, 기술적 사례연구에서 대안적 관점을 다루지 않는다면 비판적인 독자들은 그 연구에 대해서 신뢰를 갖기 어려울 것이다. 즉, 연구자가 관련된 모든 증거를 수집하지 않았거나 한 가지 관점에서만 증거를 수집하였다는 비판을 받게 될 것이다. 다양한 관점을 고려하지 않고 한 가지 측면에서만 해석을 하게 되면 연구자 자신은 의도하지 않았더라도 편향된 결과를 산출할 가능성이 높아진다. 예컨대 조직에 대한 연구에서 종업원의 관점은 다루지 않고 관리자의 입장에서만 연구가 이루어진다거나, 사회집단에 관한 연구에서 다양한 문화적 관점을 고려하지 않거나, 청소년 프로그램에 관한 연구를 하면서 청소년의 관점을 무시한 채 어른의 관점에서만 연구가 진행된다거나 하는 일들은 흔히 발생하는 문제이다.

서로 다른 관점을 적절하게 대비시키는 방법은 원래 사례연구가 제시하였던 주요 가정에 대해 가장 핵심적인 반박을 하는 동시에 중요한 관점을 묘사하는, 대안적 관점을 사용하는 것이다. 이러한 대안적 관점은 대비되는 문화적 관점이 될 수도 있고, 상반된 이론이 될 수도 있다. 또한 사례연구의 관찰 대상인 사람들이나 의사결정자들에 변화를 주는 것도 한 가지 방법이 될 수 있다. 만약 대안적 관점이 충분히 중요하다면, 제시된 대안적 관점은 이 장에서 소개된 비교 구조를 이용하여 동일한 사례를 다루는 좋은 방법이 될 수 있다. 많이 사용되지는 않지만 중요한 또 하나의 접근방법은 대안적 관점을 사례연구에서 별도의 장이나 부분에서 소개하는 것이다(BOX 50 참조).

BOX 50
대안적 관점 더하기

Edgar Schein(2003)의 단일사례연구는 기업 규모 상위 50위 안에 들었던 한 컴퓨터 기업의 종말을 설명한다(5장의 BOX 31 참조). 현대 사회의 기업 사례를 다룬 이 연구는 기업의 전 대표가 기업의 운명을 여전히 좌지우지할 수 있다는 것을 보여주었다. Schein은 많은 문서와 인터뷰 자료를 통해 그의 주장을 뒷받침하였지만, 그는 각 장에 별도로 보충자료를 삽입하여 그의 연구를 훌륭하게 만들었다. 보충자료에는 주요 임원진이 제시한 경쟁설명을 첨부하였다.

다른 관점을, 다른 방식으로 고려해야 할 필요성도 생각해 보라. 연구자가 자신의 연구를 제3자에게 설명하거나 검토를 의뢰하였을 때 사례의 사건에 대해서 다른 해석을 하거나 관점을 제시하는 경우가 있다. 이러한 상황에서 연구자는 자신의 입장을 설명하거나 자신의 해석이 올바르다는 것을 주장하고자 하는 경향이 있다. 반대로, 좋은 사례연구는 이러한 "명백한" 대안을 예상했을 것이고, 가능한 대안적 관점을 미리 예측하고, 그러한 대안적 관점이 연구에서 어떻게 기각되었는가를 실증적으로 보여줄 수 있어야 한다.

사례연구는 충분한 증거를 제시해야 한다

4장에는 사례연구 증거를 제시하기 위해서 데이터베이스가 필요하다는 점을 강조한 바 있다. 그러나 가장 핵심적인 증거는 사례연구 보고서에 제시되어야 한다. 좋은 사례연구는 가장 중요한 증거들을 선별하여 신중하고 효과적으로 보고서에 제시함으로써 독자들이 스스로 분석적 판단을 할 수 있도록 이끌어 줄 수 있어야 한다.

중요한 증거들을 선별한다는 것은 편향된 방법에 의해서 증거를 선택하거나 연구자의 결론을 증명할 수 있는 증거만을 보고서에 포함시키라는 의미가 아니다. 이와 반대로, 연구자의 결론을 지지하는 증거와 지지하지 않는 증거 모두가 중립적으로 제시되어야 한다. 이를 통해서 독자들은 저자의 해석이 타당한지, 혹은 그렇지 않은지를 스스로 판단할 수 있게 된다. 의미 있는 증거들을 선별한다는 것은 보고서가 덜 중요한 정보들에 의해 보고서의 내용이 산만해지는 것을 방지하기 위해서 보고서에 가장 견고한 증거(경쟁가설을 포함해)만을 포함하는 것으로 한정하는 것이다. 사례연구 보고서에 모든 증거를 다 제시함으로써 많은 양의 보고서를 산출하고자 하는 연구자들은 그러한 방대한 양의 보고서가 독자들에게 설득력 있는 주장을 펼치는 데 도움을 줄 수 있을 것이라 기대하기 때문일 것이다. 그러나 사실 많은 양의 보고서는 독자들을 지루하게만 할 뿐이다.

사례연구의 증거를 충분히 제시하여야 하는 이유 중의 하나는 연구에 대한 독자들의 신뢰를 얻기 위해서이다. 가령, 연구자가 현장연구를 수행하였다면 보고서에 제시되는 증거들을 통해서 연구자가 실제로 현장에 조사를 성실히 수행하였으며, 연구이슈에 대해서 충분히 고민하였다는 사실을 독자들에게 납득시킬 수 있어야 한다. 이는 다중사례연구에서도 마찬가지이다. 보고서는 모든 개별적인 단일사례가 성실히 조사되었고, 사례들을 비교 분석한 최종 결론이 특정 사례나 편견에 의해 영향을 받지 않았다는 사실을 독자들에게 확신시킬 수 있어야 한다.

이와 같이 사례연구 보고서에 증거들을 적절하게 제시한다는 것은 매우 힘든 일이다. 이는 단순히 증거를 보여준다는 의미를 넘어서 증거의 타당성을 확보해야 하기 때문이다. 증거의 타당성을 확보하기 위해 필요한 조치로 연구 방법론적인 측면만을 강조하는 것은 아니다. 오히려 잘 정리된 주석이나 도표와 그림에 대한 성의 있는 설명 등이 이러한 타당성을 확보하는 데 기여하기도 한다. 도표나 그림을 보고서에 제시하면서 출처에 대한 정확한 언급이 빠지면 연구자가 매우 부주의해 보이고, 독자들은 이러한 연구에 대해 더욱 비판적으로 될 수밖에 없을 것이다.

사례연구는 흥미로워야 한다

좋은 사례연구의 특징 중 마지막으로 언급하고자 하는 것은 사례연구가 흥미로워야 한다는 것이다. 문서의 형태로 출간되는 사례연구 보고서의 경우는 문체의 스타일이나 내용이 독자들의 흥미를 지속적으로 이끌어 낼 수 있어야 한다.

즉, 좋은 원고란 독자들이 흥미를 가지고 처음부터 끝까지 한 페이지도 빠짐없이 읽을 수 있도록 "유인"하는 힘을 가진다. 재미있는 소설을 읽으면서 이러한 경험을 해보았을 것이다. 이는 모든 유형의 사례연구 보고서 작성 시에 연구자들이 유념해야 할 사항이다.

이렇게 좋은 글쓰기는 타고난 재능뿐만 아니라 많은 경험을 요구한다. 자기 자신으로 하여금 "수려하고 결정적인 문장에 열린 자세"를 취하도록 하고 (Caulley, 2008, pp. 424), 문장을 만들 때에는 마치 "살아 움직이는 것처럼 보이도록(action-packed)" 할 필요가 있다. 또한 글의 명확성을 제고하기 위하여 여러 번 수정하고 다시 쓸 것을 추천한다.

매력적이고, 독자를 유혹할 만한 사례연구란 사회과학 연구에서 흔하지 않다. 이러한 사례연구 보고서를 작성하기 위해서는 연구자가 열정을 가지고 연구조사를 수행해야 하며, 연구의 결과를 독자들과 소통하기 위하여 노력하는 것이 중요하다. 실제로, 좋은 연구자라면 자신의 연구를 통해서 지금까지 알려지지 않은 새로운 발견을 하고 사람들이 깜짝 놀랄만한 연구 성과를 이루고자 하는 욕망이 있을 것이다. 이러한 열정이야말로 좋은 사례연구를 수행하는 데 가장 큰 밑거름이 될 수 있을 것이다.

미주

1. 여기에서는 사례연구의 독자층으로 학생들은 고려하지 않았다. 왜냐하면 학생들은 수업시간에 교과 과정으로 사례연구를 배우지만 이는 연구를 목적으로 하는 사례연구와 다른 것이다. 1장에서 언급한 바와 같이 수업을 목적으로 하는 사례연구는 연구를 목적으로 하는 사례연구와 전반적인 접근방법과 전략에 매우 큰 차이가 있기 때문이다.
2. 수년간 많은 사례연구 원고를 검토하고, 2010년 이후로는 방법론과 선행연구 검토를 포함한 학위논문 설명서를 구성하는 박사 과정의 학생들에게 서술로 조언을 주며 많은 정보를 얻었다.
3. 좋은 사례연구의 특징에 관한 이러한 견해는 실증적인 발견을 기반으로 작성된 것이다. 이를 위하여 21명의 저명한 사회과학자로부터 그들이 생각하는 최고의 사례연구를 추천받았다(COSMOS Corporation, 1983; Yin, 1985). 이를 기반으로 좋은 사례연구의 특징을 도출해 낸 것이다.

응용 10 정성적 및 정량적 자료를 통합하는 다중사례연구: 17개 대학교의 제안서 작성

다중사례연구는 다중사례연구의 일부로 개별 사례에 대한 자료를 제시할 수 있다. **응용 10**은 17개의 공립 및 사립 대학교의 제안서 작성에 관한 것이다. 이 연구는 별도의 사례연구로 대학을 다루고 있지 않지만 각 대학(개별 사례) 내에서 제안서 작성이 어떠한 과정을 거치는지(결과)에 초점을 맞추고 있다. **응용 10**은 각 사례 내의 결과를 논의한 후 사례 전체를 관통하는 패턴을 도출하는 과정에 대해 다루고 있다.

"후원"을 받는 연구를 하는 대부분 연구자들에게 제안서 작성은 매우 일상적인 작업이다. 거의 모든 연구 프로젝트는 정부, 재단 또는 기업 후원자로부터 자금을 지원받기 위해 제안서가 작성되어야 한다. 제안서의 수가 많을 경우 대학이나 연구기관은 이를 효과적으로 관리할 수 있어야 한다. 그 어떠한 대학이나 연구자도 제안서의 마감일을 놓치고 싶지 않을 것이기 때문이다.

제안서의 제출은 수년에 걸쳐 종이문서에서 전자적 방식으로 제출하는 것으로 바뀌었다. 이에 앞서 National Science Foundation(NSF)이나 National Institutes of Health(NIH)와 같은 주요 자금지원 기관은 전자 제안서 시스템의 이용이 편리할 수 있도록 대학이 제안서를 어떻게 작성하고, 제출하는지 파악하기 위해 노력했다. **응용** 10은 17개 대학을 사례로 다룬 다중사례연구이다.* 이 사례연구는 연구자가 연구의 제안, 제안서 검토 및 후원금 보고서 제출까

* Yin의 Applications of Case Study Research(2012a) 11장에서 다루어지는 내용이다. 지면상의 이유로 개별 사례에 대한 자료는 생략하였다. 그러나 Applications of Case Study Research(2012a)에서는 개별 사례에 대한 많은 내용을 다루고 있다.

지 가능한 전자시스템인 FastLane을 개발한 National Science Foundation에 의해 진행되었다.

대학과 4개의 조직 수준(organizational level). 각 대학은 별개의 사례로 다뤄지고 있으며, 17개 대학 중 7개 학교에서 현장연구를 수행했다. 현장연구 과정에서 대학 직원, 공무원 및 교직원 등 다양한 사람을 대상으로 인터뷰하고, 관련 문서와 보관된 기록을 검토했다. 나머지 10개 대학에 대해서는 현장연구를 갔던 대학교에 연락을 취한 것과 동일하게 다양한 사람을 대상으로 전화 인터뷰를 통해 자료를 수집하였다. 또한, 이 10개 대학은 관련 문서와 기록을 제출했다.

각 대학의 인터뷰 및 보관된 자료는 4개의 조직 수준, 즉 후원을 받는 연구실(Sponsored Research Office, SRO), 대학(학교), 2개 이상의 학부 및 주요 조사관(Principal Investigator, PI)을 대상으로 수집되었다. 자료수집을 완료한 다음 각 대학에 대한 데이터베이스를 만들었다. 각 데이터베이스는 다섯 가지 주제에 대한 양적 및 질적 정보로 구성되는데, 구체적으로 (a) 제안서를 처리하는 데 필요한 시간, (b) 해당 처리에 필요한 비용 정보가 포함되었다. 자료수집은 각 대학의 일반적인 제안서 제출과정에 초점을 두었다. 해당 대학의 익명성과 기밀을 유지하기 위해 아래의 표와 순서도는 이중 코딩 방식(dual coding schemes)*을 사용하였다.

각 대학의 제안서 처리과정. 수집된 자료의 데이터베이스를 바탕으로 각 대학의 제안서 처리 과정을 나타내는 순서도를 만들었다. 17개 대학의 순서도

* 이러한 제도는 하나의 표 또는 그림에서 A 대학으로 지정된 대학이 다른 표 또는 그림에서 A 대학으로 지정된 대학과 반드시 동일할 필요는 없음을 의미한다.

는 다음과 같은 네 가지 그룹으로 나눌 수 있다.

그룹 I: 후원을 받는 연구실(Sponsored Research Office, SRO)은 제안서 준비 초기 단계에 적극적으로 참여하고(연구자에게 제안서를 제출할 수 있는 기회를 알려주는 것이 아니라), 제안서 제출 전반에 관여한다.

그룹 II: SRO는 초기에는 적극적으로 참여하지만 최종 제안서는 조사관(Principal Investigator, PI)이 제출한다.

그룹 III: 모든 조직(PI를 통해 SRO)이 제안서 작성 초기에 관여하며, PI가 최종 제안서를 제출한다.

그룹 IV: 학과(SRO 제외)가 제안서 작성의 초기 단계에 참여하고, PI가 최종 제안서를 제출한다.

4개의 그룹 중 그룹 I과 II는 더 많은 연구실(SRO)이 참여(따라서 중앙 집중화)했으며, 그룹 III과 IV는 더 많은 학과가 참여(따라서 분산화)했다.

〈도표 APP10-1〉에서는 그룹 II(E 대학)와 그룹 IV(G 대학)의 두 가지 대조적인 패턴을 보이는 순서도를 보여주고 있다. 이 순서도에서 가로축은 제안서 처리에 소요되는 시간을 나타내고(두 대학의 규모가 다름), 세로축은 처리를 수행하는 4가지 조직 수준(PI에서 SRO까지)을 나타낸다. E 대학은 4개의 조직 간 상호작용이 증가하기 때문에 G 대학보다 복잡한 구조를 보인다. 또한 E 대학은 제안서 처리에 많은 시간을 쓰는 것으로 나타났다.

제안서 처리에 소요되는 시간. 제안서 처리에 소요된 시간에는 주요 조사관이 초안을 작성하기 위해 투자한 시간은 제외하였다(예를 들어, 〈도표 App10-1〉에서 두 그림의 왼쪽 하단에 있는 "제안 준비"로 표시되는 단계는 매우 가변적임을 의미한다). 만약 완성된 제안서의 초안이 있다면, 조직의 프로세스(예: 검토, 편집, 수정, 예산 준비 및 서명)에 소요되는 시간을 역추적했

〈도표 APP10-1〉 두 가지 예시 대학에서의 제안서 처리

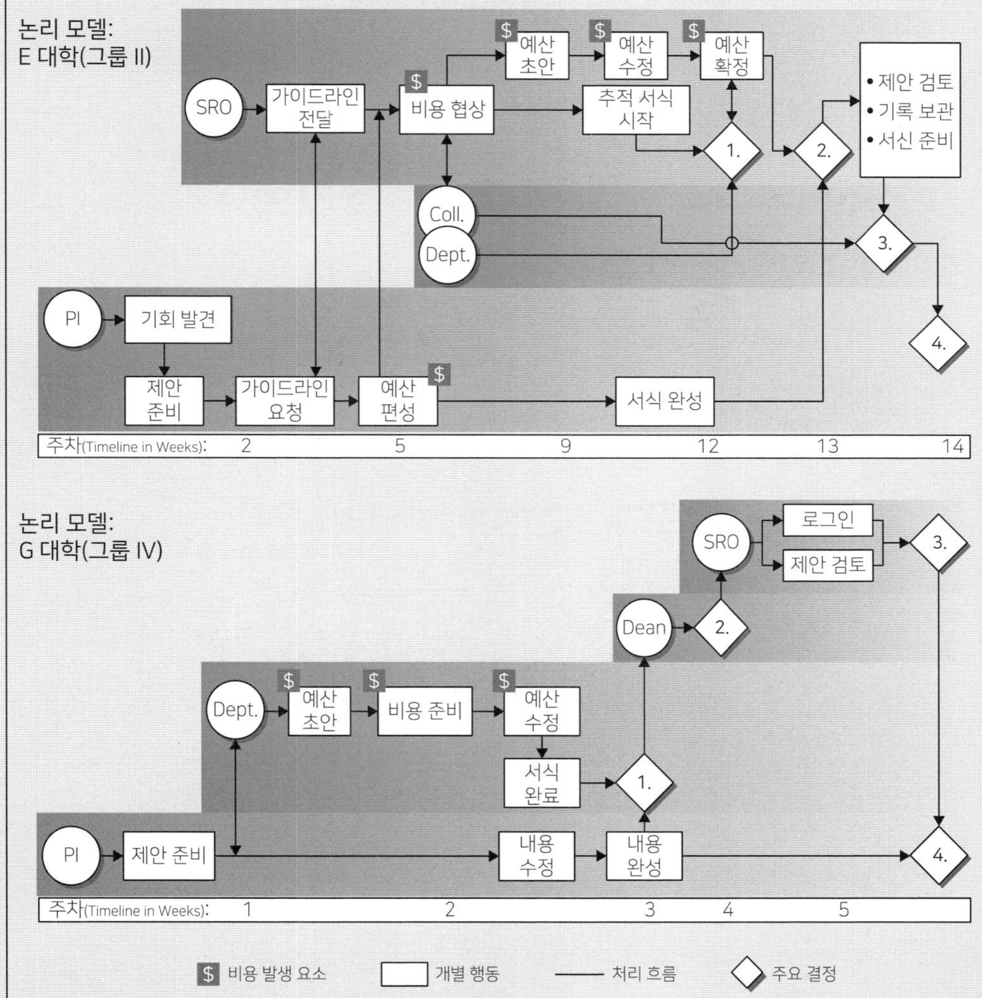

조직의 의사결정자

(Dept.)

SRO	후원받는 연구소
Coll.	단과대학장/단과대학
Dept.	학과
Dean	학과장
PI	주요 조사관

주요 결정(E 대학)

1. 학과/단과대학 그리고 SRO 서명 추적 양식
2. SRO의 전체 제안서 작성, PI 서명
3. 단과대학장 서명 전송 서신
4. 제안서 제출

주요 결정(G 대학)

1. 전체 제안서 작성, 학과 대표와 PI 서명
2. 단과학과장 서명
3. SRO 서명
4. PI 제안서 제출

출처: COSMOS Corporation (1996).

다. 또한 각 사례연구는 개별 대학의 제안서 처리에 필요한 시간을 평균적으로 추정했다. 〈도표 APP10-2〉에서는 앞서 정의한 4개 그룹의 패턴을 따라 개별 대학을 그룹화한 결과를 보여주고 있다. 이 패턴의 핵심은 분산화된 그룹에 속한 대학일수록 제안서 작성에 더 적은 시간이 걸렸다는 것이다.

제안서 처리 비용. 각 대학이 전년도에 실제 경험한 제안서 작성에 관한 정보를 추가적으로 수집하였다.

1. 제안서 제출 수
2. 제안서 규모(금액)
3. 총 대학교 행정 비용(SRO 및 학과(학교, 대학교 및 SRO 아래의 다른 구성 요소 포함)*) 및 제안서 작성에 소요되는 (추정) 비용**
4. SRO 직원의 노력
5. 제안서 작성에 소요된 직원의 시간

수집된 자료를 통해 두 가지 비용 지표—각 대학교가 제출한 제안서 건수당 비용 및 제출된 제안서 가치당 비용—를 추정했다. 구체적으로 이러한 비용 지표의 추정을 위해 총 제안서 건수와 제출된 제안서 건수를 나누어 사용했다. 두 변수 모두 제안서 작성과정에서 발생한 비용에서 파생된 (동일한) 값

---

* 모든 대학이 4개의 조직에 대해 신뢰할 수 있는 예산 정보를 제공할 수 있는 것은 아니기 때문에 비용 분석에 사용된 데이터는 대학에서 제출한 자료를 토대로 매년 수집된 연방정부 행정 비용의 데이터에서 추출하였다. 이 자료는 후원을 받는 연구실(SRO)과 학과의 비용을 구분하고 있으며, 각 대학에 대한 총관리 비용은 연방정부와 대학 간 간접비 계약(indirect rate agreement)을 지원하기 위해 사용된다.

** 대학의 총비용은 해당 대학에서 제출한 반면, 제안서 작성에 소요된 (추정) 비용은 사례연구 인터뷰 과정에서 각 대학의 수석 연구실(SRO) 담당자가 제출한 수치이다.

〈도표 APP10-2〉 4개 대학 그룹의 제안서 처리 시간

그룹 번호와 특성	대학 코드	처리 시간 (주 단위)
그룹 I: SRO가 제안서 초기 단계에 참여했으며 SRO가 제안서 제출	D	17
그룹 I의 평균 시간		17
그룹 II: SRO가 제안서 초기 단계에 관여하고 PI가 제안서 제출	K	14
	E	14
	H	11
	F	10
	N	11
그룹 II의 평균 시간		12
그룹 III: 모든 조직이 제안서 초기 단계에 관여하고 PI가 제안서 제출	B	11
	I	10
	O	7
	Q	9
	J	6
그룹 III의 평균 시간		9
그룹 IV: 학과(SRO 제외)가 제안서 작성 초기에 참여하고 PI가 제안서 제출	M	5
	P	13
	C	7
	A	5
	G	5
	L	5
그룹 IV의 평균 시간		7

출처: COSMOS Corporation (1996).

으로 나누었다. 〈도표 APP10-3〉은 두 비용 지표와 각 대학의 제안서와 관련된 결과와의 관계를 보여준다(15개 대학에만 비용 지표의 계산에 필요한 자료가 있었다).

〈도표 APP10-3〉 제출된 제안서의 수와 달러가치에 따른 제안서 연간 단가

대학 코드	제안서 비용	제안서 규모		단가	
	총계(SRO 및 학과)	제출된 제안서 수	금액(달러)	제안서 건당	제안서 금액당 백만 달러
A	20,574,176	3,131	1,105,367,674	6,571	18,613
Q	12,870,000	4,250	582,146,000	3,028	22,108
M	5,945,500	3,054	983,874,839	1,947	6,043
N	4,576,300	2,566	105,570,071	1,783	43,348
H	3,957,500	2,028	297,191,823	1,951	13,316
G	3,148,060	1,184	400,071,787	2,659	7,869
F	2,312,900	2,101	402,900,000	1,101	5,741
O	1,933,350	2,224	1,224,004,668	869	1,580
D	1,640,000	3,235	732,636,790	507	2,238
K	947,550	1,277	112,408,806	742	7,741
B	608,476	436	81,341,805	1,396	7,480
J	489,000	1,339	134,176,180	365	3,644
I	200,000	318	44,983,744	629	4,446
C	135,000	635	137,698,881	213	980
P	30,580	96	13,579,628	319	2,252
E	—	2,850	461,639,989	—	—
L	—	2,097	270,107,629	—	—

출처: COSMOS Corporation (1996).

제안서 규모와 제안서 비용 간 관계. 경제적으로 사고하면, 제안서의 수가 증가할수록 제안서당 비용이 감소할 것으로 가정해 볼 수 있다. 〈도표 APP10-4〉는 두 변수 간 관계를 산포도로 나타내 이러한 가정을 확인해 본 것이다. 그러나 예상과 달리 산포도는 역의 관계를 보였다. 많은 수의 제안서를 제출한 대학도 단가(제안서당 달러)가 더 높았다. 추정치에 소수의 대학(데이터 포인트)이 있어도 이러한 관계는 통계적으로 유의했다. 즉, 극단적인 데이터 포인트가 이러한 관계를 왜곡해 설명하지 않도록 〈도표 APP10-4〉는 포인트 A와 B를 분석에서 제외한 경우의 상관관계도 동일한 결과를 보였다.

제안서 작성의 초기단계에 관여하는 정도와 중앙 집중화/분산화 구조에 따라 분류한 4개의 그룹과 제안서 비용 간 관계를 살펴본 결과, 분산화된 구

〈도표 APP10-4〉 제출된 제안서의 수에 따른 제안서당 예상 비용

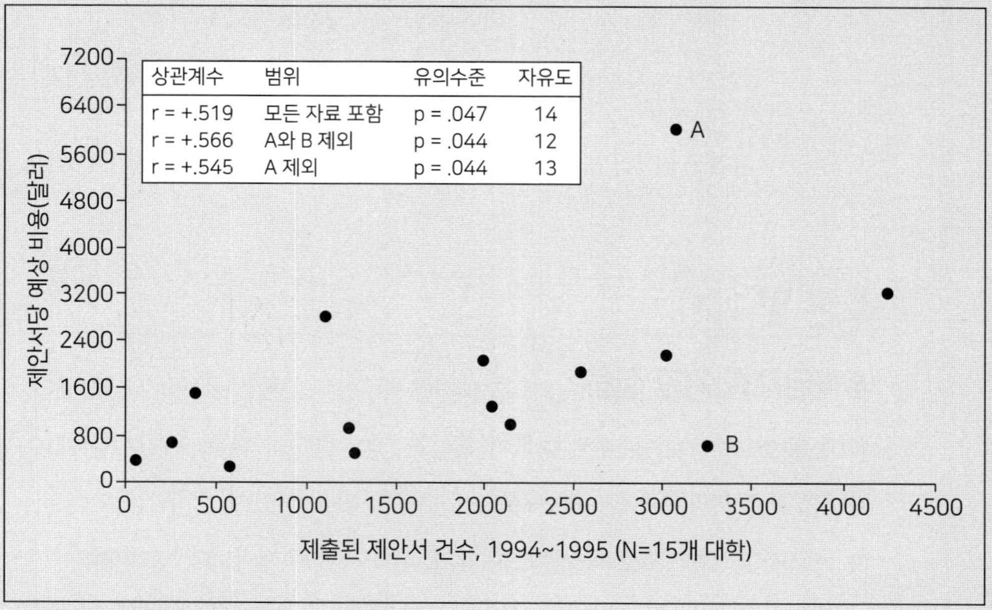

출처: COSMOS Corporation (1996).

조를 가질수록 제안서 당 비용이 크고, 제안서 처리 시간도 적은 것으로 나타났다. 또한 제출된 제안서의 수도 많았다.

각 대학의 현장연구 결과와 순서도에 나타난 질적 자료를 통합해 보면, 왜 이러한 관계가 나타나는지에 대해 다음과 같이 설명할 수 있었다. 즉, 대학에 많은 학과와 교직원이 제안서 작성과정에 참여할 때(분산화된 구조에서) 단가가 더 컸다. 그 결과, 제안서 처리 시간이 단축되고, 제안서의 수가 많아질 수 있었던 것이다.

분산화된 구조는 큰 규모의 제안서를 처리해야 하는 연구실(SRO)이 가질 수 있는 부담을 완화시켜줄 수 있다. 또한, 제안서의 규모가 클 경우 연구실에 병목 현상이 발생할 수 있으며, 연구실에 제안서를 제출해야 하는 (증가한) 기관을 상대하고, 다양한 주제를 처리할 수 있는 전문 기술을 가진 직원이 없을 수도 있다. 따라서 제안서 제출까지 시간적 여유가 있는 상황에서 규모가 작은 대학에게 제안서 제출을 독려한다면, 강력하고 중앙 집중화된 연구실 중심의 구조가 바람직할 수 있다. 그러나 제안서의 규모가 크고, 주제가 다양할수록 연구실이 아닌, 학과 중심의 구조가 보다 핵심적인 역할을 할 수 있을 것이다. 이러한 시나리오가 올바른지 또는 자료의 분석결과가 이러한 결과를 지지하는지는 향후 추가적인 논의가 필요하다.

토론 및 과제

후속연구를 위한 질문

응용 10의 사례연구에서 대학이 원하는 것이 단순히 많은 수의 제안서가 아니라 큰 규모의 후원금이라는 사실에 주목할 필요가 있다.

규모가 큰 제안서를 제출하는 대학이 규모가 작은 대학보다 "승률(제안서가 채택될 가능성)"이 더 높을 가능성이 있다. 그렇다면 제안서의 규모가 큰 대학은 1달러당 비용이 훨씬 낮아질 수 있다. 이는 제안서당 비용에 기초한 **응용** 10의 결론과 다른 해석이다. 그러므로 이러한 가능성을 탐구하는 것은 후속연구의 질문이 될 수 있다. 이처럼 새로운 연구에서 다루어질 수 있는 중요한 연구문제는 종종 초기연구의 결과에서 나온다. 이러한 과정을 거쳐 연구가 확장되는 것이다.

이전에 수행한 연구(반드시 사례연구일 필요는 없다)에 대해 토론하고, 그 결과에서 후속연구를 위한 새로운 문제가 나올 수 있는지 생각해 보라. 연구 질문과 방법론에 대한 질문(예: 연구절차의 일부를 수정하여 결과를 확인해야 할 필요성)을 구별하라. 어떤 것이 더 자주 발견되는 양상이라고 생각하는가?

양적 및 질적 자료의 통합

결과의 최종 해석은 자료가 정량적(처리 시간, 제안서 작성 비용 및 제안서 건수 간 관계)인지 정성적(대학 내에서 제안이 처리된 방법을 보여주는 순서도)인지에 따라 달라진다. 정량적 자료가 특정 관계를 입증하는 데 유용하다면, 관계를 설명하는 데는 정성적 자료가 적절하다.

사례연구에서 양적 또는 질적 자료만 수집했지 둘 다 수집하지 않은 것에 대해 생각해 보자. 한 가지 유형의 자료와 그 결과가 다른 유형의 것보다 더 가치가 있다고 할 수 있을까?

사례연구 절차*

1. 연구설계

① 연구문제의 정의
② 연구명제의 정립
③ 분석의 단위 설정
④ 자료와 명제를 연결시키는 논리의 개발
⑤ 결과를 해석하는 기준 설정

- 좋은 연구설계를 하기 위해서는 연구의 기반이 되는 이론적 틀을 갖추는 것이 중요하다.
- 사례연구설계 유형은 다음과 같이 네 가지로 분류된다.

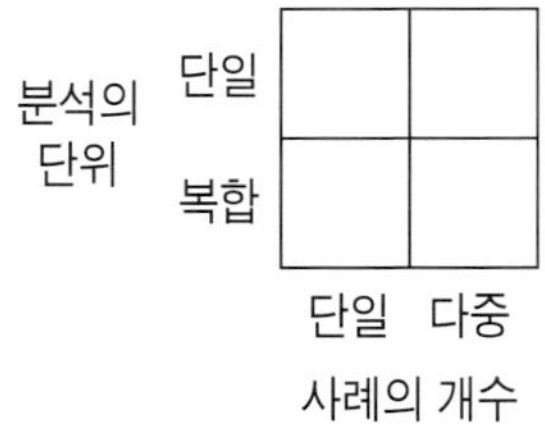

- 좋은 연구설계란 다음과 같은 네 가지 조건들을 얼마나 충족시켰는가에 따라 평가된다.
  - 구성 타당성
  - 내적 타당성
  - 외적 타당성
  - 신뢰성

2. 자료수집 준비

① 연구원의 기술 및 자질 검토
② 사전교육 및 세미나
③ 프로토콜 개발
④ 후보사례심사 및 사례선정
⑤ 예비사례연구
⑥ 예비사례연구 보고서 작성

- 사례연구 프로토콜은 모든 연구원들이 함께 개발하고 검토하는 것이 바람직하다. 사례연구 프로토콜에는 다음과 같은 내용이 기본적으로 포함된다.
  - 연구개요
  - 현장조사절차
  - 연구문제
  - 보고서 작성을 위한 지침

3. 증거수집

① 다양한 자료원에 대한 이해
② 두 개 이상의 자료원을 사용
③ 증거 제시
④ 데이터베이스 구축
⑤ 증거의 연결고리 만들기
⑥ 전자적 자료원의 활용

- 사례연구에 사용되는 증거들은 문서, 보관기록, 인터뷰, 직접관찰, 물리적 인공물 등 여섯 가지의 원천으로부터 수집될 수 있다.
- 사례연구의 증거들은 반드시 두 개 이상의 자료원으로부터 수집되어야 하며 수집된 증거들은 공식적이고 체계적으로 보관되어야 한다.
- 수집된 증거와 도출된 연구결론 사이의 명확한 연결고리를 만들어야 한다.
- 모든 연구원들은 자료수집 과정에서 공식적인 절차를 따라야 하며 편향된 사고를 배제하여야 한다.

4. 자료 분석

① 자료 배열
② 자료의 특징 파악
③ 분석전략 세우기
④ 분석기법 선택
⑤ 경쟁설명 탐색
⑥ 분석결과 도출

- 일반적인 분석전략에는 다음과 같은 세 가지가 있다.
  - 이론적 명제에 기반을 두기
  - 경쟁설명 사용하기
  - 사례기술 프레임워크 개발하기
- 구체적인 자료분석 기법에는 다음과 같은 다섯 가지가 있다.
  - 패턴 매칭
  - 설명하기
  - 시계열 분석
  - 논리모델
  - 사례통합 분석

5. 보고서 작성

① 주 독자층 설정
② 보고서 구성 체계 결정
③ 보고서 작성
④ 보고서 퇴고 및 검토

- 보고서의 구성체계란 연구내용을 전개해 나가는 구조적인 체계를 말한다. 사례연구는 다음과 같은 여섯 가지 유형의 보고서 구성체계가 있다.
  - 선형분석 구조
  - 비교 구조
  - 연대기적 구조
  - 이론구축 구조
  - 긴장 구조
  - 불연속적 구조

* 역자 요약

참고문헌

Abercrombie, N., Hill, S., & Turner, B. S. (2006). *The Penguin dictionary of sociology* (5th ed.). London: Penguin.

Abma, T. A., & Stake, R. E. (2014). Science of the particular: An advocacy of naturalistic case study in health research. *Qualitative Health Research*, 24, 1150–1161.

Agranoff, R., & Radin, B. A. (1991). The comparative case study approach in public administration. *Research in Public Administration*, 1, 203–231.

Alinsky, S. D. (1946). *Reveille for radicals*. Chicago: University of Chicago Press.

Alinsky, S. D. (1971). *Rules for radicals: A practical primer for realistic radicals*. New York: Random House.

Alkin, M., Daillak, R., & White, P. (1979). *Using evaluations: Does evaluation make a difference?* Beverly Hills, CA: Sage.

Allen, M., & Black, M. (2006). Dual level evaluation and complex community initiatives: The local evaluation of Sure Start. *Evaluation*, 12, 237–249.

Allison, G. T. (1971). *Essence of decision: Explaining the Cuban missile crisis*. Boston: Little, Brown.

Allison, G. T., & Zelikow, P. (1999). *Essence of decision: Explaining the Cuban missile crisis* (2nd ed.). New York: Addison Wesley Longman.

American Anthropological Association. (2012). *Statement on ethics: Principles of professional responsibilities*. Arlington, VA: Author.

American Association of University Professors. (2013). *Regulation of research on human subjects: Academic freedom and the institutional review board*. Washington, DC: Author.

American Educational Research Association. (2011). *Code of ethics. Washington*, DC: Author.

American Evaluation Association. (2004). *Guiding principles for evaluators*. Washington, DC: Author.

American Political Science Association Committee on Professional Ethics, Rights, and Freedom. (2012). *A guide to professional ethics in political science* (2nd ed. rev.). Washington, DC: Author.

American Psychological Association. (2010). *Ethical principles of psychologists and code of conduct*. Washington, DC: Author.

American Sociological Association. (2008). *Code of ethics and policies and procedures of the ASA committee on professional ethics*. Washington, DC: Author.

Anaf, S., Drummon, C., & Sheppard, L. A. (2007). Combining case study research and systems theory as a heuristic model. *Qualitative Health Research*, 17, 1309–1315.

Anderson, R., Crabtree, B. F., Steele, D. J., & McDaniel, R. R., Jr. (2005). Case study research: The view from complexity science. *Qualitative Health Research*, 15, 669–685.

Auerbach, C. F., & Silverstein, L. B. (2003). *Qualitative data: An introduction to coding and analysis*. New York: New York University Press.

Bachor, D. G. (2002). Increasing the believability of case study reports. *The Alberta Journal of Educational Research*, 48, 20–29.

Barlow, D. H., & Nock, M. (2009). Why can't we be more idiographic in our research? *Perspectives on Psychological Science*, 4, 19–21.

Barlow, D. H., Nock, M., & Hersen, M. (2008). *Singlecase experimental designs: Strategies for studying behavior* (3rd ed.). New York: Pergamon.

Barzun, J., & Graff, H. (2003). *The modern researcher* (6th ed.). New York: Harcourt Brace Jovanovich.

Basu, O. N., Dirsmith, M. W., & Gupta, P. P. (1999). The coupling of the symbolic and the technical in an institutionalized context. *American Sociological Review*, 64, 506–526.

Baxter, P., & Jack, S. (2008). Qualitative case study methodology: Study design and implementation for novice researchers. *The Qualitative Report*, 13, 544–559.

Beach, D., & Pedersen, R. B. (2013). *Process-tracing methods: Foundations and guidelines*. Ann Arbor: University of Michigan Press.

Becker, H. S. (1958). Problems of inference and proof in participant observation. *American Sociological Review*, 23, 652–660.

Becker, H. S. (1967). Whose side are we on? *Social Problems*, 14, 239–247.

Becker, H. S. (2007). *Writing for social scientists: How to start and finish your thesis, book, or article* (2nd ed.). Chicago: University of Chicago Press.

Becker, H. S. (1998). *Tricks of the trade: How to think about your research while you're doing it*. Chicago: University of Chicago Press.

Befani, B. (2013). Between complexity and generalization: Addressing evaluation challenges with QCA. *Evaluation*, 19, 269–283.

Bennett, A. (2010). Process tracing and causal inference. In H. Brady & D. Collier (Eds.), *Rethinking social inquiry: Diverse tools, shared standards*

(2nd ed., pp. 207–219). Lanham, MD: Rowman & Littlefield.

Bennett, A., & Checkel, J. T. (Eds.). (2015). *Process tracing: From metaphor to analytic tool*. Cambridge, UK: Cambridge University Press.

Berends, M., & Garet, M. S. (2002). In (re)search of evidence-based school practices: Possibilities for integrating nationally representative surveys and randomized field trials to inform educational policy. *Peabody Journal of Education*, 77(4), 28–58.

Berman, P., & McLaughlin, M. (1974–1978). *Federal programs supporting educational change* (8 vols.). Santa Monica, CA: RAND.

Beverland, M., & Lindgreen, A. (2010). What makes a good case study? A positivist review of qualitative case research published in Industrial Marketing Management, 1971–2006. *Industrial Marketing Management*, 39(1), 59–63.

Bickman, L. (1987). The functions of program theory. In L. Bickman (Ed.), *Using program theory in evaluation* (pp. 5–18). San Francisco: Jossey-Bass.

Bickman, L., & Mulvaney, S. (2005). Large scale evaluation of children's mental health services: The Ft. Bragg and Stark County studies. In R. Steele & M. Roberts (Eds.), *Handbook of mental health services for children, adolescents, and families* (pp. 371–386). New York: Kluwer Academic/Plenum.

Bickman, L., & Rog, D. J. (Eds.). (2009). *The Sage handbook of applied research methods* (2nd ed.). Thousand Oaks, CA: Sage.

Blau, P. M. (1955). *The dynamics of bureaucracy*. Chicago: University of Chicago Press.

Boblin, S. L., Ireland, S., Kirkpatrick, H., & Robertson, K. (2013). Using Stake's qualitative case study approach to explore implementation of evidence-based practice. *Qualitative Health Research*, 23, 1267–1275.

Boruch, R. (2007, October 12). *The flight of error: Scientific questions, evidential answers, and STEM education research*. Paper presented at the workshop on STEM Education Research Designs: Conceptual and Practical Considerations for Planning Experimental Studies, Arlington, VA, sponsored by the University of California, Irvine.

Boruch, R., & Foley, E. (2000). The honestly experimental society. In L. Bickman (Ed.), *Validity & social experimentation: Donald Campbell's legacy* (pp. 193–238). Thousand Oaks, CA: Sage.

Bourgois, P. (2003). *In search of respect: Selling crack in El Barrio* (2nd ed.). Cambridge, England: Cambridge University Press.

Bradshaw, T. K. (1999). Communities not fazed: Why military base closures may not be catastrophic. *Journal of the American Planning Association*, 65, 193–206.

Brice, A. E., Wallace, S. E., & Brice, R. G. (2014). Alzheimer's dementia from a bilingual/bicultural perspective: A case study. *Communication Disorders Quarterly*, 36, 55–64.

Brinton, C. (1938). *The anatomy of a revolution*. Englewood Cliffs, NJ: Prentice Hall.

Bromley, D. B. (1986). *The case-study method in psychology and related disciplines*. Chichester, England: Wiley.

Bruns, W. J., Jr. (1989). A review of Robert K. Yin's "Case study research: Design and methods." *Journal of Management Accounting Research*, 1, 157–163.

Bryk, A. S., Bebring, P. B., Kerbow, D., Rollow, S., & Easton, J. Q. (1998). *Charting Chicago school reform: Democratic localism as a lever for change*. Boulder, CO: Westview.

Bryman, A. (2012). *Social research methods* (4th ed.). Oxford, UK: Oxford University Press.

Burawoy, M. (1991). The extended case method. In M. Burawoy, A. Burton, A. A. Ferguson, K. J. Fox, J. Gamson, N. Gartrell, et al. (Eds.), *Ethnography unbound: Power and resistance in the modern metropolis* (pp. 271–287). Berkeley: University of California Press.

Burawoy, M. (2009). *The extended case method: Four countries, four decades, four great transformations, and one theoretical tradition*. Berkeley: University of California Press.

Burke, W. W. (2014). *Organizational change: Theory and practice* (4th ed.). Thousand Oaks, CA: Sage.

Busigny, T., Graf, M., Mayer, E., & Rossion, B. (2010). Acquired prosopagnosia as a face-specific disorder: Ruling out the general visual similarity account. *Neuropsychologia*, 48, 2051–2067.

Busigny, T., & Rossion, B. (2011). Holistic processing impairment can be restricted to faces in acquired prosopagnosia: Evidence from the global/local Navon effect. *Journal of Neuropsychology*, 5, 1–14.

Byrne, D. (2009). Case-based methods: Why we need them; what they are; how to do them. In D. Byrne & C. C. Ragin (Eds.), *The Sage handbook of case-based methods* (pp. 1–10). London: Sage.

Camic, P., Rhodes, J. E., & Yardley, L. (Eds.). (2003). *Qualitative research in psychology: Expanding perspectives in methodology and design*. Washington, DC: American Psychological Association.

Campbell, D. T. (1969). Reforms as experiments. *American Psychologist*, 24, 409–429.

Campbell, D. T. (1975). Degrees of freedom and the case study. *Comparative Political Studies*, 8, 178–193.

Campbell, D. T., & Stanley, J. (1966). *Experimental and quasi-experimental designs for research*. Chicago: Rand McNally.

Campbell, J. P., Daft, R. L., & Hulin, C. L. (1982). *What to study: Generating and developing research questions*. Beverly Hills, CA: Sage.

Carolan, C. M., Forbat, L., & Smith, A. (2015). Developing the DESCARTE model: The design of case study research in health care. *Qualitative Health Research*, 25, 1–14.

Carroll, J., & Johnson, E. (1992). Decision research: A field guide. *Journal of the Operational Research Society*, 43, 71–72.

Caulley, D. N. (2008). Making qualitative research reports less boring: The techniques of writing creative nonfiction. *Qualitative Inquiry*, 14, 424–449.

Caulley, D. N., & Dowdy, I. (1987). Evaluation case histories as a parallel to legal case histories. *Evaluation and Program Planning*, 10, 359–372.

Charmaz, K. (2015). Teaching theory construction with initial grounded theory tools: A reflection on lessons and learning. *Qualitative Health Research*, 25, 1610–1622.

Chaskin, R. J. (2001). Building community capacity: A definitional framework and case studies from a comprehensive community initiative. *Urban Affairs Review*, 36, 291–323.

Chaskin, R. J. (2003). The challenge of two-tiered evaluation in community initiatives. *Journal of Community Practices*, 11, 61–83.

Chassan, J. B. (1960). Statistical inference and the single case in clinical design. *Psychiatry*, 23, 173–184.

Chung, E. Y. (2017). The outcomes and impact of a postearthquake rehabilitation program in China: A qualitative study. *Qualitative Health Research*, 27, 170–181.

Cochran, W. G., & Cox, G. M. (1992). *Experimental designs* (2nd ed.). New York: Wiley Classic Library Edition.

Cook, T. D., & Campbell, D. T. (1979). *Quasiexperimentation: Design and analysis issues for field settings*. Chicago: Rand McNally.

Cook, T. D., & Foray, D. (2007). Building the capacity to experiment in schools: A case study of the Institute of Educational Sciences in the US Department of Education. *Economics of Innovation and New Technology*, 16(5), 385–402.

Cook, T. D., & Payne, M. R. (2002). Objecting to the objections to using random assignment in educational research. In F. Mosteller & R. Boruch (Eds.), *Evidence matters: Randomized trials in education research* (pp. 150–178). Washington, DC: Brookings Institution Press.

Cooper, C. A., McCord, D. M., & Socha, A. (2011). Evaluating the college sophomore problem: The case of personality and politics. *Journal of Psychology*, 145, 23–37.

Cooper, H. M. (1984). *The integrative research review*. Beverly Hills, CA: Sage.

Cooper, H. M., Hedges, L. V., & Valentine, J. C. (Eds.). (2009). *The handbook of research synthesis and metaanalysis* (2nd ed.). New York: Russell Sage Foundation.

Corbin, J., & Strauss, A. (2015). *Basics of qualitative research: Techniques and procedures for developing grounded theory* (4th ed.). Thousand Oaks, CA: Sage.

Corkin, S. (2013). *Permanent present tense: The unforgettable life of the amnesic patient*, H.M. New York: Basic Books.

COSMOS Corporation. (1983). *Case studies and organizational innovation: Strengthening the connection*. Bethesda, MD: Author.

Crabtree, B. F., & Miller, W. L. (Eds.). (1999). *Doing qualitative research* (2nd ed.). Thousand Oaks, CA: Sage.

Crane, J. (Ed.). (1998). *Social programs that work*. New York: Russell Sage Foundation.

Creswell, J. W. (2014). *Research design: Quantitative, qualitative, and mixed methods approaches* (4th ed.). Thousand Oaks, CA: Sage.

Creswell, J. W., & Poth, C.N. (2017). *Qualitative inquiry & research design: Choosing among five approaches* (4th ed.). Thousand Oaks, CA: Sage.

Crewe, K. (2001). The quality of participatory design: The effects of citizen input on the design of the Boston Southwest Corridor. *APA Journal*, 67, 437–455.

Cronbach, L. J. (1975). Beyond the two disciplines of scientific psychology. *American Psychologist*, 30, 116–127.

Cronbach, L. J., & Associates. (1980). *Toward reform of program evaluation: Aims, methods, and institutional arrangements*. San Francisco: Jossey-Bass.

Dabbs, J. M., Jr. (1982). Making things visible. In J. Van Maanen, J. M. Dabbs Jr., & R. R. Faulkner (Eds.), *Varieties of qualitative research* (pp. 31–63). Beverly Hills, CA: Sage.

Dasgupta, M. (2015). Exploring the relevance of case study research. *Vision*, 19, 147–160.

Datta, L. (1997). Multimethod evaluations. In E. Chelimsky & W. R. Shadish (Eds.), *Evaluation for the 21st century* (pp. 344–359). Thousand Oaks, CA: Sage.

David, M. (Ed.). (2006a). *Case study research* (4 vols.). London: Sage.

David, M. (2006b). Editor's introduction. In M. David (Ed.), *Case study research* (pp. xxiii–xlii). London: Sage.

De Chesnay, M. (2017). *Nursing research using case studies: Qualitative methods and designs in nursing.* New York: Springer.

Denenberg, V. H. (1982). Comparative psychology and single-subject research. In A. E. Kazdin & A. H. Tuma (Eds.), *Single-case research designs* (No. 13, pp. 19–31). San Francisco: Jossey-Bass.

Denzin, N. K. (1978). The logic of naturalistic inquiry. In N. K. Denzin (Ed.), *Sociological methods: A sourcebook*. New York: McGraw-Hill.

Denzin, N. K., & Lincoln, Y. (1994). *Handbook of qualitative research*. Thousand Oaks, CA: Sage.

Derthick, M. (1972). *New towns in-town: Why a federal program failed*. Washington, DC: The Urban Institute.

DeWalt, K. M., & DeWalt, B. (2011). *Participant observation: A guide for fieldworkers* (2nd ed.). Lanham, MD: Altamira Press.

Dimartino, C., & Jessen, S. B. (2016). School brand management: The policies, practices, and perceptions of branding and marketing in New York City's public high schools. *Urban Education*, 51, 447–475.

Dion, D. (1998). Evidence and inference in the comparative case study. *Comparative Politics*, 30, 127–145.

Donmoyer, R. (1990). Generalizability and the singlecase study. In E. W. Eisner & A. Peshkin (Eds.), *Qualitative inquiry in education: The continuing debate* (pp. 175–200). New York: Teachers College Press.

Dopson, S., Ferlie, E., Fitzgerald, L., & Locock, L. (2009). Team-based aggregation of qualitative case study data in health care contexts: Challenges and learning. In D. Byrne & C. C. Ragin (Eds.), *The Sage handbook of case-based methods* (pp. 454–466). London: Sage.

Downey, D. C. (2016). Disaster recovery in black and white: A comparison of New Orleans and Gulfport. *American Review of Public Administration*, 46, 51–74.

Drucker, P. F. (1986). The changed world economy. In P. F. Drucker (Ed.), *The frontiers of management* (pp. 21–49). New York: Dutton.

Dubois, A., & Gadde, L.-E. (2002). Systematic combining: An abductive approach to case research. *Journal of Business Research*, 55, 553–560.

Duff, P. A. (2008). *Case study research in applied linguistics*. New York: Routledge.

Dul, J., & Hak, T. (2008). *Case study methodology in business research*. Oxford, England: Butterworth-Heinemann.

Dunbar, G. (2005). *Evaluating research methods in psychology: A case study approach*. Malden, MA: Blackwell.

Duneier, M. (1999). *Sidewalk*. New York: Farrar, Straus, & Giroux.

Dyehouse, M., Bennett, D., Harbor, J., Childress, A., & Dark, M. (2009). A comparison of linear and systems thinking approaches for program evaluation illustrated using the Indiana Interdisciplinary GK-12. *Evaluation and Program Planning*, 32, 187–196.

Eckstein, H. (1975). Case study and theory in political science. In F. I. Greenstein & N. W. Polsby (Eds.), *Strategies of inquiry* (pp. 79–137). Reading, MA: Addison-Wesley.

Eilbert, K. W., & Lafronza, V. (2005). Working together for community health: A model and case studies. *Evaluation and Program Planning*, 28, 185–199.

Eisenhardt, K. M. (1989). Building theories from case study research. *Academy of Management Review*, 14, 532–550.

Ellet, W. (2007). *The case study handbook: How to read, discuss, and write persuasively about cases*. Boston: Harvard Business School Press.

Elman, C., Gerring, J., & Mahoney, J. (2016). Case study research: Putting the quant into the qual. *Sociological Methods & Research*, 45, 375–391.

Elmore, R. F., Abelmann, C. H., & Fuhrman, S. H. (1997). The new accountability in state education reform: From process to performance. In H. F. Ladd (Ed.), *Holding schools accountable* (pp. 65–98). Washington, DC: Brookings Institution.

Ericksen, J., & Dyer, L. (2004). Right from the start: Exploring the effects of early team events on subsequent project team development and performance. *Administrative Science Quarterly*, 49, 438–471.

Eriksson, P., & Kovalainen, A. (2008). *Qualitative methods in business research*. London: Sage.

Farquhar, J. D. (2012). *Case study research for business*. London: Sage.

Feagin, J. R., Orum, A. M., & Sjoberg, G. (Eds.). (1991). *A case for the case study*. Chapel Hill: University of North Carolina Press.

Fielding, N., & Warnes, R. (2009). Computer-based qualitative methods in case study research. In D. Byrne & C. C. Ragin (Eds.), *The Sage handbook of case-based methods* (pp. 270–288). London: Sage.

Fielding, N. G., & Lee, R. M. (1998). *Computer analysis and qualitative research*. Thousand Oaks, CA: Sage.

Fisher, R. A. (1990). *Statistical methods, experimental design, and scientific inference*. New York: Oxford University Press.

Flyvbjerg, B. (2006). Five misunderstandings about case-study research. *Qualitative Inquiry*, 12, 219–245.

Forrester, M. (2010). Introduction. In M. Forrester (Ed.), *Doing qualitative research in psychology: A practical guide* (pp. 1–12). London: Sage.

Fowler, F. J., Jr. (2014). *Survey research methods* (5th ed.). Newbury Park, CA: Sage.

Frieling, M. A., Lindenberg, S. M., & Stokman, F. N. (2014). Collaborative communities through coproduction: Two case studies. *American Review of Public Administration*, 44, 35–58.

Friese, S. (2012). *Qualitative data analysis with ATLAS.ti*. London: Sage.

Funnell, S. C., & Rogers, P. J. (2011). *Purposeful program theory: Effective use of theories of change and logic models*. San Francisco: Jossey-Bass.

Galster, G., Tatian, P., & Accordino, J. (2006). Targeting investments for neighborhood revitalization. *Journal of the American Planning Association*, 72, 457–474.

Gans, H. J. (1962). *The urban villagers: Group and class in the life of Italian-Americans*. New York: Free Press.

Garmezy, N. (1982). The case for the single case in research. In A. E. Kazdin & A. H. Tuma (Eds.), *Singlecase research designs* (No. 13, pp. 5–17). San Francisco: Jossey-Bass.

Garson, G. D. (2016). *Case study analysis and QCA*. Kindle Book: Statistical Associates "Blue Book" Series Book 1.

Garvin, D. A. (2003, September–October). Making the case: Professional education for the world of practice. *Harvard Magazine*, 106(1), 56–107.

Gavaravarapu, S. M., & Pavarala, V. (2014). Communicating nutrition in community settings: Case studies in critical examination of institutional approaches in India. *Journal of Creative Communications*, 9, 23–48.

Geertz, C. (1973). *The interpretation of cultures*. New York: Basic Books.

George, A. L., & Bennett, A. (2005). *Case studies and theory development in the social sciences*. Cambridge: MIT Press.

Gerring, J. (2004). What is a case study and what is it good for? *American Political Science Review*, 98, 341–354.

Gibbert, M., Ruigrok, W., & Wicki, B. (2008). What passes as a rigorous case study? *Strategic Management Journal*, 29, 1465–1474.

Gilgun, J. F. (1994). A case for case studies in social work research. *Social Work*, 39, 371–380.

Glaser, B., & Strauss, A. (1967). *The discovery of grounded theory: Strategies for qualitative research*. Chicago: Aldine.

Glavey, S., & Haas, O. (2015). *How to scale up rural sanitation service delivery in Indonesia*. Washington, DC: The World Bank Group.

Golden, L. B. (2004). *Case studies in marriage and family therapy* (2nd ed.). Upper Saddle River, NJ: Pearson.

Gomm, R., Hammersley, M., & Foster, P. (2000). Case study and generalization. In R. Gomm, M. Hammersley, & P. Foster (Eds.), *Case study method* (pp. 98–115). London: Sage.

Gordon, M. E., Slade, L. A., & Schmitt, N. (1986). The "science of the sophomore" revisited: From conjecture to empiricism. *Academy of Management Review*, 11, 191–207.

Gottschalk, L. (1968). *Understanding history: A primer of historical method*. New York: Knopf.

Green, E. (2016). What are the most-cited publications in the social sciences (according to Google Scholar)? London School of Economics. Retrieved from http://blogs.lse.ac.uk/impactofsocialsciences/2016/05/12/what-are-the-most-cited-publications-in-the-socialsciences-according-to-google-scholar/

Grinnell, R. M., & Unrau, Y. A. (Eds.). (2008). *Social work research and evaluation: Foundations of evidence-based practice*. New York: Oxford University Press.

Gross, N., Bernstein, M., & Giacquinta, J. B. (1971). *Implementing organizational innovations: A sociological analysis of planned educational change*. New York: Basic Books.

Hahn, C. (2008). *Doing qualitative research using your computer: A practical guide*. Thousand Oaks, CA: Sage.

Hamel, J. (Ed.). (1992). The case study method in sociology [Whole issue]. *Current Sociology*, 40.

Hamilton, L., & Corbett-Whittier, C. (2013). *Using case study in education research*. Thousand Oaks, CA:

Sage.

Hammond, P. E. (1968). *Sociologists at work: Essays on the craft of social research*. Garden City, NY: Doubleday.

Hanna, K. S. (2000). The paradox of participation and the hidden role of information. *Journal of the American Planning Association*, 66, 398–410.

Hanna, K. S. (2005). Planning for sustainability. *Journal of the American Planning Association*, 71, 27–40.

Hedrick, T., Bickman, L., & Rog, D. J. (1993). *Applied research design*. Newbury Park, CA: Sage.

Henrich, J., Heine, S. J., & Norenzayan, A. (2010). The weirdest people in the world? *Behavioral and Brain Sciences*, 33, 61–83.

Herriott, R. E., & Firestone, W. A. (1983). Multisite qualitative policy research: Optimizing description and generalizability. *Educational Researcher*, 12, 14–19.

Hesse-Biber, S. N., & Johnson, R. B. (Eds.). (2015). *The Oxford handbook of multimethod and mixed methods research inquiry*. New York: Oxford University Press.

Hipp, J. R. (2007). Block, tract, and levels of aggregation: Neighborhood structure and crime and disorder as a case in point. *American Sociological Review*, 72, 659–680.

Hoaglin, D. C., Light, R. J., McPeek, B., Mosteller, F., &

Stoto, M. A. (1982). *Data for decisions: Information strategies for policymakers*. Cambridge, MA: Abt Books.

Hooks, G. (1990). The rise of the Pentagon and U.S. state building: The defense program as industrial policy. *American Journal of Sociology*, 96, 358–404.

Jacobs, J. (1961). *The death and life of great American cities*. New York: Random House.

Jacobs, R. N. (1996). Civil society and crisis: Culture, discourse, and the Rodney King beating. *American Journal of Sociology*, 101, 1238–1272.

Jadad, A., & Enkin, M. W. (2007). *Randomised controlled trials: Questions, answers, and musings* (2nd ed.). London: BMJ Books.

Janesick, V. J. (2010). *Oral history for the qualitative researcher: Choreographing the story*. New York: Guilford.

Jett, C. C., Curry, K. M., & Vernon-Jackson, S. (2016). Let our students be our guides: McNair scholars "guide" three urban teacher educators on meeting the needs of culturally diverse learners. *Urban Education*, 51, 514–533.

Johansen, A. B., Tavakoli, S., Bjelland, I., & Lumley, M. (2017). Constructivist simultaneous treatment of borderline personality disorder, trauma, and addition comorbidity: A qualitative case study. *Qualitative Health Research*, 27, 236–248.

Johnson, R. B., & Onwuegbuzie, A. J. (2004). Mixed methods research: A research paradigm whose time has come. *Educational Researcher*, 33, 14–26.

Johnston, W. J., Leach, M. P., & Liu, A. H. (2000). Using case studies for theory testing in business-to-business research: The development of a more rigorous case study methodology. *Advances in Business Marketing and Purchasing*, 9, 215–241.

Jorgensen, D. (1989). *Participant observation: A methodology for human studies*. Newbury Park, CA: Sage.

Julnes, G., & Rog, D. (2015). Actionable evidence in context: Contextual influences on adequacy and appropriateness of method choice in evaluation. In S. I. Donaldson, C. A. Christie, & M. M. Mark (Eds.), *Credible evidence and actionable evidence: The foundation for rigorous and influential evaluations* (pp. 221–258). Thousand Oaks, CA: Sage.

Kates, N. (2008). Integrating mental health services into primary care: The Hamilton FHT mental health program. In R. Kessler & D. Stafford (Eds.), *Collaborative medicine case studies: Evidence in practice* (pp. 71–82). New York: Springer.

Kaufman, H. (1981). *The administrative behavior of federal bureau chiefs*. Washington, DC: Brookings Institution.

Kazdin, A. E. (2003). Drawing valid inferences from case studies. In A. E. Kazdin (Ed.), *Methodological issues and strategies in clinical research* (3rd ed., pp. 655–669). Washington, DC: American Psychological Association.

Kazdin, A. E. (2010). *Single-case research designs: Methods for clinical and applied settings* (2nd ed.). New York: Oxford University Press.

Keating, W. D., & Krumholz, N. (Eds.). (1999). *Rebuilding urban neighborhoods: Achievements, opportunities, and limits*. Thousand Oaks, CA: Sage.

Kelling, G. L., & Coles, C. M. (1997). *Fixing broken windows: Restoring order and reducing crime in our communities*. New York: Simon & Schuster.

Kellogg Foundation. (2006). *W. K. Kellogg Foundation logic model development guide*. Battle Creek, MI: Author.

Kelly, A. E., & Yin, R. K. (2007). Strengthening structured abstracts for education research: The need for claim-based structured abstracts. *Educational Researcher*, 36, 133–138.

Kennedy, M. M. (1979). Generalizing from single case studies. *Evaluation Quarterly*, 3, 661–678.

Kessler, R., & Stafford, D. (Eds.). (2008). *Collaborative medicine case studies: Evidence in practice*. New York: Springer.

Kidder, L., & Judd, C. M. (1986). *Research methods in social relations* (5th ed.). New York: Holt, Rinehart & Winston.

Kindell, J., Sage, K., Wilkinson, R., & Keady, J. (2014). Living with semantic dementia: A case study of one family's experience. *Qualitative Health Research*, 24, 401–411.

Knowlton, L. W., & Phillips, C. C. (2013). *The logic model guidebook: Better strategies for great results* (2nd ed.). Thousand Oaks, CA: Sage.

Kohl-Arenas, E. (2016). *The self-help myth: How philanthropy fails to alleviate poverty*. Berkeley: University of California Press.

Kratochwill, T. R. (Ed.). (1978). *Single subject research: Strategies for evaluating change*. New York: Academic Press.

Krueger, R. A., & Casey, M. A. (2015). *Focus groups: A practical guide for applied research* (5th ed.). Thousand Oaks, CA: Sage.

Labin, S. N. (2008). Research syntheses: Toward broad-based evidence. In N. L. Smith & P. R. Brandon (Eds.), *Fundamental issues in evaluation* (pp. 89–110). New York: Guilford.

Lavrakas, P. J. (1993). *Telephone survey methods* (2nd ed.). Newbury Park, CA: Sage.

Lawrence-Lightfoot, S., & Davis, J. H. (1997). *The art and science of portraiture*. San Francisco: Jossey-Bass.

Lee, E., Mishna, F., & Brennenstuhl, S. (2010). How to critically evaluate case studies in social work. *Research on Social Work Practice*, 20, 682–689.

Lempert, L. B. (2011). Asking questions of the data: Memo writing in the grounded theory tradition. In A. Bryant & K. Charmaz (Eds.), *The Sage handbook of grounded theory* (pp. 245–264). Thousand Oaks, CA: Sage.

Leopold, D. A., Bondar, I. V., & Giese, M. A. (2006). Norm-based face encoding by single neurons in the monkey inferotemporal cortex. *Nature*, 442, 572–575.

Leppäaho, T., Plakoyiannaki, E., & Dimitratos, P. (2015). The case study in family business: An analysis of current research practices and recommendations. *Family Business Review*, 29(2), 1–15.

Liebow, E. (1967). Tally's corner. Boston: Little, Brown.

Lijphart, A. (1975). The comparable-cases strategy in comparative research. *Comparative Political Studies*, 8, 158–177.

Lincoln, Y. S., & Guba, E. G. (1985). But is it rigorous? Trustworthiness and authenticity in naturalistic evaluation. In D. D. Williams (Ed.), *Naturalistic evaluation* (pp. 73–84). San Francisco: Jossey-Bass.

Lipset, S. M., Trow, M., & Coleman, J. (1956). *Union democracy: The inside politics of the International Typographical Union*. New York: Free Press.

Lipsey, M. W. (1990). *Design sensitivity: Statistical power for experimental research*. Thousand Oaks, CA: Sage.

Lipsey, M. W. (1992). Meta-analysis in evaluation research: Moving from description to explanation. In H. T. Chen & P. Rossi (Eds.), *Using theory to improve program and policy evaluations* (pp. 229–241). New York: Greenwood.

Llewellyn, K. N. (1948). Case method. In E. Seligman & A. Johnson (Eds.), *Encyclopedia of the social sciences*. New York: Macmillan.

Lynd, R. S., & Lynd, H. M. (1929). *Middletown: A study in modern American culture*. New York: Harcourt Brace Jovanovich.

Lynd, R. S., & Lynd, H. M. (1937). *Middletown in transition: A study in cultural conflicts*. New York: Harcourt Brace Jovanovich.

Magaziner, I. C., & Patinkin, M. (1989). *The silent war: Inside the global business battles shaping America's future*. New York: Random House.

Mark, M. M. (2008). Building a better evidence base for evaluation theory. In N. L. Smith & P. R. Brandon (Eds.), *Fundamental issues in evaluation* (pp. 111–134). New York: Guilford.

Markus, M. L. (1983). Power, politics, and MIS implementation. *Communications of the ACM*, 26, 430–444.

Marshall, C., & Rossman, G. B. (2016). *Designing qualitative research* (6th ed.). Thousand Oaks, CA: Sage.

Marwell, N. P. (2007). *Bargaining for Brooklyn: Community organizations in the entrepreneurial city*. Chicago: University of Chicago Press.

McAdams, D. R. (2000). *Fighting to save our urban schools . . . and winning! Lessons from Houston*. New York: Teachers College Press.

McClintock, C. (1985). Process sampling: A method for case study research on administrative behavior. *Educational Administration Quarterly*, 21, 205–222.

McKone, E., Kanwisher, N., & Duchaine, B. C. (2007). Can generic expertise explain special processing for faces? *Trends in Cognitive Science*, 11, 8–15.

McLeod, J. (2010). *Case study research in counselling and psychotherapy*. London: Sage.

McNemar, Q. (1946). Opinion-attitude methodology.

Psychological Bulletin, 43, 289–374.

Mertens, D. (2015). *Research and evaluation in education and psychology* (4th ed.). Thousand Oaks, CA: Sage.

Merton, R. K., Fiske, M., & Kendall, P. L. (1990). *The focused interview: A manual of problems and procedures* (2nd ed.). New York: Free Press.

Meyer, C. B. (2001). A case in case study methodology. *Field Methods*, 13, 329–352.

Michel, J.-B., Shen, Y. K., Aiden, A. P., Veres, A., Gray, M. K., The Google Books Team, et al. (2010). Quantitative analysis of culture using millions of digitized books. *Science*, 331, 176–182.

Miles, M. B., & Huberman, A. M. (1994). *Qualitative data analysis: An expanded sourcebook*. Thousand Oaks, CA: Sage.

Mills, A. J., Durepos, G., & Wiebe, E. (Eds.). (2010a). *Encyclopedia of case study research* (2 vols.). Los Angeles: Sage.

Mills, A. J., Durepos, G., & Wiebe, E. (2010b). Introduction. In A. J. Mills, G. Durepos, & E. Wiebe (Eds.), *Encyclopedia of case study research* (pp. xxxi–xxxvi). Thousand Oaks, CA: Sage.

Mitchell, J. C. (1983). Case and situation analysis. *Sociological Review*, 31, 187–211.

Miyahara, M., & Wafer, A. (2004). Clinical intervention for children with developmental coordination disorder: A multiple case study. *Adapted Physical Activity Quarterly*, 21, 281–300.

Mookherji, S., & LaFond, A. (2013). Strategies to maximize generalization from multiple case studies: Lessons from the Africa Routine Immunization System Essentials (ARISE) project. *Evaluation*, 19, 284–303.

Morgan, D. L., & Morgan, R. K. (2009). *Single-case research methods for the behavioral and health sciences*. Thousand Oaks, CA: Sage.

Morgan, S. J., Pullon, S. R. H., MacDonald, L. M., McKinlay, E. M., & Gray, B. V. (2016). Case study observational research: A framework for conducting case study research where observation data are the focus. *Qualitative Health Research*, 26, 1–9.

Morris, L. L., Fitz-Gibbon, C. T., & Freeman, M. E. (1987). *How to communicate evaluation findings* (2nd ed.). Beverly Hills, CA: Sage.

Mosteller, F., & Wallace, D. L. (1984). *Applied Bayesian and classical inference: The case of "The Federalist" papers* (2nd ed.). New York: Springer Verlag.

Mulroy, E. A., & Lauber, H. (2004). A user-friendly approach to program evaluation and effective community interventions for families at risk of homelessness. *Social Work*, 49, 573–586.

Murray, D. M. (1998). *Design and analysis of grouprandomized trials*. New York: Oxford University Press.

Nachmias, C., & Nachmias, D. (2014). *Research methods in the social sciences* (8th ed.). New York: St. Martin's.

Nathan, I., Lund, J. F., Gausset, Q., & Andersen, S. K. (2007). On the promise of devolution: Overcoming the constraints of natural resource management in a village in Tanzania. *Journal of Transdisciplinary Environmental Studies*, 6, 1–20.

National Research Council. (2003). *Protecting participants and facilitating social and behavioral sciences research*. Washington, DC: National Academies Press.

National Research Council. (2004). *On evaluating curricular effectiveness: Judging the quality of K–12 mathematics evaluations*. Washington, DC: National Academies Press.

Naumes, W., & Naumes, M. J. (2011). *The art & craft of case writing* (3rd ed.). Thousand Oaks, CA: Sage.

Nesman, T. M., Batsche, C., & Hernandez, M. (2007). Theory-based evaluation of a comprehensive Latino education initiative: An interactive evaluation approach. *Evaluation and Program Planning*, 30, 267–281.

Neuman, S. B., & Celano, D. (2001). Access to print in low-income and middle-income communities: An ecological study of four neighborhoods. *Reading Research Quarterly*, 36, 8–26.

Neustadt, R. E., & Fineberg, H. (1983). *The epidemic that never was: Policy-making and the swine flu affair*. New York: Vintage.

Office for Human Research Protections, U.S. Department of Health & Human Services (2015, September 8). *Notice of proposed rulemaking. Rockville*, MD: Author.

Ohemeng, F. L. K., & Owusu, F. Y. (2015). Implementing a revenue authority model of tax administration in Ghana: An organizational learning perspective. *American Review of Public Administration*, 45, 343–364.

O'Reilly, K. (2012). *Ethnographic methods* (2nd ed.). Abingdon, UK: Routledge.

Parsons, S. A. (2012). Adaptive teaching in literacy instruction: Case studies of two teachers. *Journal of Literacy Research*, 44, 149–170.

Patton, M. Q. (2015). *Qualitative research and evaluation methods* (4th ed.). Thousand Oaks, CA: Sage.

Peters, T. J., & Waterman, R. H., Jr. (2004). *In search of excellence*. New York: Harper & Row. (Original work published 1982)

Peterson, K. A., & Bickman, L. (1992). Using program theory in quality assessments of children's mental health services. In H. T. Chen & P. Rossi (Eds.), *Using theory to improve program and policy evaluations* (pp. 165–176). New York: Greenwood.

Peterson, R. K. (2001). On the use of college students in social science research: Insights from a secondorder meta-analysis. *Journal of Consumer Research*, 28, 450–461.

Philliber, S. G., Schwab, M. R., & Samsloss, G. (1980). *Social research: Guides to a decision-making process*. Itasca, IL: Peacock.

Phillips, R., & Pittman, R. H. (2009). A framework for community and economic development. In R. Phillips & R. H. Pittman (Eds.), *An introduction to community development* (pp. 3–19). Abingdon, England: Routledge.

Piekkari, R., Welch, C., & Paavilainen, E. (2009). The case study as disciplinary convention: Evidence from international business journals. *Organizational Research Methods*, 12, 567–589.

Platt, J. (1992). "Case study" in American methodological thought. *Current Sociology*, 40, 17–48.

Pole, C., & Hillyard, S. (2016). *Doing fieldwork*. London: Sage.

Prescott, H. M. (2002). Using the student body: College and university students as research subjects in the United States during the twentieth century. *Journal of the History of Medicine*, 57, 3–38.

Pressman, J. L., & Wildavsky, A. (1973). *Implementation: How great expectations in Washington are dashed in Oakland*. Berkeley: University of California Press.

Ragin, C. C. (1992). Introduction: Cases of "What is a case?" In C. C. Ragin & H. S. Becker (Eds.), *What is a case? Exploring the foundations of social inquiry* (pp. 1–17). New York: Cambridge University Press.

Ragin, C. C. (2014). *The comparative method: Moving beyond qualitative and quantitative strategies*. Berkeley: University of California Press. (Original work published 1987)

Ragin, C. C., & Becker, H. S. (Eds.). (1992). *What is a case? Exploring the foundations of social inquiry*. New York: Cambridge University Press.

Raizen, S. A., & Britton, E. D. (Eds.). (1997). *Bold ventures* (3 vols.). Dordrecht, The Netherlands: Kluwer Academic.

Randolph, J. J., & Eronen, P. J. (2007). Developing the Learner Door: A case study in youth participatory program planning. *Evaluation and Program Planning*, 30, 55–65.

Redman, E. (2001). *The dance of legislation. Seattle: University of Washington Press*. (Original work published 1973)

Rihoux, B., & Lobe, B. (2009). The case for qualitative comparative analysis (QCA): Adding leverage for thick cross-case comparison. In D. Byrne & C. C. Ragin (Eds.), *The Sage handbook of case-based methods* (pp. 222–242). London: Sage.

Rihoux, B., & Ragin, C. C. (2009). *Configurational comparative methods: Qualitative comparative analysis and related techniques*. Thousand Oaks, CA: Sage.

Rivera, L. A. (2008). Managing "spoiled" national identity: War, tourism, and memory in Croatia. *American Sociological Review*, 73, 613–634.

Robben, A. C. G. M., & Sluka, J. A. (Eds.). (2012). *Ethnographic fieldwork: An anthropological reader* (2nd ed.). Malden, MA: Blackwell.

Robertson, L. C., Knight, R. T., Rafal, R., & Shimamura, A. P. (1993). Cognitive psychology is more than single-case studies. *Journal of Experimental Psychology*, 19, 710–717.

Rog, D. J., & Huebner, R. B. (1992). Using research and theory in developing innovative programs for homeless individuals. In H. T. Chen & P. Rossi (Eds.), *Using theory to improve program and policy evaluations* (pp. 129–144). New York: Greenwood.

Rog, D. J., & Randolph, F. I. (2002). A multisite evaluation of supported housing: Lessons from cross-site collaboration. *New Directions for Evaluation*, 94, 61–72.

Rogers, E. M., & Larsen, J. K. (1986). *Silicon Valley fever: Growth of high-technology culture*. New York: Basic Books.

Rogers, P. J. (2000). Program theory: Not whether programs work but how they work. In D. L. Stufflebeam, G. F. Madaus, & T. Kelleghan (Eds.), *Evaluation models: Viewpoints on educational and human services evaluation* (2nd ed., pp. 209–232). Boston: Kluwer.

Rogowski, R. (2010). How inference in the social (but not the physical) sciences neglects theoretical anomaly. In H. Brady & D. Collier (Eds.), *Rethinking social inquiry: Diverse tools, shared standards* (2nd ed., pp. 89–97). Lanham, MD: Rowman & Littlefield.

Rolls, G. (2015). *Classic case studies in psychology* (3rd ed.). London: Hodder Education.

Rosenbaum, D. P. (Ed.). (1986). *Community crime prevention: Does it work?* Thousand Oaks, CA: Sage.

Rosenbaum, P. R. (2002). *Observational studies* (2nd

ed.). New York: Springer.

Rosenbaum, P. R. (2009). *Design of observational studies*. New York: Springer.

Rosenthal, R. (1966). *Experimenter effects in behavioral research*. New York: Appleton-Century-Crofts.

Rossi, P., Lipsey, M. W., & Freeman, H. E. (2004). *Evaluation: A systematic approach* (7th ed.). Thousand Oaks, CA: Sage.

Rubin, A., & Babbie, E. (2014). *Research methods for social work* (8th ed.). Belmont, CA: Brooks/Cole.

Rubin, H. J., & Rubin, I. S. (2011). *Qualitative interviewing: The art of hearing data* (3rd ed.). Thousand Oaks, CA: Sage.

Ruddin, L. P. (2006). You can generalize stupid! Social scientists, Bent Flyvbjerg, and case study methodology. *Qualitative Inquiry*, 12, 797–812.

Rule, P., & John, V. M. (2015). A necessary dialogue: Theory in case study research. *International Journal of Qualitative Methods*, 14, 1–11.

Runeson, P., Höst, M., Rainer, A., & Regnell, B. (2012). *Case study research in software engineering: Guidelines and examples*. Hoboken, NJ: Wiley.

Ryan, K. E., Gandha, T., Culbertson, M., & Carlson, C. (2014). Focus group evidence: Implications for design and analysis. *American Journal of Evaluation*, 35, 328–345.

Saldaña, J. (2016). *The coding manual for qualitative researchers* (3rd ed.). London: Sage.

Schatzman, L., & Strauss, A. (1973). *Field research*. Englewood Cliffs, NJ: Prentice Hall.

Schein, E. (2003). *DEC is dead, long live DEC: Lessons on innovation, technology, and the business gene*. San Francisco: Berrett-Koehler.

Schlesselman, J. J. (1982). *Case-control studies: Design, conduct, analysis*. New York: Oxford University Press.

Schmitt, C., & Goebel, V. (2015). Experiences of highability high school students: A case study. *Journal of the Education of the Gifted*, 38, 428–446.

Schorr, L. B. (1997). *Common purpose: Strengthening families and neighborhoods to rebuild America*. New York: Anchor.

Schramm, W. (1971, December). *Notes on case studies of instructional media projects*. Working paper for the Academy for Educational Development, Washington, DC.

Schwandt, T. A. (2015a). *The Sage dictionary of qualitative inquiry* (4th ed.). Los Angeles: Sage.

Schwandt, T. A. (2015b). Credible evidence of effectiveness necessary but not sufficient for evaluation. In S. I. Donaldson, C. A. Christie, & M. M. Mark (Eds.), *Credible and actionable evidence: The foundation for rigorous and influential evaluations* (pp. 259–274). Thousand Oaks, CA: Sage.

Scriven, M. (2015). Demythologizing causation and evidence. In S. I. Donaldson, C. A. Christie, & M. M. Mark (Eds.), *Credible and actionable evidence: The foundation for rigorous and influential evaluations* (pp. 113–132). Thousand Oaks, CA: Sage.

Sears, D. O. (1986). College sophomores in the laboratory: Influences of a narrow database on social psychology's view of human nature. *Journal of Personality and Social Psychology*, 51, 515–530.

Selznick, P. (1980). *TVA and the grass roots: A study of politics and organization*. Berkeley: University of California Press. (Original work published 1949)

Shavelson, R., & Towne, L. (Eds.). (2002). *Scientific research in education*. Washington, DC: National Academies Press.

Sidman, M., Soddard, L. T., & Mohr, J. P. (1968). Some additional quantitative observations of immediate memory in a patient with bilateral hippocampal lesions. *Neuropsychologia*, 6, 245–254.

Sidowski, J. B. (Ed.). (1966). *Experimental methods and instrumentation in psychology*. New York: Holt, Rinehart & Winston.

Silver, C., & Lewins, A. (2014). *Using software in qualitative research: A step-by-step guide* (2nd ed.). London: Sage.

Silverman, D. (2010). *Doing qualitative research: A practical handbook* (3rd ed.). Thousand Oaks, CA: Sage.

Small, M. L. (2004). *Villa Victoria: The transformation of social capital in a Boston barrio*. Chicago: University of Chicago Press.

Small, M. L. (2009). "How many cases do I need?" On science and the logic of case selection in field-based research. *Ethnography*, 10, 5–38.

Smith, J. (Ed.). (2015). *Qualitative psychology: A practical guide to research methods* (3rd ed.). London: Sage.

Speiglman, R., & Spear, P. (2009). The role of institutional review boards: Ethics: Now you see them, now you don't. In D. M. Mertens & P. E. Ginsberg (Eds.), *The handbook of social research ethics* (pp. 121–134). Thousand Oaks, CA: Sage.

Stake, R. E. (2005). Qualitative case studies. In N. K. Denzin & Y. S. Lincoln (Eds.), *The Sage handbook of qualitative research* (3rd ed., pp. 443–466). Thousand Oaks, CA: Sage.

Stake, R. E. (2006). *Multiple case study analysis*. New York: Guilford.

Standerfer, N. R., & Rider, J. (1983). The politics of automating a planning office. *Planning*, 49, 18–21.

Stein, H. (1952). Case method and the analysis of public administration. In H. Stein (Ed.), *Public administration and policy development* (pp. xx–xxx). New York: Harcourt Brace Jovanovich.

Stoecker, R. (1991). Evaluating and rethinking the case study. *The Sociological Review*, 39, 88–112.

Stufflebeam, D. L., & Shinkfield, A. J. (2007). *Evaluation: Theory, models, and applications*. San Francisco: Jossey-Bass.

Sudman, S., & Bradburn, N. M. (1982). *Asking questions: A practical guide to questionnaire design*. San Francisco: Jossey-Bass.

Supovitz, J. A., & Taylor, B. S. (2005). Systemic education evaluation: Evaluating the impact of systemwide reform in education. *American Journal of Evaluation*, 26, 204–230.

Sutton, R. I., & Staw, B. M. (1995). What theory is not. *Administrative Science Quarterly*, 40, 371–384.

Szanton, P. (1981). *Not well advised*. New York: Russell Sage Foundation and The Ford Foundation.

Tawney, J. W., & Gast, D. L. (1984). *Single subject research in special education*. Columbus, OH: Merrill.

Teske, P., Schneider, M., Roch, C., & Marschall, M. (2000). Public school choice: A status report. In D. Ravitch & J. P. Viteritti (Eds.), *Lessons from New York City schools* (pp. 313–338). Baltimore: Johns Hopkins University Press.

Thacher, D. (2006). The normative case study. *American Journal of Sociology*, 111, 1631–1676.

Towl, A. R. (1969). *To study administrations by cases*. Boston: Harvard University Business School.

Trochim, W. (1989). Outcome pattern matching and program theory. *Evaluation and Program Planning*, 12, 355–366.

U.S. Government Accountability Office, Program Evaluation and Methodology Division. (1990). *Case study evaluations*. Washington, DC: Government Printing Office.

U.S. National Commission on Neighborhoods. (1979). *People, building neighborhoods*. Washington, DC: Government Printing Office.

U.S. Office of Technology Assessment. (1980–1981). *The implications of cost-effectiveness analysis of medical technology: Case studies of medical technologies*. Washington, DC: Government Printing Office.

Van Maanen, J. (2011). *Tales of the field: On writing ethnography* (2nd ed.). Chicago: University of Chicago Press.

Vaughan, D. (1992). Theory elaboration: The heuristics of case analysis. In C. C. Ragin & H. D. Becker (Eds.), *What is a case? Exploring the foundations of social inquiry* (pp. 173–202). Cambridge, England: Cambridge University Press.

Vaughan, D. (2016). *The Challenger launch decision: Risky technology, culture, and deviance at NASA* (Enlarged ed.). Chicago: University of Chicago Press.

Veerman, J. W., & van Yperen, T. A. (2007). Degrees of freedom and degrees of certainty: A developmental model for the establishment of evidence-based youth care. *Evaluation and Program Planning*, 30, 212–221.

Vertue, F. M. (2011). Applying case study methodology to child custody evaluations. *Family Court Review*, 49, 336–347.

Vissak, T. (2010). Recommendations for using the case study method in international business research. *The Qualitative Report*, 15, 370–388.

Vos, J., & Wagenaar, H. (2014). The Münchhausen movement: Improving the coordination of social services through the creation of a social movement. *American Review of Public Administration*, 44, 409–439.

Walshe, C. (2011). The evaluation of complex interventions in palliative care: An exploration of the potential of case study research strategies. *Palliative Medicine*, 25, 774–781.

Wang, X. H., & Bryer, T. A. (2012). Assessing the costs of public participation: A case study of two online participation mechanisms. *American Review of Public Administration*, 43, 179–199.

Warner, W. L., & Lunt, P. S. (1941). *The social life of a modern community*. New Haven, CT: Yale University Press.

Weiss, R. S. (1994). *Learning from strangers: The art and method of qualitative interview studies*. New York: The Free Press.

Wertz, F. J., Charmaz, K., McMullen, L. M., Josselson, R., Anderson, R., & McSpadden, E. (2011). *Five ways of doing qualitative analysis: Phenomenological psychology, grounded theory, discourse analysis, narrative research, and intuitive inquiry*. New York: Guilford.

Wholey, J. (1979). *Evaluation: Performance and promise*. Washington, DC: The Urban Institute.

Whyte, W. F. (1993). *Street corner society: The social structure of an Italian slum* (4th ed.). Chicago: University of Chicago Press. (Original work published 1943)

Wilford, J. N. (1992). *The mysterious history of Columbus*.

New York: Vintage.

Wilson, R. F. (Ed.). (1982). *Designing academic program reviews* (New Directions for Higher Education, No. 37). San Francisco: Jossey-Bass.

Windsor, D., & Greanias, G. (1983). The public policy and management program for case/course development. *Public Administration Review*, 26, 370–378.

Wolcott, H. F. (2005). *The art of fieldwork* (2nd ed.). Walnut Creek, CA: Altamira Press.

Wolcott, H. F. (2009). *Writing up qualitative research* (3rd ed.). Thousand Oaks, CA: Sage.

Wolf, P. (1997). Why must we reinvent the federal government? Putting historical developmental claims to the test. *Journal of Public Administration Research and Theory*, 3, 358–388.

Yarbrough, D. B., Shulha, L. M., Hopson, R. K., & Caruthers, F. A. (2011). *The program evaluation standards: A guide for evaluators and evaluation users* (3rd ed.). Thousand Oaks, CA: Sage.

Yardley, L. (2009). Demonstrating validity in qualitative psychology. In J. A. Smith (Ed.), *Qualitative psychology: A practical guide to research method* (pp. 235–251). Los Angeles: Sage.

Yin, R. K. (1978). Face perception: A review of experiments with infants, normal adults, and brain-injured persons. In R. Held, H. Liebowitz, & H.-L. Teuber (Eds.), *Handbook of sensory physiology: Vol. 8. Perception* (pp. 593–608). New York: Springer-Verlag.

Yin, R. K. (1980). Creeping federalism: The federal impact on the structure and function of local government. In N. J. Glickman (Ed.), *The urban impacts of federal policies* (pp. 595–618). Baltimore: Johns Hopkins University Press.

Yin, R. K. (1981a). The case study as a serious research strategy. *Knowledge: Creation, Diffusion, Utilization*, 3, 97–114.

Yin, R. K. (1981b). The case study crisis: Some answers. *Administrative Science Quarterly*, 26, 58–65.

Yin, R. K. (1981c). Life histories of innovations: How new practices become routinized. *Public Administration Review*, 41, 21–28.

Yin, R. K. (1982a). *Conserving America's neighborhoods*. New York: Plenum.

Yin, R. K. (1982b). Studying the implementation of public programs. In W. Williams, R. F. Elmore, J. S. Hall, R. Jung, M. Kirst, S. A. MacManus, et al. (Eds.), *Studying implementation: Methodological and administrative issues* (pp. 36–72). Chatham, NJ: Chatham House.

Yin, R. K. (1986). Community crime prevention: A synthesis of eleven evaluations. In D. P. Rosenbaum (Ed.), *Community crime prevention: Does it work?* (pp. 294–308). Thousand Oaks, CA: Sage.

Yin, R. K. (1994a). Discovering the future of the case study method in evaluation research. *Evaluation Practice*, 15, 283–290.

Yin, R. K. (1994b). Evaluation: A singular craft. In C. Reichardt & S. Rallis (Eds.), *New directions in program evaluation* (pp. 71–84). San Francisco: Jossey-Bass.

Yin, R. K. (1997). Case study evaluations: A decade of progress? *New Directions for Evaluation*, 76, 69–78.

Yin, R. K. (1999). Enhancing the quality of case studies in health services research. *Health Services Research*, 34, 1209–1224.

Yin, R. K. (2000a). Case study evaluations: A decade of progress? In D. L. Stufflebeam, G. F. Madaus, & T. Kelleghan (Eds.), *Evaluation models: Viewpoints on educational and human services evaluation* (2nd ed., pp. 185–193). Boston: Kluwer.

Yin, R. K. (2000b). Rival explanations as an alternative to "reforms as experiments." In L. Bickman (Ed.), *Validity & social experimentation: Donald Campbell's legacy* (pp. 239–266). Thousand Oaks, CA: Sage.

Yin, R. K. (Ed.). (2004). *The case study anthology*. Thousand Oaks, CA: Sage.

Yin, R. K. (Ed.). (2005). *Introducing the world of education: A case study reader*. Thousand Oaks, CA: Sage.

Yin, R. K. (2006a). Case study methods. In J. Green, G. Camilli, & P. Elmore (Eds.), *Handbook of complementary methods in education research* (3rd ed., pp. 111–122). Washington, DC: American Educational Research Association.

Yin, R. K. (2006b). Mixed methods research: Are the methods genuinely integrated or merely parallel? *Research in the Schools*, 13, 41–47.

Yin, R. K. (2012a). *Applications of case study research* (3rd ed.). Thousand Oaks, CA: Sage.

Yin, R. K. (2012b). Case study methods. In H. Cooper (Ed.), *APA handbook of research methods in psychology* (2nd ed., Vol. 2). Washington, DC: American Psychological Association.

Yin, R. K. (2013). Validity and generalization in future case study evaluations. *Evaluation*, 19, 321–332.

Yin, R. K. (2015a). Case study research: Practicing at a high level. In J. D. Wright (Editor in Chief), *International encyclopedia of the social and behavioral sciences* (2nd ed., Vol. 3, pp. 194–201). New York: Oxford University Press.

Yin, R. K. (2015b). Causality, generalizability, and the

future of mixed methods research. In S. N. Hesse-Biber & R. B. Johnson (Eds.), *The Oxford handbook of multimethod and mixed methods research inquiry* (pp. 654–664). New York: Oxford University Press.

Yin, R. K. (2016). *Qualitative research from start to finish* (2nd ed.). New York: Guilford.

Yin, R. K., Bateman, P. G., & Moore, G. B. (1985). Case studies and organizational innovation: Strengthening the connection. *Knowledge, Creation, Diffusion, Utilization*, 6, 249–260.

Yin, R. K., Bingham, E., & Heald, K. (1976). The difference that quality makes. *Sociological Methods and Research*, 5, 139–156.

Yin, R. K., & Davis, D. (2006). State-level education reform: Putting all the pieces together. In K. Wong & S. Rutledge (Eds.), *Systemwide efforts to improve student achievement* (pp. 1–33). Greenwich, CT: Information Age Publishing.

Yin, R. K., & Davis, D. (2007). Adding new dimensions to case study evaluations: The case of evaluating comprehensive reforms. In G. Julnes & D. J. Rog (Eds.), *Informing federal policies for evaluation methodology* (New Directions in Program Evaluation, No. 113, pp. 75–93). San Francisco: Jossey-Bass.

Yin, R. K., & Heald, K. (1975). Using the case survey method to analyze policy studies. *Administrative Science Quarterly*, 20, 371–381.

Yin, R. K., & Oldsman, E. (1995). *Logic model for evaluating changes in manufacturing firms*. Unpublished paper prepared for the National Institute of Standards and Technology, U.S. Department of Commerce, Gaithersburg, MD.

Yin, R. K., Schmidt, R. J., & Besag, F. (2006). Aggregating student achievement trends across states with different tests: Using standardized slopes as effect sizes. *Peabody Journal of Education*, 81(2), 47–61.

Yin, R. K., & Yates, D. T. (1975). *Street-level governments: Assessing decentralization and urban services*. Lexington, MA: Lexington Books.

Zigler, E., & Muenchow, S. (1992). *Head Start: The inside story of America's most successful educational experiment*. New York: Basic Books.

찾아보기

ㄱ

ㄴ

ㄷ

ㅁ

ㅂ

ㅅ

ㅇ

ㅈ

저자 소개

Robert Yin 박사는 현재 COSMOS Corporation의 회장으로 재직 중이며, 그동안 사례연구방법론을 이용한 많은 연구프로젝트를 진행해 왔다. 지난 수십 년 동안 COSMOS는 연방정부 및 주정부, 지역정부 기관, 재단 등을 위한 수백 개의 프로젝트를 성공적으로 수행했다.

COSMOS 활동 외에 Yin 박사는 많은 연구 그룹을 대상으로 관련 분야의 현장 팀을 지원하거나 연구설계를 도와주고 있다. 최근에는 The World Bank, George Mason University, Southern New Hampshire University 등 다양한 기관과 협업하고 있다.

Yin 박사는 11권의 책을 저술 또는 편집하는 것을 포함해 100여 권이 넘는 출판물을 저술했다. 본서의 초기 판본은 8개 언어(중국어, 일본어, 한국어, 스웨덴어, 루마니아어, 이탈리아어, 폴란드어, 포르투갈어)로 번역되었으며, 「Qualitative Research From Start to Finish」(2016)는 4개 언어(중국어, 한국어, 스웨덴어 및 포르투갈어)로 번역되었다. Yin 박사는 하버드 대학교에서 역사학으로 학사학위를, 매사추세츠 공과대학(MIT)에서 뇌인지 과학을 전공으로 박사학위를 받았다.

역자 소개

신경식 교수는 이화여자대학교 경영대학 교수 겸 빅데이터・인공지능응용연구센터장으로 재직 중이다. 주요 연구 분야는 빅데이터 분석, 비즈니스 인텔리전스와 데이터 마이닝, 인공지능 응용 등이다.

송민채 교수는 이화여자대학교 대학원에서 빅데이터분석학 박사를 취득하고 동 과정 겸임교수로 재직 중이다. 주요 연구 분야는 빅데이터 분석, 소셜 데이터 마이닝, 텍스트 분석 및 응용 등이다.

신현섭 연구원은 이화여자대학교 빅데이터・인공지능응용연구센터 연구원으로 재직 중이다. 이화여자대학교에서 행정학 석사를 취득하였고, 현재 이화여자대학교 대학원 빅데이터분석학 박사과정에 재학 중이다.

조수현 연구원은 이화여자대학교 빅데이터・인공지능응용연구센터 연구원으로 재직 중이다. 중앙대학교에서 경영학사를 취득하였고, 현재 이화여자대학교 대학원 빅데이터분석학 박사과정에 재학 중이다.

서이안 연구원은 이화여자대학교 빅데이터・인공지능응용연구센터 연구원으로 재직 중이다. 이화여자대학교에서 영문학사를 취득하였고, 현재 이화여자대학교 대학원 빅데이터분석학 박사과정에 재학 중이다.

사례연구방법 (6판)

역 자 신경식 · 송민채 · 신현섭 · 조수현 · 서이안

발 행 일 2025년 10월 13일 3쇄

발 행 처 **한경사**

발 행 인 이계남

등록사항 제10-1951호 2000년 4월 14일

주 소 서울시 마포구 신수로 59-1 (3층)

전화번호 02_717_7264~5

팩스번호 02_717_7226

홈페이지 hankyungsa.co.kr

전자우편 hankyungsa@hanmail.net

I S B N 978-89-6844-326-8 93320

가 격 29,000원